DIREITOS DOS REFUGIADOS

TOMO 1

COLEÇÃO FÓRUM
**DIREITO
INTERNACIONAL
HUMANITÁRIO**

COLEÇÃO FÓRUM
DIREITO INTERNACIONAL HUMANITÁRIO

OSWALDO OTHON DE PONTES SARAIVA FILHO
LUIZ GONZAGA BERTELLI
JULIO HOMEM DE SIQUEIRA
Coordenadores

Marcos Joaquim Gonçalves Alves
Prefácio

DIREITOS DOS REFUGIADOS

TOMO 1

1

Belo Horizonte
FÓRUM
CONHECIMENTO JURÍDICO
2024

COLEÇÃO FÓRUM
DIREITO INTERNACIONAL HUMANITÁRIO

© 2024 Editora Fórum Ltda.

É proibida a reprodução total ou parcial desta obra, por qualquer meio eletrônico, inclusive por processos xerográficos, sem autorização expressa do Editor.

Conselho Editorial

Adilson Abreu Dallari
Alécia Paolucci Nogueira Bicalho
Alexandre Coutinho Pagliarini
André Ramos Tavares
Carlos Ayres Britto
Carlos Mário da Silva Velloso
Cármen Lúcia Antunes Rocha
Cesar Augusto Guimarães Pereira
Clovis Beznos
Cristiana Fortini
Dinorá Adelaide Musetti Grotti
Diogo de Figueiredo Moreira Neto (*in memoriam*)
Egon Bockmann Moreira
Emerson Gabardo
Fabrício Motta
Fernando Rossi
Flávio Henrique Unes Pereira
Floriano de Azevedo Marques Neto
Gustavo Justino de Oliveira
Inês Virgínia Prado Soares
Jorge Ulisses Jacoby Fernandes
Juarez Freitas
Luciano Ferraz
Lúcio Delfino
Marcia Carla Pereira Ribeiro
Márcio Cammarosano
Marcos Ehrhardt Jr.
Maria Sylvia Zanella Di Pietro
Ney José de Freitas
Oswaldo Othon de Pontes Saraiva Filho
Paulo Modesto
Romeu Felipe Bacellar Filho
Sérgio Guerra
Walber de Moura Agra

FÓRUM
CONHECIMENTO JURÍDICO

Luís Cláudio Rodrigues Ferreira
Presidente e Editor

Coordenação editorial: Leonardo Eustáquio Siqueira Araújo
Aline Sobreira de Oliveira

Rua Paulo Ribeiro Bastos, 211 – Jardim Atlântico – CEP 31710-430
Belo Horizonte – Minas Gerais – Tel.: (31) 99412.0131
www.editoraforum.com.br – editoraforum@editoraforum.com.br

Técnica. Empenho. Zelo. Esses foram alguns dos cuidados aplicados na edição desta obra. No entanto, podem ocorrer erros de impressão, digitação ou mesmo restar alguma dúvida conceitual. Caso se constate algo assim, solicitamos a gentileza de nos comunicar através do *e-mail* editorial@editoraforum.com.br para que possamos esclarecer, no que couber. A sua contribuição é muito importante para mantermos a excelência editorial. A Editora Fórum agradece a sua contribuição.

Dados Internacionais de Catalogação na Publicação (CIP) de acordo com ISBD

D598   Direitos dos refugiados / Oswaldo Othon de Pontes Saraiva Filho, Luiz Gonzaga Bertelli, Julio Homem de Siqueira. Belo Horizonte: Fórum, 2024.

373 p. 14,5x21,5 cm – (Coleção Fórum Direito Internacional Humanitário, v. 1, t. 1)
ISBN da coleção: 978-65-5518-645-1
ISBN 978-65-5518-615-4

1. Refugiados. 2. Emergentes. 3. Asilo. 4. Refúgio. 5. Direitos humanos. I. Saraiva Filho, Oswaldo Othon de Pontes. II. Bertelli, Luiz Gonzaga. III. Siqueira, Julio Homem de. IV. Título.

CDD 341.12191
CDU 342.7

Ficha catalográfica elaborada por Lissandra Ruas Lima – CRB/6 – 2851

Informação bibliográfica deste livro, conforme a NBR 6023:2018 da Associação Brasileira de Normas Técnicas (ABNT):

SARAIVA FILHO, Oswaldo Othon de Pontes; BERTELLI, Luiz Gonzaga; SIQUEIRA, Julio Homem de (coord.). *Direitos dos refugiados*. Belo Horizonte: Fórum, 2024. (Coleção Fórum Direito Internacional Humanitário, v. 1, t. 1). 373 p. ISBN 978-65-5518-615-4.

SUMÁRIO

PREFÁCIO
Marcos Joaquim Gonçalves Alves 13

O DIREITO À LIBERDADE RELIGIOSA ASSEGURADO AOS REFUGIADOS
Oswaldo Othon de Pontes Saraiva Filho 17

A CONSTITUIÇÃO FEDERAL E OS REFUGIADOS
Ives Gandra da Silva 55

O REFÚGIO NO ESTADO DE DIREITO FRATERNO
Reynaldo Soares da Fonseca, Marja Mühlbach 63
1   A migração e o refúgio 63
2   Proteção legal do migrante 66
3   Refúgio no Brasil 69
4   A fraternidade como refúgio 74
5   Considerações finais 77
    Referências 78

REFUGIADOS NO BRASIL À LUZ DA CONSTITUIÇÃO DE 1988 E DE TRATADOS INTERNACIONAIS
Marilene Talarico Martins Rodrigues 81
   Introdução 81
   A Constituição Federal de 1988 82
   Os direitos fundamentais assegurados pela Constituição Federal de 1988 92
   Os direitos dos refugiados na ordem internacional e o Direito interno 95
   O Brasil e a legislação interna 99
   Princípios relevantes aos refugiados 104
   Cláusulas de inclusão 106
   Direitos e deveres do refugiado 106

Conclusões 107
Abreviaturas e siglas 109
Referências 110

AN ANALYSIS OF INTERNATIONAL HUMANITARIAN LAW
Fazila Rassooly Faizi 113

International Humanitarian Law 113
Where did international humanitarian law originate? 113
Where is international humanitarian law to be found? 114
Principles of international humanitarian law 114
The essential rules of international humanitarian law 115
Who are protected under the international humanitarian law? 115
When does international humanitarian law apply? 115
Non-international armed conflicts 115
What does international humanitarian law cover? 115
What is protection? 116
What restrictions are there on weapons and tactics? 116

THE CAUSES OF MIGRATION
Freshta Amerianey 119

Préface 119
The types of migration 120
Migration in terms of time 120
The main causes of migration 121
Causes of migration from Afghanistan 121
Conclusion 126

HUMAN DIGNITY AND THE PROTECTION OF REFUGEE IN ISLAMIC LAW
Hamdama Ahadi 129

The meaning of dignity 130
Acquired dignity 132
The study of human rights and asylum in international instruments 133
Asylum as a fundamental rights and human rights in international documents and International Law 134
Concluding remarks 135

REFUGEES LAW ACCORDING TO THE EUROPEAN UNION
Khatera Naab 137

    Introduction 137
    Legislation and agency support 139
    Asylum procedures 139
    The Asylum Procedures Directive 139
    The Asylum Procedure Regulation proposal 139
    Reception conditions 141
    The Reception Conditions Directive 141
    The Directive 141
    The revised Reception Conditions Directive proposal 141
    EASO guidance on reception conditions: operational standards
    and indicators 142
    EASO guidance on reception conditions for unaccompanied
    children: operational standards and indicators 143
    EASO guidance on contingency planning in the context
    of reception 143
    Who qualifies for international protection? 143
    The Qualification Directive 143
    The revised Qualification Regulation proposal 144
    Country responsible for asylum application (Dublin Regulation) 145
    Member State responsible for an asylum application -
    Dublin Regulation 145
    Main elements of the current Dublin Regulation 145
    Evaluation of the Dublin III Regulation 146
    Towards a reform of the CEAS: principle of solidarity and
    fair sharing of responsibility 146
    Negotiating new asylum and migration rules 147
    Proposing a new Regulation on Asylum and Migration
    Management 147
    Proposing the Crisis and Force *Majeure* Regulation 148
    Recast Eurodac Regulation 149
    Towards a reform of the Common European Asylum System
    (CEAS) 150
    Creation of first laws 150
    First reforms 150
    New challenges and reforms 150
    The qualification regulation 151
    A recast Reception Conditions Directive 152
    A reinforced European Union Asylum Agency 152

An EU Resettlement Framework 153
Pact on Migration and Asylum 153
Conclusion... 153
References... 154

THE OBLIGATIONS OF *NON-REFOULEMENT* UNDER INTERNATIONAL REFUGEE LAW AND INTERNATIONAL HUMAN RIGHTS LAW
Roberta Costa Carneiro Abdanur, Gulandam Totakhail 155

Introduction 155
The principle of *non-refoulement* under international refugee law 156
Non-refoulement obligations under international human rights law 158
Non-refoulement of refugees under customary international law 159
The extra-territorial applicability of Article 33(1) of the
1951 Convention 160
Key considerations 161
References 162

THE PROTECTION OF STATELESS PERSONS AND INTERNATIONAL REFUGEE LAW
Roberta Costa Carneiro Abdanur.. 163

The Concept and Protection of Stateless Persons 163
Statelessness and the Right to a Nationality 164
Key Considerations on Statelessness Response..................................... 167
References.. 167

THE DIPLOMATIC PROTECTION OF REFUGEES BY THEIR STATE OF ASYLUM. THE ISSUE OF LEGITIMACY TO ACT OF STATES HOSTING UKRAINIAN REFUGEES
Alberta Fabbricotti.. 169

OPERAÇÃO ACOLHIDA: UM TRATAMENTO MAIS QUE HUMANITÁRIO
Angela Vidal Gandra Martins 185

1   Introdução 185
2   A proposta da Operação Acolhida 186
3   Base legal 187
4   Resultados 188
5   Conclusão 189

DIREITO DOS REFUGIADOS: CONSIDERAÇÕES JURÍDICAS E MORAIS. ANÁLISE DO PENSAMENTO DE HANNAH ARENDT SOBRE O "DIREITO A TER DIREITOS" E O "PENSAR O QUE ESTAMOS FAZENDO"
Fernanda Burle, Oswaldo Othon de Pontes Saraiva Neto 191

I   Introdução 191
II   Origens do totalitarismo e o "direito a ter direitos" dos apátridas ... 192
III Direito dos refugiados no pós-guerra 197
IV   A banalidade do mal e o "pensar o que estamos fazendo" 205
V   Conclusão 210
     Referências 210

DIREITOS E DEVERES DOS REFUGIADOS: O PRINCÍPIO CONSTITUCIONAL DA FRATERNIDADE COMO INSTRUMENTO DE CONCRETIZAÇÃO DOS DIREITOS DOS REFUGIADOS (AGENDAS DA ONU 2030/2045)
Lafayette Pozzoli, Rogério Cangussu Dantas Cachichi, Gilmar Siqueira ... 213

1   Introdução 213
2   A nova lei de migração brasileira: tentativa de integrar refugiados e imigrantes 214
3   A fraternidade e a concepção analógica dos direitos humanos 221
4   Possibilidade de coordenação: presença da fraternidade na agenda da ONU de 2045 226
5   Considerações finais 228
     Referências 229

AN EXERCISE IN DETACHMENT: THE COUNCIL OF EUROPE AND SEXUAL MINORITY ASYLUM CLAIMS
Nuno Ferreira 231

1   Introduction 231
2   Asylum and sexual orientation in the Council of Europe: Resisting the meeting of the roads? 234
3   The sexual minority asylum jurisprudence of the Strasbourg Court ... 239
3.1 A bird's-eye view 241
3.2 A summary assessment 244
4   Exposing the skeletons in the Court's closet 248
4.1 The threshold for violation of ECHR articles 248
4.2 Rules of evidence and assessment of credibility 254
4.3 Intersecting characteristics and socio-cultural factors 256

5   Which way forward for the European sexual minority asylum framework? 259

References 261

MAIS UM SANTUÁRIO: DA APLICABILIDADE DAS NORMAS DO ASILO PARA PROTEGER O PERSEGUIDO RELIGIOSO
João Vitor Lozano Jeronymo, Rafael Pangoni 265

Introdução 265
1   O direito à liberdade religiosa: uma norma de *jus cogens* 267
1.1   Fundamentos da liberdade de religião e consciência 267
1.1.1 Conteúdo do direito à liberdade religiosa 269
1.2   O caráter peremptório da liberdade religiosa 270
2   A universalidade dos direitos humanos e o dever geral de proteção ... 271
2.1   Os direitos humanos como uma realidade supraconstitucional 272
2.2   O dever *erga omnes* de proteção à dignidade humana 273
3   Analogia e asilo: uma solução latina 275
3.1   A tecnologia jurídica atual 275
3.2   Analogia: uma solução prática 276
3.3   Objeções e respostas 278
3.3.1 A regionalidade patente do asilo diplomático 278
3.3.2 A discricionariedade da concessão de asilo: uma proteção insuficiente 280

Conclusão 281

Referências 282

REFUGIADOS, UM GRITO DE SOCORRO
Maria Helena Barbosa Campos, Maria Carolina Barbosa Campos Vita ... 285

Introdução 285
Refúgio e refugiado 286
Refugiados no Brasil 294
Os direitos e deveres dos refugiados 296
Considerações e desafios a serem enfrentados 297
Conclusão 308
Referências 309

O DIREITO AO TRABALHO (NÃO ESCRAVO) COMO RESGATE DA DIGNIDADE DOS REFUGIADOS
Gabriella Alencar Ribeiro 313

Introdução 313

Refugiados x buscadores de asilo 316
Refugiados 317
Legislação brasileira 319
Direito dos refugiados 320
Direito ao trabalho 324
Dificuldades que os refugiados encontram 327
Equiparação ao trabalho escravo 329
Direito ao trabalho (não escravo) 331
Novos avanços 335
Conclusão 337
Referências 338

O DIREITO AO TRABALHO DOS REFUGIADOS POR UMA QUESTÃO DE DIGNIDADE HUMANA
Roberto Victalino de Brito Filho 341

1. Introdução 341
2. Breve histórico 342
3. O reconhecimento da dignidade no ser humano 343
4. A questão do trabalhador migrante e do refugiado 347
5. Conclusão 349
   Referências 350

REFUGIADOS AMBIENTAIS E O PAPEL DOS OBJETIVOS DE DESENVOLVIMENTOS SUSTENTÁVEL DA ONU: UM REMÉDIO DE MITIGAÇÃO E DE ADEQUAÇÃO AO PROBLEMA DOS REFUGIADOS NO SÉCULO XXI
Paulo José Leite Farias 353

   Introdução 353
1. Agenda 2030 e o contorno jurídico dos refugiados ambientais 354
2. O caso Tuvalu e outros países insulares: necessidade de regulação baseada na solidariedade internacional 362
3. A Declaração de Nova Iorque de 2016: mitigação e adaptação de políticas públicas mundiais para a migração forçada ambiental no contexto dos ODS 364
   Conclusão 366
   Referências 366

SOBRE OS AUTORES 369

PREFÁCIO

"A pior cegueira é a mental, que faz com que não reconheçamos o que temos pela frente".

José Saramago *in* Ensaio sobre a Cegueira

O conceito normativo de refugiado é a condição jurídica atribuída a pessoas que foram forçadas a sair de sua terra, do lugar onde nasceram e que atravessaram pelo menos uma fronteira internacional. Atualmente, o mundo testemunha uma nova crise de deslocamento de pessoas, desta vez, sem precedentes. O número de deslocamento forçado de pessoas, incluindo refugiados, solicitantes de refúgio e deslocamentos internos, chegou ao total de 100 milhões no ano de 2022 (OIM). O deslocamento forçado de pessoas ocorre em virtude de conflitos armados, violência política, violações aos direitos humanos ou algum tipo de perseguição relacionada à sua raça, religião, nacionalidade, grupo social ou político. A Convenção sobre Refugiados de 1951 e seu Protocolo de 1967 são os principais instrumentos normativos de proteção jurídica internacional de refugiados; o princípio central desses dois estatutos jurídicos é o *non-refoulement*, ou seja, o princípio da não devolução que impede que tais pessoas com a qualificação jurídica de refugiados (ou solicitação de refugiados) sejam devolvidas ao seu país de origem onde há risco iminente à sua vida ou liberdade.

No Brasil, no século passado, testemunhamos esse movimento de pessoas e demos o nome agradável (eufêmico) de movimento imigratório, mas, na verdade, em sua grande maioria, foi um movimento igual de pessoas refugiadas, pessoas que não tiveram a escolha de permanecer onde elas nasceram. E, de fato, a grande maioria de imigrantes que veio para o Brasil foi forçada a abandonar o lugar onde nasceu por motivos de guerra, fome ou perseguição política. O Brasil recebeu milhares de italianos, poloneses, alemães que fugiram das duas Grandes Guerras; portugueses e espanhóis que deixaram suas casas diante da fome e da violência política das ditaduras em Portugal, com António Salazar, e na Espanha, com Francisco Franco; libaneses, sírios, turcos e armênios que foram repelidos pelos conflitos no Oriente Médio, conflitos fundamentados em religião, raça, cultura ou terra. Enfim, pessoas que foram obrigadas a abandonar famílias, amigos, profissões, propriedades, histórias e, principalmente, sonhos.

E o movimento de pessoas do século passado voltou a acontecer no início deste novo século. Nos últimos anos, o Brasil vive novo deslocamento de pessoas vindo de áreas de conflito político, como Venezuela e Haiti. E, mais recentemente, Afeganistão e Ucrânia.

O Brasil é um país de pessoas acolhedoras, temos um histórico de diplomacia internacional e influenciadora de políticas humanitárias (o Brasil foi um dos primeiros países a aderir à Convenção de Genebra de 1951 para Refugiados). Contudo, hoje, estamos diante de novos desafios, de um mundo global e sem fronteiras digitais, de fluidez de conhecimento e informações instantâneas, de culturas que se mesclam, convivem e se adaptam ou influenciam outras culturas. Vivemos desafios, neste novo mundo, de pessoas em movimento que – com um simples instrumento digital – questionam com mais rapidez e facilidade se as legislações dos países – como o Brasil e de outros países signatários da Convenção de Genebra de 1951 – estão preparadas a serem forças motrizes para o acolhimento de pessoas refugiadas. O que é o acolhimento? O acolhimento é só assistencialista? Ou também inclui a concessão de documentos, vistos de trabalho, residência, estudo acadêmico ou técnico profissionalizante, revalidação de diplomas, profissões, inclusão na sociedade e no mercado de trabalho? O acolhimento é um conceito abstrato de ajuda humanitária ou possui esquadros determinantes, balizadores de conduta? O acolhimento integra o refugiado àquela sociedade escolhida ou o coloca eu uma redoma, distante do povo local? Enfim, o acolhimento mal definido de pessoas refugiadas, interpretado ou executado, mesmo com a melhor das boas intenções, pode gerar xenofobia em algumas sociedades. Por isso, nasce a presente obra "Direito dos Refugiados".

Sob a coordenação do professor Othon Pontes Saraiva Filho, incansável pensador do Direito, com a participação de juristas brasileiros e de países localizados em regiões de conflito – como Ucrânia e Afeganistão –, a presente obra procura analisar e responder a esses questionamentos sobre o conceito jurídico e prático do acolhimento dos refugiados, o seu contorno jurídico de direitos e a situação atual e prática do que vem acontecendo no mundo em torno deste assunto tão relevante e urgente.

A obra é resultado do estímulo acadêmico dos autores diante da resposta singular do Brasil, histórica e humanitária originária da juíza

Renata Gil e de juízes diretores da entidade de representação máxima da magistratura brasileira, a Associação dos Magistrados do Brasil (AMB).

A história da ação da AMB e o nascimento desta obra "Direito dos Refugiados" começaram em agosto de 2021 quando o grupo Talibã ascendeu ao governo do Afeganistão. A política desse grupo que tomou o poder afegão já era conhecida pela comunidade internacional, especialmente no que diz respeito aos direitos das mulheres (direitos que foram garantidos pela Constituição de 2004 com o apoio da ONU). A preocupação da AMB era exatamente a segurança da primeira geração de mulheres juízas da história do Afeganistão que passaram a estar em risco diante do novo governo Talibã.

Com a ajuda do Estado brasileiro, a AMB planejou e executou as ações de resposta e acolhida das juízas afegãs e suas famílias no Brasil. Diante dessas ações humanitárias da AMB, nasceu o projeto "Nós por Elas", que atualmente vem crescendo e sendo um marco na proteção aos direitos das mulheres.

Já no Brasil, sob a coordenação e orientação da professora Roberta Abdanur e operadores do Direito, incluindo o autor deste Prefácio, as juízas afegãs criaram o Instituto SHE (*Sustainable, Humanitarian e Empowerment*), dando continuidade a sonhos que foram interrompidos abruptamente e que agora – tais sonhos – tornaram-se realidade por intermédio de uma plataforma global, sustentável e humanitária que projetará e executará ações de *advocacy* para o benefício de refugiados ou apátridas.

As ações de *advocacy* do SHE incluem estudos, análises e propostas legislativas que contribuirão para o nascimento de leis e atos do Estado que tenham a força motriz normativa para o acolhimento eficiente de pessoas refugiadas. E não só isto, mas a existência de leis que também tenham a força motriz normativa para impactar – positivamente – as sociedades que acolhem os refugiados, criando soluções normativas a tornar seguro, claro e benéfico o acolhimento de refugiados pela sociedade civil. Neste ponto, incluem-se as ações de acolhimento nas políticas de governança corporativa (ESG – *Environmental, Social e Governance*) com mudanças nas leis fiscais, trabalhistas e civis, especialmente. Aprofundaremos este tema (ESG e políticas humanitárias) no texto construído com o professor Alan Viana.

Percebe-se, portanto, que este livro e o Instituto SHE são respostas da comunidade jurídica nascidas a partir da vinda das juízas afegãs para o Brasil (as juízas contribuíram para esta obra com textos em seu idioma nativo – *pastó* e *dari* – e em português). A participação de professores, juízes e advogados brasileiros e estrangeiros engrandece a obra, revelando, o que para nós deveria ser o mundo ideal: o "Direito dos Refugiados" não deveria existir, porque não deveriam existir conflitos no nosso mundo, ninguém deveria ser perseguido por sua raça, religião ou posição ideológica ou política, muito menos, ser "expulso" do lugar onde nasceu.

Marcos Joaquim Gonçalves Alves
Advogado na área de Advocacy em casos fiscais, regulatórios de infraestrutura, agronegócio e esportes. Sócio fundador do escritório M. J. Alves, Burle e Advocacy Brasil. É membro fundador do IPT – Instituto de Pesquisas Tributárias e do SHE – Sustainable Humanitarian Empowerment, Vice-Presidente da Comissão Especial de Direito do Petróleo do Conselho Federal da OAB, membro consultor da Comissão Especial de Direito Tributário da OAB e de Relações Governamentais do CESA – Centro de Estudos das Sociedades de Advogados. Também é conferencista, palestrante, professor de Direito Tributário desde 1998 e autor de vários livros e artigos publicados.

O DIREITO À LIBERDADE RELIGIOSA ASSEGURADO AOS REFUGIADOS

OSWALDO OTHON DE PONTES SARAIVA FILHO

A Constituição brasileira, promulgada em 5 de outubro de 1988, já no seu preâmbulo, como importante vetor interpretativo, confessa que a Lei Maior do País é promulgada *sob a proteção de Deus*.[1]

No seu primeiro artigo, inciso III, a Carta Magna de 1988 coloca como um dos fundamentos da República Federativa do Brasil *a dignidade da pessoa humana*; nos incisos I e IV do artigo 3º, proclama que constituem uns dos objetivos fundamentais de nossa República *constituir uma sociedade livre, justa e solidária*, bem como *promover* o bem comum ou *o bem de todos, sem preconceitos de origem, raça, sexo, cor, idade e quaisquer outras formas de discriminação*.[2] A Lei Suprema pátria assegura, ainda, no seu artigo 4º, *caput*, incisos II e X, que o Brasil, nas suas relações internacionais, se pautará, entre outros princípios, pela prevalência dos direitos humanos e pela concessão de asilo político.

Não é possível a realização do bem comum sem a observância irrestrita aos direitos humanos, sem o respeito, sobretudo, ao direito

---

[1] SARAIVA FILHO, Oswaldo Othon de Pontes. A interpretação do preâmbulo da Constituição Federal – A alusão à expressão "sob a proteção de Deus" – e a autonomia do direito religioso brasileiro, conferida pela Lei Maior. *In*: MARTINS, Ives Gandra da Silva; CARVALHO, Paulo de Barros; BERTELLI, Luiz Gonzaga (coord.). *O preâmbulo da Constituição Federal*. São Paulo: Noeses com o apoio da UJUCASP, 2021, p. 163-198.

[2] Preconceitos são concepções preconcebidas, fundadas em premissas falsas sobre aspectos da realidade, que se presume conhecer. Já discriminações são atos odiosos de exteriorização de preconceitos.

próprio de todos os homens à vida, à liberdade, mormente de pensamento, de crença, convicções políticas e de expressão, direitos inseparáveis da elevadíssima dignidade humana.

Por isso, a Constituição Federal, de 1988, expressamente, assegura, no seu art. 5º, *caput*, incisos IV e VI, que *todos são iguais perante a lei, sem distinção de qualquer natureza, garantindo-se aos brasileiros e aos estrangeiros residentes no País a inviolabilidade do direito à vida, à liberdade, à igualdade, à segurança e à propriedade, dispondo que é livre a manifestação do pensamento e que é inviolável a liberdade de consciência e de crença, sendo assegurado o livre exercício dos cultos religiosos e garantida, na forma da lei, a proteção aos locais de culto e a suas liturgias*, ainda que não de forma absoluta, pois, em casos extremos, restrições possam ocorrer, com a utilização parcimoniosa do devido processo legal substancial em confronto com outros direitos constitucionais e legais, podendo, excepcionalmente, ser vedados atos exagerados incompatíveis com a ordem, a moral e o sossego público, não sendo admissíveis, em nome disfarçado da liberdade religiosa, do culto e das liturgias, o uso de curandeirismo, charlatanismo ou a prática de ilegalidades.[3] No inciso IX do mesmo preceptivo constitucional, a nossa Lei Maior corrobora: *é livre a expressão da atividade intelectual, artística, científica e de comunicação, independentemente de censura ou licença.*

Existem ainda muitos outros direitos humanos fundamentais assegurados pela Constituição Cidadã de 1988, dentre eles, ressaltam-se os preceptivos do art. 5º, inciso IX - *é livre a expressão da atividade intelectual, artística, científica e de comunicação, independentemente de censura ou licença;* o inciso XV do art. 5º - *é livre a locomoção no território nacional em tempo de paz, podendo qualquer pessoa, nos termos da lei, nele entrar, permanecer ou dele sair com seus bens;* no inciso seguinte (XVI) - *é livre a locomoção no território nacional em tempo de paz, podendo qualquer pessoa*, brasileira ou estrangeira, *nos termos da lei, nele entrar, permanecer ou dele sair com seus bens;* no inciso XVI do mesmo art. 5º, no sentido de que *todos podem reunir-se pacificamente, sem armas, em locais abertos ao público, independentemente de autorização, desde que não frustrem outra reunião anteriormente convocada para o mesmo local, sendo apenas exigido prévio aviso à autoridade competente.*

A seu turno, dispõe o art. 220 da Lei Suprema que a *manifestação do pensamento, a criação, a expressão e a informação, sob qualquer forma, processo ou veículo não sofrerão qualquer restrição, observado o disposto nesta Constituição.*

---

[3] Cf. BULOS, Uadi Lammêgo. *Curso de Direito Constitucional.* São Paulo: Saraiva, 2007, p. 434.

Ademais, o XLI do art. 5º da Carta Política, de 1988, adverte que *a lei punirá qualquer discriminação atentatória dos direitos e liberdades fundamentais.*

Já o preceptivo constitucional do inciso VII do artigo 5º assegura, nos termos da lei, *a prestação de assistência religiosa nas entidades civis e militares de internação coletiva.*

Se tudo isso não bastasse, o preceito constitucional do §2º do art. 226 faz menção ao casamento religioso distinto do casamento civil, embora que confira a ambos os mesmos efeitos.

Ademais, a objeção ou a escusa de consciência é proclamada pelo inciso VIII do artigo 5º da Constituição da República Federativa do Brasil, ao dispor *que ninguém será privado de direitos por motivo de crença religiosa ou de convicção filosófica ou política, salvo se as invocar para eximir-se de obrigação legal a todos imposta e recusar-se a cumprir prestação alternativa, fixada em lei.*[4][5]

---

[4] STF-Pleno. ARE 1.099.099/SP, rel. Min. Edson Fachin, in DJe-68, 12.4.2021. EMENTA: CONSTITUCIONAL. DIREITO FUNDAMENTAL. LIBERDADE RELIGIOSA. OBJEÇÃO DE CONSCIÊNCIA. DEVER DO ADMINISTRADOR DE OFERECER OBRIGAÇÃO ALTERNATIVA PARA CUMPRIMENTO DE DEVERES FUNCIONAIS. RECURSO PROVIDO. 1. O princípio da laicidade não se confunde com laicismo. A separação entre Igreja e Estado não pode, portanto, implicar o isolamento daqueles que guardam uma religião à sua esfera privada. A neutralidade estatal não se confunde com indiferença religiosa. A indiferença gera posição antirreligiosa contrária à posição do pluralismo religioso típica de um Estado Laico. 2. O princípio da laicidade estatal deve ser interpretado de forma a coadunar-se com o dispositivo constitucional que assegura a liberdade religiosa, constante do art. 5º, VI, da Constituição Federal. 3. O direito à liberdade religiosa e o princípio da laicidade estatal são efetivados na medida em que seu âmbito de proteção abarque a realização da objeção de consciência. A privação de direito por motivos religiosos é vedada por previsão expressa na constituição. Diante da impossibilidade de cumprir obrigação legal imposta a todos, a restrição de direitos só é autorizada pela Carta diante de recusa ao cumprimento de obrigação alternativa. 4. A não existência de lei que preveja obrigações alternativas não exime o administrador da obrigação de ofertá-las quando necessário para o exercício da liberdade religiosa, pois, caso contrário, estaria configurado o cerceamento de direito fundamental, em virtude de uma omissão legislativa inconstitucional. 5. Tese aprovada pelo Plenário do Supremo Tribunal Federal: "Nos termos do art. 5º, VIII, da CRFB, é possível a Administração Pública, inclusive em estágio probatório, estabelecer critérios alternativos para o regular exercício dos deveres funcionais inerentes aos cargos públicos, em face de servidores que invocam escusa de consciência por motivos de crença religiosa, desde que presente a razoabilidade da alteração, não se caracterize o desvirtuamento no exercício de suas funções e não acarrete ônus desproporcional à Administração Pública, que deverá decidir de maneira fundamentada". 6. Recurso extraordinário provido para conceder a segurança.

[5] STF-Pleno. RE 611.874/, rel. p/ Acórdão Min. Edson Fachin, in DJe-68 12.4.2021. Ementa: DIREITO CONSTITUCIONAL E ADMINISTRATIVO. MANDADO DE SEGURANÇA. PRETENDIDA AUTORIZAÇÃO PARA REALIZAÇÃO DE ETAPA DE CONCURSO PÚBLICO EM HORÁRIO DIVERSO DAQUELE DETERMINADO PELA COMISSÃO ORGANIZADORA DO CERTAME POR FORÇA DE CRENÇA RELIGIOSA. PRINCÍPIOS CONSTITUCIONAIS EM CONFLITO. REPERCUSSÃO GERAL RECONHECIDA.

Portanto, a liberdade religiosa é protegida pela Constituição brasileira a não mais poder,[6] permitindo-se, inclusive, o não cumprimento de certas obrigações por motivo de foro íntimo religioso, mediante o cumprimento de obrigações substitutivas previstas em lei, como dispõe o art. 143:

> Art. 143. O serviço militar é obrigatório nos termos da lei.
>
> §1º Às Forças Armadas compete, na forma da lei, atribuir serviço alternativo aos que, em tempo de paz, após alistados, alegarem

---

[6] MÉRITO. VIOLAÇÃO AO DIREITO DE IGUALDADE. RECURSO NÃO PROVIDO. 1. A tessitura constitucional deve se afastar da ideia de que a laicidade estatal, compreendida como sua não confessionalidade, implica abstenção diante de questões religiosas. Afinal, constranger a pessoa de modo a levá-la à renúncia de sua fé representa desrespeito à diversidade de ideias e à própria diversidade espiritual. 2. No debate acerca da adequação de atividades administrativas a horários alternativos em respeito a convicções religiosas, deve o Estado implementar prestações positivas que assegurem a plena vivência da liberdade religiosa, que não são apenas compatíveis, como também recomendadas pela Constituição da República, a teor do inciso VII do art. 5º, CRFB, que assegura a "prestação de assistência religiosa nas entidades civis e militares de internação coletiva", bem como do art. 210, §1º, CRFB, o qual dispõe que o "ensino religioso, de matrícula facultativa, constituirá disciplina dos horários normais das escolas públicas de ensino fundamental. 3. A separação entre Igreja e Estado não pode implicar o isolamento daqueles que guardam uma religião à sua esfera privada. O princípio da laicidade não se confunde com laicismo. O Estado deve proteger a diversidade, em sua mais ampla dimensão, dentre as quais inclui a liberdade religiosa e o direito de culto. O limite ao exercício de tal direito está no próprio texto constitucional, nos termos do inciso VI do art. 5º. 4. A fixação, por motivos de crença religiosa do candidato em concurso público, de data e/ou horário alternativos para realização de etapas do certame deve ser permitida, dentro de limites de adaptação razoável, após manifestação prévia e fundamentada de objeção de consciência por motivos religiosos. Trata-se de prática a ser adotada pelo Estado, na medida em que representa concretização do exercício da liberdade religiosa sem prejuízo de outros direitos fundamentais. 5. Recurso extraordinário não provido, fixando-se a seguinte tese: "Nos termos do art. 5º, VIII, da CF, é possível a realização de etapas de concurso público em datas e horários distintos dos previstos em edital por candidato que invoca a escusa de consciência por motivo de crença religiosa, desde que presente a razoabilidade da alteração, a preservação da igualdade entre todos os candidatos e que não acarrete ônus desproporcional à Administração pública, que deverá decidir de maneira fundamentada".

ALVIM, Eduardo Arruda; ALVIM, Angélica Arruda; FERREIRA, Eduardo Aranha. A liberdade religiosa no Brasil e a recusa a tratamento médicos. In: PINTO, Eduardo Vera-Cruz; PERAZZOLO, José Rodolfo; BARROSO, Luís Roberto; SILVA, Marco Antônio Marques da; CICCO, Maria Cristina de (coord.). Refugiados, migrantes e igualdade dos povos: estudos em homenagem a António Gutterres. São Paulo: Quartier Latin, 2017, p. 249. Nesse trabalho, concluíram os autores que é preciso que seja realizada a ponderação entre os princípios em colisão, sendo de se considerar a expressa manifestação e vontade do paciente, no caso, de submissão a tratamento médico que importem em violação à sua convicção religiosa. Contudo, igual importância não se deve dar à manifestação de vontade de paciente incapaz, tendo em vista que este não pode manifestar vontade de maneira válida, razão pela qual será imprescindível que se analise a eficiência de tratamentos alternativos postos à disposição, já que a manifestação de representante legal deverá, inexoravelmente, pautar-se pela adequação [aos] interesses do incapaz.

imperativo de consciência, entendendo-se como tal o decorrente de crença religiosa e de convicção filosófica ou política, para se eximirem de atividades de caráter essencialmente militar.

§2º As mulheres e os eclesiásticos ficam isentos do serviço militar obrigatório em tempo de paz, sujeitos, porém, a outros encargos que a lei lhes atribuir.

E, para obstar que o Estado, por meio de tributação, venha a criar obstáculos às instituições religiosas e às manifestações de religiosidade dos vários segmentos da sociedade, a Carta Política de 1988, no seu artigo 150, inciso VI, alínea "b", §4º, e artigo 195, §7º, estabelece as imunidades de impostos e de contribuições para a seguridade social para as Igrejas.

A seu turno, o preceito constitucional do §1º do artigo 210[7] impõe o ensino religioso facultativo nas escolas públicas do ensino básico.

A respeito da exegese da norma do artigo 210, §1º, da Lei Maior, Paulo Gustavo Gonet Branco[8] explica que *o Estado brasileiro não é confessional, mas tampouco é ateu, como se deduz do preâmbulo da Constituição, que invoca a proteção de Deus. Por isso, admite, ainda que sob a forma de disciplina facultativa, o ensino religioso em escolas públicas de ensino fundamental (CF, art. 210, §1º), permitindo, assim, o ensino da doutrina de uma dada religião para os alunos interessados.*

As pessoas que não acreditam em Deus, ou não nutrem apreço às religiões ou aos valores cultivados pelas religiões, defendiam a tese de que as escolas públicas somente poderiam lecionar a história ou a sociologia das religiões, sem aprofundar a doutrina de determina religião, esta, sim, capaz de redimir o espírito humano, de dar sentido à existência e de formar melhores cidadãos.

Entretanto, conforme anotou Gonet Branco,[9] *não faz sentido entender o ensino religioso como atividade acadêmica destituída do propósito de exposição e demonstração dos fundamentos de alguma crença existente. Não fosse assim, não haveria por que o constituinte se dar o cuidado de estabelecer que o ensino religioso é "matéria facultativa". Ensino religioso não se confunde com história ou sociologia das religiões. Nesse sentido, o STF decidiu que é confessional o ensino religioso*, cabendo às instituições públicas de ensino

---

[7] CF/1988. "Art. 210. [...] §1º O ensino religioso, de matrícula facultativa, constituirá disciplina dos horários normais das escolas públicas de ensino fundamental".
[8] BRANCO, Paulo Gustavo Gonet; MENDES, Gilmar Ferreira. *Curso de Direito Constitucional*. 13. ed. São Paulo: Saraiva, 2018, p. 323.
[9] BRANCO, Paulo Gustavo Gonet; MENDES, Gilmar Ferreira, Obra citada, p. 323.

disponibilizar diferentes classes, com aulas específicas ministradas por professores vinculados a diferentes religiões, justamente para atender aos variados interesses dos estudantes, que professam, individualmente, preferência por sua própria crença. Nesse sentido, decidiu, com percuciência, a Corte Constitucional brasileira, ao julgar, em 31.8.2017, a ADI nº 4.439.[10]

---

[10] STF-Pleno. ADI nº 4.439/DF, rel. p/ ac. Min. Alexandre de Moraes, DJe-123 de 21.6.2018. "EMENTA: ENSINO RELIGIOSO NAS ESCOLAS PÚBLICAS. CONTEÚDO CONFESSIONAL E MATRÍCULA FACULTATIVA. RESPEITO AO BINÔMIO LAICIDADE DO ESTADO/LIBERDADE RELIGIOSA. IGUALDADE DE ACESSO E TRATAMENTO A TODAS AS CONFISSÕES RELIGIOSAS. CONFORMIDADE COM ART. 210, §1º, DO TEXTO CONSTITUCIONAL. CONSTITUCIONALIDADE DO ARTIGO 33, *CAPUT* E §§1º E 2º, DA LEI DE DIRETRIZES E BASES DA EDUCAÇÃO NACIONAL E DO ESTATUTO JURÍDICO DA IGREJA CATÓLICA NO BRASIL PROMULGADO PELO DECRETO 7.107/2010. AÇÃO DIRETA JULGADA IMPROCEDENTE. 1. A relação entre o Estado e as religiões, histórica, jurídica e culturalmente, é um dos mais importantes temas estruturais do Estado. A interpretação da Carta Magna brasileira, que, mantendo a nossa tradição republicana de ampla liberdade religiosa, consagrou a inviolabilidade de crença e cultos religiosos, deve ser realizada em sua dupla acepção: (a) proteger o indivíduo e as diversas confissões religiosas de quaisquer intervenções ou mandamentos estatais; (b) assegurar a laicidade do Estado, prevendo total liberdade de atuação estatal em relação aos dogmas e princípios religiosos. 2. A interdependência e complementariedade das noções de Estado Laico e Liberdade de Crença e de Culto são premissas básicas para a interpretação do ensino religioso de matrícula facultativa previsto na Constituição Federal, pois a matéria alcança a própria liberdade de expressão de pensamento sob a luz da tolerância e diversidade de opiniões. 3. A liberdade de expressão constitui um dos fundamentos essenciais de uma sociedade democrática e compreende não somente as informações consideradas como inofensivas, indiferentes ou favoráveis, mas também as que possam causar transtornos, resistência, inquietar pessoas, pois a Democracia somente existe baseada na consagração do pluralismo de ideias e pensamentos políticos, filosóficos, religiosos e da tolerância de opiniões e do espírito aberto ao diálogo. 4. A singularidade da previsão constitucional de ensino religioso, de matrícula facultativa, observado o binômio Laicidade do Estado (CF, art. 19, I)/Consagração da Liberdade religiosa (CF, art. 5º, VI), implica regulamentação integral do cumprimento do preceito constitucional previsto no artigo 210, §1º, autorizando à rede pública o oferecimento, em igualdade de condições (CF, art. 5º, caput), de ensino confessional das diversas crenças. 5. A Constituição Federal garante aos alunos, que expressa e voluntariamente se matriculem, o pleno exercício de seu direito subjetivo ao ensino religioso como disciplina dos horários normais das escolas públicas de ensino fundamental, ministrada de acordo com os princípios de sua confissão religiosa e baseada nos dogmas da fé, inconfundível com outros ramos do conhecimento científico, como história, filosofia ou ciência das religiões. 6. O binômio Laicidade do Estado/Consagração da Liberdade religiosa está presente na medida em que o texto constitucional (a) expressamente garante a voluntariedade da matrícula para o ensino religioso, consagrando, inclusive o dever do Estado de absoluto respeito aos agnósticos e ateus; (b) implicitamente impede que o Poder Público crie de modo artificial seu próprio ensino religioso, com um determinado conteúdo estatal para a disciplina; bem como proíbe o favorecimento ou hierarquização de interpretações bíblicas e religiosas de um ou mais grupos em detrimento dos demais. 7. Ação direta julgada improcedente, declarando-se a constitucionalidade dos artigos 33, *caput* e §§1º e 2º, da Lei 9.394/1996, e do art. 11, §1º, do Acordo entre o Governo da República Federativa do Brasil e a Santa Sé, relativo ao Estatuto Jurídico da Igreja Católica no Brasil, e afirmando-se a constitucionalidade do ensino religioso confessional como disciplina facultativa dos horários normais das escolas públicas de ensino fundamental".

Cabe enfatizar que, evidentemente, é constitucional que instituições privadas de ensino básico ou fundamental, médio e superior, vinculadas a qualquer religião, possam ministrar aulas de religião ou disponibilizar momentos de culto e de crescimento espiritual, com base na teologia e nos Livros Sagrados delas próprios.

Afinal de contas, quem procura essas instituições de ensino confessional já é conhecedor dessa vinculação e, justamente, não raras vezes, por isso mesmo, há o interesse da pessoa de receber, para si próprio ou para os filhos, essa formação integral: técnica e religiosa.

De fato, a inspiração das criações das escolas e universidades vinculadas a instituições religiosas de diferentes crenças, por exemplo, sempre foi, justamente, além de formar tecnicamente os discentes, contribuir para a formação ética e espiritual dos seus alunos.

Não deveriam, pois, essas instituições de ensino confessional de diversas profissões de fé se sentirem pouco à vontade ou constrangidas de cumprirem, integralmente, o seu múnus, sob o infundado temor de descurar o pluralismo.

Entretanto, uma parte minoritária dessas instituições não cumpre totalmente as suas funções, se acovardam ou por outros interesses quaisquer apostatam, moldando-se às modas e aos valores mundanos.

Seja como for, para todos os seres humanos, nativos ou refugiados, a liberdade de expressão e de crença religiosa está profundamente ligada ao bem comum, um dos objetivos fundamentais da República Federativa do Brasil, sendo tão importantes para o homem como o direito à vida!

A única norma constitucional que cuida da acertada separação e autonomia entre o Estado e as diversas instituições religiosas é o inciso I do artigo 19,[11] que veda à União, aos Estados, ao Distrito Federal e

---

[11] BRASIL, STF-Pleno. ADI nº 3.478/RJ, rel. min. Edson Fachin, j. 20.12.2019, DJe-35 de 19.2.2020. Ementa: DIREITO CONSTITUCIONAL. AÇÃO DIRETA DE INCONSTITUCIONALIDADE. ART. 91, §12, DA CONSTITUIÇÃO DO ESTADO DO RIO DE JANEIRO. DESIGNAÇÃO DE PASTOR EVANGÉLICO PARA ATUAR NAS CORPORAÇÕES MILITARES DAQUELE ESTADO. OFENSA À LIBERDADE DE RELIGIOSA. REGRA DA NEUTRALIDADE. PROCEDÊNCIA DA AÇÃO. 1. A regra de neutralidade do Estado não se confunde com a imposição de uma visão secular, mas consubstancia o respeito e a igual consideração que o Estado deve assegurar a todos dentro de uma realidade multicultural. Precedentes. 2. O direito à liberdade de religião, como expectativa normativa de um princípio da laicidade, obsta que razões religiosas sejam utilizadas como fonte de justificação de práticas institucionais e exige de todos os cidadãos, os que professam crenças teístas, os não teístas e os ateístas, processos complementares de aprendizado a partir da diferença. 3. O direito dos militares à assistência religiosa exige que o Estado abstenha-se de qualquer predileção, sob pena de ofensa ao art. 19, I, da CRFB. Norma estadual que demonstra predileção por determinada orientação religiosa em detrimento daquelas inerentes aos

aos Municípios estabelecer cultos religiosos ou igrejas,[12] subvencioná-los, embaraçar-lhes o funcionamento ou manter com eles ou seus representantes relações de dependência ou aliança, que inviabilize a própria liberdade de crença ou a atuação livre das diversas denominações religiosas, já que a República Federativa do Brasil não é um Estado confessional, ressalvada, assim mesmo, na forma da lei, a colaboração de interesse público ou a promoção do bem de todos (CF, art. 3º, IV).

O fato de a República Federativa do Brasil ser um Estado laico não obsta que a União, os Estados, do Distrito Federal e os Municípios, em todas suas esferas de poder, devam cumprir a determinação constitucional de não embaraçar o exercício dos cultos religiosos, locais de culto e liturgias, mas sim de protegê-los, impedindo que outros os atrapalhem, podendo o Estado recorrer às instituições religiosas com o intuito de obter colaboração delas em assuntos de interesse público.

Cumpre lembrar o preceptivo do §1º do art. 44 do Código Civil Brasileiro (Lei nº 10.406, de 10.1.2002) no sentido de que *são livres a criação, a organização, a estrutura interna e o funcionamento das organizações religiosas, sendo vedado ao poder público negar-lhes reconhecimento ou registro dos atos constitutivos e necessários ao seu funcionamento*, bem como impende avivar os dispositivos dos arts. 208[13] a 211 do Código Penal (Decreto-Lei nº 2.848, de 7.12.1940), que disciplinam os crimes contra o sentimento religioso e contra o respeito aos mortos.

Vale explicitar que o Estado laico é o que não impõe à sua população uma religião oficial, respeita e não discrimina quem crer e quem não crer, e estabelece a separação entre o Estado e as várias Igrejas, sem prejuízo de colaborações mútuas, tendo em vista a realização do bem-estar de todos da sociedade.[14]

---

demais grupos é incompatível com a regra constitucional de neutralidade e com o direito à liberdade de religião. 4. Ação Direta de Inconstitucionalidade julgada procedente.

[12] Por meio do Concílio Vaticano II, convocado pelo Papa João XXIII, em 1961, foi aprovada a Declaração *Dignitatis Humanae* sobre liberdade religiosa de todos, independentemente de qualquer condição, e o reconhecimento de outras religiões, a qual foi promulgada pelo Papa Paulo VI em 7.12.1965. Disponível em: https://www.vatican.va/archive/hist_councils/ii_vatican_council/documents/vat-ii_decl_19651207_dignitatis-humanae_po.html. Acesso em: 4 jun. 2023.

[13] Decreto-Lei nº 2.848, de 7 de dezembro de 1940 (Código Penal) "Ultraje a culto e impedimento ou perturbação de ato a ele relativo. Art. 208. Escarnecer de alguém publicamente, por motivo de crença ou função religiosa; impedir ou perturbar cerimônia ou prática de culto religioso; vilipendiar publicamente ato ou objeto de culto religioso: Pena – detenção, de um mês a um ano, ou multa. Parágrafo único - Se há emprego de violência, a pena é aumentada de um terço, sem prejuízo da correspondente à violência".

[14] Cf. DIP, Ricardo. O Estado laico e o magistério eclesial: acolhimento arrependido da modernidade ou apostasia objetiva das nações católicas. *In*: DIP, Ricardo; FERNANDES, An-

Portanto, essa colaboração recíproca é muitíssimo importante, indispensável e querida pela Constituição de 1988, de modo que o Estado brasileiro, por ser laico, não significa que não deva atuar de forma positiva e colaborativa com todas as religiões, e a recíproca é verdadeira, todas as religiões devem colaborar com o Estado e com a sociedade, em busca do alcance do bem de todos (CF, art. 3º, IV), não só na seara do crescimento espiritual dos fiéis, mas, também, no campo da geração da cidadania, da assistência social, em especial, no combate à fome, a favor da educação e da saúde.

Aliás, Ives Gandra da Silva Martins e Celso Ribeiro Bastos[15] trazem o seguinte escólio ao inciso I do artigo 19 da Constituição Federal, *verbis*: "o princípio fundamental é o de não colocação de dificuldades e embaraços à criação de Igrejas. Pelo contrário, há até um manifesto intuito constitucional de estimulá-las, o que é evidenciado pela imunidade tributária que gozam".

Ressalte-se que os direitos de crença e de liberdade de culto, de sua expressão, com suas liturgias são inerentes à dignidade humana e, portanto, protegidos até mesmo de emenda constitucional tendente às suas abolições (CF, art. 60, §4º, IV).[16]

Insta ressaltar que a Constituição brasileira de forma alguma inferioriza esta ou aquela crença religiosa nem as opiniões das pessoas que nutrem fé e esperança no ser considerado sagrado de quaisquer religiões nem declara que quem acreditar em um Ser Supremo estaria alijado de direitos e de debate político ou jurídico, ou seja, que não poderia exercer plenamente a sua cidadania e expressar e defender os valores inerentes à dignidade da pessoa humana aprendidos em sua religião.

---

dré Gonçalves (coord.). *Laicismo e Laicidade no Direito*. São Paulo: Quartier Latin, 2017. p. 273. MILANI, Daniela Jorge. *Igreja e Estado*: relações, secularização, laicidade e lugar da religião no espeço público, Curitiba: Juruá Editora, 2015. CASAMASSO, Marco Aurélio Lagreca. *Estado laico*: fundamentos e dimensões do horizonte democrático. Rio de Janeiro: Processo, 2018. FONSECA, Francisco Tomazoli da. *Religião e direito no século XXI*: a liberdade religiosa no Estado laico. Curitiba: Juruá Editora, 2015. SANTAMARÍA, Francisco. *A religião sob suspeita*: laicismo e laicidade. São Paulo: Quadrante, 2013.

[15] BASTOS, Celso Ribeiro; MARTINS, Ives Gandra da Silva. *Comentários à Constituição do Brasil, promulgada em 5 de outubro de 1988*. 3. ed. vol. 2. São Paulo: Saraiva, 2004, p. 55. SILVA JR., Antônio Carlos da Rosa. Entre laicidade e laicismo: por uma interpretação constitucional da relação entre o estado e a religião. In: SILVA JR., A.C.R.; MARANHÃO, Ney; PAMPLONA FILHO, Rodolfo (coord.). *Direito e cristianismo*: temas atuais e polêmicos. Rio de Janeiro: Betel, 2014.

[16] CF/1988. "Art. 60. [...] §4º Não será objeto de deliberação a proposta de emenda tendente a abolir: [...] IV - os direitos e garantias individuais".

Aliás, além do disposto no inciso VIII do artigo 5º,[17] o inciso III do artigo 19 da mesma Carta Política dispõe que *é vedado à União, aos Estados, ao Distrito Federal e aos Municípios criar distinções entre brasileiros ou preferências entre si*, de modo que não tem o menor respaldo constitucional a preconceituosa noção de alguns, que se consideram iluminados, definidores do bem e do mal, do que seria verdade e o que seria mentira, os pretensos guiadores da nação, no sentido de que as ideias e valores de pessoas de quaisquer religiões deveriam ter menos acatamento por parte dos Poderes do Estado e por parte dos agentes da Administração pública em relação aos valores e formulações dos indivíduos ateus ou agnósticos ou aversos a toda e qualquer religião.

A respeito do que estamos discorrendo, por ocasião do julgamento da Ação de Descumprimento de Preceito Constitucional Fundamental (ADPF) nº 54, referente ao julgamento da descriminalização de aborto de embrião anencéfalo e a relação entre o Estado laico e o direito de manifestação da sociedade, tendo em vista o debate moral e ético pertinente, o senhor Ministro Gilmar Mendes reconheceu a legitimidade da manifestação, nesse processo, de várias organizações da sociedade, inclusive de organizações de caráter religioso, embora estas, nessa ocasião, em muitíssimo menor número. Traga-se à colação trecho do voto de Sua Excelência, *in verbis*:

> Nesse contexto, é importante refutar a compreensão de que o Estado laico previsto na CF/1988 impede a manifestação e a participação de organizações religiosas nos debates públicos. Os argumentos de entidades e organizações religiosas podem e devem ser considerados pelo Estado, pela Administração, pelo Legislativo e pelo Judiciário, porque também se relacionam a razões públicas e não somente a razões religiosas.
> A propósito, o Conselho Nacional de Justiça organizou recentemente Seminário Internacional sobre o Estado Laico e a Liberdade Religiosa, acentuando o caráter de separação, mas também de cooperação mútua entre Estado e Confissões Religiosas (MARTINS FILHO, Ives Gandra da Silva; NOBRE, Milton Augusto de Brito (coord.). *Estado Laico e a Liberdade Religiosa*. São Paulo: LTr, 2011). [...]
> Nos temas de aprofundado conteúdo moral e ético, é importante, se não indispensável, escutar a manifestação de cristãos, judeus, muçulmanos, ateus ou de qualquer outro segmento religioso, não só por meio das audiências públicas, quanto por meio do instituto do *amicus curiae*. [...]

---

[17] CF. Art. 5º VIII - ninguém será privado de direitos por motivo de crença religiosa ou de convicção filosófica ou política, salvo se as invocar para eximir-se de obrigação legal a todos imposta e recusar-se a cumprir prestação alternativa, fixada em lei;

Teço essas considerações para registrar a minha inequívoca posição no sentido de que a admissão de *amici curiae*, de qualquer confissão religiosas, posição ideológica ou política, deve ser privilegiada por esta Corte. Em se tratando de ações de controle abstrato de constitucionalidade, isso é particularmente evidente, ante a repercussão da decisão.

Por outro lado, é preciso ressaltar, como o fez Schmitt ao tratar do conceito do político, que todo assunto capaz de mobilizar ou dividir uma comunidade convola-se imediatamente em matéria afeita à política, deixando de se referir, portanto, apenas à saúde, ao crime etc. Por essa razão, ressalto a minha posição em defesa da possibilidade de manifestação da sociedade, sobretudo em ações delicadas como a presente.[18]

Destarte, como Rodrigo Arnoni Scalquette reconhece, *houve, portanto, na elaboração da Constituição Federal de 1988 a intervenção de um contexto religioso que pairou sobre o direito positivo de uma maneira geral inspirado pela dignidade humana – razão de ser do Direito e da Religião*.[19]

Todos esses direitos humanos fundamentais, em especial, o de crença e de liberdade de culto, de sua expressão, com suas liturgias, por serem inerentes à dignidade humana, são protegidos até mesmo de emenda constitucional tendente às suas abolições (CF, art. 60, §4º, IV), ou seja, nem o constituinte derivado, por três quintos (3/5) de votos em votação dupla, e, no caso da União, nas duas casas legislativas, nem o legislador infraconstitucional, muito menos membros do Poder Judiciário, poderiam restringi-los.

Insta ser transcrito o inteiro teor do preceptivo constitucional do art. 60, que cuida de emenda à Constituição, restringindo subjetivamente tal competência ao Poder Constituinte Derivado, além de vedar materialmente a possibilidade de alteração constitucional em determinados casos, *verbo ad verbum*:

> Art. 60. A Constituição poderá ser emendada mediante proposta:
> I - de um terço, no mínimo, dos membros da Câmara dos Deputados ou do Senado Federal;
> II - do Presidente da República;

---

[18] BRASIL, STF-Pleno. ADPF nº 54, rel. Min. Marco Aurélio, trecho do voto proferido pelo Min. Gilmar Mendes, julgamento: 12.04.2012, publicação: DJe-80, 30.04.2013. Disponível em: https://redir.stf.jus.br/paginadorpub/paginador.jsp?docTP=TP&docID=3707334. Acesso em: 4 jun. 2023.

[19] SCALQUETTE, Rodrigo Arnoni. *História do direito*: perspectivas histórico-constitucionais da relação entre Estado e religião. São Paulo: Atlas, 2013, p. 172.

III - de mais da metade das Assembleias Legislativas das unidades da Federação, manifestando-se, cada uma delas, pela maioria relativa de seus membros.

§1º A Constituição não poderá ser emendada na vigência de intervenção federal, de estado de defesa ou de estado de sítio.

§2º A proposta será discutida e votada em cada Casa do Congresso Nacional, em dois turnos, considerando-se aprovada se obtiver, em ambos, três quintos dos votos dos respectivos membros.

§3º A emenda à Constituição será promulgada pelas Mesas da Câmara dos Deputados e do Senado Federal, com o respectivo número de ordem.

§4º Não será objeto de deliberação a proposta de emenda tendente a abolir:

I - a forma federativa de Estado;

II - o voto direto, secreto, universal e periódico;

III - a separação dos Poderes;

IV - os direitos e garantias individuais.

§5º A matéria constante de proposta de emenda rejeitada ou havida por prejudicada não pode ser objeto de nova proposta na mesma sessão legislativa.

Ademais, é notório que direitos previstos pelo Estatuto Político não podem ser restringidos senão pela própria Constituição, não cabendo ao constituinte derivado nem ao legislador infraconstitucional, tampouco ao Poder Judiciário, criar exceções ou limitar esses direitos constitucionais fora do que pretendem as respectivas normas postas na Carta Magna: devem todos buscar identificar e proclamar o sentido, o alcance e a teleologia queridos pela própria Constituição nessas correspondentes normas.

Se assim não fosse, ruiria todo o sistema de competência e de hierarquia de normas jurídicas. A pirâmide de hierarquia do ordenamento jurídico brasileiro se desmoronaria.

O direito à liberdade religiosa para todos, nativos ou refugiados, está fundamentado nos princípios da igualdade e da vedação de discriminação e sobretudo na elevada dignidade da pessoa humana.[20]

De fato, o princípio da liberdade religiosa é considerado um dos pilares da garantia do princípio da dignidade humana.[21] Todos têm

---

[20] MARTINS, Ana Maria Guerra. A igualdade e a não discriminação como fundamento dos direitos dos migrantes e dos refugiados no direito internacional, in opus citatum, "Refugiados, migrantes e igualdade dos povos...", 2017, p. 201.

[21] SANTINI, Christine. Liberdade religiosa e dignidade humana, in opus citatum, "Refugiados, migrantes e igualdade dos povos...", 2017, p. 443-446.

o direito de seguir a religião de sua escolha ou mesmo não professar religião alguma.[22]

Cabe trazer a lume a seguinte exortação do Papa Francisco em defesa da liberdade religiosa dos crentes do Islã, *verbo ad verbum*:

> O Papa Francisco em 2013, na Exortação Apostólica *Evangelii Gaudium* (n. 253), pede aos cristãos que acolham com afeto e respeito os imigrantes do Islã tal como espera que os cristãos sejam acolhidos e respeitados nos países de tradição islâmica, assegurando a liberdade de culto e manifestação da própria fé, tendo em conta a liberdade religiosa que os crentes do Islã gozam nos países ocidentais. A Ilha de Lampedusa foi transformada em fronteira entre Europa e África devido a escolhas de governantes, considerando as notícias de tantos náufragos superlotados de migrantes, Francisco (2013) proferiu um discurso profundamente existencial e profético ao lançar o questionamento: *Quem é o responsável pelo sangue destes irmãos e irmãs? Ninguém! Todos nós respondemos assim: não sou eu, não tenho nada a ver com isso; serão outros, eu não certamente. Mas Deus pergunta a cada um de nós: Onde está o sangue do teu irmão que clama até Mim? Hoje ninguém no mundo se sente responsável por isso; perdemos o sentido da responsabilidade fraterna (...) A cultura do bem-estar, que nos leva a pensar em nós mesmos, torna-nos insensíveis aos gritos dos outros, faz-nos viver como se fôssemos bolhas de sabão: estas são bonitas, mas não são nada, são pura ilusão do fútil, do provisório.*[23]

A expressão liberdade religiosa pode ser explicitada como o direito inalienável de cada ser humano de não ser forçado nem impedido, por indivíduos, grupos ou Estados, de assumir uma crença religiosa e de praticar privada ou publicamente atos de adoração ou devoção e que demonstram a sua fé. O exercício prático desse direito pressupõe o reconhecimento e o amparo legal do Estado, a quem se reconhece

---

[22] A liberdade religiosa é defendida, por exemplo, pela Igreja Católica em várias encíclicas papais e no Catecismo da Igreja Católica, parágrafos 1907, 2107 a 2109, 2211. A valorização dos samaritanos por parte de Jesus Cristo (p. ex., a parábola do bom samaritano e o encontro de Jesus com a samaritana no poço de Jacó) já mostra a orientação que sempre deve ser seguida pelos cristãos. Os samaritanos acreditavam que adoravam o mesmo Deus dos judeus, mas se pode dizer que seguiam outra religião, já que não adotaram como inspirada toda a Escritura dos judeus, a não ser os cinco primeiros livros, o Pentateuco de Moisés. Como não aceitavam os demais livros da revelação divina (por acharem que eram invenções dos judeus), o culto dos samaritanos era considerado defeituoso pelos judeus. Alguns por ingenuidade criticam a Igreja Católica pela forma como atuou na inquisição e nas cruzadas, tendo como parâmetro os valores atuais, sem fazer a devida abordagem científico-histórica com base nos valores dominantes da época dos acontecimentos.

[23] GERALDO, Denilson. "Migração e teologia: o ethos cristão", in opus citatum, Refugiados, migrantes e igualdade dos povos..., 2017, p. 510.

a competência de definir seus limites, em vista do bem comum e da ordem pública.

Em se tratando de tratados internacionais, a Declaração Universal dos Direitos Humanos, aprovada em 1948 no seio da ONU, determina vários direitos humanos, estabelecendo no §1º do artigo 16 que *os homens e mulheres de maior idade, sem qualquer restrição de raça, nacionalidade ou religião, têm o direito de contrair matrimônio e fundar uma família. Gozam de iguais direitos em relação ao casamento, sua duração e sua dissolução*; e no seu artigo 18 afirma que *todo ser humano tem direito à liberdade de pensamento, consciência e religião; esse direito inclui a liberdade de mudar de religião ou crença e a liberdade de manifestar essa religião ou crença pelo ensino, pela prática, pelo culto em público ou em particular.*[24]

Tragam-se à colação, outrossim, os seguintes preceptivos da Carta das Nações Unidas, da qual faz parte integrante o Estatuto da Corte Internacional de Justiça, assinada em São Francisco, em 26 de junho de 1945, por ocasião da Conferência da Organização Internacional das Nações Unidas (ONU), promulgada pelo Decreto nº 19.841, de 22 de outubro de 1945, com *status* de normas constitucionais (CF/1988, art. 5º §2º),[25] *in verbis*:

> Artigo 1º. Os propósitos das Nações unidas são:
> [...]
> §3º. Conseguir uma cooperação internacional para resolver os problemas internacionais de caráter econômico, social, cultural ou humanitário, e para promover e estimular o respeito aos direitos humanos e às liberdades fundamentais para todos, sem distinção de raça, sexo, língua ou religião;
> [...]
> Artigo 13. §1º. A Assembleia Geral iniciará estudos e fará recomendações, destinados a:
> [...]

---

[24] Disponível em: https://www.oas.org/dil/port/1948%20Declara%C3%A7%C3%A3o%20 Universal%20dos%20Direitos%20Humanos.pdf. Acesso em: 4 jun. 2023.

[25] CF/1988. Art. 5º. [...] §2º Os direitos e garantias expressos nesta Constituição não excluem outros decorrentes do regime e dos princípios por ela adotados, ou dos tratados internacionais em que a República Federativa do Brasil seja parte. §3º Os tratados e convenções internacionais sobre direitos humanos que forem aprovados, em cada Casa do Congresso Nacional, em dois turnos, por três quintos dos votos dos respectivos membros, serão equivalentes às emendas constitucionais. (incluído pela Emenda Constitucional nº 45, de 2004) (vide DLG nº 186, de 2008) (vide Decreto nº 6.949, de 2009), (vide DLG nº 261, de 2015), (vide Decreto nº 9.522, de 2018) (vide ADIN nº 3.392) (vide DLG nº 1, de 2021), (vide Decreto nº 10.932, de 2022).

b) promover cooperação internacional nos terrenos econômico, social, cultural, educacional e sanitário e favorecer o pleno gozo dos direitos humanos e das liberdades fundamentais, por parte de todos os povos, sem distinção de raça, sexo, língua ou religião.
[...]
Artigo 55. Com o fim de criar condições de estabilidade e bem-estar, necessárias às relações pacíficas e amistosas entre as Nações, baseadas no respeito ao princípio da igualdade de direitos e da autodeterminação dos povos, as Nações Unidas favorecerão:
[...]
c) o respeito universal e efetivo dos direitos humanos e das liberdades fundamentais para todos, sem distinção de raça, sexo, língua ou religião.
[...]
Artigo 76. Os objetivos básicos do sistema de tutela, de acordo com os Propósitos das Nações Unidas enumerados no artigo 1º da presente Carta serão:
[...]
c) estimular o respeito aos direitos humanos e às liberdades fundamentais para todos, sem distinção de raça, sexo língua ou religião e favorecer o reconhecimento da interdependência de todos os povos;
[...]

Insta realçar, no que tange à proteção dos refugiados e do direito deles a suas crenças, a Convenção relativa ao Estatuto dos Refugiados, concluída em Genebra em 26 de julho de 1951. Transcrevem-se alguns artigos pertinentes da aludida Convenção, internalizada pelo Decreto promulgador nº 50.215, de 28 de janeiro de 1961, com redação dada pelo Decreto nº 98.602, de 19 de dezembro de 1989, *verbo ad verbum*:

Art. 2º - Obrigações gerais: Todo refugiado tem deveres para com o país em que se encontra, os quais compreendem notadamente a obrigação de se conformar às leis e regulamentos, assim como às medidas tomadas para a manutenção da ordem pública.
Art. 3º - Não discriminação: Os Estados Contratantes aplicarão as disposições desta Convenção aos refugiados sem discriminação quanto à raça, à religião ou ao país de origem.
Art. 4º - Religião: Os Estados Contratantes proporcionarão aos refugiados em seu território um tratamento ao menos tão favorável quanto o que é proporcionado aos nacionais no que concerne à liberdade de praticar a sua religião e no que concerne à liberdade de instrução religiosa dos seus filhos.
[...]

Artigo 33 - Proibição de expulsão ou de rechaço: §1. Nenhum dos Estados Contratantes expulsará ou rechaçará, de forma alguma, um refugiado para as fronteiras dos territórios em que sua vida ou liberdade seja ameaçada em decorrência da sua raça, religião, nacionalidade, grupo social a que pertença ou opiniões políticas.[26] [27]

Transcrevam-se, outrossim, o art. 2º, §1º; o art. 4º, §1º; o art. 18; o art. 24, §1º; os arts. 26 e 27, todos do Pacto Internacional sobre Direitos Civis e Políticos, internalizado no nosso País pelo Decreto promulgador nº 592, de 6 de julho de 1992:

ARTIGO 2º

§1º. Os Estados-Partes do presente pacto comprometem-se a respeitar e garantir a todos os indivíduos que se achem em seu território e que estejam sujeitos a sua jurisdição os direitos reconhecidos no presente Pacto, sem discriminação alguma por motivo de raça, cor, sexo, língua, religião, opinião política ou de outra natureza, origem nacional ou social, situação econômica, nascimento ou qualquer condição.

[...]

ARTIGO 4º

§1º. Quando situações excepcionais ameacem a existência da nação e sejam proclamadas oficialmente, os Estados-Partes do presente Pacto podem adotar, na estrita medida exigida pela situação, medidas que suspendam as obrigações decorrentes do presente Pacto, desde que tais medidas não

---

[26] Disponível em: https://www.planalto.gov.br/ccivil_03/decreto/1950-1969/d50215.htm. Acesso em: 4 jun. 2023.

[27] Gilberto Rodrigues (obra citada, 2019, p. 22, 26 a 27) explicita que a Convenção de Genebra de 1951 restringe à inclusão como refugiado apenas todo indivíduo que seja perseguido ou que tenha um fundado receio de perseguição, por motivo de raça, religião, nacionalidade, opinião política ou grupo social. Nessa definição da convenção, não estariam protegidas as pessoas que fogem de conflitos armados internos em seus países de origem ou que são perseguidos por gangues. Reconhece que é muito difícil ampliar a definição de refugiado dada pela Convenção de 1951, pois haveria muitos interesses em jogo, principalmente dos países desenvolvidos, que não querem ampliar as possibilidades de ingresso de refugiados em seus países. Narra referido autor que houve uma ampliação dessa definição, diante da crise envolvendo refugiados e deslocados internos, vítimas de conflitos armados na Colômbia e na América Central (El Salvador, Guatemala e Nicarágua), com a aprovação de um documento conhecido como Declaração de Cartagena em 1984, em que se recomenda que, para a América Latina e Caribe, a definição de refugiado seja ampliada para incluir pessoas que tenham fugido do seu país porque sua vida, segurança ou liberdade foram ameaçadas pela violência generalizada, os conflitos internos, a violação maciça dos direitos humanos ou outras circunstâncias que tenham perturbado gravemente a ordem pública. Identifica o aludido autor que, na América Latina, há conflitos armados internos gerados por guerrilhas (Colômbia), crime organizado (México), gangues, também conhecidas como marras (Norte da América Central – El Salvador, Guatemala, Honduras), conflitos políticos (Haiti, Venezuela) e violência generalizada do Estado ou milícias (Nicarágua), sendo que todos esses conflitos têm gerado migrantes forçados que se deslocam principalmente para os países vizinhos.

sejam incompatíveis com as demais obrigações que lhes sejam impostas pelo Direito Internacional e não acarretem discriminação alguma apenas por motivo de raça, cor, sexo, língua, religião ou origem social.

[...]

ARTIGO 18

§1º. Toda pessoa terá direito à liberdade de pensamento, de consciência e de religião. Esse direito implicará a liberdade de ter ou adotar uma religião ou uma crença de sua escolha e a liberdade de professar sua religião ou crença, individual ou coletivamente, tanto pública como privadamente, por meio do culto, da celebração de ritos, de práticas e do ensino.

§2º. Ninguém poderá ser submetido a medidas coercitivas que possam restringir sua liberdade de ter ou de adotar uma religião ou crença de sua escolha.

§3º. A liberdade de manifestar a própria religião ou crença estará sujeita apenas a limitações previstas em lei e que se façam necessárias para proteger a segurança, a ordem, a saúde ou a moral públicas ou os direitos e as liberdades das demais pessoas.

§4º. Os Estados-Partes do presente Pacto comprometem-se a respeitar a liberdade dos pais – e, quando for o caso, dos tutores legais – de assegurar a educação religiosa e moral dos filhos que esteja de acordo com suas próprias convicções.

[...]

ARTIGO 24

§1º. Toda criança terá direito, sem discriminação alguma por motivo de cor, sexo, língua, religião, origem nacional ou social, situação econômica ou nascimento, às medidas de proteção que a sua condição de menor requerer por parte de sua família, da sociedade e do Estado.

[...]

ARTIGO 26

Todas as pessoas são iguais perante a lei e têm direito, sem discriminação alguma, a igual proteção da Lei. A este respeito, a lei deverá proibir qualquer forma de discriminação e garantir a todas as pessoas proteção igual e eficaz contra qualquer discriminação por motivo de raça, cor, sexo, língua, religião, opinião política ou de outra natureza, origem nacional ou social, situação econômica, nascimento ou qualquer outra situação.

ARTIGO 27

Nos Estados em que haja minorias étnicas, religiosas ou linguísticas, as pessoas pertencentes a essas minorias não poderão ser privadas do direito de ter, conjuntamente com outros membros de seu grupo, sua própria vida cultural, de professar e praticar sua própria religião e usar sua própria língua.[28]

---

[28] Disponível em: https://www.planalto.gov.br/ccivil_03/decreto/1930-1949/d19841.htm. Acesso em: 4 jun. 2023.

Mencione-se que o Decreto nº 70.946, de 7 de agosto de 1972, promulgou o Protocolo sobre o Estatuto dos Refugiados, de 31 de janeiro de 1967, que expandiu a definição de refugiados contida na Convenção de 1951, já que antes os refugiados somente eram assim considerados se fossem europeus e em decorrência de episódios ocorridos antes de 1º de janeiro de 1951, e, em virtude de perseguição ou fundado temor de perseguição baseada em raça, religião, nacionalidade, opiniões políticas ou pertença a certo grupo social, e não fosse viável retornar ao país original. A partir desse Protocolo foram inclusos os refugiados de todas as partes do mundo sem a referida limitação de tempo.

Flávia Piovesan assim traz a definição de refugiado, em conformidade com a Convenção de 1951 e o Protocolo de 1967, *in verbis*:

> [...] refugiado é aquele que sofre fundado temor de perseguição por motivos de raça, religião, nacionalidade, participação em determinado grupo social ou opiniões políticas, não podendo ou não querendo por isso servir-se da proteção do seu país de origem. Vale dizer, refugiada é a pessoa que não só não é respeitada pelo Estado ao qual pertence, como também é esse Estado quem a persegue, ou não pode protegê-la quando ela estiver sendo perseguida.
> [...] Por sua vez, a Declaração de Cartagena sobre Refugiados de 1984, aplicável aos países da América Latina, [...] recomenda que a definição de refugiado abranja também as pessoas que fugiram de seus países porque sua vida, seguranças ou liberdade foram ameaçadas pela violência generalizada, pela agressão estrangeira, pelos conflitos internos, pela violação maciça dos direitos humanos, ou por outras circunstâncias que hajam perturbado gravemente a ordem pública.
> [...]
> A definição ampliada e a definição clássica de refugiados não devem ser consideradas como excludentes e incompatíveis, mas, pelo contrário, complementares. O conceito de refugiado, tal como é definido na Convenção e no Protocolo, apresenta uma base jurídica apropriada para a proteção universal dos refugiados. Contudo, isso não impede a aplicação de um conceito de refugiado mais extenso, a ser considerado como um instrumento técnico efetivo para facilitar sua aplicação ampla e humanitária em situações de fluxos maciços de refugiados.[29]

Destaquem-se, ainda, artigos da Convenção Americana sobre Direitos Humanos (Pacto de São José da Costa Rica), de 22 de novembro

---

[29] PIOVESAN, Flávia. O direito de asilo e a proteção internacional dos refugiados. In: RODRIGUES, Viviane Mozine (org.). *Direitos humanos e refugiados*. Curitiba: Editora CRV, 2016, p. 55-57.

de 1969, promulgada pelo Decreto nº 678, de 6 de novembro de 1992, *ipsis litteris*:

ARTIGO 1º Obrigação de Respeitar os Direitos

§1º. Os Estados-Partes nesta Convenção comprometem-se a respeitar os direitos e liberdades nela reconhecidos e a garantir seu livre e pleno exercício a toda pessoa que esteja sujeita à sua jurisdição, sem discriminação alguma por motivo de raça, cor, sexo, idioma, religião, opiniões políticas ou de qualquer outra natureza, origem nacional ou social, posição econômica, nascimento ou qualquer outra condição social.

[...]

ARTIGO 12 Liberdade de Consciência e Religiosa

§1º. Toda pessoa tem direito à liberdade de consciência e de religião. Esse direito implica a liberdade de conservar sua religião ou suas crenças, ou de mudar de religião ou de crenças, bem como a liberdade de professar e divulgar sua religião ou suas crenças, individual ou coletivamente, tanto em público como em privado.

§2º. Ninguém pode ser objeto de medidas restritivas que possam limitar sua liberdade de conservar sua religião ou suas crenças, ou de mudar de religião ou de crenças.

§3º. A liberdade de manifestar a própria religião e as próprias crenças está sujeita unicamente às limitações prescritas pela lei e que sejam necessárias para proteger a segurança, a ordem, a saúde ou a moral públicas ou os direitos ou liberdades das demais pessoas.

§4º. Os pais, e quando for o caso os tutores, têm direito a que seus filhos ou pupilos recebam a educação religiosa e moral que esteja acorde com suas próprias convicções.

ARTIGO 13 Liberdade de Pensamento e de Expressão

§1º. Toda pessoa tem direito à liberdade de pensamento e de expressão. Esse direito compreende a liberdade de buscar, receber e difundir informações e ideias de toda natureza, sem consideração de fronteiras, verbalmente ou por escrito, ou em forma impressa ou artística, ou por qualquer outro processo de sua escolha.

O exercício do direito previsto no inciso precedente não pode estar sujeito a censura prévia, mas a responsabilidades ulteriores, que devem ser expressamente fixadas pela lei a ser necessárias para assegurar:

a) o respeito aos direitos ou à reputação das demais pessoas; ou

b) a proteção da segurança nacional, da ordem pública, ou da saúde ou da moral públicas.

§3º. Não se pode restringir o direito de expressão por vias ou meios indiretos, tais como o abuso de controles oficiais ou particulares de papel de imprensa, de frequências radioelétricas ou de equipamentos e aparelhos usados na difusão de informação, nem por quaisquer outros meios destinados a obstar a comunicação e a circulação de ideias e opiniões.

§4º. A lei pode submeter os espetáculos públicos a censura prévia, com o objetivo exclusivo de regular o acesso a eles, para proteção moral da infância e da adolescência, sem prejuízo do disposto no inciso 2.

§5º. A lei deve proibir toda propaganda a favor da guerra, bem como toda apologia ao ódio nacional, racial ou religioso que constitua incitação à discriminação, à hostilidade, ao crime ou à violência.

[...]

ARTIGO 16

§1º. Todas as pessoas têm o direito de associar-se livremente com fins ideológicos, religiosos, políticos, econômicos, trabalhistas, sociais, culturais, desportivos, ou de qualquer outra natureza.

Impende mencionar que, em 1969, foi aprovada a Convenção da Organização da Unidade Africana sobre refugiados, tendo entrado em vigor internacional em 1974. Este Tratado deve o mérito de estabelecer, pela primeira vez, a ampliação da definição de refugiado, passando a prever como merecedor de refúgio a pessoa fugitiva de situação de violação generalizada de direitos humanos.[30]

Além destas, impende ressaltar o inteiro teor da Declaração sobre Eliminação de Todas as Formas de Intolerância e Discriminação Fundadas na Religião ou Convicções, proclamada pela Assembleia Geral das Nações Unidas, em 25 de novembro de 1981 – Resolução nº 36/55, *verbis*:

> A Assembleia Geral,
>
> Considerando que um dos princípios fundamentais da Carta das Nações Unidas é o da dignidade e o da igualdade próprias de todos os seres humanos, e que todos os estados membros se comprometeram em tomar todas as medidas conjuntas e separadamente, em cooperação com a Organização das Nações Unidas, para promover e estimular o respeito universal e efetivo dos direitos humanos e as liberdades fundamentais de todos, sem distinção de raça, sexo, idioma ou religião,
>
> Considerando que na Declaração Universal de Direitos Humanos e nos Pactos internacionais de direitos humanos são proclamados os princípios de não discriminação e de igualdade diante da lei e o direito à liberdade de pensamento, de consciência, de religião ou de convicções,
>
> Considerando que o desprezo e a violação dos direitos humanos e das liberdades fundamentais, em particular o direito a liberdade de pensamento, de consciência, de religião ou de qualquer convicção, causaram

---

[30] Disponível em: https://au.int/sites/default/files/treaties/36846-treaty-0039_-_kampala_convention_african_union_convention_for_the_protection_and_assistance_of_internally_displaced_persons_in_africa_p.pdf. Acesso em: 5 jun. 2023.

direta ou indiretamente guerras e grandes sofrimentos à humanidade, especialmente nos casos em que sirvam de meio de intromissão estrangeira nos assuntos internos de outros Estados e são o mesmo que instigar o ódio entre os povos e as nações,

Considerando que a religião ou as convicções, para quem as profere, constituem um dos elementos fundamentais em sua concepção de vida e que, portanto, a liberdade de religião ou de convicções deve ser integralmente respeitada e garantida,

Considerando que é essencial promover a compreensão, a tolerância e o respeito nas questões relacionadas com a liberdade de religião e de convicções e assegurar que não seja aceito o uso da religião ou das convicções com fins incompatíveis com os da Carta, com outros instrumentos pertinentes das Nações Unidas e com os propósitos e princípios da presente Declaração,

Convencida de que a liberdade de religião ou de convicções deve contribuir também na realização dos objetivos da paz mundial, justiça social e amizade entre os povos e à eliminação das ideologias ou práticas do colonialismo e da discriminação racial,

Tomando nota com satisfação de que, com os auspícios das Nações Unidas e dos organismos especializados, foram aprovadas várias convenções, e de que algumas delas já entraram em vigor, para a eliminação de diversas formas de discriminação,

Preocupada com as manifestações de intolerância e pela existência de discriminação nas esferas da religião ou das convicções que ainda existem em alguns lugares do mundo,

Decidida a adotar todas as medidas necessárias para a rápida eliminação de tal intolerância em todas as suas formas e manifestações e para prevenir e combater a discriminação pôr motivos de religião ou de convicções,

Proclama a presente Declaração sobre a eliminação de todas as formas de intolerância e discriminação fundadas na religião ou nas convicções:

Artigo 1º

§1º. Toda pessoa tem o direito de liberdade de pensamento, de consciência e de religião. Este direito inclui a liberdade de ter uma religião ou qualquer convicção a sua escolha, assim como a liberdade de manifestar sua religião ou suas convicções individuais ou coletivamente, tanto em público como em privado, mediante o culto, a observância, a prática e o ensino.

§2º. Ninguém será objeto de coação capaz de limitar a sua liberdade de ter uma religião ou convicções de sua escolha.

§3º. A liberdade de manifestar a própria religião ou as próprias convicções estará sujeita unicamente às limitações prescritas na lei e que sejam necessárias para proteger a segurança, a ordem, a saúde ou a moral pública ou os direitos e liberdades fundamentais dos demais.

Artigo 2º

§1º. Ninguém será objeto de discriminação por motivos de religião ou convicções por parte de nenhum estado, instituição, grupo de pessoas ou particulares.

§2º. Aos efeitos da presente declaração, entende-se por "intolerância e discriminação baseadas na religião ou nas convicções" toda a distinção, exclusão, restrição ou preferência fundada na religião ou nas convicções e cujo fim ou efeito seja a abolição ou o fim do reconhecimento, o gozo e o exercício em igualdade dos direitos humanos e das liberdades fundamentais.

Artigo 3º

A discriminação entre os seres humanos por motivos de religião ou de convicções constitui uma ofensa à dignidade humana e uma negação dos princípios da Carta das Nações Unidas, e deve ser condenada como uma violação dos direitos humanos e das liberdades fundamentais proclamados na Declaração Universal de Direitos Humanos e enunciados detalhadamente nos Pactos internacionais de direitos humanos, e como um obstáculo para as relações amistosas e pacíficas entre as nações.

Artigo 4º

§1º. Todos os estados adotarão medidas eficazes para prevenir e eliminar toda discriminação por motivos de religião ou convicções no reconhecimento, o exercício e o gozo dos direitos humanos e das liberdades fundamentais em todas as esferas da vida civil, econômica, política, social e cultural.

§2º. Todos os Estados farão todos os esforços necessários para promulgar ou derrogar leis, segundo seja o caso, a fim de proibir toda discriminação deste tipo e por tomar as medidas adequadas para combater a intolerância por motivos ou convicções na matéria.

Artigo 5º

§1º. Os pais, ou no caso os tutores legais de uma criança terão o direito de organizar sua vida familiar conforme sua religião ou suas convicções e devem levar em conta a educação moral em que acreditem e queiram educar suas crianças.

§2º. Toda criança gozará o direito de ter acesso a educação em matéria de religião ou convicções conforme seus desejos ou, no caso, seus tutores legais, e não lhes será obrigado a instrução em uma religião ou convicções contra o desejo de seus pais ou tutores legais, servindo de princípio essencial o interesse superior da criança.

§3º. A criança estará protegida de qualquer forma de discriminação por motivos de religião ou convicções. Ela será educada em um espírito de compreensão, tolerância, amizade entre os povos, paz e fraternidade universal, respeito à liberdade de religião ou de convicções dos demais e em plena consciência de que sua energia e seus talentos devem dedicar-se ao serviço da humanidade.

§4º. Quando uma criança não esteja sob a tutela se seus pais nem de seus tutores legais, serão levadas em consideração os desejos expressos por eles ou qualquer outra prova que se tenha obtido de seus desejos em matéria de religião ou de convicções, servindo de princípio orientador o interesse superior da criança.

§5º. A prática da religião ou convicções em que se educa uma criança não deverá prejudicar sua saúde física ou mental nem seu desenvolvimento integral levando em conta o parágrafo 3º do artigo 1º da presente Declaração.

Artigo 6º

Conforme o artigo 1º da presente Declaração e sem prejuízo do disposto no parágrafo 3 do artigo 1º, o direito à liberdade de pensamento, de consciência, de religião ou de convicções compreenderá especialmente as seguintes liberdades: a) A de praticar o culto e o de celebrar reuniões sobre a religião ou as convicções, e de fundar e manter lugares para esses fins; b) A de fundar e manter instituições de beneficência ou humanitárias adequadas; c) A de confeccionar, adquirir e utilizar em quantidade suficiente os artigos e materiais necessários para os ritos e costumes de uma religião ou convicção; d) A de escrever, publicar e difundir publicações pertinentes a essas esferas; e) A de ensinar a religião ou as convicções em lugares aptos para esses fins; f) A de solicitar e receber contribuições voluntárias financeiras e de outro tipo de particulares e instituições; g) A de capacitar, nomear, eleger e designar por sucessão os dirigentes que correspondam segundo as necessidades e normas de qualquer religião ou convicção; h) A de observar dias de descanso e de comemorar festividades e cerimônias de acordo com os preceitos de uma religião ou convicção; i) A de estabelecer e manter comunicações com indivíduos e comunidades sobre questões de religião ou convicções no âmbito nacional ou internacional.

Artigo 7º

Os direitos e liberdades enunciados na presente Declaração serão concedidos na legislação nacional de modo tal que todos possam desfrutar deles na prática.

Artigo 8º

Nada do que está disposto na presente declaração será entendido de forma que restrinja ou derrogue algum dos direitos definidos na Declaração Universal de Direitos Humanos e nos Pactos internacionais de direitos humanos.[31]

Impende deixar expresso que, em 1984, a definição de refugiado, que havia sido ampliada pela Convenção da Organização da Unidade

---

[31] Disponível em: http://www.dhnet.org.br/direitos/sip/onu/discrimina/religiao.htm. Acesso em: 4 jun. 2023.

Africana (OUA), foi acatada pela Declaração da Cartagena sobre Refugiados (*soft law*, dirigida aos países da América Latina), de acordo com o seu item 3º:

> Reiterar que, face à experiência adquirida pela afluência em massa de refugiados na América Central, se toma necessário encarar a extensão do conceito de refugiado tendo em conta, no que é pertinente, e de acordo com as características da situação existente na região, o previsto na Convenção da OUA (artigo 1º, parágrafo 2º) e a doutrina utilizada nos relatórios da Comissão Interamericana dos Direitos Humanos. Deste modo, a definição ou o conceito de refugiado recomendável para sua utilização na região é o que, além de conter os elementos da Convenção de 1951 e do Protocolo de 1967, considere também como refugiados as pessoas que tenham fugido dos seus países porque a sua vida, segurança ou liberdade tenham sido ameaçadas pela violência generalizada, a agressão estrangeira, os conflitos internos, a violação maciça dos direitos humanos ou outras circunstâncias que tenham perturbado gravemente a ordem pública.[32]

Mencione-se, ainda, a Declaração sobre Direitos das Pessoas Pertencentes a Minorias Nacionais ou Étnicas, Religiosas e Linguísticas de 1992, que dispõe no seu art. 2º e art. 4º, §§1º e 2º, o que se segue:

> Artigo 2º
> §1º. As pessoas pertencentes a minorias nacionais ou étnicas, religiosas e linguísticas (doravante denominadas "pessoas pertencentes a minorias") terão direito a desfrutar de sua própria cultura, a professar e praticar sua própria religião, e a utilizar seu próprio idioma, em privado e em público, sem ingerência nem discriminação alguma.
> §2º. As pessoas pertencentes a minorias têm o direito de participar efetivamente na vida cultural, religiosa, social, econômica e pública.
> §3º. As pessoas pertencentes a minorias terão o direito de participar efetivamente nas decisões adotadas em nível nacional e, quando cabível, em nível regional, no que diz respeito às minorias a que pertençam ou as regiões em que vivam, de qualquer maneira que não seja incompatível com a legislação nacional.
> §4º. As pessoas pertencentes a minorias terão o direito de estabelecer e de manter as suas próprias associações.
> §5º. As pessoas pertencentes a minorias terão o direito de estabelecer e de manter, sem discriminação alguma, contatos livres e pacíficos com

---

[32] Disponível em: https://www.acnur.org/fileadmin/Documentos/portugues/BD_Legal/Instrumentos_Internacionais/Declaracao_de_Cartagena.pdf. Acesso em: 5 jun. 2023.

os outros membros de seu grupo e com pessoas pertencentes a outras minorias, bem como contatos transfronteiriços com cidadãos de outros Estados com os quais estejam relacionados por vínculos nacionais ou étnicos, religiosos ou linguísticos.
[...]
Artigo 4º
§1º. Os Estados adotarão as medidas necessárias a fim de garantir que as pessoas pertencentes a minorias possam exercer plena e eficazmente todos os seus direitos humanos e liberdades fundamentais sem discriminação alguma e em plena igualdade perante a Lei.
§2º. Os Estados adotarão medidas para criar condições favoráveis a fim de que as pessoas pertencentes a minorias possam expressar suas características e desenvolver a sua cultura, idioma, religião, tradições e costumes, salvo em casos em que determinadas práticas violem a legislação nacional e sejam contrárias às normas internacionais.[33]

A nível de lei ordinária nacional infraconstitucional, temos a Lei nº 9.474, de 22 de julho de 1997, que, entre outras providências, define mecanismos para a implementação do Estatuto dos Refugiados de 1951.[34] Transcrevem-se alguns preceptivos da Lei dos Refugiados Brasileira acerca da liberdade religiosa:

Art. 1º Será reconhecido como refugiado todo indivíduo que:
I - devido a fundados temores de perseguição por motivos de raça, religião, nacionalidade, grupo social[35] ou opiniões políticas encontre-se

---

[33] Disponível em: http://www.dhnet.org.br/direitos/sip/onu/discrimina/dec92.htm#:~:text=dos%20anos%2090.,A%20Declara%C3%A7%C3%A3o%20Sobre%20os%20Direitos%20das%20Pessoas%20Pertencentes%20a%20Minorias,%2C%20pela%20Resolu%C3%A7%C3%A3o%2047%2F137. Acesso em: 4 jun. 2023.

[34] Cf. RAMOS, André de Carvalho. *Direito Internacional dos Refugiados*, e-book. São Paulo: Editora Expressa, 2021. ESTRELA, Wesley. *Estatuto dos refugiados*: domine a Lei nº 9.574/97, e-book, 2020.

[35] Em relação à não aceitação de refúgio de famílias chinesas ameaçadas ou efetivamente punidas na República Democrática da China, tendo os interessados alegado que faziam parte de grupo social perseguido, a solução que vem sendo dada pelos Estados de indeferimento tem sido ideológica, espelhando a visão da nova ordem mundial. Assim, há casos de indeferimento de pedido de refúgio, por famílias chinesas com mais de um filho, perseguidas pelo governo chinês, diante da prática de controle forçado da natalidade ou da política agressiva de planejamento familiar forçado, o que racionalmente é uma contradição, já que existe a aparente indiferença ou mesmo apoio em relação à prática de abortos, em desrespeito aos direitos humanos, em especial, do nascituro, enquanto que, simultaneamente, existe o discurso feminista bem aceitável de que a mulher é dona do próprio corpo, que defende o direito à sexualidade, o direito à liberdade, de ser feliz, segundo as próprias convicções e valores, inclusive, os valores decorrentes de crenças religiosas. A esse respeito, André de Carvalho Ramos (in opus citatum, Direito internacional dos refugiados, 2021, p.16) relata que "o ACNUR adotou o seguinte posicionamento sobre esses

fora de seu país de nacionalidade e não possa ou não queira acolher-se à proteção de tal país;

II - não tendo nacionalidade e estando fora do país onde antes teve sua residência habitual, não possa ou não queira regressar a ele, em função das circunstâncias descritas no inciso anterior;

III - devido a grave e generalizada violação de direitos humanos, é obrigado a deixar seu país de nacionalidade para buscar refúgio em outro país.

[...]

Art. 7º O estrangeiro que chegar ao território nacional poderá expressar sua vontade de solicitar reconhecimento como refugiado a qualquer autoridade migratória que se encontre na fronteira, a qual lhe proporcionará as informações necessárias quanto ao procedimento cabível.

§1º Em hipótese alguma será efetuada sua deportação para fronteira de território em que sua vida ou liberdade esteja ameaçada, em virtude de raça, religião, nacionalidade, grupo social ou opinião política.

Cumpre informar que a República Federativa do Brasil, na vanguarda legislativa do Direito Internacional Humanitário, editou a Lei nº 13.445, de 24 de maio de 2017, que institui a Lei de Migração.[36][37]

Na realidade, cada vez mais, os refugiados, que têm sido forçados a deixar os seus países com a desesperada esperança de melhores condições de vida e, no mais das vezes, sem exagero algum, em busca de sobrevivência, premidos, sobretudo, por guerras externas e por ditaduras instaladas em seus países, desencadeadoras de perseguições em todos os níveis, prisões, mortes e miséria, têm encontrado, no Brasil, uma estrutura precária, mas, ao menos, o reconhecimento de

---

casos: o 'planejamento familiar' não é uma perseguição per se, mas pode ser implementado de modo a perseguir determinadas pessoas. Assim, é necessário que, no caso concreto, haja fatos que evidenciem a perseguição pelas autoridades locais chinesas a determinada família, não bastando seu desejo de não se submeter às políticas gerais de desestímulo e perda de benefícios aos casais com mais de um filho".

[36] KENICKE, Pedro Gallotti. *Comentários à Lei de Migração* (Lei nº 13.445/2017). São Paulo: Thomson Reuters, Revista dos Tribunais, 2021.

[37] Resumidamente, se pode dizer que a diferença entre refúgio e migração é que, naquele, a pessoa foge forçadamente do seu país para outro em busca no mais das vezes da sobrevivência, compelido pela perseguição efetiva que sofre no país de origem ou mesmo por receio de sofrer perseguição, por conflitos internos ou guerras externas, diante de violência ou constantes violações dos direitos humanos e por intolerância religiosa; já nesta o deslocamento sucede por outras razões, como, por exemplo, questões econômicas ou ambientais ou busca de melhoria de condições de vida.

sua ampla liberdade de crença e de práticas de atividade religiosa,[38] além do atendimento de suas necessidades, pelo menos, as mínimas.[39]

O Brasil tem ingentes e inigualáveis potencialidades, poderia ser uma das maiores potências mundiais no campo social e econômico, mas não se sabe o porquê, continua percorrendo a sua sina de ser o "país do futuro", daí suas grandes limitações orçamentárias para melhor atender os brasileiros, os estrangeiros residentes do país, economicamente hipossuficientes, e os refugiados aqui acolhidos.

Por outro lado, na realidade, a República Federativa do Brasil, por força mesmo da recebida cultura ocidental judaico-cristã, tem sido reconhecida como um Estado laico, tolerante e respeitador de todas as religiões, de seus cultos, liturgias e valores, onde as Igrejas e os fiéis de vários credos convivem harmonicamente.

Aliás, diferentemente do que tem sucedido em alguns outros países até economicamente mais desenvolvidos, e cientes que muito ainda pode ser feito no sentido de maximizar o acolhimento e a integração dos migrantes dentro de nossa realidade econômica, não se pode negar que os governos brasileiros – e até mesmo organizações privadas, como a Igreja Católica – têm dado tratamento prevalecente ao seu dever humanitário e solidário de acolher os refugiados e até mesmo migrantes voluntários ou econômicos (não forçados), em detrimento de eventuais custos socioeconômicos internos arcados em decorrência desse acolhimento.

Como afirma Gilberto Rodrigues, *as pessoas refugiadas [...] não devem ser vistas como uma ameaça ou um peso para a sociedade que a recebe; refugiados são pessoas dignas – iguais a você e a mim – e são partes da riqueza humana. São pessoas que trazem lições de coragem e superação diante de ameaças e dos traumas terríveis que tiveram de enfrentar.*[40]

---

[38] Lei nº 13.445, de 24.5.2017, Lei de Migração, cuida, no seu art. 14, *caput*, inciso I, alínea "g", e no art. 30, *caput*, inciso I, alínea "g", do visto temporário e da residência dos migrantes.

[39] Em julho de 2019, a agência da ONU para refugiados (ACNUR) parabenizou o Brasil por reconhecer a condição de refugiado de venezuelanos com base na Declaração de Cartagena sobre Refugiados na América Latina, de 1984, que amplia a definição de refugiados como cidadãos que fogem de seus países por força de grave e generalizada violação de direitos humanos. Para o ACNUR, tal decisão representa um grande avanço para a proteção de venezuelanos que têm sido forçados a deixar seu país. Disponível em: https://www.acnur.org/portugues/2019/07/29/acnur-parabeniza-brasil-por-reconhecer-condicao-de-refugiado-de-venezuelanos-com-base-na-declaracao-de-cartagena/. Acesso em: 5 jun. 2023.

[40] RODRIGUES, Gilberto M. A. *Refugiados*: o grande desafio humanitário. São Paulo: Moderna, 2019, p. 8. Nesta obra, o autor identifica três etapas de evolução do direito ao refúgio: a primeira fase, que se desenvolve até a Segunda Guerra Mundial, caracterizou-se pelo reconhecimento coletivo dos refugiados. Nesta fase, desde a antiguidade se tem notícia de pessoas que, durante séculos, fugiam de algum tipo de perseguição e buscavam

Embora a política nacional de acolhimento e integração dos refugiados possa, sem dúvida, melhorar e muito, ainda que dentro do possível ponto de vista financeiro, é aceitável asseverar que, no território brasileiro, os refugiados têm experimentado o direito de livremente manifestar a sua fé, mesmo que diversa da crença da maioria da nação brasileira, estando assegurado, portanto, salvo inaceitáveis atitudes isoladas de intolerantes, o respeito aos direitos das minorias, diante da observância do princípio do pluralismo e do multiculturalismo.

A nível mundial, apesar de louváveis esforços no sentido de amparar e proteger os migrantes, segundo o Alto Comissariado das Nações Unidas para os Refugiados (ACNUR) – agência criada em 1950 –, o número de pessoas obrigadas a se deslocar no mundo devido a situações de conflito e violência, por razões de guerras, regimes políticos autoritários e intolerância religiosa, causadores ao fim e ao cabo de mortes, mutilações, perseguições e miséria, atingiu, em maio de 2022, a marca de 100 milhões e este número tem crescido ano após ano.[41]

E os migrantes sofrem ainda grandes dificuldades nos países para onde se refugiam. A esse respeito, o pronunciamento de Thelma Thais Cavarzere, *in verbis*:

> Colocar o estrangeiro em situação difícil e desvantajosa, pelo simples fato de ser ele forasteiro, em condições inferiores ao nacional, não é novidade dos nossos tempos. Tanto que, já na Bíblia, em duas passagens, podemos constatar a preocupação com o tratamento que lhe era conferido. A primeira está no Êxodo, capítulo 22, versículo 21: *Não molestarás nem afligirás o estrangeiro, porque também vós fostes estrangeiro na terra do Egito.* A segunda está no Levítico, capítulo 19, versículo 33: *Se algum estrangeiro habitar na vossa terra, e morar entre vós, não o impropereis; mas esteja entre*

---

refúgio, na Grécia antiga, nos Oráculos de Delfos e de Delos e nos Mosteiros na Idade Média. O Tratado de Versalhes de 1919, criador da Sociedade/Liga das Nações, quando entrou em vigor em 1920, teve como principal desafio resolver o problema de milhões de apátridas e refugiados. A segunda fase, considerada de transição, passou a proteger individualmente os refugiados e abarca a Segunda Guerra Mundial até sua conclusão. A terceira fase inicia-se com a entrada em vigor internacional da Convenção de 1951 e com o estabelecimento do ACNUR e se prolonga até nos dias de hoje, caracterizando-se pelo reconhecimento de outras formas de proteção internacional (Obra citada, p. 16 a 18). Ademais, reconhece o papel importante firme que a Cáritas Brasileira, uma organização da Igreja Católica, desempenha na promoção social e na defesa dos direitos humanos no país (obra citada, p. 44).

[41] Notícia: 100 milhões de pessoas no mundo estão deslocadas, aponta ACNUR, disponível em: https://brasil.un.org/pt-br/186676-100-milh%C3%B5es-de-pessoas-no-mundo-est%C3%A3o-deslocadas-aponta-acnur#:~:text=Ao%20final%20de%202021%2C%20o%20n%C3%BAmero%20de%2089%2C3%20milh%C3%B5es,sob%20o%20mandato%20da%20UNRWA. Acesso em: 2 jun. 2023.

vós como um natural; amai-o como a vós mesmos, porque também vós fostes estrangeiro na terra do Egito.[42]

Traga-se à colação a realística explanação de Antônio Baptista Gonçalves acerca das dificuldades enfrentadas pelos refugiados, *ipsis litteris*:

> Melhor sorte também não encontra um refugiado, pois este não vem a outro país em busca de melhores condições ou em oportunidades de crescimento econômico, mas sim, migra para sobreviver. Portanto, não carrega muitas coisas, não tem uma infraestrutura ou um plano a ser seguido, simplesmente, foge com seus entes queridos e espera ser acolhido em um local seguro, porém ao chegar a outro país a realidade é a ausência de dinheiro para se instalar, a falta de emprego ou condições, o que denota plena dependência do Estado. Enquanto não é absorvido pelo mercado de trabalho, quando consegue, segue marginalizado e vive nas ruas ou da ajuda de terceiros. Alguns Estados possuem estrutura porá este tipo de situação e tem residência e emprego aos refugiados, contudo, são poucos que conseguem fazer isso na realidade econômica corrente.
>
> E, por estarem em local estranho, sem condições econômicas e com poucos ou sem recursos também se encontram a mercê de agressões dos intolerantes, que reprimem os refugiados e seu direito por querer continuar a viver.
>
> Assim, se engana aquele que pensa que a migração pode resultar em um caminho fácil para o sucesso, pois os obstáculos a serem superados podem dificultar o desenvolvimento das pretensões iniciais dos migrantes/refugiados.
>
> [...]
>
> O ser humano em sua gana por poder, por aumentar sua propriedade e sua influência, continua a fazer guerras e conflitos armados contra seus pares, o resultado é que a população dos locais envolvidos na trama padece, suas famílias perdem membros, suas posses escoam à medida em que as bombas caem e destroem tudo, o terror se instala e, em algum momento, é chegada a hora de decidir sair para continuar vivo.
>
> Abandonar sua realidade para trás nunca é fácil, nem sempre se leva tudo ou todos e as dificuldades são muito maiores de que as facilidades, muitas pessoas nunca saíram de seus países e, de um momento para o outro, são obrigadas a ingressar em um novo país, novos costumes, talvez novos hábitos e tradições culturais e religiosas.

---

[42] CAVARZERE, Thelma Thais. *Direito internacional da pessoa humana*: a circulação internacional de pessoas. 2. ed. São Paulo: Renovar, 2001, p. 7.

Os órgãos internacionais tentam garantir que essa transação seja menos traumática possível ao refugiado, mas se os países signatários dos acordos, tratados, pactos e demais instrumentos protetivos de Direitos Humanos não efetivam em sua ordem interna o que se comprometem no plano internacional e o resultado será uma marginalização do refugiado. Os nacionais podem discriminá-lo, suas crenças podem não ser respeitadas, seus costumes ridicularizados e as agressões físicas ou derivadas podem chegar por pessoas não preparadas.

O erro não está apenas com o Estado, pois deve ser repartido também com a ONU, que não cobra destes países uma postura de inclusão e tolerância. [...]

O Direito do ser humano começa em nossas casas, respeitando nossos vizinhos, seus direitos, suas crenças e seus costumes, mesmo que sejam diferentes da maioria, não é porque me é diferente que devo repelir; também posso buscar entender e aceitar. A inclusão é o passo vital para inserir, de fato, o refugiado e o migrante na realidade cotidiana de uma sociedade, este é o passo que cabe ao Estado trabalhar junto a seus componentes para caminhar em *pari passu* com o construto de Direitos Humanos através de pactos, convenções e demais instrumentos. Não temos refugiados, migrantes, estrangeiros ou estranhos, temos todos seres humanos.[43]

Traga-se à colação o completo panorama, traçado por Cesar Augusto Silva, acerca do atual quadro de acolhimento dos refugiados por parte do Brasil e de demais países, *verbis*:

No entanto, essas limitações do interesse do Estado no reconhecimento da condição de refugiado é uma prática recorrente desde que foi erigido o regime internacional de proteção dos refugiados ao longo do século XX, uma vez que os governos dos Estados buscam a supremacia de sua situação política e econômica conjuntural, e que com a chegada dos refugiados, há um primeiro choque em suas economias, uma certa desestabilização em torno do acolhimento de refugiados, o que não tem atraído os países a receberem mais migrantes internacionais e reconhecerem a condição de refugiado de uma enorme quantidade de pessoas. É apressado como soluções imediatas pará-los nas fronteiras dos países que desejam entrar, com construção de muros, detenções arbitrárias ou quando reconhecido sua entrada, deixá-los no limiar da mera sobrevivência.

---

[43] GONÇALVES, Antônio Baptista. O refugiado e o migrante e o direito à liberdade religiosa, in opus citatum, "Refugiados, migrantes e igualdade dos povos...", 2017, p. 269 e 274.

O Brasil apesar de ser visto internacionalmente como um país modelo em termos legislativos devido à aprovação da Lei 9.474/97, vanguardista na implementação do direito internacional dos refugiados, combinado com a nova Lei de Migração 13.445/2017, que refletem as diretivas mais modernas do direito internacional, apresenta um sistema nacional de refúgio ainda em construção, provisório e historicamente uma política migratória fragmentada e ambivalente. Necessitando de melhoras, articulações e planos de médio e longo prazo para a criação de um sistema desburocratizado e efetivo na proteção internacional dos refugiados aqui chegados e reconhecidos, além da possibilidade de uma melhor integração local, mediante adoção de um sistema migratório moderno e eficiente.

Os sucessivos governos nacionais do Brasil vêm adotando um posicionamento diferente dos países protagonistas da comunidade internacional, o que parece minimizar a situação da "inclusão perversa" após o reconhecimento da condição de refugiado, no que tange à participação da sociedade civil organizada na recepção e acolhimento de refugiados, além do empenho de instituições não governamentais que prestem auxílio para a inserção dessas pessoas na sociedade. [...] Exemplo dessas instituições de auxílio são as universidades, as organizações da Igreja Católica e das igrejas Pentecostais que trabalham em prol da recepção dos refugiados, aparecendo nomeadamente nos desdobramentos da "Operação Acolhida", desde Boa Vista, no Estado de Roraima, até Dourados, no Estado de Mato Grosso do Sul.

No caso do Brasil, além da incorporação das legislações de promoção do Direito Internacional dos Refugiados, vem aumentando paulatinamente a presença de migrantes internacionais de todas as partes do mundo, particularmente sírios e venezuelanos enquanto refugiados, e haitianos como imigrantes. Mas além da melhoria de um sistema nacional de refúgio, em torno de melhorias no CONARE [Conselho Nacional para os Refugiados, criado pelo art. 11 da Lei nº 9.474/1997], e em comitês estaduais (São Paulo, Rio de Janeiro, Mato Grosso do Sul, Goiás, Minas Gerais), do processamento administrativo das solicitações de refúgio, é necessária a modernização de todo o sistema federativo migratório, com articulação entre entidades municipais, estaduais e federais. Além de adoção de políticas consistentes de longo prazo para um país do tamanho do Brasil.

As falhas e lacunas na aplicação e promoção do Direito Internacional dos Refugiados em particular, e dos Direitos Humanos em geral, continua perpassando por praticamente todos os países do mundo, e o Brasil não fica alheio à esta realidade, com uma ausência de modernização de sua estrutura migratória como um todo, incluindo todos os estados da federação, e de maior efetividade em seu sistema nacional de refúgio. Embora venha tomando paulatinas providências positivas que permitem afirmar provisoriamente que o país caminha na contramão da tendência mundial de fechamento de fronteiras, construção de muros e de combate ostensivo aos refugiados.[44]

O Evangelho de São Mateus (Mt. 2, 1-22) narra um episódio em que Jesus, Maria e José fugiram da terra natal para o Egito, onde lá se refugiaram, para escapar da perseguição e do massacre ordenados pelo rei Herodes. No Egito, não deixaram de passar dificuldades na obtenção de habitação, alimento e emprego.

Assim, o drama dos refugiados foi sentido na própria pele por Jesus Cristo, que, solidariamente, identifica o acolhimento ao refugiado como uma das obras de caridade a serem consideradas no juízo final: "Vinde, benditos do meu Pai, recebei por herança o Reino preparado para vós desde a fundação do mundo, porque tive fome e me destes de comer; tive sede e me destes de beber; era peregrino e me acolhestes; nu e me vestistes; enfermo e me visitastes; estava na prisão e viestes a mim. [...] em verdade eu vos declaro: todas as vezes que fizestes isto a um destes meus irmãos mais pequeninos, foi a mim mesmo que o fizestes".[45]

Sem minimizar os problemas mais palpáveis, lamentavelmente, outras dificuldades menos evidentes, que, também, podem frustrar o gozo do direito de crença, da liberdade de culto e da prática da respectiva liturgia, por parte não só dos refugiados, mas também dos nativos, respondem pelo fato de que muitos não creem verdadeiramente no que acreditam e, consequentemente, não praticam os ensinamentos das religiões, além disso, hodiernamente, Deus e os valores revelados pelas religiões têm sido afastados o quanto mais possível das sociedades.[46] Muitos poderosos deste mundo se regozijam de proclamar a falsa sentença de que "Deus está morto".

Destarte, ao que parece, o problema também bastante sério é que, apesar dos tratados internacionais aprovados, muitos governos e as elites das sociedades não toleram, discriminam e ridicularizam

---

[44] SILVA, Cesar Augusto S. da. Considerações e perspectivas do sistema brasileiro de refúgio no contexto atual. *In*: SILVA, Cesar Augusto S. da (org.). *Direito internacional dos refugiados*: o processo de Cartagena de 1984 – Argentina, Chile, Colômbia, Venezuela, México e Brasil. Belo Horizonte: Dialética, 2020, p. 145 a 147.

[45] Bíblia Sagrada edição de estudos, 14ª edição, Evangelho segundo São Mateus, capítulo 25, versículos 34 a 37 e 40. São Paulo: Editora Ave Maria, 2021, p. 1.566.

[46] Cf. ROCCELLA, Eugênia; SCARAFFIA, Lucetta. *Contra o cristianismo*: a ONU e a União Europeia como nova ordem ideológica. São Paulo: Editora Ecclesiai, 2014. TORRES, Daniel Chagas. *A cristofobia no século XXI*: entendendo a perseguição aos cristãos no terceiro milênio, e-book, Charleston: Createspace, 2015. ANTEQUERA, Luis. *Cristofobia*: a perseguição aos cristãos no século XXI. Florianópolis: ID Editora, 2020.

toda e qualquer fé e os crentes nativos ou refugiados; eles não querem fé alguma, religião alguma ou tolerariam, no máximo, uma espécie de religião única universal sem Deus, da mesma forma que tem se espalhado como praga a "democracia" sem povo, dirigida com mão de ferro pela figura do próprio ditador ou por tecnocratas não eleitos, que lhe fazem as vezes.[47]

No estágio atual, apesar da solidariedade e dos esforços de muitas pessoas, instituições e países, o número de refugiados cresce a cada ano e o consequente sofrimento de nossos irmãos migrantes também, inclusive diante da discriminação movida por motivo de religião. Muitos de boa vontade estão enxugando gelo!

O que se pode supor é que não tem havido um combate suficientemente efetivo e eficiente das causas do refúgio e das discriminações por motivo de religião.

Consoante o adjutório de Rui Cunha e Felipa Guadalupe: *em tempos conturbados, como os que presentemente temos vivido, os Estados têm o dever de defender o direito à liberdade religiosa, assim como a responsabilidade de criar as condições necessárias para que esse mesmo direito possa, efetivamente, ser exercido.*[48]

Marcos Antônio Pereira reforça no artigo "discriminação racial e discriminação religiosa", palavra por palavra:

> Considerando que vivemos em um estado laico, e, considerando ainda que a legislação pátria brasileira protege os cidadãos contra o racismo (discriminação racial) e lhes garante a liberdade religiosa, não há nenhuma razão para que em pleno século 21 exista qualquer tipo de discriminação, seja racial ou a religiosa.
>
> Por fim, é extremamente imperioso que todos, cidadãos; Estado – Federal, Estadual e Municipal; além dos Poderes – Executivo, Legislativo e Judiciário, estejam em consonância com o ordenamento jurídico posto, e, no caso dos cidadãos, não lhes faltem a observância de tais preceitos,

---

[47] Cf. SANTAMARÍA, Francisco. *Opus citatum*, A religião sob suspeita: laicismo e laicidade, 2013. SILVA JR., Antônio Carlos da Rosa. *Entre laicidade e laicismo*: por uma interpretação constitucional da relação entre o estado e a religião, SILVA JR., Antônio Carlos da Rosa. *Entre laicidade e laicismo*: por uma interpretação constitucional da relação entre o estado e a religião. *In*: SILVA JR., A.C.R.; MARANHÃO, Ney; PAMPLONA FILHO, Rodolfo (coord.). *Direito e cristianismo*: temas atuais e polêmicos. Rio de Janeiro: Betel, 2014. DIP, Ricardo. O Estado laico e o magistério eclesial: acolhimento arrependido da modernidade ou apostasia objetiva das nações católicas. *In*: DIP, Ricardo FERNANDES, André Gonçalves (coord.). *Laicismo e Laicidade no Direito*. São Paulo: Quartier Latin, 2017.

[48] CUNHA, Rui; GUADALUPE, Felipa. Ser diferente entre iguais: o direito à fé sem prescindir da dignidade humana, in opus citatum, "Refugiados, migrantes e igualdade dos povos...", 2017, p. 602.

evitando ou mais que evitando, não praticando discriminações sejam elas quais forem especialmente as duas espécies aqui abordadas. Já o Estado, também, há necessidade de tal observância, e, mais, o Estado deve dar garantia de proteção total e permanente àqueles que foram ou possam ser vítimas de tais discriminações.[49]

Encime-se com as pertinentes conclusões de Evelyn Irena Opsommer sobre o que tem compelido o migrante a fugir do seu país em busca de refúgio, *verbis*:

> [...] é possível afirmar que existe uma clara relação entre o problema dos refugiados e a questão dos direitos humanos. A violação dos direitos humanos é a grande causa que gera deslocamentos forçados, em massa, na maioria, de mulheres e crianças. As pessoas fogem desesperadamente de conflitos civis, da ditadura, do genocídio, da enfermidade, da xenofobia, do racismo, do preconceito. Claro, muitos fogem também de desastres ecológicos ou naturais. Mas, antes de tudo, a causa é de cunho político. Além de ser um problema cujas causas advêm da situação política interna de um dado Estado, [...] a agressão e ocupação estrangeira também geram refugiados. [...]
>
> A questão dos refugiados envolve países produtores de refugiados e países que acolhem os refugiados, sendo nitidamente uma questão de área específica de relações internacionais. Dos Estados que acolhem refugiados espera-se que mantenham seu compromisso de protegê-los e alentem a tolerância da diversidade. Dos Estados que produzem refugiados espera-se que previnam atos que deem origem a êxodos maciços de suas populações. Assim, conclui-se que o refugiado é também resultado da existência desse plano internacional, um plano anárquico, [...]
>
> [...] resta-nos torcer para um fortalecimento de órgãos de direitos humanos das Nações Unidas, que poderiam assim, primeiro, vigiar continuamente as violações internas de direitos humanos por parte de inúmeros países e, segundo, promover mediação como meio de solucionar conflitos entre países.[50]

---

[49] PEREIRA, Marcos Antônio. Discriminação racial e discriminação religiosa, *in*. *Opus citatum*, 2017, p. 967.

[50] OPSOMMER, Evelyn Irena; ROCHA, Emanuel Ramalho de Sá; FEITOSA, Fernanda Mattos; SILVA, Roberto Marquês Leão da; COSMO, Simone; PAIVA, Rommana Patrícia de. *Refugiados*: um estudo comparativo sobre suas causas. In: *Opus citatum*, direitos humanos e refugiados, 2016, p. 108-109.

Referências

ALVIM, Eduardo Arruda; ALVIM, Angélica Arruda; FERREIRA, Eduardo Aranha. A liberdade religiosa no Brasil e a recusa a tratamento médicos. *In*: PINTO, Eduardo Vera-Cruz; PERAZZOLO, José Rodolfo; BARROSO, Luís Roberto; SILVA, Marco Antônio Marques da; CICCO, Maria Cristina de (coord.). *Refugiados, migrantes e igualdade dos povos*: estudos em homenagem a António Gutterres. São Paulo: Quartier Latin, 2017, p. 243-249.

BASTOS, Celso Ribeiro; MARTINS, Ives Gandra da Silva. *Comentários à Constituição do Brasil, promulgada em 5 de outubro de 1988*. 3. ed. vol. 2. São Paulo: Saraiva, 2004.

BRANCO, Paulo Gustavo Gonet; MENDES, Gilmar Ferreira. *Curso de Direito Constitucional*. 13. ed. São Paulo: Saraiva, 2018.

BRASIL, STF- Pleno. ARE nº 1.099.099/SP, rel. Min. Edson Fachin, in DJe-68, 12.4.2021.

BRASIL, STF-Pleno. RE nº 611.874/, rel. p/ Acórdão Min. Edson Fachin, in *DJe*-68 12.4.2021.

BRASIL, STF-Pleno. ADI nº 4.439/DF, rel. p/ ac. Min. Alexandre de Moraes, *DJe*-123 de 21.6.2018.

BRASIL, STF-Pleno. ADI nº 3.478/RJ, rel. min. Edson Fachin, j. 20.12.2019, *DJe*-35 de 19.2.2020.

BULOS, Uadi Lammêgo. *Curso de direito constitucional*. São Paulo: Saraiva, 2007.

CASAMASSO, Marco Aurélio Lagreca. *Estado laico*: fundamentos e dimensões do horizonte democrático. Rio de Janeiro: Processo, 2018.

CUNHA, Rui; GUADALUPE, Felipa. Ser diferente entre iguais: o direito à fé sem prescindir da dignidade humana. *In*: PINTO, Eduardo Vera-Cruz; PERAZZOLO, José Rodolfo; BARROSO, Luís Roberto; SILVA, Marco Antônio Marques da; CICCO, Maria Cristina de (coord.). *Refugiados, migrantes e igualdade dos povos*: estudos em homenagem a António Gutterres. São Paulo: Quartier Latin, 2017, p. 599-602.

DIP, Ricardo. O Estado laico e o magistério eclesial: acolhimento arrependido da modernidade ou apostasia objetiva das nações católicas. *In*: DIP, Ricardo FERNANDES, André Gonçalves (coord.). *Laicismo e Laicidade no Direito*. São Paulo: Quartier Latin, 2017.

ESTRELA, Wesley. *Estatuto dos refugiados*: domine a Lei nº 9.574/97, e-book, 2020.

FONSECA, Francisco Tomazoli da. *Religião e direito no século XXI*: a liberdade religiosa no Estado laico. Curitiba: Juruá Editora, 2015.

GERALDO, Denilson. Migração e teologia: o *ethos* cristão. *In*: PINTO, Eduardo Vera-Cruz; PERAZZOLO, José Rodolfo; BARROSO, Luís Roberto; SILVA, Marco Antônio Marques da; CICCO, Maria Cristina de (coord.). *Refugiados, migrantes e igualdade dos povos*: estudos em homenagem a António Gutterres. São Paulo: Quartier Latin, 2017, p. 507-518.

GONÇALVES, Antônio Baptista. O refugiado e o migrante e o direito à liberdade religiosa. *In*: PINTO, Eduardo Vera-Cruz; PERAZZOLO, José Rodolfo; BARROSO, Luís Roberto; SILVA, Marco Antônio Marques da; CICCO, Maria Cristina de (coord.). *Refugiados, migrantes e igualdade dos povos*: estudos em homenagem a António Gutterres. São Paulo: Quartier Latin, 2017, p. 265-275.

KENICKE, Pedro Gallotti. *Comentários à Lei de Migração (Lei nº 13.445/2017)*. São Paulo: Thomson Reuters, Revista dos Tribunais, 2021.

MARTINS, Ana Maria Guerra. A igualdade e a não discriminação como fundamento dos direitos dos migrantes e dos refugiados no direito internacional. *In*: PINTO, Eduardo Vera-Cruz; PERAZZOLO, José Rodolfo; BARROSO, Luís Roberto; SILVA, Marco Antônio Marques da; CICCO, Maria Cristina de (coord.). *Refugiados, migrantes e igualdade dos povos*: estudos em homenagem a António Gutterres. São Paulo: Quartier Latin, 2017, p. 185-204.

MILANI, Daniela Jorge. *Igreja e Estado*: relações, secularização, laicidade e lugar da religião no espeço público. Curitiba: Juruá Editora, 2015.

OPSOMMER, Evelyn Irena; ROCHA, Emanuel Ramalho de Sá; FEITOSA, Fernanda Mattos; SILVA, Roberto Marquês Leão da; COSMO, Simone; PAIVA, Rommana Patrícia de. Refugiados: um estudo comparativo sobre suas causas. *In:* RODRIGUES, Viviane Mozine (org.). *Direitos humanos e refugiados*. Curitiba: Editora CRV, 2016, p. 89-109.

PEREIRA, Marcos Antônio. Discriminação racial e discriminação religiosa, *In*: PINTO, Eduardo Vera-Cruz; PERAZZOLO, José Rodolfo; BARROSO, Luís Roberto; SILVA, Marco Antônio Marques da; CICCO, Maria Cristina de (coord.). *Refugiados, migrantes e igualdade dos povos*: estudos em homenagem a António Gutterres. São Paulo: Quartier Latin, 2017,, p. 963 a 968.

PIOVESAN, Flávia. O direito de asilo e a proteção internacional dos refugiados. *In*: RODRIGUES, Viviane Mozine (org.). *Direitos humanos e refugiados*. Curitiba: Editora CRV, 2016, p. 51-87.

RAMOS, André de Carvalho. *Direito Internacional dos Refugiados, e-book*. São Paulo: Editora Expressa, 2021.

RODRIGUES, Gilberto M. A. *Refugiados*: o grande desafio humanitário. São Paulo: Moderna, 2019.

SANTAMARÍA, Francisco. *A religião sob suspeita*: laicismo e laicidade. São Paulo: Quadrante, 2013.

SANTINI, Christine. Liberdade religiosa e dignidade humana. *In*: PINTO, Eduardo Vera-Cruz; PERAZZOLO, José Rodolfo; BARROSO, Luís Roberto; SILVA, Marco Antônio Marques da; CICCO, Maria Cristina de (coord.). *Refugiados, migrantes e igualdade dos povos*: estudos em homenagem a António Gutterres. São Paulo: Quartier Latin, 2017, p. 443-446.

SARAIVA FILHO, Oswaldo Othon de Pontes. A interpretação do preâmbulo da Constituição Federal – a alusão à expressão "sob a proteção de Deus" – e a autonomia do direito religioso brasileiro, conferida pela Lei Maior. *In:* MARTINS, Ives Gandra da Silva; CARVALHO, Paulo de Barros; BERTELLI, Luiz Gonzaga (coord.). *O preâmbulo da Constituição Federal*. São Paulo: Editora Noeses com o apoio da UJUCASP, 2021, p. 163-198.

SCALQUETTE, Rodrigo Arnoni. *História do direito*: perspectivas histórico-constitucionais da relação entre Estado e religião. São Paulo: Atlas, 2013.

SILVA, Cesar Augusto S. da. Considerações e perspectivas do sistema brasileiro de refúgio no contexto atual. *In*: SILVA, Cesar Augusto S. da (org.). *Direito internacional dos refugiados*: o processo de Cartagena de 1984 – Argentina, Chile, Colômbia, Venezuela, México e Brasil. Belo Horizonte: Dialética, 2020, p. 120-151.

SILVA JUNIOR, Antônio Carlos da Rosa. Entre laicidade e laicismo: por uma interpretação constitucional da relação entre o estado e a religião. *In*: SILVA JR., A.C.R.; MARANHÃO, Ney; PAMPLONA FILHO, Rodolfo (coord.). *Direito e cristianismo*: temas atuais e polêmicos. Rio de Janeiro: Editora Betel, 2014.

VATICANO. Declaração *Dignitatis Humanae*, Papa Paulo VI, 7.12.1965, disponível em: https://www.vatican.va/archive/hist_councils/ii_vatican_council/documents/vat-ii_decl_19651207_dignitatis-humanae_po.html. Acesso em: 4 jun. 2023.

Informação bibliográfica deste texto, conforme a NBR 6023:2018 da Associação Brasileira de Normas Técnicas (ABNT):

SARAIVA FILHO, Oswaldo Othon de Pontes. O direito à liberdade religiosa assegurado aos refugiados. *In*: SARAIVA FILHO, Oswaldo Othon de Pontes; BERTELLI, Luiz Gonzaga; SIQUEIRA, Julio Homem de (coord.). *Direitos dos refugiados*. Belo Horizonte: Fórum, 2024. (Coleção Fórum Direito Internacional Humanitário, v. 1, t. 1). p. 17-53. ISBN 978-65-5518-615-4.

A CONSTITUIÇÃO FEDERAL E OS REFUGIADOS

IVES GANDRA DA SILVA

A Constituição brasileira, em seu preâmbulo e no título I, com seus quatro artigos, define a linha geral dos princípios que deverão nortear a democracia da República Federativa, em que se constituiu o Estado nacional.

No preâmbulo, em uma única dicção, foram colocados 20 princípios, estando assim enunciados:

> Nós, representantes do povo brasileiro (1), reunidos em Assembleia Nacional Constituinte (2) para instituir um Estado Democrático (3), destinado a assegurar o exercício dos direitos sociais e individuais (4), a liberdade (5), a segurança (6), o bem-estar (7), o desenvolvimento (8), a igualdade (9) e a justiça (10) como valores supremos (11) de uma sociedade fraterna (12), pluralista (13) e sem preconceitos (14), fundada na harmonia social (15) e comprometida (16), na ordem interna (17) e internacional (18), com a solução pacífica (18) das controvérsias, promulgamos (19), sob a proteção de Deus (20), a seguinte CONSTITUIÇÃO DA REPÚBLICA FEDERATIVA DO BRASIL.

Comentei os 20 princípios, cujos números coloquei, como inclusão minha no texto transcrito, no livro por Paulo de Barros Carvalho, Luiz Gonzaga Bertelli e por mim coordenado, intitulado "O preâmbulo da Constituição", editado pela Noeses em 2021.[1]

---

[1] Escrevi:
"De início, no primeiro enunciado declaram, os constituintes, que são eles os representantes do povo, ou seja, aqueles que a população brasileira escolheu para redigir uma nova Constituição.

No Título I, há referências à importância que o constituinte deu a brasileiros, residentes e asilados, de sua dignidade pessoal e de sua personalidade nos artigos:

> A segunda consideração, no preâmbulo, está de que forma será elaborada a Carta da República, ou seja, numa Assembleia, que denominaram de Nacional Constituinte.
> O terceiro ponto do primeiro discurso constitucional é o esclarecimento do motivo pelo qual o colegiado legislativo supremo se reuniu, ou seja, para instituir um Estado Democrático.
> É interessante notar que não fala o constituinte num Estado de Direito, que seria insuficiente, pois as ditaduras também são Estados de Direito, pois organizadas com um estatuto jurídico. Fala isto sim, em Estado Democrático, prescindindo no preâmbulo da expressão 'de Direito', pois os Estados Democráticos são, necessariamente, de Direito.
> O quarto aspecto diz respeito à garantia dos direitos sociais e individuais, como desiderato maior.
> Há, no preâmbulo um equilíbrio, nesta alocução, pois coloca em mesmo nível os direitos sociais da coletividade como os individuais de cada cidadão ou residente.
> Não se vai nem para o excesso de coletivismo, em que o Estado tudo pode e o cidadão é uma peça na engrenagem social, nem para o individualismo exacerbado, em que o indivíduo não deve se preocupar com o próximo, vivendo exclusivamente para seu bem-estar, mesmo que à custa da sociedade.
> Há, pois, um perfeito equilíbrio entre os direitos individuais e sociais.
> Na sequência são enumerados os diversos atributos a que as pessoas têm direito, numa sociedade democrática, a saber, como quinto ponto, a liberdade – não há democracia sem liberdade –, como sexto, a segurança – cuida não só da segurança física, pessoal, mas também da segurança jurídica –, como sétimo, o bem-estar – governos e cidadãos 'não governamentais' devem lutar para que o bem-estar seja possível para todos os que vivem no país –, como oitavo, o desenvolvimento – nenhum dos direitos anteriores ganha plenitude sem uma nação em desenvolvimento –, como nono, a igualdade – numa democracia o princípio da igualdade é que a garante – e como décimo a justiça – uma nação que não se norteia por um ideal de justiça nunca será democrática.
> O décimo primeiro enunciado do discurso preambular é que todos estes atributos da democracia são valores supremos, isto é, os maiores da nossa democracia.
> Este pensamento da introdução à lei maior é que alicerça tais valores para a nossa sociedade, que é fraterna, décimo segundo atributo, – ou seja, com respeito de cada um a seu próximo –, pluralista, décimo terceiro, – vale dizer com a convivência das mais variadas convicções de qualquer natureza – e sem preconceitos de qualquer natureza, décimo quarto enunciado à apresentação vestibular da Carta da República.
> Uma décima quinta ideia permeia a introdução, qual seja a harmonia social – o elemento convivencial é mais uma vez destacado – é a base da sociedade, ao lado de um décimo sexto pensamento de comprometimento com a solução pacífica das controvérsias, no plano interno (décimo sétimo ponto) e na ordem internacional (décimo oitavo).
> Todos estes dezoito pontos dão o perfil da Constituição, que é promulgada (décimo nono ponto) 'sob a proteção de Deus', o qual constituiu a vigésima dicção do curto preâmbulo da Constituição Brasileira.
> De início, é de se considerar que o preâmbulo é uma espécie de 'trailer' do que constará na Lei Suprema, mas um 'trailer' integrante, pois cada um dos 20 aspectos enunciados no Texto Maior tem sua explicitação pormenorizada na parte articular da Lei Magna, sendo, pois, algo ínsito, que auxilia ao intérprete analisar cada um de seus artigos à luz da abrangência conceitual e contextual do preâmbulo.
> A próxima abordagem é que a maioria dos aspectos preambulares retro mencionados estão coletiva e individualmente conformados à luz dos valores cristãos, de princípios do direito natural consagrados na Declaração Universal dos Direitos Humanos (10.12.1948), que teve como relator a figura do jusfilósofo naturalista e tomista, René Cassin.

- 1º, inciso III, assim redigido:

Art. 1º A República Federativa do Brasil, formada pela união indissolúvel dos Estados e Municípios e do Distrito Federal, constitui-se em Estado Democrático de Direito e tem como fundamentos:
(...)
III - a dignidade da pessoa humana;[2]

- 3º, inciso I, com a seguinte dicção:

Art. 3º Constituem objetivos fundamentais da República Federativa do Brasil:
I - construir uma sociedade livre, justa e solidária;[3]

- 3º, inciso III, com o discurso que se segue:

III - erradicar a pobreza e a marginalização e reduzir as desigualdades sociais e regionais;[4]

Esta é a razão pela qual entenderam por bem, os constituintes, votar o principal elemento conformador de todos os dezenove anteriormente enunciados, ou seja, de saber se poderiam ou não colocar que a Constituição era aprovada 'sob a proteção de Deus', votação esta que resultou numa esmagadora maioria a favor da proposição." (MARTINS, Ives Gandra da Silva; CARVALHO, Paulo de Barros; BERTELLI, Luiz Gonzaga (coord.). *O Preâmbulo da Constituição Federal*. São Paulo: Noeses, 2021, p. 4).

[2] Manoel Gonçalves assim se posiciona:
"Dignidade da pessoa humana. Está aqui o reconhecimento de que, para o Direito Constitucional Brasileiro, a pessoa humana tem uma dignidade própria e constitui um valor em si mesmo, que não pode ser sacrificado a qualquer interesse coletivo." (*Comentários à Constituição Brasileira de 1988*. São Paulo: Saraiva, 2000, p. 19).

[3] José Cretella Júnior esclarece:
"65. Sociedade Livre
A sociedade é livre, no âmbito interno; o Estado é livre, no âmbito externo. Somente um governo pode garantir uma sociedade livre e, talvez, justa. O vocábulo "construir" é impreciso. Não se constrói uma casa que já existe. Não se constrói uma sociedade que já existe. Pode-se porem, alterar, modificar, transformar, educando os componentes do grupo e isto não é construir. É modificar.
66. Sociedade Justa
Mal se entende a proposição "A República Federativa do Brasil tem como objetivo fundamental construir uma sociedade justa". Seria uma sociedade onde imperasse a justiça? Ou os integrantes do grupo seriam justos uns com os outros?
67. Sociedade Solidária
Livre e justa poderia ser a sociedade construída. Solidária não. Dispositivos legais ou constitucionais não tem o condão de baixar a inflação, de erradicar a pobreza, de tornar bons ou solidários os homens.
Medidas concretas do governo, sim, podem, por exemplo, deter a inflação e erradicar a pobreza". (*Comentários à Constituição Brasileira 1988*. Vol. I. Rio de Janeiro: Forense Universitária, 1990, p. 161).

[4] Pinto Ferreira, em 1989, detectou que:
"A pobreza é uma característica do Terceiro Mundo, expressão largamente usada para

- 4º, inciso II, versado nos seguintes termos:

Art. 4º A República Federativa do Brasil rege-se nas suas relações internacionais pelos seguintes princípios: (...)
II - prevalência dos direitos humanos;[5]

- 4º, inciso X, que transcrevo a seguir:

X - concessão de asilo político.[6]

O exame de cada um dos dispositivos sinaliza a relevância que o constituinte ofertou a pessoa humana, a quem é destinada toda a ordem constitucional.

Não sem razão, declarou o legislador supremo, no art. 1º, parágrafo único, que:

Parágrafo único. Todo o poder emana do povo, que o exerce por meio de representantes eleitos ou diretamente, nos termos desta Constituição.[7]

---

designar os países subdesenvolvidos. A pobreza é comum na América Latina, com todas as suas consequências. A estratificação da pobreza pode ser feita em três segmentos: pobreza, indigência e miséria. No Brasil aproximadamente 75% da população economicamente ativa (PEA) feminina e 44% da masculina são formadas de indigentes e miseráveis e em condições sem igual e sem comparação com a maioria das regiões do mundo". (*Comentários à Constituição Brasileira*. São Paulo: Saraiva, 1989, p. 46).

[5] Celso Ribeiro Bastos ensina:
"Assim é que, no campo dos direitos humanos, as declarações universais são generosas. Tome-se em conta a carta da ONU que reafirma a fé nos direitos fundamentais do homem, na dignidade e no valor do ser humano e inclusive declara que os propósitos das Nações Unidas são, entre outros, "promover e estimular o respeito aos direitos humanos e às liberdades fundamentais para todos, sem distinção de raça, sexo, língua ou religião" (art. 1º, 3). "Mas quais são efetivamente os direitos do homem? A melhor definição é a constante na Declaração Universal dos Direitos do Homem, aprovada pela Assembleia Geral da ONU em 10 de dezembro de 1948." (BASTOS, Celso Ribeiro; MARTINS, Ives Gandra. *Comentários à Constituição do Brasil 1988*. Vol. I. São Paulo: Saraiva, 1990, p. 499).

[6] Alexandre de Moraes explicita:
Como ensina Francisco Rezek, "Conceber asilo político não é obrigatório para Estado algum, e as contingencias da própria política – exterior e doméstica – determinam, caso a caso, as decisões do governo". *A concessão do asilo político sempre deve considerar a natureza política da perseguição, seja por mera dissidência, seja por restrições efetivadas à livre manifestação de pensamento.* (grifos meus). (*Constituição do Brasil Interpretada e legislação constitucional*. 9. ed. São Paulo: Atlas, 2013, p. 86).

[7] Luís Roberto Barroso lembra, entretanto, que:
"Do ponto de vista do avanço do processo civilizatório, também estamos para trás, com índices inaceitáveis de corrupção, deficiências nos serviços públicos em geral – dos quais dependem, sobretudo, os mais pobres – e patamares de violência que se equiparam aos de países em guerra. Por outro lado, o regime de 1988 não foi capaz de conter a crônica voracidade fiscal do Estado brasileiro, um dos mais onerosos do mundo para o cidadão-

mostrando que é o povo que governa o país, através de seus delegados, que são escolhidos, em eleição, para servir ao povo e não servir-se do povo em causa própria.

São dois apenas os delegados do Povo, ou seja, os representantes no Executivo e no Legislativo. Apesar de Poder, o Judiciário representa a lei, que não faz, mas deve preservar, sendo um poder técnico, em que se galga por concurso ou por notório conhecimento do Direito, quando o escolhido vem do quinto constitucional (Advocacia ou Ministério Público).

Percebe-se, pois, a preocupação do constituinte em criar um autêntico Estado Democrático de Direito, no qual o povo conduziria seus destinos, impondo a harmonia e independência dos poderes no artigo 2º para fazer a democracia assegurada e estabelecendo uma exaustiva lista de atribuições no Título IV, denominado de "Organização dos poderes" (art. 44 a 135), e conformando um Título V, em caso de acentuada crise no regime democrático, cuja dicção é "Da defesa do Estado e das instituições democráticas".[8]

Vale dizer, se a democracia entrar em crise e houver necessidade de uma atuação reestabilizadora do Estado, o Título 5º será acionado para que o regime democrático volte a prevalecer, título este dedicado a estado de defesa, estado de sítio, forças armadas e segurança pública.[9]

---

contribuinte. Sem mencionar que o sistema tributário constitui um cipoal de tributos que se superpõem e cuja complexidade exige a manutenção de estruturas administrativas igualmente custosas". (MENDES, Gilmar; NASCIMENTO, Carlos Valder do; MARTINS, Ives Gandra (coord.). *Tratado de Direito Constitucional*. Vol. I. São Paulo: Saraiva, 2012, p. 44).

[8] Escrevi:
"Todo o Título V da Constituição é dedicado à defesa do Estado e de suas instituições. É considerado por muitos autores como o 'Sistema Constitucional das Crises', ou seja, a estrutura de defesa jurídica para evitar ou debelar crises de caráter institucional". (BASTOS, Celso Ribeiro; MARTINS, Ives Gandra. *Comentários à Constituição do Brasil 1988*. Vol. I. São Paulo: Saraiva, 1990, p. 4).

[9] Escrevi:
"As Forças Armadas destinam-se à defesa da pátria, em primeiro lugar. É a sua feição maior. Historicamente, desde as primitivas eras, as forças militares objetivavam, nos velhos impérios orientais (da China até o complexo de civilizações do próximo Oriente), a conquista ou a defesa.
Principalmente após os romanos, tal missão do exército ficou bem clara, visto que, pela primeira vez, utilizaram-se do direito como instrumento de conquista, aplicando-o durante os dois mil e cem anos de seu domínio (711 a.C. a 1492 d.C.) A segunda grande missão das Forças Armadas é a garantia que ofertam aos poderes constitucionais, o que vale dizer, se o Supremo Tribunal Federal é o guardião da Constituição, quem garante os pode res constituídos são as Forças Armadas. Quando Nélson Hungria, desconsolado, no golpe de estado que derrubou Café Filho, disse que o Supremo Tribunal Federal era um arsenal de livros, e não de tanques – e, por isso, nada podia fazer para garantir o governo, podendo apenas mostrar uma realidade, qual seja, a de que sem a garantia das Forças Armadas não

Como se percebe, a pessoa humana é a verdadeira destinatária de toda a ordem constitucional com institutos e mecanismos adequados para que seus direitos sejam preservados e deveres acionados, quando necessário.

Os 20 meses de debates constitucionais levaram os constituintes a dar tal perfil à Lei Suprema brasileira.

Ora, o direito a asilo político, no artigo referente à ordem institucional, último dos dispositivos, constitui no Título V, a meu ver, a coroação desta conformação de dignificação da pessoa humana, acima de ódios políticos, nacionalismos exacerbados e redução da pessoa humana a engrenagem da máquina estatal, que a história humana tem demonstrado beneficiar principal e superiormente os seus controladores, ou seja, os detentores do poder.

Quando Carl *Schmitt*[10] declarou que o poder corrompe, na sua teoria das oposições, e objetiva estudar a oposição entre o amigo e o inimigo, definiu, claramente, o que constitui a luta pelo poder, que procurei analisar, embora de forma perfunctória, no meu livro "Uma Breve Teoria do Poder", cuja 4ª edição editada pela Resistência Cultural foi prefaciada por Michel Temer.[11]

Kant, na "Paz Perpétua", imaginou que, no momento em que todos os países abandonassem as monarquias e adotassem a república como sistema de governo, as guerras terminariam, pois o povo, que paga um alto preço nos conflitos armados, detesta guerras.

Kant, cuja filosofia influenciou e influencia gerações, neste ponto equivocou-se, pois o que gera guerras é a luta pelo poder e a luta pelo poder independe de ser a monarquia ou a república o regime adotado, pois ele é intrínseco à natureza humana e ocorre, não só na política, mas em todos os campos em que o homem pretende prevalecer sobre o homem, seja na economia, em qualquer profissão, nos esportes e, não poucas vezes, dentro da própria família.[12]

---

há poderes constituídos –, definiu os verdadeiros papéis das duas instituições. Por fim, cabe às Forças Armadas assegurar a lei e a ordem sempre que, por iniciativa de qualquer dos poderes constituídos, ou seja, por iniciativa dos Poderes Executivo, Legislativo ou Judiciário, forem chamadas a intervir. Nesse caso, as Forças Armadas são convocadas para garantir a lei e a ordem, e não para rompê-las, já que o risco de ruptura provém da ação de pessoas ou entidades preocupadas em desestabilizar o Estado". (BASTOS, Celso Ribeiro; MARTINS, Ives Gandra. *Comentários à Constituição do Brasil 1988*. Vol. I. São Paulo: Saraiva, 1990, p. 165).

[10] *O Conceito do Político*. Teoria do Partisan. São Paulo: Del Rey, 2008.

[11] As edições anteriores foram prefaciadas por Ney Prado, Antonio Paim e Ruy Altenfelder.

[12] Immanuel Kant (*À Paz Perpétua – Um Projeto Filosófico* – Editora Vozes).

Esta é a razão pela qual a função do Direito, nos regimes democráticos, objetiva controlar o homem na sua luta por qualquer tipo de poder, impondo regras.

Na política, todavia, tal luta é mais evidente, os conflitos mais agudos e, muitas vezes, se a lei não segurar, gera mortes e assassinatos. O inimigo político não só deve ser vencido, mas, se possível, eliminado, dentro da Lei, se numa democracia, ou até fisicamente, se numa ditadura.

Houve por bem, portanto, o constituinte em admitir o asilo político como forma de valorizar a dignidade humana, como dar exemplo à humanidade.

Nos conflitos políticos dos países árabes ou africanos, não poucas vezes pela convicção dos que conquistam o poder, a eliminação dos adversários ou mesmo apenas de quem não pensa como os novos donos do poder, através da perseguição, prisão e morte, torna-se realidade, levando a uma fuga de nacionais desses países para países europeus e, algumas vezes, para a América do Norte e Latina.

A reação desses países tem sido contra a aceitação dos fugitivos, quase sempre fugitivos políticos, impondo leis restritivas ou vedatórias de seu ingresso, principalmente nos Estados Unidos.

Ora, o Brasil, pelo inciso X, definiu, como princípio constitucional, a concessão de asilo político, lembrando que a "operação acolhida", em que em torno de mil venezuelanos, por dia, que fogem da ditadura de seu país, são recebidos, é a demonstração do cumprimento pelo Poder Executivo do princípio constitucional de asilo político.

É bem verdade que a Suprema Corte tem punido manifestações políticas – meras manifestações verbais – como a do Deputado Daniel Silveira e do ex-deputado Roberto Jefferson, com prisão, pretendendo até mesmo, por pretendidas manifestações políticas contra a Suprema Corte, a extradição do blogueiro Allan dos Santos, atualmente nos Estados Unidos.[13]

---

[13] Escrevi:
"Se a qualidade de conhecimento dos magistrados não se discute, se no Pretório Excelso todos os seus componentes ostentam brilhante currículo e o perfil de juristas respeitados, se a idoneidade moral é também indiscutível, a que se atribuir esta turvação da imagem e esta crescente rejeição da população se não a impressões que se tem que, ao adotarem, os seus juízes, o consequencialismo jurídico ou neoconstitucionalismo, doutrina contestada em muitas Universidades, que desembocam num crescente ativismo judicial, a sociedade passou a ver, nos magistrados da Suprema Corte, um poder político e não técnico hospedeiro das preferências desta ou daquela corrente ideológica pertinentes aos representantes do povo.

Tenho interpretação contrária à da Suprema Corte, visto que, se admitimos na Constituição que o asilo político é um princípio constitucional, é autêntico paradoxo prender brasileiros, sem julgamento definitivo, por iniciativa do próprio Tribunal por manifestações políticas. Podemos dar asilo político a pessoas que fogem de seus regimes, mas aos brasileiros aceitamos a condenação por meras manifestações políticas em que a Suprema Corte é investigadora, acusadora e julgadora daqueles que termina por punir.

Parece-me de nítida incongruência a atitude positiva do Poder Executivo, na operação acolhida de venezuelanos que fogem da ditadura do seu país, e negativa do Poder Judiciário, que condena, sem defesa prévia, brasileiros ao cárcere por meras manifestações políticas.

Neste trabalho, quero, todavia, deixar minha satisfação, tendo participado de audiências públicas na Constituinte, de ter o legislador Supremo, no Título I da Carta da República, colocado o asilo político como último princípio de uma série de princípios que objetivam mostrar a importância da dignidade humana e que as autoridades estão a serviço do cidadão e não deles se servindo para manter o poder, ou seja, que a Constituição é destinada à pessoa humana e que são os detentores do poder que devem lhe prestar vênia. Assim determinou o Constituinte no Estado Democrático de Direito brasileiro aos três Poderes.

Informação bibliográfica deste texto, conforme a NBR 6023:2018 da Associação Brasileira de Normas Técnicas (ABNT):

SILVA, Ives Gandra da. A Constituição Federal e os refugiados. *In*: SARAIVA FILHO, Oswaldo Othon de Pontes; BERTELLI, Luiz Gonzaga; SIQUEIRA, Julio Homem de (coord.). *Direitos dos refugiados*. Belo Horizonte: Fórum, 2024. (Coleção Fórum Direito Internacional Humanitário, v. 1, t. 1). p. 55-62. ISBN 978-65-5518-615-4.

Em outras palavras, deixaram de ver no Judiciário um órgão destinado a julgar justamente, mas sim um órgão a adotar postura política com pretensões de interferir no processo político, mesmo que na intenção, na opinião de alguns, para corrigi-lo.
Creio que esta temática de qual seria a verdadeira função do Poder Judiciário e até onde não fazer injustiça, à luz do direito vigente, deveria ser a preocupação maior de todos os operadores do Direito, mas principalmente dos que tem a responsabilidade de decidir. (*Revista Aeronáutica*, n. 313, p. 7, out./dez. 2021).

O REFÚGIO NO ESTADO DE DIREITO FRATERNO

REYNALDO SOARES DA FONSECA

MARJA MÜHLBACH

1 A migração e o refúgio

A migração é um fenômeno que tem ocorrido desde os primórdios da humanidade, não estando restrito a uma determinada região do globo terrestre, ou mesmo a determinados povos. Com efeito, pode-se dizer que a mobilidade é uma característica dos seres humanos – esses "animais migratórios"[1] – e deve ser tratada como um verdadeiro direito humano.

Várias são as causas para a sua ocorrência: desbravamento de novos territórios, comércio e transporte de alimentos e de itens de subsistência, preservação da saúde e da vida em razão das condições adversas do local de origem, necessidade de mão de obra para a realização de tarefas etc. Constitui, portanto, uma forma de sobrevivência e de satisfação de necessidades, bem como de desenvolvimento do ser humano, seja na dimensão individual ou coletiva, proporcionando, ainda, o enriquecimento da cultura dos povos.

---

[1] LUCAS, Javier de. Derechos Humanos y Políticas Migratorias: elementos para otra política. *In*: PRONER, Caroline (coord.). *Migrações*: políticas e direitos humanos – sob as perspectivas do Brasil, Itália e Espanha. Curitiba: Juruá, 2015. p. 20.

Contudo, a despeito de todos os avanços e dos aspectos favoráveis da migração, ainda na atualidade se verificam, infelizmente, pessoas se deslocando em condições degradantes e desumanas, no intento de sair do seu país e/ou chegar a um novo local. Além disso, também encontram dificuldades para ingressar ou permanecer em outros ambientes.

As diferenças culturais, de idioma, etnia e religião, aliadas aos entraves legais, são fatores que causam, muitas vezes, óbices ao exercício de direitos fundamentais por esses indivíduos, seja quando se deslocam sozinhos, com a família ou em grupo.

No Brasil, o órgão do Poder Executivo que se ocupa da questão é o Departamento de Migrações (DEMIG), vinculado à Secretaria Nacional de Justiça. Está sob a sua responsabilidade a instrução, análise, decisão e encaminhamento dos processos e questões relativos à nacionalidade, naturalização, refúgio, apatridia, residência no país, contrabando de migrantes, expulsão e regime jurídico dos imigrantes. Além disso, trata da implementação das ações e políticas públicas voltadas à promoção dos direitos, bem como da integração na sociedade e no mercado de trabalho, de migrantes e pessoas em situação de refúgio no Brasil.

A partir dos dados históricos e daqueles que são disponibilizados pelos órgãos que acompanham o ingresso dos estrangeiros no país, é possível verificar que o Brasil não apenas foi formado e edificado a partir de processos migratórios, como continua, até os dias atuais, recebendo estrangeiros que fazem do nosso país a sua morada permanente.

Note-se que são vários os agentes e tipos de migração praticados, seja de forma forçada ou voluntária: refúgio, asilo, apátridas, deslocados internos, imigrantes, visitantes, conforme a legislação internacional ou as normas de Direito interno denominarem.

Mas se, porventura, imaginamos que as ocorrências degradantes e letais haviam ficado no passado, nos fluxos migratórios de séculos pretéritos, em que milhares de migrantes perderam suas vidas em travessias marítimas precárias para chegar ao novo continente, ainda hoje temos visto situações que causam perplexidade.

Relevante, pois, nessa seara, o trabalho desenvolvido pelo Alto Comissariado das Nações Unidas para Refugiados – ACNUR. A agência foi criada pela Organização das Nações Unidas e a sua atuação se baseia na Convenção de 1951 da ONU sobre Refugiados, tendo iniciado as suas atividades para reassentar refugiados europeus que estavam sem lar após a Segunda Guerra Mundial.

Segundo dados do ACNUR,[2] até o final de 2022 cerca de 108,4 milhões de pessoas em todo o mundo foram forçados a se deslocar como resultado de perseguição, conflito, violência, violação de direitos humanos ou eventos que perturbam seriamente a ordem pública. Desse número, aproximadamente 35,3 milhões são de refugiados, e 40% do total têm menos de 18 anos de idade.

Há, também, 4,4 milhões de apátridas, pessoas a quem foi negada a nacionalidade e que não têm acesso a direitos básicos, como educação, saúde, emprego e liberdade de movimento.

Nesse contexto, uma situação que ganhou destaque na mídia ocorreu por ocasião da guerra civil na Síria, no ano de 2015, em que milhares de refugiados tentaram fugir dos conflitos armados atravessando o mar Mediterrâneo, o que culminou com inúmeras mortes por afogamento. A despeito de diversas equipes terem trabalhado para resgatar os que faziam a travessia, a foto de uma criança síria, morta na beira da praia, representou todos os migrantes que, como ela, não conseguiram se salvar. Estima-se que, nos primeiros quatro meses de combate, cerca de 2.000 pessoas morreram tentando atravessar o mar.[3]

Por sua vez, em episódios mais recentes, destacam-se o conflito no Afeganistão e a guerra na Ucrânia, que também provocaram deslocamentos em massa, principalmente de mulheres e crianças.

Somente no ano de 2021, mais de 2,6 milhões de pessoas tiveram que se deslocar no Afeganistão em decorrência dos conflitos armados. E, como se não bastasse tal cenário caótico, em 2022 o sudeste do país foi atingido por um terremoto que causou, além de muita destruição, centenas de mortes.[4] No final de 2022, existiam 5,7 milhões de pessoas que saíram do Afeganistão e se encontravam em situação de refúgio ou necessitando de proteção internacional.[5]

Enquanto isso, após pouco tempo do início do conflito, a Ucrânia já contabilizava mais de 6,5 milhões de deslocados internos e 4 milhões de refugiados que fugiram do país, em busca de sobrevivência, de modo que, confirmado tal quadro, a humanidade estaria diante de uma das maiores crises de refugiados dos tempos modernos.

---

[2] Informações disponíveis em: https://www.acnur.org/portugues/dados-sobre-refugio/. Acesso em: 30 set. 2023.
[3] Informações disponíveis em: https://www.dw.com/pt-br/opini%C3%A3o-uma-imagem-tocante-para-todos/a-18691508 e https://g1.globo.com/mundo/noticia/2015/04/entenda-arriscada-travessia-de-imigrantes-no-mediterraneo.html. Acesso em: 30 set. 2023.
[4] Informações disponíveis em: https://g1.globo.com/mundo/noticia/2022/06/22/terremoto-deixa-mortos-no-afeganistao.ghtml. Acesso em: 30 set. 2023.
[5] Informações disponíveis em: https://www.unhcr.org/global-trends-report-2022. Acesso em: 30 set. 2023.

Segundo o Relatório Mundial sobre Migração 2022, das Nações Unidas, havia 281 milhões de migrantes internacionais em 2021, o equivalente a 3,6% da população global. O aumento ocorreu apesar do impacto dramático da pandemia sobre a migração, que incluiu o fechamento de fronteiras.

Diante desses dados alarmantes, cumpre, ainda, registrar que, entre os refugiados que se deslocam por motivos ambientais, as razões para o deslocamento podem ser classificadas em (i) antropogênicas, em que a ação humana atua contra o meio ambiente; (ii) naturais, relacionadas aos eventos ambientais sem interferência; e (iii) mistas, quando há uma junção das duas causas anteriores.[6]

É certo, contudo, que, independentemente da causa do deslocamento forçado, constitui dever de todos os atores no Direito Internacional e dos Estados trabalhar para prevenir e solucionar essas situações, fornecendo proteção aos refugiados, os quais são considerados integrantes da comunidade internacional e fazem jus ao refúgio e à não devolução por razão humanitária, devido à condição singular que vivenciam.[7]

2 Proteção legal do migrante

Como marco inicial, a Declaração dos Direitos do Homem e do Cidadão de 1789 trouxe, já no seu título, a distinção entre "Homem" e "Cidadão", demonstrando a dupla dimensão do documento: nacional e universal. Ou seja, aquele regramento se destinaria não apenas ao povo francês, mas a todos os povos. Também na Constituição francesa de 1791, coube distinção, pois os "direitos do homem" seriam aplicados a todos, independentemente da nacionalidade, enquanto os "direitos do cidadão" aplicavam-se somente aos franceses.[8]

---

[6] CLARO, Carolina de Abreu Batista. O Conceito de "Refugiado Ambiental". *In*: JUBILUT, Liliana L. *et al.* (org.). *Refugiados Ambientais*. Boa Vista: Editora da UFRR, 2018, p. 70 *apud* BROETTO, Valeriana Augusta; CARNEIRO, Erick Fernando. Refugiados e o Direito: por que a fraternidade importa? – (re)pensando a crise migratória a partir de um direito fraterno. *In*: OLIVEIRA, Olga Maria B. A. de; ROSSETTO, Geralda M. de F. (org.). *Direito e Fraternidade sob a Perspectiva da Construção Acadêmica*. 10 lições para os 10 anos de Estudos da Fraternidade. Vol. 2. Universidade Federal de Santa Catarina. Capítulo 9. E-book

[7] PORFÍRIO, Lícia Christynne Ribeiro. *Tratamento Jurídico dos Refugiados*: Análise das Legislações Nacionais e Internacionais. Curitiba: Juruá, 2019. p. 46.

[8] COMPARATO, Fábio Konder. *A Afirmação Histórica dos Direitos Humanos*. 10. ed. São Paulo: Saraiva, 2015. p. 163.

Cabe destacar, também, a existência de regramentos de ordem internacional que constituem importante salvaguarda de direitos no que se refere às questões de migração, entre eles: a Declaração Universal dos Direitos Humanos (1948); a Convenção nº 97 da OIT sobre os trabalhadores migrantes (1949); a Convenção Relativa ao Estatuto dos Refugiados (1951); a Convenção sobre o Estatuto dos Apátridas (1954); a Convenção Interamericana de Direitos Humanos (1969); a Convenção nº 143 da OIT relativa às imigrações em condições abusivas e à promoção de igualdade de oportunidades e de tratamento dos trabalhadores migrantes (1975); e a Declaração de Cartagena sobre Refugiados (1984).

Cumpre dizer que a existência desses documentos internacionais, que asseguram direitos ao indivíduo a despeito da sua nacionalidade e território de origem, demonstra que se trata de direitos que decorrem da própria condição humana.

Note-se que a Declaração Universal dos Direitos Humanos de 1948 foi expressa ao assegurar o direito de toda pessoa a circular livremente e escolher a sua residência no interior de um Estado, bem como de abandonar o país em que se encontra, incluindo o seu, e o direito de regressar ao seu país (art. 13, itens 1 e 2).

Ademais, no âmbito dos direitos dos refugiados, merece destaque a Declaração de Cartagena, que reconheceu expressamente o princípio do *non-refoulement* (não devolução) como um princípio *jus cogens* (direito cogente).

Contudo, apesar da proclamação desses princípios universais, o que se verifica muitas vezes no cenário internacional é a ausência de respeito ou sequer do reconhecimento dos direitos humanos quando se trata dos imigrantes.[9]

Por mais inacreditável que possa parecer – principalmente se considerarmos os tempos atuais de globalização, em que as distâncias parecem ter se tornado menores –, ainda existem países cujo ordenamento jurídico considera ilegal a conduta de prestar algum auxílio a um estrangeiro que precisou abandonar a sua terra natal. Isso porque a lei protecionista vê, no imigrante em situação irregular, um inimigo, uma ameaça à ordem pública.

Todavia, em sua grande maioria, as pessoas que se deslocam se encontram, na verdade, em situação de vulnerabilidade, mormente quando se trata de crianças e adolescentes migrantes. Dessarte, apesar

---

[9] WOLKMER, Antonio Carlos. Uma concepção intercultural dos Direitos Humanos como fundamento do Direito a migrar. *In*: PRONER, Caroline (coord.). *Migrações*: políticas e direitos humanos – sob as perspectivas do Brasil, Itália e Espanha. Curitiba: Juruá, 2015. p. 69.

do viés protecionista do sistema internacional dos direitos dos refugiados, isso não obsta que os indivíduos que dele buscam assistência sofram violência simbólica, o que se torna mais problemático quando há uma criança envolvida nesse contexto. Portanto, a situação deve ser tratada seriamente, e com a sensibilidade e humanidade que deem efetividade à proteção infantil. Debater essa problemática em todo o mundo contribuiria para a sua maior visibilidade social, podendo colaborar para a edição de leis mais protetivas aos infantes.[10]

Por seu turno, no Brasil, merece destaque a edição da Lei nº 13.445/2017, que consolidou um marco no ordenamento jurídico nacional ao romper com o perfil discriminatório até então adotado na nossa legislação, que foi marcado por fases que podem ser definidas inicialmente como escravocratas, posteriormente priorizando a mão de obra europeia e chegando à visão do imigrante como sendo uma ameaça à segurança nacional.[11] Certamente, o Estatuto do Estrangeiro (Lei nº 6.815/1980), norma elaborada e sancionada durante o regime militar e vigente até o advento da nova lei migratória, não era mais capaz de conciliar o tratamento ofertado ao migrante com as normas que lhe eram posteriores e o regramento internacional.

Assim, a Lei nº 13.445/2017 trouxe para o Direito Penal o princípio da não criminalização da imigração, bem como consolidou "a proteção dos direitos humanos e o acolhimento dos imigrantes como núcleo essencial das políticas migratórias a serem formuladas no país".[12]

Por fim, pertinente a comparação, nesse aspecto, com o que aconteceu em outros países, uma vez que, enquanto os grandes fluxos migratórios fizeram com que se restringissem o ingresso e residência na Europa e nos Estados Unidos, o Brasil, em sentido contrário, promoveu uma mudança na sua legislação de modo a favorecer a acolhida aos imigrantes e a proteção dos direitos humanos.[13]

---

[10] CHELOTI, Julia de David; RICHTER, Daniela. Direito Fraterno, crianças refugiadas e o caso Aylan Kurdi: Por que a sensibilidade necessita ser aflorada pela dor? In: OLIVEIRA, Olga Maria B. A. de; ROSSETTO, Geralda M. de F. Direito e Fraternidade sob a Perspectiva da Construção Acadêmica: 10 lições para os 10 anos de Estudos da Fraternidade. Vol. 2. Universidade Federal de Santa Catarina. Capítulo 3. E-book.

[11] JARDIM, Tarciso Dal Maso. A Lei Migratória e a Inovação de Paradigmas. In: Caderno de Debates: Refúgio, Migrações e Cidadania, Brasília, v. 12, n. 12, p. 18, 2017.

[12] ECHEVERRIA, Andrea de Quadros Dantas; ARRUDA, Isadora Marla B. R. C. de. O novo paradigma migratório inaugurado pela lei de migração (Lei nº 13.445/2017) e os desafios resultantes da judicialização da migração em massa de venezuelanos em Roraima (ACO nº 3.121). In: VELLOSO, Ana Flavia; JARDIM, Tarciso Dal Maso (coord.). A nova lei de migração e os regimes internacionais. Belo Horizonte: Fórum, 2021. p. 78.

[13] Ibid., p. 81.

3 Refúgio no Brasil

No país, a par da existência de uma cultura considerada naturalmente acolhedora, devido ao próprio histórico de formação da nação brasileira, são inúmeras as iniciativas na salvaguarda dos direitos fundamentais dos refugiados.

Diversas instituições religiosas, organizações não governamentais, associações e cidadãos têm se dedicado a prestar auxílio aos estrangeiros que se encontram em situação de vulnerabilidade, colaborando, muitas vezes, em conjunto com o poder público.

Apesar das iniciativas da sociedade civil, por certo o Estado possui o dever de atuar no acolhimento dos refugiados, haja vista que, já no preâmbulo da Constituição Federal, o legislador constituinte preconizou a construção de uma sociedade fraterna, pluralista e sem preconceitos, fundada na harmonia social e comprometida, na ordem interna e internacional, com a solução pacífica das controvérsias.

Ainda sob o ponto de vista normativo, além do Decreto nº 50.215/1961, que conferiu vigência no Brasil ao Estatuto dos Refugiados, existe uma norma que cuida especificamente da situação de refúgio. Trata-se da Lei nº 9.474/1997, que foi mantida em vigor após a edição da nova lei de migração e define como refugiado todo aquele que: (i) devido a fundados temores de perseguição por motivos de raça, religião, nacionalidade, grupo social ou opiniões políticas encontre-se fora de seu país de nacionalidade e não possa ou não queira acolher-se à proteção de tal país; (ii) não tendo nacionalidade e estando fora do país onde antes teve sua residência habitual, não possa ou não queira regressar a ele devido às circunstâncias anteriores; e (iii) devido a grave e generalizada violação de direitos humanos, é obrigado a deixar seu país de nacionalidade para buscar refúgio em outro país.

Em vista do arcabouço normativo então vigente, o Brasil tem recebido um crescente aumento no número de pedidos de refúgio nos últimos anos, bem como de deferimentos desses pedidos pelo Comitê Nacional para os Refugiados (CONARE). Talvez devido ao expressivo quantitativo de solicitações, em muitos casos o prazo para decisão administrativa foi superior a 12 meses, o que se afigura demasiado longo para uma resposta do Estado brasileiro, eis que priva os requerentes de inúmeros direitos que somente podem lhes ser assegurados a partir do reconhecimento da sua condição, tais como o acesso às políticas sociais.

Cabe destacar que os critérios adotados para o reconhecimento da condição de refugiado, por meio do procedimento de RSD (*Refugee Status Determination*), são os previstos na Lei nº 9.474/1997, nos termos da Convenção sobre o *Status* dos Refugiados de 1951, alterada pelo Protocolo sobre o *Status* dos Refugiados de 1967.

Em dados coletados, o CONARE aponta que, entre janeiro/2016 e dezembro/2021, das 75.213 decisões proferidas, 75,8% (o que corresponde a 57.025 decisões) foram sobre pedidos apresentados por pessoas vindas da Venezuela, dentro de um universo de 114 nacionalidades. Além disso, do total de processos, 40.974 foram encaminhados pelo estado de Roraima, principal porta de entrada desses imigrantes.[14]

Exemplificativamente, cumpre dizer que, em 2018, devido ao grande contingente de venezuelanos que adentrara no território nacional, o governo federal iniciou em Roraima a Operação Acolhida, com o intuito de garantir um tratamento humanitário a esses refugiados e migrantes. A força-tarefa contou com a participação dos Estados federados, organizações da sociedade civil e entidades privadas, bem como de agências da ONU e organismos internacionais, em um esforço conjunto para minimizar o drama que vivenciavam aqueles indivíduos longe de seus lares pátrios.

Por meio de postos de atendimento, alojamentos e núcleo de saúde, foram prestados serviços públicos essenciais aos migrantes e refugiados, que participavam de um processo de interiorização ou absorção no mercado local.

Note-se que a melhor solução para esse problema, de grande fluxo migratório, se daria por meio de "um processo de interiorização real e não simbólico, sistemático e não esporádico, que possa encaminhar (voluntariamente, é claro) e distribuir os imigrantes pelas demais capitais brasileiras". Dessa forma, estar-se-ia "tornando real o princípio da solidariedade, com seu ônus a ser suportado por todos os estados, e não apenas por Roraima".[15]

Por seu turno, além da atuação dos poderes Legislativo e Executivo, também merece destaque o desempenho do Poder Judiciário, no exercício da sua atividade, tanto jurisdicional como reguladora. Partindo da previsão do texto constitucional quanto ao princípio da fraternidade e da efetivação das leis criadas sob a sua égide, além das influências da legislação internacional, o Judiciário brasileiro, dada a sua prerrogativa, desempenha um papel essencial no avanço que se almeja para a concretização de um Estado fraterno.

---

[14] Informações disponíveis em: https://app.powerbi.com/view?r=eyJrIjoiNTQ4MTU0NGItY-zNkMi00M2MwLWFhZWMtMDBiM2I1NWVjMTY5IiwidCI6ImU1YzM3OTgxLTY2NjQt NDEzNC04YTBjLTY1NDNkMmFmODBiZSIsImMiOjh9. Acesso em: 10 jul. 2022.

[15] FONSECA, Reynaldo Soares da. *O Princípio Constitucional da Fraternidade*: seu resgate no sistema de justiça. Belo Horizonte: D'Plácido, 2019. p. 162.

Como exemplo da atuação jurisdicional, cabe citar o julgamento proferido, em 15.10.2020, pelo Supremo Tribunal Federal na Ação Cível Originária nº 3.121, de relatoria da Ministra Rosa Weber, em que o STF determinou que a União participe do custeio dos serviços públicos que foram prestados pelo Estado de Roraima aos refugiados oriundos da Venezuela, por entender se tratar de hipótese de cooperativismo obrigatório, aplicando-se o princípio da solidariedade entre os entes federados, considerando, ainda, a hipossuficiência do Estado de Roraima em relação à capacidade financeira da União.

É flagrante que o Estado de Roraima teve gastos extraordinários com saúde, educação, segurança pública e assistência social em decorrência do exacerbado fluxo de imigrantes venezuelanos, considerado evento extraordinário, imprevisível e excepcional, cujo impacto naquele ente da federação decorreu da sua posição geográfica, o que facilitou o acesso dos estrangeiros, haja vista a necessidade de cumprimento dos tratados internacionais pelo Brasil.

Nesse caso, foi primordial a atuação do STF, pois, conforme argumenta Grégore Moreira de Moura,[16] o federalismo brasileiro é atípico e, "nos moldes em que se desenvolve na prática, é extremamente antifraterno", pois acarreta a concentração de rendas na União e uma contenda fiscal entre os demais entes da federação, o que não promove o cooperativismo e contraria o objetivo fundamental da República Federativa do Brasil de reduzir as desigualdades regionais. Verifica-se que o contrário ocorre, por exemplo, no federalismo alemão, em que "há uma compensação financeira fraterna levando realmente a sério a ideia de se buscar uma redução das desigualdades regionais e, por conseguinte, equilibrar o desenvolvimento econômico e social de todos os Estados".[17]

Nesse contexto, denota-se que o *decisum* proferido pelo STF, ao reconhecer a existência de uma responsabilidade conjunta dos entes federados quanto ao acolhimento humanitário dos migrantes, repartindo os custos, guarda harmonia com o princípio constitucional da fraternidade, na medida em que "a construção do vínculo federativo de coloração fraterna melhor justifica as práticas decorrentes de política territorial, indicando também opções e correções ao desvirtuamento do impulso colaborativo típico do fenômeno associativo ora analisado".[18]

---

[16] MOURA, Grégore Moreira de. *Direito constitucional fraterno*. 1. ed. 2 reimp. Belo Horizonte, São Paulo: D'Plácido, 2020. p. 199-201.
[17] *Ibid.*, p. 203.
[18] FONSECA, Reynaldo Soares da; FONSECA, Rafael Campos Soares da. Federalismo Fraternal: concretização do princípio da fraternidade no federalismo. *In*: FRÓZ SOBRINHO, José de Ribamar *et al*. (org.). *Direitos Humanos e Fraternidade*: estudos em homenagem ao

Por sua vez, na mesma ação julgou-se improcedente o pedido formulado pelo Estado autor, que pretendia o fechamento temporário da fronteira ou a limitação de acesso dos refugiados venezuelanos ao Brasil, tendo a Ministra Relatora asseverado em seu voto que o pleito era incompatível com os padrões constitucionais e internacionais de garantia da prevalência dos direitos humanos fundamentais. Reafirmou-se, portanto, como devido, o dever estatal de priorizar os direitos humanos fundamentais dos imigrantes que se encontram em situação de vulnerabilidade.

Em outro momento, o Poder Judiciário também protagonizou, por meio do Conselho Nacional de Justiça (CNJ), relevante política judicial para os refugiados, consubstanciada na edição da Resolução nº 425, de 8 de outubro de 2021. Trata-se da Política Nacional Judicial de Atenção a Pessoas em Situação de Rua e suas interseccionalidades, que guarda destaque nesse contexto, haja vista o elevado contingente de migrantes (imigrantes, refugiados e deslocados internos) que compõem a crescente massa populacional que faz das ruas, principalmente dos grandes centros urbanos, a sua morada.

Digno de nota é que a parte preliminar do texto da referida resolução apresenta, expressamente, a afirmação da fraternidade como categoria jurídica que deve direcionar a atuação do Poder Judiciário. Assim, nos termos da Resolução CNJ nº 425/2021, as instituições do sistema de justiça deverão levar em consideração a heterogeneidade da população em situação de rua, mormente quanto à naturalidade e nacionalidade, inclusive para atendimento de migrantes (art. 1º, II).

Entre as medidas previstas para assegurar o acesso à justiça pelas pessoas em situação de rua e imigração ou refúgio, está a prestação de atendimento especializado – que considere as diferenças culturais e vise superar as barreiras de linguagem – e a articulação com a Defensoria Pública, a Agência da ONU para refugiados, o Comitê Nacional para Refugiados, o Setor Anexo de Atendimento de Crianças e Adolescentes Solicitantes de Refúgio e Vítimas Estrangeiras de Tráfico Internacional de Pessoas, entre outros órgãos da rede de atendimento (art. 9º).

No que se refere às crianças e adolescentes em situação de rua e de imigração ou refúgio, são garantidas as devidas medidas de proteção, haja vista a maior exposição desses indivíduos às situações de exploração e trabalho infantil (art. 33), sendo indubitável que a

---

Ministro Reynaldo Soares da Fonseca [recurso eletrônico]. Vol. 1, São Luís: ESMAM/ EDU-FMA, 2021. p. 35.

vulnerabilidade dos migrantes ganha proporções evidentes quando associada à situação de rua e à menoridade civil.

Trata-se, portanto, de relevante marco normativo infralegal que, ao reconhecer o princípio da fraternidade como vetor essencial na atuação do sistema de justiça, especialmente em relação aos imigrantes e refugiados que se encontram em situação de rua, propõe uma política judicial que traz visibilidade para essa parcela da população, assegurando a humanização e o aprimoramento do trabalho realizado pelo Poder Judiciário para essas pessoas.

Mas as iniciativas não param por aí. Outro registro muito importante é que a Associação dos Magistrados Brasileiros – AMB tem realizado, com muito sucesso, um Plano de Ação Humanitária para o acolhimento de juízas afegãs e seus familiares no Brasil.

Tal projeto desenvolvido pela AMB lida com uma categoria diferenciada de imigrante: mulheres provenientes de um contexto de guerra e de terror promovido por grupos extremistas fulcrados em fanatismo religioso. Essas mulheres, de nacionalidade afegã, foram alijadas da sua posição de poder e de decisão no Poder Judiciário afegão. Eram juízas de Direito.

O Talibã não admite que mulheres decidam o futuro dos homens, muito menos dos integrantes do grupo extremista. Perseguições às juízas e seus familiares são frequentes. Todas as juízas afegãs e seus familiares foram ameaçados e algumas dessas mulheres foram mortas pelos extremistas, inclusive magistradas da Suprema Corte do Afeganistão. Em 2021, a AMB conseguiu salvar e acolher sete juízas afegãs e seus familiares, totalizando 26 pessoas recebidas no Brasil. Para resgatar e oferecer o apoio necessário às famílias afegãs recebidas no território brasileiro, grandes desafios foram superados pela Equipe de Acolhida Humanitária da AMB, idioma, cultura e peculiaridades religiosas não a afastaram da sua missão de concretizar um ambicioso projeto de proteção dos direitos humanos a nível internacional.

A ação da AMB teve grande repercussão na mídia (nacional e internacional), conquistando os olhos do mundo para uma visão mais solidária e humana em relação aos imigrantes forçados.

Não foi uma tarefa simples, uma vez que não há uma comunidade afegã no Brasil que facilite o intercâmbio cultural. Entretanto, essa é a oportunidade de o Brasil conhecer mais sobre o Afeganistão. Trata-se de uma relação de reciprocidade; as juízas afegãs ganham e os brasileiros também, pois há uma troca cultural e de conhecimentos que promove a solidariedade entre os povos.

Todos já estão inseridos na realidade brasileira, com moradia e trabalho, bem como acesso às políticas públicas. Por tal trabalho incrível, a Presidente da AMB – Juíza Renata Gil – recebeu, aliás, o prêmio Faz Diferença – Mundo – O Globo 2021.

O Estado brasileiro também é reconhecido com tal ação, pois mostra ao mundo que os direitos humanos devem ser respeitados e defendidos, independentemente de fronteiras e nacionalidades.

4 A fraternidade como refúgio

Como visto, os deslocamentos forçados de pessoas que sofreram, sofrem ou têm o temor de sofrer alguma perseguição no seu país de origem não se trata de ocorrência que ficou no passado. Até os dias de hoje assistimos a situações, decorrentes de crises econômica, política, ambiental etc., em que milhões de pessoas são obrigadas a migrar para fugir da violência, da miséria ou da morte. São despojadas, involuntariamente e de forma abrupta, de tudo o que tinha significado para a sua vida: família, lar, idioma, cultura e amigos, e precisam receber auxílio em outro país.

Mas o caminho que esses indivíduos em fuga trilham até chegar a um ponto seguro, em um local em que poderão se estabelecer e retomar suas vidas, com moradia, trabalho e saúde, costuma ser cheio de entraves e dificuldades. Isso porque nem sempre essa condição de refugiado está, de plano, reconhecida para que o indivíduo receba, efetivamente, a proteção que hoje lhe é assegurada pelo regramento de ordem internacional.

E não deveria ser assim, uma vez que a hospitalidade consiste em um dever do Estado e direito de todos os homens.

Cabe ressaltar que o acolhimento prestado aos refugiados não tem caráter *ad aeternum*, mas apenas temporário, até que os direitos básicos do sujeito, enquanto ser humano, estejam resguardados, servindo para amenizar o seu estado de vulnerabilidade.[19]

Mas, ainda que não se trate de um intuito de permanecer no país estrangeiro, ou de pedido de refúgio, as pessoas devem ter assegurado o seu direito de ir e vir quando inexistirem razões concretas que impliquem algum mal quanto a isso. Trata-se do reconhecimento de que toda a humanidade pertence ao mundo, e vice-versa.

---

[19] PORFÍRIO, Lícia Christynne Ribeiro. *Tratamento Jurídico dos Refugiados*: Análise das Legislações Nacionais e Internacionais. Curitiba: Juruá, 2019. p. 122.

Segundo estabeleceu Immanuel Kant[20] em sua obra *À paz perpétua*, no terceiro artigo definitivo, o direito cosmopolita deve ser limitado às condições da hospitalidade universal. O filósofo afirmou que não se trata de filantropia, mas do direito; e hospitalidade significa, nesse contexto, o direito de um estrangeiro, por conta de sua chegada à terra de um outro, de não ser tratado hostilmente por este. Enquanto se portar de modo pacífico, não poderá ser tratado de forma hostil.

O autor apresentou, dessa forma, a ideia de uma constituição cosmopolita, da grande comunidade formada por todos os povos da Terra, uma vez que todos acabam por ser atingidos quando um direito é violado em algum lugar do mundo.

Todavia, não obstante os Estados possuírem a obrigação de receber os estrangeiros que chegarem ao seu território, na prática essa acolhida não costuma acontecer da melhor forma. Muitas vezes, a entrada desses migrantes ocorre em países subdesenvolvidos ou em desenvolvimento, os quais não possuem condições de receber os estrangeiros, o que, não apenas prejudica a adequada ajuda humanitária, como também traz graves problemas para o próprio país hospedeiro.

Em razão disso faz-se necessário um compartilhamento de responsabilidades, devido ao abalo econômico e social que a entrada desses estrangeiros acarreta, de modo que deve haver a participação de toda a comunidade, nacional e internacional, formando uma grande rede de solidariedade, para resolver os problemas causados pelos fluxos migratórios.

Como visto alhures, recentemente o Brasil sofreu forte impacto com o ingresso de venezuelanos no seu território. Foi preciso envidar relevantes esforços para assegurar os direitos humanos, não somente desses estrangeiros que precisaram deixar seu país de origem, como também dos nacionais residentes no Estado fronteiriço pelo qual ingressaram os refugiados.

Indubitável, pois, que a consolidação do Estado fraterno exige o tratamento humanitário dirigido a todos os indivíduos, independentemente da sua origem, cultura ou nacionalidade. Ao contrário de um nacionalismo que exalta a fraternidade circunscrita aos nacionais, diante do patriotismo é possível exercer a fraternidade aberta, reconhecendo-se plena humanidade ao refugiado, integrando a pátria na grande comunidade humana que habita o planeta.[21]

---

[20] KANT, Immanuel. *À paz perpétua:* um projeto filosófico. Tradução e notas de Bruno Cunha. Petrópolis: Vozes, 2020. p. 27-29. *E-book.*
[21] MORIN, Edgar. *Fraternidade*: para resistir à crueldade do mundo. Tradução de Edgard de Assis Carvalho. 2. ed. São Paulo: Palas Athena, 2019. p. 15.

Deve-se modificar a postura que tem sido adotada, tanto pelo Estado como pelas instituições públicas e privadas, assim como dos nacionais perante os imigrantes, pois não se trata de caridade ou altruísmo. Também deve-se tratar de forma igualitária os imigrantes e refugiados. É essencial praticar a aceitação, o respeito e a tolerância perante a diversidade, mormente quando se trata de cultura e religião, de modo a estabelecer uma relação humana e fraternal. Ao poder público, cabe atuar de forma condizente com o Estado democrático de Direito para que os imigrantes possam ter garantidos os seus direitos fundamentais.[22]

Há de prevalecer, portanto, a fraternidade, pois ela é capaz de "equacionar o egoísmo nascido de uma sociedade globalizada arrogante e promover um senso de comunidade".[23]

Não há como negar a existência (e até legitimidade) de algumas preocupações relacionadas à migração, também no aspecto da realização da justiça, na medida em que, nem sempre, o Estado terá condições de atender aos nacionais e estrangeiros de forma equânime. Havendo uma grande disparidade entre os países ricos e pobres, torna-se difícil conciliar as necessidades de uma comunidade interna com as dos estrangeiros, o que não ocorreria se houvesse uma melhor distribuição de renda em todo o mundo e se todas as pessoas fossem consideradas cidadãs, independente do seu país de origem.[24]

Desse modo, para uma melhor solução, os grandes fluxos de deslocamentos forçados não podem mais ser vistos como um problema regional, pois, como bem pontuado por Zigmunt Bauman, essas pessoas migrantes "foram naturalmente assumidas como um problema do país hospedeiro e tratadas como tal", porém "não há soluções locais para problemas globais, embora sejam locais as soluções procuradas com avidez, ainda que em vão, pelas instituições políticas existentes".[25]

Assim, denota-se que o dever de acolhimento aos refugiados perpassa por várias questões. Como destaca o Ministro Edson Fachin, para

---

[22] LANGOSKI, Deisemara Turatti. Mobilidade migratória: o que a fraternidade tem a dizer – um relato. *In*: VERONESE, Josiane Rose P.; OLIVEIRA, Olga Maria B. A. de; MOTA, Sergio Ricardo F. (org.). *O direito revestido de fraternidade*. Estudos desenvolvidos no programa de pós-graduação em Direito da UFSC. Florianópolis: Insular, 2016. Parte II, Capítulo 7, p. 331-333.

[23] MOURA, Grégore Moreira de. *Direito constitucional fraterno*. 1. ed. 2. reimp. Belo Horizonte, São Paulo: D'Plácido, 2020, p. 67.

[24] SANDEL, Michael J. *Justiça*. Tradução de Heloisa Matias e Maria Alice Máximo. Rio de Janeiro: Civilização Brasileira, 2015. E-book.

[25] BAUMAN, Zygmunt. *Amor Líquido*: sobre a fragilidade dos laços humanos. Tradução de Carlos Alberto Medeiros. Rio de Janeiro: Zahar, 2004. p. 163.

"magistrados constitucionais, não apenas a impossibilidade de valer-se do *non liquet* complexifica seu *modus operandi*. A falta de hospitalidade fraterna ao diferente, ao respeito do que é diverso, se traduz também em desafio de inclusão, de ir ao encontro da existência do Outro, da inclusão do diferente".[26]

Necessário é que se diga "sim ao que chega, antes de toda determinação, antes de toda antecipação, antes de toda identificação, quer se trate ou não de um estrangeiro, de um imigrado, de um convidado ou de um visitante inesperado", bem como se "o que chega seja ou não cidadão de um outro país, um ser humano, animal ou divino, um vivo ou um morto, masculino ou feminino".[27]

5 Considerações finais

A partir do que foi exposto, é possível identificar diversos episódios e fatores hábeis a definir o Brasil como uma nação de portas abertas, não somente pelas práticas de ajuda humanitária que tem desenvolvido ao longo dos tempos, como também em razão do seu esforço legislativo em positivar garantias aos estrangeiros que se encontrem em território nacional.

Além disso, a atuação judiciária também se mostrou capaz de assegurar, não apenas os direitos dos migrantes, como também os meios de o Estado prestar-lhes assistência, mesmo quando inexistente legislação infraconstitucional suficiente, amparando-se no texto da Constituição Federal.

Assim, é possível dizer que, não obstante o Brasil seja signatário de diversos tratados e convenções internacionais relacionados a direitos humanos e migrantes, talvez seja o histórico da formação populacional desse país, de dimensões continentais como é conhecido, o grande responsável por essa tendência ao acolhimento e hospitalidade do Estado brasileiro e dos seus nacionais, que se reflete no seu ordenamento jurídico interno e na atuação dos poderes estatais.

Por certo, ainda há muito a ser melhorado, mas o país está caminhando para uma atuação em relação à migração lastreada na

---

[26] FACHIN, Luiz Edson. De Fraternidade Falando. *Revista Eletrônica do Tribunal Regional do Trabalho da 9ª Região*, Curitiba, v. 6, n. 58, p. 11-18, mar./abr. 2017, p. 17 *apud* FONSECA, Reynaldo Soares da. *O Princípio Constitucional da Fraternidade*: seu resgate no sistema de justiça. Belo Horizonte: D'Plácido, 2019. p. 164.

[27] DERRIDA, Jacques. *Anne Dufourmantelle convida Jacques Derrida a falar da Hospitalidade*. Tradução de Antonio Romane; revisão técnica de Paulo Ottoni. São Paulo: Escuta, 2003. p. 69.

fraternidade, de modo a enxergar a comunidade internacional como uma grande irmandade, assegurando a todos os mesmos direitos humanos fundamentais, sem que haja discriminação em razão da nacionalidade dos indivíduos.

A construção de um constitucionalismo fraterno aponta a relação de reciprocidade que vincula os seres humanos entre si, implode todo tipo de nacionalismo, fechamento de fronteiras e xenofobia. Visualiza-se no outro "um outro eu", independente da cultura. [28]

É verdade, contudo, que a aplicação do princípio da fraternidade no contexto do refúgio não significa que serão ultrapassados os limites indispensáveis da ordem pública ou da soberania dos Estados. Trata-se, com efeito, de conciliar esses princípios, com vistas à construção da sociedade fraterna preconizada pela Constituição Federal.

Referências

BAUMAN, Zygmunt. *Amor Líquido*: sobre a fragilidade dos laços humanos. Tradução de Carlos Alberto Medeiros. Rio de Janeiro: Zahar, 2004.

BROETTO, Valeriana Augusta; CARNEIRO, Erick Fernando. Refugiados e o Direito: por que a fraternidade importa? – (re)pensando a crise migratória a partir de um direito fraterno. *In*: OLIVEIRA, Olga Maria B. A. de; ROSSETTO, Geralda M. de F. (org.). *Direito e Fraternidade Sob a Perspectiva da Construção Acadêmica*: 10 lições para os 10 anos de Estudos da Fraternidade – Vol. 2. Universidade Federal de Santa Catarina. E-book.

CHELOTI, Julia de David; RICHTER, Daniela. Direito Fraterno, crianças refugiadas e o caso Aylan Kurdi: por que a sensibilidade necessita ser aflorada pela dor? *In*: OLIVEIRA, Olga Maria Boschi Aguiar de; ROSSETTO, Geralda Magella de Faria. *Direito e Fraternidade sob a Perspectiva da Construção Acadêmica*: 10 lições para os 10 anos de Estudos da Fraternidade. Vol. 2. Universidade Federal de Santa Catarina. E-book.

CLARO, Carolina de Abreu Batista. O Conceito de "Refugiado Ambiental". *In*: JUBILUT, Liliana L. *et al*. (org.). *Refugiados Ambientais*. Boa Vista: Editora da UFRR, 2018, p. 70.

COMPARATO, Fábio Konder. *A Afirmação Histórica dos Direitos Humanos*. 10. ed. São Paulo: Saraiva, 2015.

DERRIDA, Jacques. *Anne Dufourmantelle convida Jacques Derrida a falar da hospitalidade*. Tradução de Antonio Romane; revisão técnica de Paulo Ottoni. São Paulo: Escuta, 2003.

ECHEVERRIA, Andrea de Quadros Dantas; ARRUDA, Isadora Maria B. R. Cartaxo de. O novo paradigma migratório inaugurado pela lei de migração (lei nº 13.445/2017) e os desafios resultantes da judicialização da migração em massa de venezuelanos em Roraima (ACO nº 3.121). *In*: VELLOSO, Ana Flavia; JARDIM, Tarciso Dal Maso (coord.). *A nova lei de migração e os regimes internacionais*. Belo Horizonte: Fórum, 2021, p. 78.

---

[28] FONSECA, Reynaldo Soares da Fonseca. *O Princípio Constitucional da Fraternidade*: seu resgate no sistema de justiça. Belo Horizonte: D'Plácido, 2019. p. 160.

FACHIN, Luiz Edson. De Fraternidade Falando. *Revista Eletrônica do Tribunal Regional do Trabalho da 9ª Região*, Curitiba, v. 6, n. 58, p. 11-18, mar./abr. 2017, p. 17 *apud* FONSECA, Reynaldo Soares da. *O Princípio Constitucional da Fraternidade*: seu resgate no sistema de justiça. Belo Horizonte: D'Plácido, 2019. p. 164.

FONSECA, Reynaldo Soares da; FONSECA, Rafael Campos Soares da. Federalismo Fraternal: concretização do princípio da fraternidade no federalismo. *In*: FRÓZ SOBRINHO, José de Ribamar *et al.* (org.). *Direitos Humanos e Fraternidade*: estudos em homenagem ao Ministro Reynaldo Soares da Fonseca [recurso eletrônico]. Vol. 1, São Luís: ESMAM: EDUFMA, 2021. p. 35.

FONSECA, Reynaldo Soares. *O Princípio Constitucional da Fraternidade*: seu resgate no sistema de justiça. Belo Horizonte: D'Plácido, 2019.

JARDIM, Tarciso Dal Maso. A Lei Migratória e a Inovação de Paradigmas. *In*: *Caderno de Debates*: Refúgio, Migrações e Cidadania, Brasília, v. 12, n. 12, p. 18, 2017.

KANT, Immanuel. *À paz perpétua*: um projeto filosófico. Tradução e notas de Bruno Cunha. Petrópolis: Vozes, 2020. E-book.

LANGOSKI, Deisemara Turatti. Mobilidade migratória: o que a Fraternidade tem a dizer – um relato. *In*: VERONESE, Josiane Rose P.; OLIVEIRA, Olga Maria B. A. de; e MOTA, Sergio Ricardo F. (org.). *O direito revestido de fraternidade*. Estudos desenvolvidos no programa de pós-graduação em direito da UFSC. Florianópolis: Insular, 2016. Parte II, Capítulo 7, p. 331-333.

LUCAS, Javier de. Derechos Humanos y Políticas Migratorias: elementos para otra política. *In*: PRONER, Caroline (coord.). *Migrações*: políticas e direitos humanos – sob as perspectivas do Brasil, Itália e Espanha. Curitiba: Juruá, 2015. p. 20.

MORIN, Edgar. *Fraternidade*: para resistir à crueldade do mundo. Tradução de Edgard de Assis Carvalho. 2. ed. São Paulo: Palas Athena, 2019.

MOURA, Grégore Moreira de. *Direito constitucional fraterno*. 1. ed. 2. reimp. Belo Horizonte, São Paulo: D'Plácido, 2020.

PORFÍRIO, Lícia Christynne Ribeiro. *Tratamento Jurídico dos Refugiados*: Análise das Legislações Nacionais e Internacionais. Curitiba: Juruá, 2019.

SANDEL, Michael J. *Justiça*. Tradução de Heloisa Matias e Maria Alice Máximo. Rio de Janeiro: Civilização Brasileira, 2015. E-book.

WOLKMER, Antonio Carlos. Uma concepção intercultural dos Direitos Humanos como fundamento do Direito a migrar. *In*: PRONER, Caroline (coord.). *Migrações*: políticas e direitos humanos – sob as perspectivas do Brasil, Itália e Espanha. Curitiba: Juruá, 2015. p. 69.

Informação bibliográfica deste texto, conforme a NBR 6023:2018 da Associação Brasileira de Normas Técnicas (ABNT):

FONSECA, Reynaldo Soares da; MÜHLBACH, Marja. O refúgio no Estado de Direito fraterno. *In*: SARAIVA FILHO, Oswaldo Othon de Pontes; BERTELLI, Luiz Gonzaga; SIQUEIRA, Julio Homem de (coord.). *Direitos dos refugiados*. Belo Horizonte: Fórum, 2024. (Coleção Fórum Direito Internacional Humanitário, v. 1, t. 1). p. 63-79. ISBN 978-65-5518-615-4.

REFUGIADOS NO BRASIL À LUZ DA CONSTITUIÇÃO DE 1988 E DE TRATADOS INTERNACIONAIS

MARILENE TALARICO MARTINS RODRIGUES

> *"Todo homem tem direito à vida, à liberdade e à segurança pessoal." (art. III)*
>
> *"Todo homem, vítima de perseguição, tem o direito de procurar e de gozar asilo em outros países." (art. XIV)*
>
> Declaração Universal dos Direitos Humanos

Introdução

A Constituição Federal de 1988 representa o marco jurídico de transição democrática e de institucionalização dos direitos humanos no País. O valor da dignidade da pessoa humana, como fundamento do Estado Democrático de Direito, impõe-se como núcleo básico e informador de todo ordenamento jurídico, como critério e parâmetro de valorização que orienta a interpretação do sistema constitucional.

O contínuo reconhecimento dos direitos fundamentais é a mesma incessante caminhada no rumo da consolidação dos chamados Estados Democráticos. Não se pode falar em direitos dos refugiados sem a aplicação dos direitos humanos e o valor da dignidade da pessoa humana, nos países que adotaram o Estado Democrático de Direito como regime de organização do Estado, como ocorreu com o Estado brasileiro, garantindo os direitos fundamentais dos cidadãos que não podem ser violados quando da sua aplicação em relação aos refugiados, exatamente para disciplinar as relações jurídicas, o Estado e as garantias constitucionais da pessoa humana. É preciso ponderar que atrás de um refugiado está uma pessoa humana que precisa ser amparada pelos direitos fundamentais.

É sobre estes aspectos de direitos da pessoa humana que será desenvolvido o presente estudo.

A Constituição Federal de 1988

A Constituição Federal de 1988, em seus artigos 1º e 3º, estabelece os seguintes fundamentos:

> Art. 1º – A República Federativa do Brasil, formada pela união indissolúvel dos Estados e Municípios e do Distrito Federal, constitui-se em Estado Democrático de Direito e tem como fundamentos:
> I – a soberania;
> II – a cidadania;
> III – *a dignidade da pessoa humana;*
> IV – os valores sociais do trabalho e da livre iniciativa;
> V – o pluralismo político.
> *Parágrafo único*: Todo o poder emana do povo, que o exerce por meio de representantes eleitos ou diretamente, nos termos desta Constituição.
> (...)
> Art. 3º – Constituem objetivos fundamentais da República Federativa do Brasil:
> I – construir uma sociedade livre, justa e solidária;
> II – garantir o desenvolvimento nacional;
> III – erradicar a pobreza e a marginalização e reduzir as desigualdades sociais e regionais;
> IV – *promover o bem de todos, sem preconceitos de origem, raça, sexo, cor, idade e quaisquer outras formas de discriminação.*

O Estado de Direito, concebido e estruturado em bases democráticas, mais do que simples figura conceitual, ou mera proposição doutrinária, reflete, em nosso sistema jurídico, uma realidade constitucional densa de significação e *plena de potencialidade concretizadora dos direitos e das liberdades públicas.*

A construção de uma sociedade livre, justa e *solidária*, conforme preceitua a Constituição (art. 2º), se assenta na *dignidade da pessoa humana* e em *promover o bem de todos, sem preconceitos de origem, raça, sexo, cor, idade e quaisquer outras formas de discriminação* (art. 3º) e, portanto, está embasada na preservação dos direitos individuais e coletivos e nos princípios da autonomia, da harmonia e da independência dos Poderes (art. 2º).

A opção do legislador constituinte pela concepção democrática do Estado de Direito não pode esgotar-se numa simples proclamação retórica, mas em sua *efetividade,* razão pela qual "há de ter consequências efetivas no plano de nossa organização política, na esfera das relações institucionais entre os Poderes da República e no âmbito da formulação de uma teoria das liberdades públicas e do próprio regime democrático".[1]

Compreender a Constituição como ordem de valores é aceitar uma concepção de garantia da segurança jurídica quanto à efetividade dos direitos e liberdades que são por ela contemplados.

A compreensão da Constituição e do Direito como sistema de regras e princípios possibilita a aplicação do direito constitucional em todos os ramos do Direito e concretiza a segurança jurídica, principalmente, dos direitos fundamentais arrolados no art. 5º da CF.

Introduz a Constituição de 1988 um avanço na consolidação dos direitos e garantias individuais, sendo a primeira Constituição brasileira a consagrar, entre os princípios que regem o Brasil no plano internacional, o *princípio da prevalência dos direitos humanos,* além de outros princípios, na forma estabelecida em seu art. 4º, assim disposto:

Art. 4º – A República Federativa do Brasil rege-se nas suas relações internacionais pelos seguintes princípios:
I – independência nacional;
II – *prevalência dos direitos humanos;*
III – autodeterminação dos povos;
IV – não intervenção;
V – igualdade entre os Estados;
VI – defesa da paz;
VII – solução pacífica dos conflitos;
VIII – *repúdio ao terrorismo e ao racismo;*
IX – cooperação entre os povos para o progresso da humanidade;
X – *concessão de asilo político.*

---

[1] BRASIL, Supremo Tribunal Federal (Tribunal Pleno), ADPF nº 187/DF, Relator Ministro Celso de Mello, 15 de junho de 2011 – DJ 102 – j. em 29 maio 2014.

Parágrafo único: A República Federativa do Brasil buscará a integração econômica, política, social e cultural dos povos da América Latina, visando à formação de uma comunidade latino-americana de nações.

Quanto aos princípios constitucionais elencados no art. 4º transcritos, observa Flávia Piovesan que "a participação ativa de destacados internacionalistas, em particular dos professores Antônio Augusto Cançado Trindade e Celso de Albuquerque Mello, ao longo do processo constituinte, foi relevante fator a contribuir para a inserção daquele dispositivo constitucional. Ambos defenderam com ênfase a necessidade de previsão de dispositivo ou mesmo título específico concernente às relações internacionais. Argumentaram pela exigência de democratização não apenas no âmbito interno, mas também no âmbito de política internacional".[2]

É a partir dessa referência que outros princípios se somam ao disciplinar a inserção do Brasil no plano internacional, destacando os seguintes princípios, com referências contextuais, conforme relata, com propriedade, *José Afonso da Silva*, como segue:[3]

1. REFERÊNCIAS CONTEXTUAIS

O Sistema Constitucional sempre pôs um princípio básico para as relações internacionais do Brasil: a solução pacífica das controvérsias. Ele persiste na Constituição de 1988, quando no preâmbulo, propõe uma sociedade fraterna, pluralista e sem preconceitos "comprometida, na ordem interna e internacional, com a solução pacífica das controvérsias" – princípio reafirmado no inciso VII do art. 4º, de tal modo que se pode tê-lo como orientador da interpretação de todas as regras que regem as relações internacionais. Mesmo os demais princípios constantes do art. 4º, devem ser interpretados tendo em vista aquele princípio-guia, destacado no Preâmbulo. Mas esses princípios todos orientam o entendimento das demais regras sobre a matéria, como as referentes ao racismo, ao terrorismo, à extradição, à entrada e permanência de estrangeiros no território nacional, à imigração (arts. 5º, XV, XLII, XLIII, LI e LII, e 21, XV), às relações diplomáticas (arts. 21, I, 52, IV, e 84, VII), à declaração da guerra e celebração da paz (arts. 21, II, 49, II, e 84, XIX e XX), à celebração de tratados, acordos e atos internacionais (arts. 49, I, 52, V e VIII).

---

[2] PIOVESAN, Flávia. Constituição Federal: relações internacionais e direitos humanos. *In*: MARTINS, Ives Gandra; REZEK, Francisco (coord.). *Constituição Federal* – avanços, contribuições e modificações no processo democrático brasileiro. São Paulo: Revista dos Tribunais / coedição CEU – Centro de Extensão Universitária, 2008. p. 167-183.

[3] SILVA, José Afonso da. *Comentário contextual à Constituição*. São Paulo: Malheiros Editores, 2005. p. 50-54.

2. A REPÚBLICA FEDERATIVA DO BRASIL REGE-SE NAS SUAS RELAÇÕES INTERNACIONAIS PELOS SEGUINTES PRINCÍPIOS:

"Reger-se" é um signo de subordinação que vale dizer que seu sujeito – "República Federativa do Brasil" – se submete aos elementos componentes do agente – "pelos seguintes princípios" – nas circunstâncias indicadas – "nas relações internacionais". Por aí se vê que esses princípios são plenamente eficazes e de observância obrigatória, ainda que alguns se apresentem com enunciados constitucionalmente abertos – como independência nacional, "mas todos são conceitos plenamente determináveis pela doutrina.

3. RELAÇÕES INTERNACIONAIS

É conceito mais amplo do que relações externas ou exteriores, porque abrange não só as relações com Estados, mas também as relações com organismos internacionais e comunitários.

4. PRINCÍPIOS ORDENADORES DAS RELAÇÕES INTERNACIONAIS

São os princípios que regem a República Federativa do Brasil em suas relações internacionais. Foi fonte de inspiração no texto do art. 7º da Constituição Portuguesa de 1976, n. 1. Reafirmam nossa independência, nossa autodeterminação, a não intervenção nos nossos assuntos. Reconhecem-se no rol dos princípios consagrados no art. 4º, quatro aspirações: (a) uma nacionalista, nas ideias de *independência nacional* (inciso I), de *autodeterminação dos povos* (inciso III) e de *não intervenção* (inciso IV) e *igualdade entre os Estados* (inciso V); (b) outra internacionalista, nas ideias de *prevalência dos direitos humanos* (inciso II) e de *repúdio ao terrorismo e ao racismo* (inciso VIII); (c) uma pacifista, nas ideias de *defesa da paz* (inciso VI), de *solução pacífica nos conflitos* (inciso VII) e na *concessão de asilo político* (inciso X); (d) uma orientação comunitarista, nas ideias de *cooperação entre os povos para o progresso da humanidade* (inciso IX) e na formação de uma *comunidade latino-americana* (parágrafo único).

5. INDEPENDÊNCIA NACIONAL

Esse princípio reafirma o da soberania, que é fundamento da República Federativa do Brasil. Essa reafirmação, neste passo, não é destituída de importância, por não ser pura redundância. A independência constitui a face externa da soberania e, como vimos, significa que, na ordem internacional, não tem de acatar regras que não sejam voluntariamente aceitas e está em pé de igualdade com os poderes supremos dos outros povos. Tem, aqui, o sentido que estava enunciado no art. 1º da Constituição do Império do Brasil, constituído "numa nação livre, e independente, que não admite com qualquer outra laço algum de união, ou federação, que se oponha à sua independência".

6. PREVALÊNCIA DOS DIREITOS HUMANOS

Seria preferível dizer "direitos da pessoa humana", porque "direitos humanos" pode ter conotação de direitos da Humanidade ou direitos humanitários, o que é mais restrito. Mas o princípio quer se referir aos direitos fundamentais da pessoa humana, tal como configurados no Título II da Constituição e nos documentos internacionais de proteção dos direitos da pessoa humana, tal como reconhecido no *§2º do art. 5º.*

7. AUTODETERMINAÇÃO DOS POVOS

Provem do princípio das nacionalidades, produto da Revolução Francesa, segundo o qual cada Nação é um Estado e cada Estado uma pessoa nacional – o que significa, historicamente, o direito de uma nação de escolher seu próprio governo. O princípio significa que todos os povos têm o direito de estabelecer livremente sua condição política e de terminar seu desenvolvimento econômico, social e cultural, e para a realização de seus fins, podem dispor livremente de suas riquezas e recursos naturais, sem prejuízo das obrigações que derivam da cooperação econômica internacional baseada no princípio de benefício recíproco, assim como do Direito Internacional, pois, em nenhum caso se poderá privar de subsistência (Pactos Internacionais de Direitos Econômicos, Sociais e Culturais e de Direitos Civis e Políticos, ambos de 1966, art. 1º). Objeta-se que o direito assim compreendido pode dar margem à formação de regimes autoritários e ditatoriais. Contudo, o conjunto de princípios que rege as relações internacionais do Brasil leva a repelir qualquer forma de autodeterminação que desrespeite os direitos fundamentais da pessoa humana, por isso que um dos princípios norteadores dessas relações internacionais consiste na prevalência desses direitos (art. 4º, II). Ora, essa prevalência significa que nenhum outro princípio dispensa seu reconhecimento e só vale na medida em que os garanta.

8. NÃO INTERVENÇÃO

Esse princípio é corolário (e complemento) o princípio da autodeterminação. De fato, este seria inteiramente ineficaz se se admitisse a ingerência de um Estado nos assuntos de outros. Significa ele que nenhum Estado ou grupo de Estados tem o direito de intervir, direta ou indiretamente, por qualquer razão ou motivo, nos assuntos internacionais ou externos de qualquer outro. Exclui não somente a intervenção armada, mas também toda outra forma de interferência ou tendência atentatória à personalidade do Estado e dos elementos políticos, econômicos e culturais que o constituem (Carta da OEA, art. 18). É o princípio que protege os países pobres nas relações internacionais dominadas por grandes potências – lembra Celso D. de Albuquerque Mello.[4]

---

[4] MELLO, Celso D. de Albuquerque. *Direito Constitucional Internacional:* uma introdução. Rio de Janeiro: Renovar, 1994. p. 30.

9. IGUALDADE ENTRE ESTADOS

A desigualdade entre os Estados é um espelho das desigualdades sociais entre pessoas, com a agravante de que não se encontra no plano internacional um sistema de poder que possibilite a promoção deliberada da igualização por via de políticas públicas, nem mesmo como objetivos fundamentais de prestações positivas, como promete o art. 3º, III, da CF, para o plano interno. O máximo que se faz no plano internacional é a afirmativa jurídica da igualdade entre os Estados. Foi, no entanto, esse princípio o Leitmotiv do famoso discurso de Ruy Barbosa em Haia, especialmente na defesa do direito de igualdade dos Estados pequenos em relação às grandes potências. A Carta da ONU tem como um de seus propósitos "desenvolver relações amistosas entre as Nações no respeito ao princípio de igualdade de direitos" (art. 1º, n. 2). Igual orientação consta da Carta da OEA, cujo grupo art. 9º estatui que "os Estados são juridicamente iguais, desfrutam de iguais direitos e de igual capacidade para exercê-los, e têm deveres iguais". A Carta de Direitos e Deveres Econômicos dos Estados, aprovada pela Assembleia Geral da ONU em 1974, também afirma a igualdade soberana de todos os Estados (Capítulo I, "b"), e no art. 10 declara que "todos os Estados são juridicamente iguais e membros iguais da comunidade internacional". A realidade nem sempre confirma essas declarações, mas seu enunciado na Constituição serve para orientar o Brasil na tomada de decisões no sentido de sua efetividade.

10. DEFESA DA PAZ

A paz é um valor que, tradicionalmente, se contrapunha à guerra. Por isso, era conceituada como uma situação caracterizada pela ausência de guerra. Esta é conflito que se manifesta juridicamente por uma declaração formal de um Estado ou Estados em relação a outro ou outros. Acontece que hoje ocorrem inúmeros conflitos armados internacionais sem uma declaração formal de beligerância, de tal sorte que, formalmente, a paz – no sentido de ausência de guerra – não estaria rompida. Por isso, a paz autêntica há de ser concebida no sentido de ausência de qualquer combate armado – e tal é o sentido que se deve emprestar ao termo no contexto constitucional, dada a vocação pacífica do Brasil. Pois é essa paz, como forma de direito fundamental do homem (direito de terceira geração); *cuja defesa foi erigida em princípio constitucional das relações internacionais* da República Federativa do Brasil. Cabe à União celebrar a paz, porque só ela pode declara a guerra (art. 21, II); e ela o faz por ato do Presidente da República, autorizado ou com referendo do Congresso Nacional (arts. 49, II, e 84, XX).

11. SOLUÇÃO PACÍFICA DOS CONFLITOS

Este é um princípio tradicional do Constitucionalismo brasileiro desde a Constituição de 1891 (art. 34, n. 11), passando pelo art. 4º da Constituição de 1934 e formosamente traduzido no art. 4º da Constituição de 1946: "O Brasil só recorrerá à guerra se não couber ou se malograr o recurso ao arbitramento ou aos meios pacíficos de solução de conflitos, regulados por órgãos internacionais de segurança, de que participe; e em caso nenhum se empenhará em guerra de conquista, direta ou indiretamente, por si ou em aliança com outro Estado". Revela-se aí a índole pacifista dos brasileiros, numa fórmula que também já denota influência da Carta da ONU. O princípio foi repetido nas Constituições de 1967 e 1969 (art. 7º):

"Os conflitos internacionais deverão ser resolvidos por negociações diretas, arbitragem e outros meios pacíficos, com a cooperação dos organismos internacionais de que o Brasil participe.

Parágrafo único: É vedada a guerra de conquista."

A expressão agora é mais correta, porque ao contrário do que dispunha a Constituição de 1946, não tem a arbitragem como meio diverso dos outros meios de solução pacífica. A arbitragem é um dos meios de solução pacífica de conflitos. Por outro lado, não incorre na limitação dos textos das Constituições de 1967 e 1969, que exigiam que a arbitragem e outros meios pacíficos dependessem da cooperação de organismos internacionais de que o Brasil participasse, como se ele não pudesse realizar por si a solução pacífica de seus litígios.

12. REPÚDIO AO TERRORISMO E AO RACISMO

"Repúdio" é mais do que simples rejeição. Digamos, é uma rejeição qualificada pela repulsa, por se entender que terrorismo e racismo são modos desumanos de atuação, que merecem ser eliminados da face da terra. Um – o terrorismo -, por ser um modo covarde de agressão de inocentes no mais das vezes, mesmo quando seja por uma causa justa; pior quando seja por vingança, não raro. O outro – o racismo -, por ser forma agravada de discriminação que importa a ideia de domínio de uma raça sobre outra, tanto que a própria Constituição estatui que "a prática do racismo (no plano interno) constitui crime inafiançável e imprescritível, sujeito à pena de reclusão, nos termos da lei" (cf. Lei nº 7.716/1989, com as alterações da Lei nº 8.081/1990).

"Terrorismo" é o meio pelo qual o agente – o terrorista – produz uma ação extraordinariamente violenta (o terror) com objetivo de criar uma situação de medo profundo, visando a atingir um fim determinado ou à dominação política.

"Racismo" é teoria e comportamento destinados a realizar e justificar a supremacia de uma raça sobre outra (art. 3º, IV, CF) "promover o bem de todos, sem preconceitos de origem, raça, sexo, cor, idade e quaisquer outras formas de discriminação". Difere do simples preconceito de cor ou de raça, já que este consiste apenas numa rejeição pessoal, ainda que sistemática, de pessoas de outra raça ou cor. O *primeiro* está fundamentado numa ideologia da raça pura, que, pondo-se como superior, sente-se no direito de dominação da outra raça tida como inferior, ao ponto de até, pretender sua eliminação do orbe da Terra. O *segundo* funda-se numa prevenção de pessoas de uma raça ou cor contra outras de raça ou cor diferente, prevenção que leva à rejeição, ao pouco-caso, ao descaso e até aos maus-tratos. A "discriminação", que é consequência tanto do racismo como do preconceito, consiste em qualquer distinção, exclusão, restrição, cor, descendência ou origem com o objetivo ou efeito de anular ou restringir o reconhecimento, gozo ou exercício de direitos.

13. COOPERAÇÃO ENTRE OS POVOS PARA O PROGRESSO DA HUMANIDADE

É reconhecida em vários documentos internacionais. Assim, é um dos propósitos explícitos da Carta da ONU conseguir uma cooperação internacional para resolver os problemas de caráter *econômico, social, cultural* ou *humanitário*. Há mesmo na Declaração de Princípios relativos às relações amigáveis e à cooperação entre os Estados, conforme a Carta das Nações Unidas (1970), que até define a cooperação como um dever. "Cooperar" significa operar em conjunto – operar um com o outro – o que pressupõe harmonia e solidariedade na busca do objetivo que requer o esforço conjunto. Aqui a cooperação tem como objeto o progresso da Humanidade. A cooperação não importa, de modo algum, limitação da soberania, pois é precisamente com base nesta que ela se realiza. Se não houver a soberania, não haverá cooperação, que pressupõe coordenação de atos próprios, mas subordinação, que pressupõe realização de atos impostos por outro. O que a cooperação restringe e até elimina são os conflitos. Constitui ela forma consensual de harmonia, que, por isso mesmo, repele a desarmonia, o conflito e a guerra.

14. CONCESSÃO DE ASILO POLÍTICO

O *asilo político* compreende dois institutos inconfundíveis, mas conexos: o *asilo diplomático* e o *asilo territorial*. Ambas as formas estão abrangidas aqui, com a diferença de que o asilo diplomático depende de acordos internacionais, e o asilo territorial é instituto de Direito Interno. O Brasil é signatário da Convenção sobre Asilo Diplomático assinada em Caracas (1954), já ratificado. Consiste ele na acolhida de refugiado político em representação diplomática do Estado asilante. Já o asilo político consiste no recebimento de estrangeiro no território nacional, a seu pedido, sem os requisitos de ingresso, para evitar punição ou perseguição no seu país de origem por delito de natureza política ou ideológica. Cabe ao Estado asilante a classificação da natureza do delito e dos motivos da perseguição. É razoável que assim seja, porque a tendência do Estado do asilado é a de negar a natureza política do delito imputado e dos motivos da perseguição, para considerá-lo comum.

A Constituição prevê a concessão do *asilo político* sem restrições, como um *direito fundamental do homem*, consoante disposto no art. XIV da

Declaração Universal dos Direitos do Homem, segundo o qual: "1. Todo homem, vítima de perseguição, tem o direito de procurar e de gozar asilo em outros países. 2. Este direito não pode ser invocado em caso de perseguição legitimamente motivada por crime de direito comum ou por atos contrários aos objetivos e princípios das Nações Unidas". A natureza do asilo tem merecido divergência no que tange a saber se é de Direito Interno ou de Direito Internacional. Os Estados Unidos da América não reconhecem nem subscrevem a doutrina do asilo político como parte do direito internacional público. A Convenção sobre Asilo Político firmada na VII Conferência Interamericana concebeu-o como instituição de caráter humanitário, pelo que não fica sujeito a reciprocidade. Todos podem ficar sob sua proteção, seja qual for a nacionalidade a que pertençam, sem prejuízo das obrigações que, na matéria, tenha contraído o Estado de que façam parte (art. 3º). Já a Convenção firmada na X Conferência Interamericana decidiu que todo Estado tem o direito de conceder asilo, mas não se acha obrigado a concedê-lo, nem a declara porque o nega (art. 2º). Tudo isso dá a ideia de que se trata de assunto interno. Contudo, a Constituição o ligou às relações internacionais. Se a questão da concessão do asilo interfere com as regras do Direito Internacional, a condição de asilo constitui problema de *Direito Interno*, embora ela deva ser estabelecida de modo que o asilado se atenha à observância de deveres que sejam impostos pelo *Direito Internacional*. Assim é no Brasil (Leis nºs 6.815/1980 e 6.964/1981). Por isso, o estrangeiro admitido no território nacional na condição de asilado político ficará sujeito, além dos deveres que lhe forem impostos pelo Direito Internacional, a cumprir as disposições da legislação vigente e as que o governo brasileiro fixar. Não poderá sair do país sem prévia autorização do governo brasileiro, sob pena de renúncia ao asilo e de impedimento de reingresso nessa condição.

15. INTEGRAÇÃO DOS POVOS DA AMÉRICA LATINA E COMUNIDADE LATINO-AMERICANA DE NAÇÕES

O texto do parágrafo único do art. 4º em comento – segundo o qual a "República Federativa do Brasil buscará a integração *econômica, política, social* e *cultural* dos povos da América Latina, visando à formação de uma comunidade latino-americana de Nações" – entrou na Constituição por influencia do Governador André Franco Montoro, que fundamenta o Mercosul. Não se trata de simples faculdade, mas de um mandamento constitucional a ser cumprido pelo Estado Brasileiro, buscando a integração, com o objetivo de formar uma comunidade latino-americana de Nações; e, se é de "Nações", quer-se mais do que simples comunidade dos Estados: quer-se uma convivência econômica, política, social e cultural dos povos latino-americanos.

16. RELAÇÃO ENTRE O DIREITO INTERNO E O DIREITO INTERNACIONAL

Há três soluções possíveis: (a) primado do Direito Estatal; (b) primado do Direito Internacional; (c) dualismo jurídico. O primado do *Direito Estatal* significa que só existe a ordem jurídica estatal, negando-se, por isso, qualquer obrigatoriedade dos vínculos internacionais – tese hoje insustentável. O primado do *Direito Internacional* quer dizer que só existe uma ordem jurídica homogênea que tem sua base de validade no Direito Internacional, de sorte que os Estados estão sujeitos às normas desse Direito, que tem eficácia interna direta. Também essa teoria não encontra base na realidade. Resta a teoria dualista, segundo a qual existem duas ordens jurídicas: a interna e a internacional. O Direito Internacional fundamenta apenas relações entre os Estados e outros organismos internacionais, não implicando vínculo direto aos indivíduos. Isso só ocorrerá por algum mecanismo de transformação das regras de Direito Internacional em Direito Interno, nos termos da Constituição. Esta pode estabelecer que as relações de Direito Internacional vigorem no Interior do Estado declarando, por exemplo, que os preceitos de um tratado internacional se apliquem diretamente à ordem jurídica interna. Se assim não for previsto na Constituição, a aplicação do Direito Internacional na ordem jurídica interna depende de sua conversão em Direito Interno.[5] É este o sistema brasileiro. É o que decorre dos arts. 21, I, 49, I, e 84, VIII, segundo os quais cabe ao Presidente da República celebrar tratados, convenções e atos internacionais sujeitos a referendo do Congresso Nacional. O referendo e a retificação constituem os mecanismos de conversão do Direito Internacional em Direito Interno com obrigatoriedade para todos. Há, no entanto, prevalência do direito constitucional na medida em que a Constituição prevê a possibilidade de declarar a inconstitucionalidade de tratados (art. 102, III, "b"). Contudo, a Constituição abre brecha nessa teoria em matéria de direitos e garantias da pessoa humana quando declara que os direitos e garantias nela expressos "não excluem outros decorrentes dos tratados internacionais em que a República Federativa do Brasil seja parte" (art. 5º, §2º). Aliás, os direitos fundamentais da pessoa humana tendem a se tornar cada vez mais universais, com a consequência de os documentos internacionais ou regionais que os contemplam terem incidência interna direta.

A transcrição e os comentários feitos ao art. 4º da CF/88, por *José Afonso da Silva*, embora longa, torna-se necessária para melhor compreensão dessa importante norma constitucional sobre a matéria, objeto do presente trabalho.

---

[5] Ver Tratado de Assunção – Mercosul e o Tratado Constitutivo da União de Nações Sul-americanas – UNASUL. Decreto nº 350/1991 – Tratado de Assunção. Decreto nº 922/1993 – Mercosul.

Com efeito, o princípio da *prevalência dos direitos humanos* – inédito na historia constitucional brasileira – comprova o crescente processo de internacionalização dos direitos humanos e seu reflexo imediato, a humanização do Direito Internacional.

Conforme observa *Flávia Piovesan*, "é neste cenário que emerge o esforço de reconstrução dos direitos humanos como paradigma e referencial ético a orientar a ordem internacional contemporânea". (...) "Fortalece-se a ideia de que a proteção dos direitos humanos não deve se reduzir ao domínio reservado ao Estado, porque revela tema de legítimo interesse internacional. Por sua vez, esta concepção inovadora aponta duas importantes consequências: (1ª) a revisão da noção tradicional de soberania absoluta do Estado, que passa a sofrer um processo de relativização, na medida em que são admitidas intervenções no plano nacional em prol da proteção dos direitos humanos; isto é, transita-se de uma concepção "hobbesiana" de soberania centrada no Estado para uma concepção "kantiana" de soberania centrada na cidadania universal; (2ª) a cristalização da ideia de que o indivíduo deve ter direitos protegidos na esfera internacional, na condição de sujeito de direito". "Prenuncia-se, desse modo, o fim da era em que a forma pela qual o Estado tratava seus nacionais era concebida como um problema de jurisdição doméstica, decorrência de sua soberania".[6]

Assim, se para o Estado brasileiro a *prevalência dos direitos humanos* é princípio que rege o Brasil no cenário internacional, está-se em consequência admitindo a concepção de que os direitos humanos constituem tema de legítima preocupação e interesse da comunidade internacional. Os direitos humanos, a partir da CF/88, surgem como tema global.

Os direitos fundamentais assegurados pela Constituição Federal de 1988

A segurança jurídica da *pessoa humana* encontra-se positivada como um direito fundamental na Constituição de 1988 ao lado dos direitos à vida, à liberdade, à igualdade e à propriedade, na forma do art. 5º, *caput*, que estabelece:

---

[6] PIOVESAN, Flávia. Constituição Federal: Relações Internacionais e Direitos Humanos. *In:* MARTINS, Ives Gandra; REZEK, Francisco (coord.). *Constituição Federal* – avanços, contribuições e modificações no processo democrático brasileiro. São Paulo: Revista dos Tribunais / coedição CEU – Centro de Extensão Universitária, 2008. p. 167-183.

Art. 5º – Todos são iguais perante a lei, sem distinção de qualquer natureza, *garantindo-se aos brasileiros e aos estrangeiros residentes no País a inviolabilidade do direito à vida, à liberdade, à igualdade, à segurança e à propriedade*, nos termos seguintes: (...).

E após arrolar um extenso rol de direitos fundamentais assegurados pela Constituição da República, no seu art. 5º, acrescenta os parágrafos 1º, 2º e 3º, que preceituam:

> *§1º* – As normas definidoras dos direitos e garantias fundamentais têm aplicação imediata;
> *§2º* – Os direitos e garantias expressos nesta Constituição *não excluem outros decorrentes do regime e dos princípios por ela adotados, ou dos tratados internacionais em que a República Federativa do Brasil seja parte;*
> *§3º* – Os tratados e convenções internacionais *sobre direitos humanos* que forem aprovados, em cada Casa do Congresso Nacional, em dois turnos, por três quintos dos votos dos respectivos membros, serão equivalentes às emendas constitucionais.

A Constituição da República consagra de forma inédita, ao fim da extensa Declaração de Direitos por ela estabelecidos, que os direitos e garantias expressos na Constituição "não excluem outros decorrentes do regime e dos princípios por ela adotados, ou dos tratados internacionais em que a República Federativa do Brasil seja parte" (art. 5º, §2º). A Carta de 1988 inova, desta forma, ao incluir dentre os direitos constitucionalmente protegidos os direitos enunciados nos tratados internacionais em que o Brasil seja signatário. Ao assim estabelecer a nossa lei maior, está a incluir, no catálogo de direitos fundamentais protegidos, os direitos enunciados nos tratados internacionais de que o Brasil seja parte. Essa inclusão *implica a incorporação do texto constitucional destes direitos*. Tal incorporação está a atribuir aos direitos internacionais uma *natureza especial* e *diferencial*, qual seja, a natureza de norma constitucional. Os direitos garantidos nos tratados de direitos humanos de que o Brasil seja parte integram o elenco dos direitos constitucionalmente consagrados. Esta conclusão advém de uma interpretação sistemática e teleológica do texto, em face da força expansiva dos valores da dignidade humana e dos direitos fundamentais, como parâmetros axiológicos a orientar a compreensão constitucional.[7]

---

[7] Ver PIOVESAN, Flávia. *Direitos Humanos e o Direito Constitucional Internacional*. 2. ed. São Paulo: Max Limonad, 1997. p. 83.

Pedro Dallari, ao interpretar o art. 5º, §2º, da CF/88, sugere que: "Essa norma constitucional, concebida precipuamente para disciplinar situações no âmbito interno do País, pode e deve ser vista, se associada ao inciso II do art. 4º, como instrumento que procura coerência à sustentação do princípio constitucional de relações exteriores em pauta e que, por isso mesmo, possibilita ao Brasil intervir no âmbito da comunidade internacional não apenas para defender a assunção de tal princípio, mas também para, em um estágio já mais avançado, dar-lhe materialidade efetiva".[8]

Com efeito, a Constituição assume expressamente o *conteúdo constitucional dos direitos constantes dos tratados internacionais* dos quais o Brasil seja parte (§2º, art. 5º). Ainda que estes direitos não sejam enunciados sob a forma de normas constitucionais, *mas sob a forma de tratados internacionais*, uma vez que preenchem e complementam o rol dos direitos fundamentais previsto pelo texto constitucional.

Esta interpretação está em conformidade com o princípio da máxima efetividade das normas constitucionais, pelo qual, afirma *Jorge Miranda*, "a uma norma fundamental tem de ser atribuído o sentido que mais eficácia lhe dê; a cada norma constitucional é preciso conferir, ligada a todas as outras normas, o máximo de capacidade de regulamentação. Interpretar a Constituição é ainda realizar a Constituição".[9]

Em outras palavras, todas as normas constitucionais *são verdadeiras normas jurídicas e desempenham uma função útil no ordenamento jurídico*. Como observa *Canotilho*, o princípio da máxima efetividade das normas constitucionais "é hoje sobretudo invocado no âmbito *dos direitos fundamentais* – no caso de dúvidas *deve preferir-se a interpretação que reconheça maior eficácia aos direitos fundamentais*". Está-se assim a conferir máxima efetividade ao princípio do art. 5º, §2º, ao se entender que os direitos constantes dos tratados internacionais passam a integrar o catálogo dos direitos constitucionalmente previstos.[10]

É preciso enfatizar que os *tratados de direitos humanos* objetivam a salvaguarda *dos direitos do ser humano* e não *as prerrogativas dos Estados*. Como esclarece a Corte Interamericana de Direitos Humanos, em sua Opinião Consultiva nº 2, de setembro de 1982: "Ao aprovar estes tratados de direitos humanos, os Estados se submetem a uma ordem

---

[8] DALLARI, Pedro. *Constituição e relações exteriores*. São Paulo: Saraiva, 1994. p. 161.
[9] MIRANDA, Jorge. *Manual de Direito Constitucional*. Vol. 2. Coimbra: Coimbra Editora, 1988. p. 260.
[10] CANOTILHO, José Joaquim Gomes. *Direito Constitucional*. 6. ed. rev. Coimbra: Livraria Almedina, 1993.

legal dentro da qual eles, em prol do *bem comum*, assumem várias obrigações, não em relação a outros Estados, *mas em relação aos indivíduos que estão sob a sua jurisdição*". Este caráter especial vem a justificar o *status* constitucional atribuído aos tratados internacionais de proteção dos direitos humanos.[11]

No entendimento de *André Gonçalves Pereira* e *Fausto de Quadros*: "Para a doutrina dominante, todas essas normas (Carta das Nações Unidas, Declaração Universal dos Direitos do Homem, Pactos Internacionais aprovados pelas Nações Unidas) e todos esses princípios fazem hoje parte de *jus cogens* internacional que constitui Direito imperativo para os Estados".[12]

Os direitos internacionais apresentam, assim, uma natureza constitucional diferenciada.

Tanto é assim que o art. 5º, §1º, da CF/88 estabeleceu a *aplicabilidade imediata dos direitos e garantias fundamentais*, assegurados pela Carta da República.

Assim, se as normas definidoras dos direitos e garantias fundamentais demandam *aplicação imediata* e se, por sua vez, os tratados internacionais de *direitos humanos* têm por objeto *justamente a definição de direitos e garantias, conclui-se que estas normas merecem aplicação imediata*, como determina a Constituição da República de 1988.

No Direito brasileiro, portanto, há um sistema misto: (a) em relação aos tratados internacionais de proteção de *direitos humanos*, por força do art. 5º, §1º, da CF, aplica-se a sistemática de incorporação automática; (b) para os demais tratados internacionais aplica-se a sistemática de incorporação legislativa.

Os direitos dos refugiados na ordem internacional e o Direito interno

O Direito Internacional dos Direitos Humanos afirma-se, hoje, como um ramo autônomo do Direito. Não se pode falar em direitos dos refugiados sem falar em *direitos humanos*, uma vez que por trás de cada refugiado há uma pessoa humana que precisa ser protegida.

Trata-se essencialmente de um direito de proteção, voltado à proteção dos direitos dos seres humanos e não dos Estados. No plano

---

[11] *Apud* PIOVESAN, Flávia. *Direitos Humanos e o Direito Constitucional*. Obra cit. p. 94-95.
[12] PEREIRA, André Gonçalves; QUADROS, Fausto. *Manual de Direito Internacional*. 3. ed. Coimbra: Almedina, 1993. p. 109.

substantivo, trata-se de um conjunto de normas que requerem uma interpretação de modo a que seu *objeto* e *propósito*, no plano operacional, assegurem a proteção do ser humano, que vem atender uma das grandes preocupações de nossos tempos: *assegurar a proteção do ser humano nos planos nacional e internacional*.

Tanto que a CF (art. 4º, II) assegura a "prevalência dos direitos humanos".

O princípio da prevalência dos direitos humanos adotado pela nossa Constituição comprova o crescente processo de internacionalização dos direitos humanos e seu reflexo imediato, a *humanização do Direito Internacional*.

Historicamente, o movimento de internacionalização dos direitos humanos surge a partir do pós-guerra (Segunda Grande Guerra – 1939 a 1945), como resposta às atrocidades e aos horrores cometidos durante o nazismo. Apresentando o Estado como o grande *violador de direitos humanos*, a era Hitler foi marcada pela lógica da destruição e da descartabilidade da pessoa humana, que resultou no envio de 18 milhões de pessoas a campos de concentração, com a morte de 11 milhões, sendo 6 milhões de judeus, além de comunistas, homossexuais e ciganos. O legado do nazismo foi condicionar a *titularidade de direitos*, ou seja, a condição de sujeito de direito, a pertencer à determinada raça – a raça pura ariana. Para *Ignacy Sachs*, o século XX foi marcado por *duas guerras* e pelo horror absoluto do *genocídio* concebido como projeto político e industrial.[13]

É neste cenário que surge o esforço de *reconstrução dos direitos humanos* como paradigma e referencial ético a orientar a ordem internacional contemporânea. A barbárie do *totalitarismo* significou a ruptura do paradigma dos direitos humanos por meio da garantia do valor fonte do direito. Se a Segunda Guerra significou a ruptura com os direitos humanos, o pós-guerra deveria significar a sua reconstrução. Este era o entendimento que prevalecia à época.

O moderno Direito Internacional dos Direitos Humanos – como conhecemos hoje – é um fenômeno do pós-guerra. Seu desenvolvimento pode ser atribuído às intensas violações de direitos humanos da era Hitler e à crença de que parte destas violações poderia ser preservada caso não existisse um *efetivo sistema de proteção internacional de direitos humanos*.

---

[13] SACHS, Ignacy. O Desenvolvimento Enquanto Apropriação dos Direitos Humanos. *Estudos Avançados*, 12 (33), p. 149, 1998. *Apud* PIOVESAN, Flávia. *Constituição Federal*: relações internacionais e direitos humanos. Obra cit., 2008. p. 172.

Conforme observa *Flávia Piovesan*, a ideia de que "a proteção dos direitos humanos não deve se reduzir ao domínio reservado do Estado, porque revela tema de legítimo interesse internacional".[14]

Esta concepção inovadora "resulta duas importantes consequências: (1ª) a *revisão da noção tradicional de soberania* absoluta do Estado, que passa a sofrer um processo de relativização, na medida em que são admitidas intervenções no plano nacional em prol da proteção dos direitos humanos; isto é, transita-se de uma concepção de soberania centrada no Estado para uma concepção de soberania centrada na cidadania universal; (2ª) *a cristalização da ideia de que o indivíduo deve ter direitos protegidos na esfera internacional*, na condição de sujeito de direito".

Para *Celso Lafer*, de uma visão "*ex parte principis*", fundada nos deveres dos súditos com relação ao Estado, passa-se a uma visão "*ex parte populi*", fundada na promoção da noção de *direitos do cidadão*.[15]

Nesse contexto surge, assim, o fenômeno da internacionalização dos direitos humanos, que é seguido pela universalização, proliferação e especificação dos instrumentos internacionais protetivos, com a adoção da *Carta da Organização das Nações Unidas*, em 26 de junho de 1945, que propugna pela *tutela dos direitos humanos* como critério para a manutenção da *paz* e da *segurança internacional*, e com a adoção, pela Resolução 217-A (III) da Assembleia Geral da ONU, da *Declaração Universal dos Direitos Humanos*, em 10 de dezembro de 1948, documento de natureza universal da ONU, que *retoma os ideais de proteção e respeito ao ser humano* encartados anteriormente na Declaração Francesa de 1789.

Quanto aos instrumentos que codificam o Direito Internacional dos Direitos Humanos, são inúmeros, ora surgem em forma de declaração e princípios, sem efeitos vinculatórios, a exemplo da mencionada Declaração de Direitos Humanos da ONU, ora em outras convenções internacionais, com caráter sancionatório, que podem ser específicas, disciplinando somente uma matéria, como a Convenção para *Erradicação do Trabalho Infantil*, da OIT, ou de âmbito geral, visando à proteção de *todos os direitos humanos*, como a Convenção Europeia de Direitos Humanos.

Certos tratados, por sua vez, regulam um grupo importante de direitos, como os *civis* e *políticos* ou direitos *sociais, econômicos* e *culturais*;

---

[14] PIOVESAN, Flávia. Obra cit. p. 172-173.
[15] LAFER, Celso. *Comércio, Desarmamento, Direitos Humanos*: reflexões sobre uma experiência diplomática. São Paulo: Paz e Terra, 1999. p. 145.

outros se referem a um determinado direito ou a direitos de uma minoria em particular, como os direitos *à não discriminação* e *tortura*, no primeiro caso, e os *direitos das mulheres, crianças e adolescentes, idosos, negros, índios, refugiados,* no segundo caso. Contudo, o titular dos direitos é *sempre o ser humano*.

No tocante à proteção internacional conferida aos *refugiados*, merece destaque a *Convenção de Genebra*, sobre o *Estatuto dos Refugiados de 1951*, complementada pelo *Protocolo de 1967* e a *Declaração de Cartagena de 1984*. As soluções duradouras para os refugiados serão apresentadas, destacando-se a distinção entre o assentamento e o reassentamento, assim como o papel exercido pela *ONU* e pelo *ACNUR – Alto Comissariado das Nações Unidas para Refugiados*, quanto à efetivação desse programa.

Os *refugiados* constituem-se em espécie de *deslocamento humano*, composto por pessoas obrigadas a deixar seu país de origem e buscar refúgio em outro país, por fundados temores de perseguição por motivos de *guerra, raça, religião, nacionalidade, grupo social, opiniões políticas*, enfim, por violação dos seus direitos humanos.

O Brasil *não* permaneceu indiferente diante das vítimas de *deslocamentos internacionais* forçados. O tema acerca dos refugiados adquiriu importância após o retorno da democracia em 1988, com a promulgação da Constituição Federal, conforme antes mencionado, a qual erigiu a *dignidade humana* como fundamento de toda ordem constitucional e infraconstitucional. Em razão do fortalecimento da *democracia* é que se observa uma preocupação com a *proteção dos direitos humanos* no Brasil. Tanto é assim que o *princípio da dignidade humana* é o princípio norteador das relações internacionais no Brasil.

Em razão do grande número de pessoas deslocadas, que chegam a milhões, normalmente, vítimas de guerras civis e de atentados às liberdades e aos direitos fundamentais da pessoa humana, o Brasil tem desenvolvido uma política relevante na matéria.

Importante acentuar que para a definição de direitos humanos encontram-se diversas nomenclaturas, como: direitos humanos e direitos fundamentais, direitos humanos fundamentais, direitos do homem, direitos subjetivos públicos, liberdades públicas, direitos moais e direitos naturais, das quais busca-se proceder às suas distinções terminológicas. Dentre as expressões, a de *direitos humanos*, em geral, assume maior amplitude, englobando todos os direitos do ser humano constitucionalmente assegurados.

Além disso, os direitos humanos "guardam relação com o Direito Internacional, por referir-se às posições jurídicas que reconhecem o ser humano como sujeito de direitos; de direitos humanos, independentemente de estarem reconhecidos em determinada ordem constitucional ou infraconstitucional interna. Ressurge-se dessa forma a característica da validade universal para todos os povos e tempos".[16]

O Brasil e a legislação interna

Além da aplicação das normas estabelecidas pelo *ACNUR* – Alto Comissariado das Nações Unidas para os Refugiados, desde 1970, o Brasil possui uma legislação específica – Lei nº 9.474/97 – que disciplina a matéria, também denominada "Estatuto dos Refugiados", incorpora os princípios gerais das convenções e protocolos internacionais sobre o caso dos refugiados.

O legislador brasileiro preocupou-se com a grave e generalizada violação dos direitos humanos e mostrou-se aberto, seguindo a tendência internacional sobre a matéria, à possibilidade do acolhimento em solo nacional de grupos de refugiados e não apenas de casos individuais.

O Estatuto dos Refugiados é um marco legal na proteção dos refugiados, estabelece o programa de *reassentamento solidário*, que consiste na transferência de refugiados de um primeiro país de asilo para um terceiro país em razão da necessidade de proteção legal ou física ou pelo fato de o refugiado não ter encontrado *no país em que recebeu refúgio nenhuma possibilidade de integração* como solução duradoura.

Com o reassentamento objetiva-se também oferecer aos reassentados meios de integração à sociedade brasileira e meios de autossuficiência. É importante destacar que os custos desse programa estão, principalmente, a cargo do ACNUR, não existindo prejuízo algum para o Tesouro Nacional.

Ademais, os Estados que acolhem os refugiados devem garantir a estes condições para o ingresso na sociedade em situação de igualdade, visando assegurar-lhes uma cidadania universal, diante da universalidade e da individualidade dos direitos humanos consagrados nos instrumentos internacionais de proteção.

Além da Lei nº 9.474/97 (Estatuto dos Refugiados), o Brasil conta com o auxílio do ACNUR e do CONARE – Comitê Nacional para os Refugiados, órgão do Ministério da Justiça. A competência para examinar pedidos de refúgio no Brasil é do Ministério da Justiça, com

---

[16] Ver ANNONI, Danielle; VALDES, Lysian Carolina. *O Direito Internacional dos Refugiados e o Brasil*. Curitiba: Juruá, 2013. p. 20.

a colaboração do CONARE, conforme dispõe a Lei nº 9.474/97, em seus artigos a seguir:

> Art. 11 – Fica criado o Comitê Nacional para os Refugiados – CONARE, órgão de deliberação coletiva, no âmbito do Ministério da Justiça;
> Art. 12 – Compete ao CONARE, em consonância com a Convenção sobre o Estatuto dos Refugiados de 1951, com o Protocolo sobre o Estatuto dos Refugiados de 1967 e com as demais fontes de direito internacional dos refugiados:
> I – analisar o pedido e declarar o reconhecimento, em primeira instância, da condição de refugiado; II – decidir a cessação, em primeira instância, *ex officio* ou mediante requerimento das autoridades competentes, da condição de refugiado; III – determinar a perda, em primeira instância, da condição de refugiado; IV – orientar e coordenar as ações necessárias à eficácia da proteção, assistência e apoio jurídico aos refugiados; V – aprovar instruções normativas esclarecedoras à execução desta Lei.

José H. Fischel de Andrade e *Adriana Marcolini* destacam que:

> A lei brasileira sobre os refugiados é um instrumento legal moderno e oportuno. É coerente e caminha *pari passo* tanto com as práticas implementadas pelas autoridades nacionais, como com as normas vigentes em relação aos refugiados nos planos internacionais e regionais. Ademais, pode e deve servir como ponto de partida para *harmonizar as políticas públicas* e *os instrumentos legais* para a *proteção dos refugiados* para América Latina e como exemplo para países de outros continentes.[17]

O CONARE, de acordo com a Lei nº 9.474/97, conforme consta do art. 14, é formado por sete membros que representam, respectivamente, os Ministérios da Justiça, Relações Exteriores, Trabalho, Saúde, Educação e Esporte, além do Departamento de Polícia Federal e Cáritas Arquidiocesana, organização não governamental da *Igreja Católica* parceira do *ACNUR* no Brasil, que oferece assistência e programas de integração aos refugiados e tem prestado relevantes serviços nessa área. O *ACNUR* está sempre autorizado a participar das reuniões do *CONARE*, para discussões e sugestões, mas sem direito a voto.

O estrangeiro, ao chegar ao Brasil, deverá apresentar-se à autoridade competente e externar vontade de solicitar o reconhecimento da condição de refugiado. Os processos de reconhecimento da condição

---

[17] ANDRADE, José H. Fischel; MARCOLINI, Adriana. A política brasileira de proteção e de reassentamento de refugiados: breves comentários sobre as principais características. *Revista Brasileira de Política Interna*, Brasília, vol. 45, n. 1, jun. 2002.

de refugiado serão gratuitos e terão caráter urgente. Proferida a decisão, o CONARE notificará o solicitante e o Departamento de Polícia Federal para as medidas administrativas cabíveis. No caso de decisão positiva, o refugiado será registrado junto ao Departamento de Polícia Federal, devendo assinar termo de responsabilidade e solicitar carteira de identidade permanente. No caso de decisão negativa, esta deverá ser fundamentada na notificação ao solicitante, cabendo direito de recurso ao Ministério da Justiça, no prazo de 15 dias contados do recebimento da notificação.

No tocante ao programa de reassentamento, a escolha dos refugiados a serem reassentados em solo brasileiro igualmente fica a cargo do CONARE, que procede de duas formas: na primeira é analisado o perfil do solicitante através de um dossiê elaborado pelo ACNUR ou por dados coletados diretamente junto ao solicitante. Na segunda fase, considerada uma das mais importantes, dados como as expectativas dos refugiados e as possibilidades oferecidas pelo Brasil são confrontados.

O trabalho realizado pelos membros da comissão do CONARE consiste, ainda, em entrevista individual com cada solicitante a fim de conhecer as suas expectativas e de mostrar-lhe a realidade brasileira por meio de fatos, vídeos, folhetos explicativos, de modo que a sua concordância quanto à vinda ao Brasil seja da forma mais consentida possível.

A Comissão do CONARE analisa, também, algumas particularidades do candidato, como, por exemplo, o grau de instrução, ofício ou função que pode ser desempenhada no Brasil, uma vez que o reassentamento pode ser realizado tanto para a área urbana como para a área rural. A análise é feita, principalmente, considerando a disposição do candidato em desejar uma nova vida no país acolhedor. O CONARE, após o exame de todos esses dados, delibera sobre a sua aprovação para o reassentamento.

A função do CONARE, como órgão *auxiliar do Ministério da Justiça*, é de promover e coordenar políticas e ações necessárias para uma eficaz proteção de assistência aos refugiados, ensejando soluções duráveis para integração local e orientações necessárias para efetividade do reassentamento.

O CONARE, portanto, exerce papel de extrema relevância na concretização dos objetivos da Lei nº 9.474/97, ao proporcionar proteção aos estrangeiros que tiveram ou que se encontram na iminência de ter seus direitos humanos violados, principalmente, para efetivar internamente as propostas da *Convenção de 1951* e do *Protocolo de 1967*, em relação aos refugiados. Trata-se de um trabalho exemplar, bastante elogiado, que dignifica o Brasil na tutela dos direitos humanos de milhares de pessoas que em nosso país procuram uma alternativa para o recomeço de suas vidas, razão pela qual deve ter a compreensão e solidariedade de todos, para a proteção da pessoa humana.

Quanto à criação e coexistência desses instrumentos de proteção dos direitos humanos, *Antônio Augusto Cançado Trindade* destaca que:

> No decorrer das últimas décadas, o processo histórico de generalização e expansão da proteção internacional dos direitos humanos tem-se marcado pelo fenômeno da multiplicidade e diversidade dos mecanismos de produção, acompanhadas pela identidade predominante de propósito destes últimos e pela unidade conceitual dos direitos humanos. Tais instrumentos de proteção de natureza e efeitos jurídicos distintos, ao se multiplicarem ao longo dos anos, tiveram o propósito e acarretaram a consequência de *ampliar o alcance da proteção a ser estendida às supostas vítimas*. No presente contexto, tem-se feito o uso do direito internacional de modo a aprimorar e fortalecer o *grau de proteção dos direitos consagrados*.[18]

Quanto às modalidades de proteção dos refugiados, *Liliana Lyra Jubilut* destaca que, na realidade, existe:

> Um grande sistema de proteção à pessoa humana que apresenta *três vertentes de proteção* de acordo com a realidade da qual resulta a violação dos direitos do ser humano (...). Dessa forma, pode-se dizer que hoje, a pessoa humana conta com um grande sistema de proteção denominado comumente de *Direito Internacional de Proteção dos Direitos Humanos* lato sensu (ou *Direito Internacional de Proteção da Pessoa Humana*), que se divide em três vertentes de proteção: o *Direito Internacional dos Direitos Humanos* stricto sensu, o *Direito Internacional Humanitário* e o *Direito Internacional dos Refugiados*.[19]

Independente da posição que se adote, o fundamental é a existência de um objetivo único, que é o *da proteção e promoção dos direitos humanos desses indivíduos*, notadamente, com relação aos *refugiados*, que são pessoas que necessitam da proteção do Estado, à medida que o sofrimento que lhes é imposto pelas circunstâncias vividas deva ser minimizado.

---

[18] CANÇADO TRINDADE, Antônio Augusto. *A Proteção Internacional dos Direitos Humanos*. Fundamentos jurídicos e instrumentos básicos. São Paulo: Saraiva, 1991. p. 1.

[19] JUBILUT, Liliana Lyra. *Refugee Law and Protection in Brazil*: a Model in South America. *Apud* REBELLO, Claudia Assaf Bastos. *Acolhimento de Refugiados Palestinos no Campo de Ruweished pelo Programa de Reassentamento Solidário do Brasil*: custos e benefícios para a diplomacia brasileira. Dissertação apresentada ao Ministério das Relações Exteriores – Instituto Rio Branco. Brasília, 2008.

A propósito do tema, *Rosita Milesi* destaca:

Os refugiados são a crua expressão das desordens e dos desequilíbrios mundiais, que os compele e constrange a deixar sua terra, raízes, pátria. São homens, mulheres e crianças obrigados a deixar sua pátria por fundado temor de perseguição, seja por motivos de raça, religião, nacionalidade, opinião política ou grupo social, seja pela própria violação de direitos e falta de proteção do seu Estado. Caminham carregando sonhos, dramáticas histórias de vida, e uma obrigação que lhes foi imposta como única alternativa, a de recomeçar.[20]

Por tais razões, o *Papa Francisco* dedicou especial mensagem por ocasião do "Dia Mundial do Migrante e do Refugiado" ao tema "Rumo a cada um de nós cada vez maior".

"Devemos olhar o outro como irmãos, com fraternidade a aprender a viver juntos, em harmonia e paz, para que a *inclusão dos migrantes* se faça cada vez maior. A todos os homens e mulheres da terra, apelo a *caminharem juntos* rumo a 'um *nós' cada vez maior,* a recomporem a família humana, a fim de construirmos em conjunto o nosso futuro, de forma a ninguém ficar excluído"*. "Mas, para alcançar este ideal, devemos todos empenharmos por derrubar os muros que nos separam e construir pontes que favoreçam a cultura do outro, cientes da profunda interconexão que existe entre nós". "Nesta perspectiva, as migrações contemporâneas oferecem-nos a oportunidade de superar nossos medos para nos deixarmos enriquecer pela diversidade de cada um. Então se quisermos, *poderemos transformar as fronteiras em lugares privilegiados de encontro, onde possa florescer o milagre de um nós cada vez maior".*[21]

A mensagem do *Papa Francisco* nos chama atenção para a sua preocupação com a *mobilidade humana* e um dos temas para ele marcantes como pastor da Igreja. O modo privilegiado como ele se refere aos migrantes, desalojados, refugiados e solicitantes de proteção internacional vai muito além de preocupações com a assistência aos que se encontram em situação de vulnerabilidade e até mesmo da necessidade de cuidar da promoção e da integração. Destaca a noção de ser humano com as relações interpessoais na marca do amor e da fé cristã. O interesse dele

---

[20] MILESI, Rosita. *Dia Mundial do Refugiado 2008*: o desafio das políticas públicas. Disponível em: http://www.csem.org.br/2008/dia_do_refugiado2008_o_desafio_das_politicas_publicas_rosita_milesi.pdf. Acesso em: 3 fev. 2002.
[21] Trechos da Mensagem do *Papa Francisco* para o 107º Dia Mundial do Migrante e do Refugiado em 26.09.2021. Disponível em: https://www.vatican.va/content/francesco/pt/messages/migration/documents/papa-francesco_20210503_world-migrants-day-2021.html.

pelas pessoas em situação de vulnerabilidade é teológico e espiritual, mostra aspectos sobre sua visão da vida cristã e sobre sua ideia de sociedade. Afirmou os quatro verbos – *acolher, proteger, promover* e *integrar* – que devem ser configurados e que ecoam na Igreja em referência a essa população, que aparece inicialmente no discurso do Papa Francisco. Aos participantes do Fórum Internacional de Migrações e Paz, em fevereiro de 2017, ele afirmou que na sua essência migrar é expressão da aspiração intrínseca à felicidade, própria de cada ser humano, na qual explicou o enfoque específico de sua atenção ao tema: "Sinto que devo manifestar uma preocupação particular pela natureza forçada de muitos fluxos migratórios contemporâneos. As pessoas que deixam suas terras, seu país, necessitam proteger suas vidas e, portanto, devem ser compreendidas por todos, pelo País que os acolhem".[22]

Princípios relevantes aos refugiados

O princípio mais relevante do sistema internacional de proteção aos refugiados é o da *não devolução*, que lhes assegura o direito de não serem mandados a um país onde seus direitos humanos já tenham sido violados ou estejam em risco. Na literatura estrangeira o princípio da não devolução denomina-se "non refoulement". A Convenção de 1951 estabeleceu este princípio em seu artigo 33 (1), assim disposto:

> Nenhum dos Estados contratantes expulsará um refugiado, seja de que maneira for, para as fronteiras dos territórios onde a sua vida ou a sua liberdade sejam ameaçadas em virtude de sua raça, religião, nacionalidade, filiação em certo grupo social ou opiniões políticas. (ACNUR, 1996, p. 74)

Este princípio se aplica tanto a refugiados, que tenham sido reconhecidos pelo país de acolhimento, quanto a solicitantes de refúgios (potenciais refugiados), que tenham ingressado num país diverso do de sua nacionalidade.

Referido princípio *não* é aplicável quando o *solicitante ou o refugiado constitui um perigo para a segurança do país de acolhimento* ou *por ter cometido crime grave, que represente uma ameaça à comunidade*.

---

[22] LUSSI, Carmem. ESPAÇOS (2019-27/1). Instituto São Paulo de Estudos Superiores. *Minicurso Acolher, Proteger, Promover e Integrar. O Papa Francisco e a Questão dos Refugiados.* Teatro Unisinos – Campus Porto Alegre – 21 a 24 de maio de 2018.

Da mesma forma, ocorre com o *princípio da não aplicação de sanção*, no caso de entrada irregular, segundo o qual os indivíduos que fugirem de um país onde suas vidas e liberdades estavam ameaçadas e que tenham entrado ou permanecido de maneira irregular num outro Estado *não devem ser punidos*.

O princípio da não aplicação de sanção na hipótese de entrada irregular do país de acolhimento está previsto no art. 31 (1) da referida Convenção, que dispõe:

> Os Estados contratantes não aplicarão sanções penais, devido a entrada ou estada irregulares, aos refugidos que, chegando diretamente do território onde a sua vida ou liberdade estavam ameaçadas no sentido previsto pelo artigo 1º, entrem ou se encontrem nos seus territórios sem autorização, desde que apresentem sem demora às autoridades e lhes exponham sua entrada ou presença irregulares. (ACNUR, 1996 b, p. 73)

No caso de decisão desfavorável e considerando a possibilidade de apresentação de recurso, o refugiado que se encontre irregularmente num país somente poderá ser expulso após decisão fundamentada em razões de segurança nacional ou de ordem pública e da qual tenha o refugiado exercido o seu direito de defesa (art. 32 (2) da Convenção).

Por fim, o *princípio da reunião familiar*, embora não esteja expressamente previsto no texto da *Convenção*, foi mencionado e constou na Ata Final da Conferência, em que enfatizou-se a importância que os membros da família do refugiado permaneçam unidos no mesmo país de acolhimento. Também "recomenda aos governos que tomem as medidas necessárias para a proteção da família do refugiado", em especial:

(1) assegurar que a unidade familiar do refugiado seja mantida especialmente nos casos em que o chefe da família tenha preenchido as condições necessárias para a sua admissão num determinado país;

(2) assegurar a proteção dos refugiados menores, em particular crianças não acompanhadas e mulheres, com especial referência para a tutela e adoção (ACNUR, 1996 b, p. 45);

(3) a expressão "bem fundado temor" decorre de uma tradução mais fiel da expressão na língua original, *well-founded fear*. No entanto, a maior parte da bibliografia consultada utiliza a expressão "fundado receio".[23]

---

[23] Ver MOREIRA, Julia Bertino. *A Questão dos Refugiados no Contexto Internacional (de 1943 aos dias atuais)*. Dissertação de Mestrado apresentada no Departamento de Ciência Política e Ciências Humanas da UNICAMP – Universidade Estadual de Campinas em 2006. p. 67.

Cláusulas de inclusão

Um dos requisitos que devem ser demonstrados pelo solicitante de refugio é a existência do fundado receio ou fundado temor de perseguição, por motivos de raça, nacionalidade, religião, filiação em certo grupo social ou opiniões políticas.

O *fundado receio de perseguição* significa que as declarações feitas pelo solicitante de refúgio contêm elementos de ordem *objetiva* (fundado) e de ordem *subjetiva* (receio), que precisam ser examinados, o que significa que as declarações feitas pelo solicitante devem ser contrapostas com a situação objetiva (social, econômica, política) de seu país de origem a fim de demonstrar se o seu receio tem fundamento.

Ocorre que nem sempre o solicitante possui todos os documentos necessários para comprovar o receio de ser perseguido. Nesse caso, se o solicitante utilizou os meios de provas disponíveis, a demonstrar a sua *credibilidade*, pode ser reconhecido como refugiado pela aplicação do *benefício da dúvida* (ACNUR, 1996 d, p. 49-50).

É preciso registrar, também, que o receio pode decorrer de uma situação em que a perseguição foi efetivada ou de uma situação em que há *iminência* de perseguição, apresentando sérios riscos de que *poderá ocorrer*.

A *discriminação do indivíduo* pode configurar perseguição, como, por exemplo, quando as medidas discriminatórias resultam em consequências prejudiciais ao indivíduo (como restrições ao direito de exercer uma profissão, de praticar sua religião, entre outras) ou quando provocarem insegurança em relação ao seu futuro (ACNUR, 1996 d, p. 15-16).

Da mesma forma, certos procedimentos judiciais a que o indivíduo foi submetido ou sanções que lhe foram aplicadas em seu país de origem podem caracterizar perseguição quando atentarem contra direitos humanos.

Por outro lado, a perseguição é levada a efeito, na maioria das vezes, pelas autoridades do país de origem ou, ainda, por grupos dentro da comunidade local que não respeitam as leis vigentes. Práticas discriminatórias cometidas por nacionais ou grupos deles podem *configurar perseguição* quando as autoridades tiverem conhecimento delas e se recusarem a fornecer proteção às vítimas ou não dispuserem de meios para fazê-los (ACNUR, 1996 d, p. 17-18).

Direitos e deveres do refugiado

Ao ser reconhecido como refugiado por um país diverso do de sua nacionalidade, adquire deveres em relação a este, como o de *cumprir as leis e medidas para manter a ordem pública*, conforme art. 2º da Convenção (ACNUR, 1996 d, p. 63).

De outra parte, passa a gozar de uma série de direitos, como: liberdade religiosa, instrução religiosa dos filhos, liberdade de expressão, direito a propriedade (mobiliária, imobiliária, intelectual e industrial), de associação, de livre acesso ao Judiciário, ao trabalho e à previdência social, à educação, à assistência pública, a alojamento, a documentos de identidade e de viagem, entre outros, conforme arts. 3º a 30 da Convenção (ACNUR, 1996 b, p. 63-73).

A Convenção estipula, ainda, que os Estados devem facilitar a *naturalização do refugiado*, devendo acelerar o seu processo de diminuir os seus encargos (ACNUR, 1996 b, p. 74).

O Brasil demonstrou enorme preocupação com os refugiados e com os direitos humanos, como se constata da Constituição Federal de 1988 e da Lei nº 9.474/1997 (Estatuto dos Refugiados), por incorporar os princípios gerais das convenções e protocolos internacionais sobre o caso dos refugiados.

Conclusões

O Direito evoluiu nas últimas décadas, considerando a preocupação de assegurar aos indivíduos de maneira geral – e, em particular, àqueles mais vulneráveis – o exercício dos seus *direitos fundamentais* e contemplar a *proteção dos direitos humanos* contra os eventuais *abusos* e *omissões* dos Estados.

No que se refere às relações internacionais e direitos humanos, a Constituição Federal de 1988 rompe com a orientação das Constituições brasileiras anteriores, acentuando a vocação pelo princípio da *prevalência dos direitos humanos*.

A parte dessa referência, outros princípios são incluídos para disciplinar a inserção do Brasil no plano internacional, destacando-se os *princípios da autodeterminação dos povos*, do *repúdio ao terrorismo* e *ao racismo*, da *cooperação entre os povos* para o *progresso da humanidade* e da *concessão de asilo político*, nos termos do art. 4º, II, III, VIII, IX e X, da CF.

Esses dispositivos constitucionais inovam o constitucionalismo brasileiro, refletindo inspirações de natureza *internacionalista*, *pacifista* e *comunitária*, ao dar ênfase ao princípio da *prevalência dos direitos humanos*.

Os princípios constitucionais mencionados estão em absoluta *harmonia com o fortalecimento do Estado de Direito*, sob a inspiração dos *direitos humanos*, a demonstrar a força do direito em detrimento da aplicação da força.

A partir da *Declaração Universal de Direitos Humanos de 1948*, começou a se desenvolver o Direito Internacional dos Direitos Humanos, mediante a adoção de inúmeros instrumentos internacionais de proteção.

De tal forma que o processo de *universalização dos direitos humanos permitiu a formação de um sistema internacional de proteção desses direitos*. Este sistema é integrado por tratados internacionais de proteção que refletem a consciência ética contemporânea compartilhada pelos Estados, na medida em que invocam o Direito Internacional quanto a temas centrais aos direitos humanos na busca de parâmetros protetivos.

Ao lado do sistema normativo global, surgem os sistemas regionais de proteção que procuram internacionalizar os direitos humanos nos planos regionais, principalmente na Europa, América e África, de forma a consolidar a convivência do sistema global da ONU com instrumentos do sistema regional, por sua vez integrado pelos sistemas interamericano, europeu e africano na proteção aos direitos humanos.

No Brasil, com a Constituição Federal de 1988, a proteção dos direitos humanos foi normatizada em diversos dispositivos, na forma do seu art. 5º, que, após arrolar um extenso rol de direitos fundamentais, no §2º desse dispositivo, estabelece que "os direitos e garantias expressos nesta Constituição não excluem outros decorrentes do regime e dos princípios por ela adotados, ou dos tratados internacionais em que a República Federativa do Brasil seja parte".

Para terminar, menciono as lições sempre precisas de *Norberto Bobbio*, ao afirmar que "o problema dos direitos fundamentais em nossos dias não é mais o de estabelecer direitos, mas de como aplicá-los".[24]

Diz ele que:

> O problema que temos diante de nós não é filosófico, mas jurídico e, num sentido mais amplo, político. Não se trata de saber quais e quantos são esses direitos, qual é sua natureza e seu fundamento, se são direitos naturais ou históricos, absolutos ou relativos, *mas sim qual é o modo mais seguro para garanti-los*, para impedir que, apesar das solenes declarações, eles sejam continuamente violados.

Esta observação de *Norberto Bobbio*, embora tenha sido proferida no século passado, ainda hoje é muito atual.

---

[24] BOBBIO, Norberto. *A Era dos Direitos*. Tradução de Carlos Nelson Coutinho. 7ª impressão. Rio de Janeiro: Campus, 1992. p. 25.

Os direitos fundamentais dos cidadãos não podem ser violados quando de sua aplicação. É preciso haver uma relação jurídica entre o *cidadão-refugiado* e o *Estado* para a *efetividade* das garantias constitucionais, concretizadoras dos direitos públicos.

A opção do Constituinte pela concepção democrática do Estado de Direito *não* pode esgotar-se em simples proclamação retórica, mas no esforço na efetividade dos direitos fundamentais e das liberdades públicas.

A proteção dos direitos humanos não deve se reduzir ao domínio reservado ao Estado, mas na aplicação efetiva dos direitos, tais como previstos no texto constitucional e nos tratados internacionais de direitos humanos.

Esta interpretação está em conformidade com o *princípio da máxima efetividade* das normas constitucionais, em que se atribui o sentido que *mais eficácia lhe possa dar* na sua aplicação.

Quanto à aplicação dos direitos dos refugiados, nada obstante serem eles garantidos, a sua *efetividade* encontra obstáculos de toda ordem, como, por exemplo, em relação à dificuldade de integração pelos costumes, à língua, à educação, ao trabalho e mesmo ao preconceito que sofrem nos Estados acolhedores, *situações que precisam de superação* e de acolhida pela comunidade.

Por fim, é preciso enfatizar que os *tratados de direitos humanos* objetivam assegurar os direitos do ser humano, como refugiados, em prol do bem comum.

Esta é situação dos refugiados em nossos dias, como demonstram, diariamente, os meios de comunicação, em relação à guerra entre a Rússia e Ucrânia, com ataques diários e destruição de prédios inteiros (escolas, hospitais, moradias) pela Rússia, e o sofrimento das pessoas obrigadas a deixarem o seu país – famílias, crianças, idosos – para refugiarem-se em outros países de acolhida, deixando para trás tudo o que possuíam, saindo com a roupa do corpo, para a preservação da vida como bem maior.

Abreviaturas e siglas

ACNUR – Alto-Comissariado das Nações Unidas para os Refugiados

CONARE – Comitê Nacional para os Refugiados

EUA – Estados Unidos da América

OEA – Organização dos Estados Americanos

ONG – Organização não Governamental

ONU – Organização das Nações Unidas

OTAN – Organização do Tratado do Atlântico Norte

PNUD – Programa das Nações Unidas para o Desenvolvimento

UE – União Europeia

1. Carta das Nações Unidas, assinada em 26 de junho de 1945.

2. Declaração Universal dos Direitos Humanos, aprovada pela ONU em 10 de dezembro de 1948.

3. Carta da Organização dos Estados Americanos, assinada em Bogotá em 1948 e reformada por protocolos posteriores.

4. Convenção Americana dos Direitos Humanos – Pacto de San Jose da Costa Rica, de 22 de novembro de 1969.

5. Constituição Brasileira de 1988, art. 5º, §§1º, 2º, 3º e 4º – Direitos e Garantias Fundamentais. Art. 6º – Direitos Sociais. Art. 8º – Liberdade de Associação Profissional ou Sindical. Art. 9º – Direito de Greve competindo aos trabalhadores decidir sobre a oportunidade de exercê-lo sobre os seus interesses.

Referências

ALEXY, Robert. *Teoria dos Direitos Fundamentais*. Tradução de Virgílio Afonso da Silva, 2. ed. São Paulo: Malheiros Editores, 2008.

ANDRADE, José H. Fischel. *Direito Internacional dos Refugiados* (Evolução Histórica 1921-1952). Rio de Janeiro: Renovar, 1996.

ANDRADE, José H. Fischel; MARCOLINI, Adriana. A Política Brasileira de Proteção e de Reassentamento de Refugiados: breves comentários sobre as principais características. *Revista Brasileira de Política Interna*, Brasília, vol. 45, n. 1, jun. 2002.

ANNONI, Danielle; VALDES, Lysian Carolina. *O Direito Internacional dos Refugiados e o Brasil*. Curitiba: Juruá, 2013.

BANDEIRA DE MELLO, Celso Antônio. *Conteúdo Jurídico do Princípio da Igualdade*. 3. ed. São Paulo: Malheiros Editores, 2004.

BANDEIRA DE MELLO, Celso Antônio. Eficácia das normas constitucionais sobre a justiça social. *Revista de Direito Público*, n. 57-58, 1981.

BARROSO, Luís Roberto. *O Direito Constitucional e a efetividade de suas normas*. Rio de Janeiro: Renovar, 2006.

BASTOS, Celso Ribeiro. *Curso de Direito Constitucional*. 16. ed. São Paulo: Saraiva, 1995.

BOBBIO, Norberto. *A Era dos Direitos*. Tradução de Carlos Nelson Coutinho. Rio de Janeiro: Ed. Campus, 1992.

BONAVIDES, Paulo. *Curso de Direito Constitucional*. 8. ed. São Paulo: Malheiros Editores, 2009.

BRASIL, Supremo Tribunal Federal (Tribunal Pleno), ADPF nº 187/DF, Relator Ministro Celso de Mello, 15 de junho de 2011 – DJ 102 – j. em 29 maio 2014.

CANÇADO TRINDADE, Antônio Augusto. *A Proteção Internacional dos Direitos Humanos*. Fundamentos jurídicos e instrumentos básicos. São Paulo: Saraiva, 1991.

CANOTILHO, José Joaquim Gomes. *Direito Constitucional*. 6. ed. rev. Coimbra: Livraria Almedina, 1993.

COMPARATO, Fábio Konder. *A afirmação histórica dos direitos humanos*. 11. ed. São Paulo: Saraiva Jur., 2017.

DALLARI, Pedro. *Constituição e Relações Exteriores*. São Paulo: Saraiva, 1994.

FERREIRA FILHO, Manoel Gonçalves. *Curso de Direito Constitucional*. 18. ed. São Paulo: Saraiva, 1990.

JUBILUT, Liliana Lyra. *Refugee Law and Protection in Brazil*: a Model in South America. *Apud* REBELLO, Claudia Assaf Bastos. *Acolhimento de Refugiados Palestinos no Campo de Ruweished pelo Programa de Reassentamento Solidário do Brasil:* Custos e Benefícios para a Diplomacia Brasileira. Dissertação apresentada ao Ministério das Relações Exteriores – Instituto Rio Branco. Brasília, 2008.

LAFER, Celso. *Comércio, desarmamento, direitos humanos*: reflexões sobre uma experiência diplomática. São Paulo: Paz e Terra, 1999.

LUSSI, Carmem. ESPAÇOS (2019-27/1). Instituto São Paulo de Estudos Superiores. *Minicurso Acolher, Proteger, Promover e Integrar. O Papa Francisco e a Questão dos Refugiados*. Teatro Unisinos – Campus Porto Alegre – 21 a 24 de maio de 2018.

MARTINS, Ives Gandra da Silva. *Conheça a Constituição. Comentários à Constituição Brasileira*. Vol. I. Editora Manole, 2005.

MELLO, Celso D. de Albuquerque. *Direito Constitucional Internacional: Uma Introdução*. Rio de Janeiro: Renovar, 1994.

MENDES, Gilmar Ferreira. *Direitos Fundamentais e Controle de Constitucionalidade*. Celso Bastos Editor. IBDC, 1998.

MILESI, Rosita. *Dia Mundial do Refugiado 2008*: o Desafio das Políticas Públicas. Disponível em: http://www.csem.org.br/2008/dia_do_refugiado2008_o_desafio_das_politicas_publicas_rosita_milesi.pdf. Acesso em: 3 fev. 2002.

MIRANDA, Jorge. *Manual de Direito Constitucional*. Vol. 2. Coimbra: Coimbra Editora, 1988.

MORAES, Alexandre de. *Constituição do Brasil Interpretada*. São Paulo: Atlas, 2002.

MOREIRA, Julia Bertino. *A Questão dos Refugiados no Contexto Internacional (de 1943 aos dias atuais)*. Dissertação de Mestrado apresentada no Departamento de Ciência Política e Ciências Humanas da UNICAMP – Universidade Estadual de Campinas em 2006.

NOVELINO, Marcelo. *Curso de Direito Constitucional*. Salvador: Juspodivm, 2020.

NOVELINO, Marcelo. O conteúdo jurídico da dignidade da pessoa humana. *In*: NOVELINO, Marcelo (org.). *Leituras complementares de Direito Constitucional*: direitos humanos e direitos fundamentais. 3. ed. Salvador: Juspodivm, 2007.

PAPA FRANCISCO. Mensagem para o 107º Dia Mundial do Migrante e do Refugiado em 26.09.2021. Disponível em: https://www.vatican.va/content/francesco/pt/messages/migration/documents/papa-francesco_20210503_world-migrants-day-2021.html.

PEREIRA, André Gonçalves; QUADROS, Fausto. *Manual de Direito Internacional*. 3. ed. Coimbra: Almedina, 1993.

PIOVESAN, Flávia. Constituição Federal: Relações Internacionais e Direitos Humanos. *In:* MARTINS, Ives Gandra; REZEK, Francisco (coord.). *Constituição Federal* – avanços, contribuições e modificações no processo democrático brasileiro. São Paulo: Revista dos Tribunais / coedição CEU – Centro de Extensão Universitária, 2008. p. 167-183.

PIOVESAN, Flávia. *Direitos Humanos e o Direito Constitucional Internacional*. 2. ed. São Paulo: Max Limonad, 1997.

ROCHA, Cármen Lúcia Antunes. *Constituição e Segurança Jurídica*. Direito adquirido, ato jurídico perfeito e coisa julgada. Belo Horizonte: Fórum, 2004.

SACHS, Ignacy. O desenvolvimento enquanto apropriação dos direitos humanos. *Estudos Avançados*, 12 (33), p. 149, 1998. Apud PIOVESAN, Flávia. *Constituição Federal:* relações internacionais e direitos humanos. Obra cit., 2008. p. 172.

SARLET, Ingo Wolfgang; MARINONI, Luiz Guilherme; MITIDIERO, Daniel. *Curso de Direito Constitucional*. 3. ed. São Paulo: Thomson Reuters/Revista dos Tribunais, 2014.

SILVA, José Afonso da. *Comentário Contextual à Constituição*. São Paulo: Malheiros Editores, 2005.

Informação bibliográfica deste texto, conforme a NBR 6023:2018 da Associação Brasileira de Normas Técnicas (ABNT):

RODRIGUES, Marilene Talarico Martins. Refugiados no Brasil à luz da Constituição de 1988 e de tratados internacionais. *In:* SARAIVA FILHO, Oswaldo Othon de Pontes; BERTELLI, Luiz Gonzaga; SIQUEIRA, Julio Homem de (coord.). *Direitos dos refugiados*. Belo Horizonte: Fórum, 2024. (Coleção Fórum Direito Internacional Humanitário, v. 1, t. 1). p. 81-112. ISBN 978-65-5518-615-4.

AN ANALYSIS OF INTERNATIONAL HUMANITARIAN LAW

FAZILA RASSOOLY FAIZI

International Humanitarian Law

International Humanitarian Law (IHL) is a set of rules that seek to limit the effects of armed conflict. It lays out the responsibilities of States and non-state armed groups during an armed conflict. It places restrictions on the parties to a conflict, regarding the means and methods of warfare used. It protects people who are not, or are no longer participating in hostilities.

IHL is part of international law, which is the body of rules governing relations between states. International law is contained in agreements between states, treaties or conventions in customary rules, which consist of state practice considered by them as legally binding, and in general principles. Hence, IHL applies to armed conflicts. It does not regulate whether a state may actually use force this governed by an important but distinct, part of international law set out in the united nations charter.

Where did international humanitarian law originate?

International Humanitarian Law is rooted in the rules of ancient civilizations and religions; warfare has always been subject to certain principles and customs. Universal codification of international humanitarian law began in the nineteenth century. Since then, states have agreed to a series of practical rules, based on the bitter experience of modern warfare. These rules strike a careful balance between humanitarian concerns and the military requirements of states. As the international community has grown, an increasing number of states have contributed to the development of those rules. International humanitarian law forms today a universal body of law.

Where is international humanitarian law to be found?

A major part of international humanitarian law is contained in the four Geneva conventions of 1949. Nearly every state in the world has agreed to be bound by them. The conventions have been developed and supplemented by two further agreements: the additional protocols of 1977 relating to the protection of victims of armed conflicts.

Other agreements prohibit the use of certain weapons and military tactics and protect certain categories of people and goods.

These agreements include:

The 1954 convention for the protection of cultural property in the event of armed conflict plus its two protocols

The 1972 Biological weapons conventions.

The 1980 conventional weapons convention and its five protocols.

The 1993 chemical weapons convention.

The 1997 Ottawa Convention on anti-personnel mines.

The 2000 optional protocol to the convention on the rights of the child on the involvement of children in armed conflict.

Many provisions of international humanitarian law are not accepted as customary law that is as general rules by which all stated are bound.

Principles of international humanitarian law

The fundamental principles are central in pursuing this aim to limit the effects of armed conflicts:
- the principle of humanity (Martens clause)
- the principle of distinction between civilians and combatants, and between civilian objects and military objectives;
- the principle of proportionality,
- the principle of military necessity (the prohibition of superfluous injury and unnecessary suffering.

The essential rules of international humanitarian law

It is forbidden to kill or wound an adversary who surrenders for who cannot longer take part in the fighting. Neither the parties to the conflict nor members of their armed forces have an unlimited right to choose methods and means of warfare.

Who are protected under the international humanitarian law?

International humanitarian law protects those who do not take part in the fighting, such as civilians and medical and religious military personnel. It also protects those who have ceased to take part, such as wounded, shipwrecked and sick combatants, and prisoners of war.

When does international humanitarian law apply?

International humanitarian law applies only to armed conflict. It does not cover internal tensions or disturbances such as isolated acts of violence. The law applies only once a conflict has begun, and then equally to all sides regardless of who started the fighting. International humanitarian law distinguishes between international and non-international armed conflict. International armed conflicts are those in which at least two stated are involves. They are subject to a wide range of rules, including those set out in the four Geneva Conventions and additional protocol.

Non-international armed conflicts

Those restricted to the territory of a single state, involving either regular armed forces fighting groups of armed dissidents, or armed groups fighting each other, a more limited range of rules apply to internal armed conflicts and are laid down in Article 3 common to the four Geneva Conventions as well as in Additional protocol 2.

What does international humanitarian law cover?

International humanitarian law covers two areas:
- The protection of those who are not, or no longer, taking part in fighting,

- Restrictions on the means of warfare – in particular weapons and the methods of warfare, such as military tactics.

What is protection?

International humanitarian law protects those who do not take part in the fighting, such as civilian and medical and religious military personnel. It also protects those who have ceased to take part, such as wounded, shipwrecked and sick combatants, and prisoners of war. These categories of person are entitled to respect for their lives and for their physical and mental integrity. They also enjoy legal guarantees. They must be protected and treated humanely in all circumstances, with no adverse distinction.

More specifically: it is prohibited to kill or wound and enemy who surrenders or is unable to fight, the sick and wounded must be collected and cared for by the party in whose power they find themselves. Medical personnel, supplies, hospitals and ambulances must all be protected. There are also detailed rules governing the conditions of detention for prisoners of war and the way in which civilian are to be treated when under the authority of an enemy power. This includes the provision of food, shelter and medical care, and the right to exchange messages with their families.

The law sets out a number of clearly recognizable symbols which can be used to identity protected people, places and objects. The main emblems are the Red Cross, the Red Crescent and the symbols identifying cultural property and civil defense facilities.

What restrictions are there on weapons and tactics?

International humanitarian law prohibits all means and methods of warfare which:
- Fail to discriminate between those taking part in the fighting and those, such as civilians, who are not, the purpose being to protect the civilian population, individual civilians and civilian property.
- Cause superfluous injury or unnecessary suffering.
- Cause severe or long-term damage to the environment.

Measures must be taken to ensure respect for international humanitarian law. States have an obligation to teach its rules to their armed forces and the general public. They must prevent violations or punish them if these nevertheless occur.

In particular, they must enact laws to punish the most serious violation of the Geneva Conventions and Additional protocols, which are regarded as war crimes. The states must also pass laws protecting the Red Cross and Red Crescent emblems.

Measures have also been taken at an international level: tribunals have been created to punish acts committed in two recent conflicts (the former Yugoslavia and Rwanda).

Whether as individuals or through governments and various organizations, we can all make an important contribution to compliance with international humanitarian law.

Informação bibliográfica deste texto, conforme a NBR 6023:2018 da Associação Brasileira de Normas Técnicas (ABNT):

FAIZI, Fazila Rassoly. An analysis of International Humanitarian Law. *In*: SARAIVA FILHO, Oswaldo Othon de Pontes; BERTELLI, Luiz Gonzaga; SIQUEIRA, Julio Homem de (coord.). *Direitos dos refugiados*. Belo Horizonte: Fórum, 2024. (Coleção Fórum Direito Internacional Humanitário, v. 1, t. 1). p. 113-117. ISBN 978-65-5518-615-4.

THE CAUSES OF MIGRATION

FRESHTA AMERIANEY

Préface

In general migration is always done for better and more progressive purposes, that is, people who live in developing or poor countries decide to migrate in order to have a better and more prosperous life. Immigration literally means people leaving their country with intention of settling permanently in another country; the word was first used in the seventeenth century to refer to civilians who were moving. However, human migration has existed for hundreds of thousands of years. Migration in the modern sense refers to the movement of people from one-nation state to another, where they are not citizens, immigration tourists and temporary and short-term visitors are not recognized as immigrants, nevertheless, seasonal migration of workers and labor typically for less than a year is often seen as a form of migration. The global rate of migration is high in full terms but low in related terms. New ideas about immigration relate to development and progress, especially in the nineteenth century to nationalities and countries with specific criteria of citizenship and permanent control of borders and the law of nationality, citizenship of a country – nationality gave a foreigner the right to reside in that country and region, but residency for immigration was subject to conditions set by immigration law. Immigration without official approval are illegal and can causes several problems.

After the second world war and the division of the world to two parties and the start of the cold war, western countries put pressure on the rivals in the eastern bloc and its satellites took steps to pave the way for escape and migration from these countries. Continuation of this policy with the ratification of the 1951 Geneva convention on refugees was formally recognized as a legitimate human right and was enshrined in international law as an important part of human rights. Provisions of this convention emphasizes that signatory states are obliged to respect those whose political beliefs and affiliations, religious beliefs and ethnic ties, and that their descent cause harassment, deprovision of accepted liberties, prosecution, persecution and punishment by certain government or groups, support and accept as full-fledged migrants that eligible IDPs are known as political refugees. Starts to make the causes for immigration of people around the world. Immigrant is a person who moves from their own country because of different reasons to a country that doesn't have citizenship but with better conditions. Immigration in a general sense, moving and relocating to another place to improve life or escape harm. Or in the modern sense it is the movement of people from one nation –state to another, where they are not citizens.

The types of migration

1. Intra – border migration is the movement between the interior of a country, this type of migration is divided into the flowing two parts.
2. Daily immigration the daily immigration is of people from suburbs and surrounding towns into large cities to go to work or use of services within cities is internal migration, in this type of migration people return home at night.
3. Seasonal migration. The movement of nomads and the movement of workers from cities to villages in the fruit packing season.
4. Overseas migration. Foreign immigrants take place between countries and immigrants, migrate from one country to another country.

Migration in terms of time

According to the migration schedule, this phenomenon is divided into two categories

1. Short-term temporary migrations if the stay at the destination is less than one year, it is considered temporary. In this type of migration, there is a kind of intention to return to the place.

2. Long-term permanent migration: to migrate for a long time and in some cases not to return home.

The main causes of migration

The main reasons for migrating are to get out of an unfavorable situation and have a better situation. The main reasons for migration are as follows:
1. War and insecurity: the issue of war is one of the oldest reasons for migration to find a safe place to live in the city. Or they filed for their country, it is considered forced migration.
2. Economic conditions: economic crises cause a decline in the quality of life of many people and some continue living. it is transferred to another environment that has suitable conditions. This case has intensified in our country in recent years. Unfavorable economic conditions have increased the rate of migrations of different classes.
3. Educational purpose: many migrations occur due to access to educational facilities. Usually, this form of immigration has the highest return to the country.
4. More freedom and security: one of the issues that leads people to emigrate is the limited and stressful, living conditions. From the disappearance of social and political emigration are the limited and stressful living conditions.
5. Poltical issue: some people emigrate from their restrictive country to gain political freedoms. Some change their citizenship to gain a new identity and others to gain political rights that have been ignored in their country.
6. Health care services: in some situations people immigrate for good health care.
7. Job opportunities: mostly people immigrate from one country to another country for job opportunities.

Causes of migration from Afghanistan

Perhaps an exact date for individuals or ethnic refugees and migrations of Afghans, such as other countries, cannot be obtained because migration and debris have a history as old as human history. But in this paper, the factors of migration in the modern history of Afghanistan and the opportunities and harms of Afghan migration abroad will be discussed.

According to Dr. Taibbi: "Some Afghans have been migrating abroad for a century. The first mass migration of Afghans from Afghanistan to Australia in 1860-1839 is apparently the first mass exordia of Afghans. In this migration, which was carried out at the request of the British government, more than 70 families of Afghans from Ghazni and Kabul were taken to the largest island that was the center of a gathering of some of the British criminals and thugs to find out about natural adversity. the goal was to get to know the help of these migrants, who are a resilient and resilient people, from the scorching plains of Gibson and samson from Perth, the western coast of Australia, which connects the Indian ocean to the east, which leads to the Pacific Ocean".

The exuding, which took place with Afghans' own vehicles, camels and mules, had taken months. A few families had perished over the thirst and long road. Therefore, in collaboration with the United Kingdom, the first population core of Afghans was founded in Australia. Afghan refugees residing in Australia were not the first group of Afghan refugees, since years earlier Afghans had gone to central Asia, India, Iran and Iraq and dedicated themselves there forever. among the immigrants who left Afghanistan permanently and settled in the covenant of shah Mahmud, the son of Timur shah Sadozai, who left Afghanistan for good and settled in the territory of Iran, were the oymaq tribes of heart and bad his. Of course, before the Abd al-Rahman era, people had tasted the *bitter taste* of migration, displacement and displacement. however, according to the history of no period as much as the era of Abd al-Rahman, people, especially hazaras, have not suffered the tragedy of massacres, captivity, migration and displacement, and something like that has not happened in the history of the country.

Writers, researchers and practitioners of migration and displacement believe that displacement is a pain that does not only torment the displaced themselves and the migrants themselves, but also to others. But the migration of Afghans over the last few decades is very different in the last three decades and in the past century. because Afghans' escape from the country in the last three decades not only did not forget them, which has also provided the ground for their identification and brought to the world the tragedies that have occurred in the country. Undoubtedly, if displacement had not been for the last three decades, the people of Afghanistan and the world would never have been aware of the tragedy of massacre, slavery and displacement in the past century, but the migration and displacement of recent times, with all its problems and problems, had the opportunity to give the Afghan people an opportunity to look back. A past that has been nothing but grief, genocide, slavery and displacement, avoidance of justice, public welfare and individual comfort.

Indeed, migration and displacement, with all its damages and problems that plagued our people and inflicted irreparable blows on all from a psychological point of view, also resulted in the fact that it revealed historically concealed realities. Therefore, this socio-cultural approach is one of the most important and significant achievements of the migration period. In the 1990s, Afghanistan, with more than 5 million displaced people, accounted for more than one-third of the world's displaced people. Without exaggerating almost 10 million of the country's population and Afghan nationals, they have alternately dealt with a phenomenon of displacement abroad. Before the fall of the Taliban in 2001/2001, Afghanistan had 3.5 million displaced people in neighboring countries and the world accounted for 40% of the world's displaced people. Definitely, this displacement was not related to a particular ethnic group, language, religion, and region, but encompassed all segments of society from every ethnic group and region. After 2001, despite the formation of an independent state in the country, there are still nearly 5 million Afghan migrants in neighboring Iran, Pakistan and other countries for various reasons, including insecurity. The migration of Afghans has intensified in the wake of Afghanistan's social and political crises and successive wars. With the advent of the Taliban in 1994 and the emergence of countless crimes by this group, migration has increased.

What is clear from the history of Afghanistan and the statistics show that Afghan migration has a long history. However, the large wave of migration to Iran and Pakistan took place after the 27th of May 1978, and the soviet-affiliated government's performance caused rebellion and resistance against the government in different provinces of the country, and a large part of the Afghan people migrated to other countries as a result of these wars. After the soviet invasion and the escalation of the war between the Afghan people and the red army, the flood of migration abroad increased. According to the director general of the office of foreign nationals and immigrants of the ministry of interior of the Islamic republic of Iran, according to official statistics, more than 800,000 Afghan nationals were born in Iran. These statistics show that Afghan immigration has a long history, citing the United Nations high commissioner for refugees (UNHCR) in many countries, two generations of Afghan refugees living there, some of whom were born in refugee countries and are now married in the same country and have children. Thus, a number of Afghans have spent nearly 30 years of their lives as a displaced person or migrant in a special situation in other countries. According to an official in charge of the office of foreign nationals and immigrants affiliated with the Iranian interior ministry, the number of Afghans who emigrated to Iran once reached about three and a half million when hundreds of thousands of them returned after the overthrow of dr. Najibullah's government. But the start of a new round of conflicts during the mujahedeen's rule led to re-exodus, and a significant number of people who had remained home in previous periods were also forced to leave Afghanistan.

The mujahedeen's victory did not end the 14-year war in Afghanistan. from the day after the formation of the mujahedin government, rival groups started a new war against each other in order to gain power or achieve their goals, the war between rival groups in Kabul and other wars that took place every day in different parts of the country, these wars and conflicts had a significant impact on the displacement and migration of Afghans, so that in the battles of Kabul tens of thousands and half of them. Millions displaced. The situation was exacerbated by the expansion of Taliban control, which continued to increase its violent authority in eastern and western Afghanistan, and continued migration from Afghanistan to other countries, especially Iran and Pakistan.

Despite the end of Taliban rule in late 2001 and the formation of a new system in the country, so far no return of migrants has been provided, millions of Afghan refugees and migrants are stranded in countries around the world and their numbers are increasing every day. While new cessations are being adopted every day in support of the rights of refugees and migrants in the world, the sad and horrific images of the lives of Afghan refugees shake the human heart. Almost people from all countries shout in the face of calls from migrants and refugees to don't let the foreigner home, while the weeping faces of Afghan children and the sad faces of displaced men and women are at the risk of all.

Afghanistan is experiencing a humanitarian crisis as violence and insecurity, particularly in 2021, brought more suffering and internal displacement for Afghans in the country. Over half a million people were internally displaced in the first half of 2021 alone. The latest wave of violence was another blow for Afghans who have suffered more than 40 years of conflict, natural disasters, chronic poverty and food insecurity. The resilience of internally displaced and local communities is being stretched to the absolute limit. Support is urgently needed. UNHCR and many others are currently responding to this emergency.

Since 2019, UNHCR's support in Afghanistan has benefitted over 12 million people in 23 provinces of the country. This has been achieved largely through its community-based protection and solutions programmed (Co-PROSPER) in Priority Areas of Return and Reintegration (PARRs). This program aims to build resilient and stable communities by improving access to services through an area-based, conflict-sensitive, and humanitarian-development-peace (HDP) approach. Since 2019, UNHCR and partners have constructed, upgraded or expanded 82 schools, 34 health clinics, as well as built community centers, installed water and sanitation facilities, improved road and irrigation networks, supported household shelters (including through cash), and provided market-based skills training and business start-up support to returnees and host communities. A key focus continues to be on women and youth empowerment.

There has been a declining trend in voluntary returns to Afghanistan (one of the key solutions areas identified in SSAR strategy). This trend is linked with multi-faceted developments in Afghanistan, including the deteriorating security situation, livelihood opportunities, access to shelter and land, and other concerns potential returnees have. Nearly 5.3 million Afghan refugees returned to Afghanistan under UNHCR's facilitated Voluntary Repatriation program from 2002 onwards, though the numbers decreased since 2016. In 2020, only 2,147 refugees chose voluntarily to return home. In 2021, just over 1,363 had chosen to return.

In August 2021, UNHCR called on States to halt the forcible return of Afghan nationals who have previously been determined not to be in need of international protection. It issued its non-return advisory in the wake of the rapid deterioration in the situation in large parts of Afghanistan and the unfolding humanitarian emergency. The advisory can be read in full here: UNHCR – UNHCR issues a non-return advisory for Afghanistan In addition to the extensive challenges Afghans face, covid-19 continues to be a threat. UNHCR's support to date has ensured over 1.6 m people have benefitted from hygiene awareness raising, provision of wash facilities, and the distribution of hygiene kits

Afghan refugees and refugees do not have the respect and respect of a refugee and a migrant in the current situation. The violent and inhumane abuses of some countries are attributed to displaced persons residing in or from immigrants and even children born in the same country, and immigrants are violated, their rights violated, and indecent abuses are carried out, and are described as a despicable group that deserves no respect or equal treatment of other follower citizens. Religion or religion are not that country. This deplorable and offensive situation has made it necessary to discuss the rights of refugees in refugee countries. If refugee countries show interest in human rights, this is exclusive to their own citizens. In the case of others, especially if the issue concerns Afghan refugees, the issue is quite unlike in theory and practice. Therefore, it has created huge problems for displaced persons in refugee countries. This also requires activating the issue of human rights with a comprehensive and global perspective and not relying on the slogan for refugees. We live in a world filled with lies and appearances. We must unveil it and work to preserve the dignity and dignity of refugees in refugee countries.

The most important human and individual rights, which are approved by both the holy religion of Islam and all international legal institutions and must be respected everywhere regardless of race, religion and citizenship, are: the right to life, the right to education, the right to human dignity, the right to freedom and movement, and the right to equality with others. The right to life or life and the right to education are the origins and foundations of other human rights and are the sacred right that god has granted to all human beings. Therefore, protecting it is also the inevitable duty of all, because it recognizes the right of all divine and earthly religions and is a right which, in line with the survival of humankind and the development of the universe and the continuation of human life, is one of god's blessings to god's servants, and all people with every religion, originality and dependence, backwardness or progress, value and status or knowledge and ignorance and ruler or condemned, all and all. In it they are equal. The universal declaration of human rights (December 1949) and the refugee rights convention 1951 and the 1967 potto. In article 3, it also recognizes and emphasizes that "everyone has the right to life, liberty and personal health.

Conclusion

An estimated 667,900 Afghans have been newly displaced inside the country since January 2021 – primarily due to insecurity and violence. The impact of the conflict on women and girls has been particularly devastating – 80 percent of newly displaced Afghans are women and children. The needs of those who have had to flee suddenly are acute, increasing demand for shelter, food, water, non-food items, health services, livelihood opportunities and cash assistance.

In addition to the acute needs of those recently forced to flee, the Afghan population has been pushed to the limit by prolonged conflict, high levels of displacement, the impact of covid-19, natural disasters and deepening poverty.

Informação bibliográfica deste texto, conforme a NBR 6023:2018 da Associação Brasileira de Normas Técnicas (ABNT):

AMERIANEY, Freshta. The causes of migration. In: SARAIVA FILHO, Oswaldo Othon de Pontes; BERTELLI, Luiz Gonzaga; SIQUEIRA, Julio Homem de (coord.). *Direitos dos refugiados*. Belo Horizonte: Fórum, 2024. (Coleção Fórum Direito Internacional Humanitário, v. 1, t. 1). p. 119-127. ISBN 978-65-5518-615-4.

HUMAN DIGNITY AND THE PROTECTION OF REFUGEE IN ISLAMIC LAW

HAMDAMA AHADI

Human dignity and means of protecting refugees with attention to the virtues and blessings of Allah, two kinds of dignity can be imagined for human beings. First, public dignity, which encompasses all beings and refers to the universal mercy of Allah, and everyone has the same right to enjoy it. Another type is dignity, which includes only those who have taken a step more than others in the path of their happiness, and it is interpreted as acquired dignity. That is, man's effort in approaching Allah determines the extent to which he is under the shadow of this kind of miracles. This is a point that has been forgotten by some human societies throughout history or they have consciously ignored it in order to achieve their colonial goals. The rulers of cruelty, based on ethnic and racial prejudices, have always ignored the basic rights of other human beings and deprived them of the blessings they shared with their fellow human beings in using them. Further explanation of the issue of human dignity and worth is an issue that has been forgotten in some human societies. In such societies, oppressed human beings aren't treated well. Colonial nations do not refrain from any oppression of other human beings in order to achieve their colonial goals. Blessings such as intellect, the right to life and the natural use of what Allah has made subservient to man are the inalienable right of every human being. This interaction is a kind of deviant approach to human dignity that some human societies are trapped in. Exaggeration in the field of human value and dignity makes the need to explain the true dignity of humans even clearer. Those who are humanistic and value human beings and always boast of human rights and their inherent dignity, pretend that human beings are so honorable that no human being should be insulted under any circumstances and in the first place.

Life should not be harmed. That is why in many countries of the world the death penalty has been abolished and the punishment that is accompanied by insults is not allowed at all, and often imprisonment or fines – with full respect – it is enough. Because humans have an innate honor and it should not be tarnished. This is an extreme tendency in the evaluation of human beings. Of course, it goes without saying that Allah has honored all human beings with the blessings He has bestowed upon them, but this does not mean that this evolutionary dignity exists for him forever and in the performance of any action by humans will be stable or in other words, legislative dignity will be preserved along with his creational dignity. Therefore, explaining the status and value of humans and the dignity that Allah has bestowed on humans has a very important place. In this speech, with the help of Allah, we tried to explain the true human dignity and what virtues have been granted to him by Allah, using the verses of the Qur'an and Hadees, and to explain the position of humans among Allah's creatures. Let's respond to the wrong approach of these two groups.

The meaning of dignity

The meaning of dignity is the reward of someone or something. As valuable as rain is from the cloud, sometimes it is like fruit from the tree, and sometimes grace is something to the creature from Allah. All kinds of divine miracles in that man is honored by his Creator There is no doubt. But we must find out what form and quality this dignity is. Using the verses of the Qur'an, two kinds of dignity can be enumerated for Him.

1. Intrinsic Dignity In this section, we will take the examples of intrinsic human dignity based on the verses of the Qur'an.
2. The creation of humans translation from the verse: [Allah] the Merciful taught the Qur'an. He created human beings. The human beings has borrowed the existence from Allah. There is no doubt in the existence or non-existence of everything that has the ability to exist and grow and perfection, its existence

is better than its absence, and Allah's grace belongs to such a creature and creates them. A human being is also a creature who had the ability to grow and progress and climb the ladder of progress, and Allah has not withheld such grace and dignity: Translation of the verse (Taha, 20/50) "Our Lord is the One who created everything. He deserved it, then guided it".

Equality and proportion in human creation has been created in the form of the best combination and the best possible form and state. Being irreplaceable the order and coordination of human organs and joints, upright posture, head position in the body, position of eyes, corners and mouth and nose and the size of each according to his body, the delicacy of the fingers and... is quite clear that does not need further explanation. It has a dignity that has been given to human beings that other animals do not have in this way. Allah says in the Holy Qur'an: We created the humans in the best moderation. (Tin, 4/95) and also in the verse (Taghabun, 3/64): It states that He shaped you and adorned your faces. Many verses emphasize that we avoid mentioning them because they are clear and we do not go into too much detail.

Having a divine spirit what distinguishes humans from other beings? In other words, what is the difference between human nature and other beings, which is the center of Allah's providence? It was their divine spirit that gave them dignity. Ayatollah (Hajar, 15/29).

The subjugation of other beings to humans is one of the special blessings and miracles of Allah to human beings, the creation of the heavens and the earth. Allah created them so that a human could use the power of thought and intellect to use them for its growth and exaltation. Mountains, plains, seas, all and everything were created for humans. The sun is the source of life on Earth. The moon causes the light of the nights and the tides of the seas. The wind causes the formation of clouds and the rain of divine mercy and causes the fertilization of plants and their reproduction. Days to earn a living; and relief at night and its peace. The verses of the Qur'an explicitly indicate that they were all created for humans. Giving the position of the Caliph of Allah, one of the greatest miracles that Allah almighty has bestowed is the position of his caliphate and successor on earth. Humans have such a value and position that Allah has made His successor on earth.

Providing the means of human guidance Allah has not only provided the conditions of human life, he has not subjugated only "what is on earth and in the sky". Has not been created. It does not occur to the wise Creator to create a creature to perish. The wise Creator has done another favor besides the creation of humans. He has provided the grounds and means of guidances. The Mesbah (light) has guided that he does not go astray in the darkness of the world. In other words, the conditions to stay on the straight path and walk this path have been prepared for him.

Sending a messenger is one of the means of guidance, and in fact, it is a proof that a human was not created for food and lust. Is because the existence of apostles to guide man indicates the existence of wisdom in his creation. The esoteric messenger (intellect) is one of the means and factors of guiding the human intellect. Human's honor is to the intellect which has not been given to any other being, and by it a human distinguishes good from evil and beneficial from harmful and good from evil. Be that reason. The only difference between human intellect is that the power of intellect is strong and weak in human beings and their intellect is different. Otherwise, human dignity would have been common in this field.

Acquired dignity

This type of dignity is different from the inherent dignity of human beings. The latter type was a dignity that everyone enjoyed and could not be a criterion for valuing human beings. From the holy nature of Allah, which as a result will lead to a difference in the degree of enjoying the divine miracles, it must be completely voluntary so that human beings can achieve it by relying on their own efforts. And because, as the Holy Qur'an says: (This is my endeavor), all human beings are different, so are the virtues that human beings attain. Acquired dignity is the criterion of difference and superiority of human beings. The difference of human beings in enjoying divine dignity is due to the degree of their closeness to Allah and the degree of their obedience to their Lord. In the first stage, the criterion of divine dignity is Islam. Those who found the right path and surrendered of Allah have more divine honors than those who went astray. It is an acquired dignity that creates a significant distance between human beings. Some of them reach human perfection in the light of faith, righteous deeds, and divine piety, in such a way that they become an example of "he was but two bows' length or even nearer," and Allah has provided a generous reward for them.

Piety is a measure of acquired dignity. Since piety is an inner attribute and is one of the attributes that many claimants but few possessors have, not everyone benefits from it. It is conscience and is not limited to certain human beings. The true measure of human beings is the degree of their piety, and its intensity and weakness determine the degree to which they enjoy divine virtues – acquired virtues.

The situation of human societies in the face of human dignity, but the issue that is currently raised in some international societies is the extremist approach to the dignity of one of the genders, in some societies to men more than women and in some from society, women are given more than men, and the rights of one of the two are trampled on or ignored.

The study of human rights and asylum in international instruments

The issue of asylum is one of the most controversial issues, especially from the perspective of refugees. This issue has not been hidden from the eyes of human rights organizations, for example, Amnesty International has addressed this issue in several reports, mentioning asylum as one of the most important challenges of the current era, and citing several examples, calling on the international community to address. This problem and its roots have been fought. Among these, what is particularly important is the distinction between immigration and asylum, as well as the abuse of the right to asylum.

The Difference Between Asylum and Migration: Although there are commonalities between asylum and migration, such as leaving one's homeland and settling in a foreign land, the main difference between these two social and legal concepts is coercion in asylum and agency. And the choice is on immigration. Therefore, people who leave their country and settle in another country in search of a more favorable job or living situation cannot be considered refugees.

The difference between asylum seeker and refuge: Refugee generally refers to the initial, temporary and emergency situation after leaving the country. This situation refers to the time when a person is still in the purgatory of leaving the country and accepting another country. Asylum seekers do not have the same citizenship rights as other members of the community in which they live or are to be relocated. Therefore, until the status of an asylum seeker is determined and converted into a refugee status, the person is not allowed to study, work or even choose his / her place of residence and residence, but asylum refers to a permanent status including equal rights with other citizens of the country.

Asylum and Displacement: Although at first glance, asylum and displacement may bring to mind the same concepts, but in the accepted legal custom, only those who have left their countries for socio-political reasons, Considered a refugee be. In other words, legally, "leaving the country" is a necessary condition for recognizing the status of a refugee, while in the case of displacement, "leaving the country" is not a necessary condition.

Asylum as a fundamental rights and human rights in international documents and International Law

One year after the founding of the United Nations, the UN General Assembly adopted a resolution establishing the International Organization for Refugees. During its four years of operation, the IOR repatriated many people who had migrated to other countries due to the consequences of the war. With the completion of the work of the International Organization for Refugees, the United Nations High Commissioner for Refugees (UNHCR) was established to deal with new situations. Also in 1959, the "Convention Relating to the Status of Refugees" was ratified It is the main source of refugee rights in the framework of international law. In this convention, while defining a refugee, it is based on principles including the principle of non-discrimination in freedom of religion, the right to form unions and organizations, free access to courts, freedom of movement, immunity from retaliation by governments, immunity from action against nationals.

The principle is even when the individual insists on retaining his or her original nationality, as well as the immunity from payment of court fees. The Convention also recommends that a refugee's personal status be considered in accordance with the laws and regulations of the country of residence. On the other hand, protection against deportation and repatriation to the country of origin and emphasis on the non-punishment of refugees for their illegal entry or residence are among the provisions of this convention. In 1967, the Additional Protocol to the Convention Relating to the Status of Refugees was adopted by the United Nations.

The Universal Declaration of Human Rights, as a basic document in the basic and fundamental rights of human beings, emphasizes the inherent dignity and non-discrimination of human beings in terms of race, language, religion, color, gender, economic status, etc. Recognizes these inherent and acquired differences, benefiting from all the freedoms mentioned in the declaration. One of the fundamental and human rights enshrined in Article 93 of this Declaration is the right to leave one's country or any other country and to return to one's country. The right to asylum, which is more concerned with political asylum, is enshrined in Article 32 of the Declaration: Everyone has the right to seek and to enjoy in other countries asylum from persecution.

Therefore, it is considered that if a person is prosecuted in his or her own country or another country for committing one or more public or non-political crimes, he / she cannot escape criminal responsibility or possibly compensate for the material and moral damage caused by the crime. The position of Islam against the discriminatory approach of Islam, which preaches the salvation of human beings, looks at everyone with the same eyes and does not discriminate between any race or ethnicity, between men and women. Also, since human nature and the creation of man and woman have been from one soul, there is no difference in enjoying the miracles of Allah.

Concluding remarks

Human beings all have their basic rights to live on earth and to survive. The right to life and other social, individual and economic rights, and the verses of the Qur'an do not tolerate discrimination between men and women and strongly oppose to sexism. This respect and dignity is to the extent that the rights of other human beings are not violated. Assign human dignity to certain people. If you believe in human dignity, you should respect it for all. Islam does not accept either an extremist or a deviant approach to human dignity.

Informação bibliográfica deste texto, conforme a NBR 6023:2018 da Associação Brasileira de Normas Técnicas (ABNT):

AHADI. Hamdama, Human dignity and the protection of refugee in Islamic Law. *In*: SARAIVA FILHO, Oswaldo Othon de Pontes; BERTELLI, Luiz Gonzaga; SIQUEIRA, Julio Homem de (coord.). *Direitos dos refugiados*. Belo Horizonte: Fórum, 2024. (Coleção Fórum Direito Internacional Humanitário, v. 1, t. 1). p. 129-135. ISBN 978-65-5518-615-4.

REFUGEES LAW ACCORDING TO THE EUROPEAN UNION

KHATERA NAAB

Introduction

The European Union (EU) is a political and economic union of 27 member states that are located primarily in Europe. The union has a total area of 4,233,255.3 km² (1,634,469.0 sq mi) and an estimated total population of about 447 million.

The union and EU citizenship were established when the Maastricht Treaty came into force in 1993. The EU traces its origins to the European Coal and Steel Community (ECSC) and the European Economic Community (EEC), established, respectively, by the 1951 Treaty of Paris and 1957 Treaty of Rome. The original member states of what came to be known as the European Communities were the Inner Six: Belgium, France, Italy, Luxembourg, the Netherlands, and West Germany. The communities and their successors have grown in size by the accession of 21 new member states and in power by the addition of policy areas to their remit. The latest major amendment to the constitutional basis of the EU, the Treaty of Lisbon, came into force in 2009. In 2020, the United Kingdom became the only member state to leave the EU. Before this, four territories of current member states had left the EU or its forerunners. There are several other countries that are negotiating to join the European Union.

Containing some 5.8 percent of the world population in 2020, the EU had generated a nominal gross domestic product (GDP) off around US$17.1 trillion in 2021, constituting approximately 18 percent of global nominal GDP. Additionally, all EU countries have a very high Human Development Index according to the United Nations Development Programmer. In 2012, the EU was awarded the Through the Common Foreign and Security Policy, the union has developed a role in external relations and defense. It maintains permanent diplomatic missions throughout the world and represents itself at the United Nations, the World Trade Organization, the G7 and the G20. Due to its global influence, the European Union has been described by some scholars as an emerging superpower.

The European Union is an area of protection for people fleeing persecution or serious harm in their country of origin.

Asylum is a fundamental right and an international obligation for countries, as recognized in the 1951 Geneva Convention on the protection of refugees.

In the EU, an area of open borders and freedom of movement, member countries share the same fundamental values and joint approach to guarantee high standards of protection for refugees.

EU countries have a shared responsibility to welcome asylum seekers in a dignified manner, ensuring that they are treated fairly, and their case is examined following uniform standards. This ensures that, no matter where an applicant applies, the outcome will be similar. Procedures must be fair, effective throughout the EU, and impervious to abuse.

However, asylum flows are not constant, nor are they evenly distributed across the EU. They have, for example, varied from over 1.8 million in 2015 to around 142,000 in 2019, a decrease of 92%. With this in mind, since 1999, the EU has established a Common European Asylum System (CEAS). In 2020, the European Commission proposed to reform the system through a comprehensive approach to migration and asylum policy based on three main pillars:

- efficient asylum and return procedures;
- solidarity and fair share of responsibility and
- strengthened partnerships with third countries.

The focus of the study is the analysis of the conditions and procedures of admission and residence under different immigration categories. As a result, the social rights granted to third-country nationals are not analyzed; furthermore, the right to exercise a professional activity will be analyzed, whereas the rights associated with work (such as the right to just and favorable conditions of work) won't.

Legislation and agency support

The Common European Asylum System sets out common standards and co-operation to ensure that asylum seekers are treated equally in an open and fair system – wherever they apply. The system is governed by five legislative instruments and one agency:

The Asylum Procedures Directive aims at setting out the conditions for fair, quick and quality asylum decisions. Asylum seekers with special needs receive the necessary support to explain their claim and in particular protection of unaccompanied minors and victims of torture is ensured.

Asylum procedures

The Asylum Procedures Directive

The Asylum Procedures Directive (DIRECTIVE 2013/32/EU) creates a coherent system to ensure that decisions on applications for international protection are taken efficiently and fairly, by:
- setting clear rules for registering and lodging applications, making sure that everyone who wishes to request international protection can do so quickly and effectively;
- setting a time-limit for the examination of applications (in principle six months at the administrative stage), while providing for the possibility to accelerate for applications that are likely to be unfounded or were made in bad faith;
- allowing for border procedures and safe country concepts;
- training decision makers and ensuring access to legal assistance;
- providing adequate support to those in need of special guarantees – for example because of their age, disability, illness – including by ensuring that they are granted sufficient time to participate effectively in the procedure;
- providing rules on the right to stay and appeals in front of courts or tribunals.

The Asylum Procedure Regulation proposal

The Commission presented in July 2016 a proposal for a new Asylum Procedure Regulation (REGULATION OF THE EUROPEAN PARLIAMENT AND OF THE COUNCIL, 2016) aiming at establishing a truly common procedure for international protection which is fair and efficient, while removing incentives for secondary movements between Member States.

As the co-legislators did not reach an agreement on the proposed text, the Commission tabled a new amended proposal along with the Pact on Migration and Asylum, in September 2020. The new text takes stock of the past negotiations and proposes new rules to allow for a more flexible but equally more effective use of border procedure while closing the gaps with returns. Establishing a truly common international protection procedure within the EU means:

- replacing current disparate procedural arrangements in Member States with a simpler and clearer procedure, with short but reasonable time-limits for an applicant to accede to the procedure and for concluding the examination of applications both at the administrative and appeal stages;
- procedural guarantees safeguarding the rights of applicants, including providing adequate and timely information, being heard in a personal interview, free legal assistance, interpretation and representation;
- more attention to vulnerable individuals with special procedural needs such as unaccompanied minors;
- stricter rules to prevent abuse of the system, sanction manifestly abusive claims and remove incentives for secondary movements by setting out clear obligations for applicants to cooperate with the determining authorities throughout the procedure and by attaching strict consequences to non-compliance;
- a compulsory list of grounds where an examination must be accelerated.

Clearer rules for the admissibility checks and for the application of safe third country and first country of asylum concepts harmonized rules for establishing safe countries. The Commission proposes to progressively move towards full harmonization in this area, and to replace national safe country lists with designations at EU level. Asylum and return border procedures will be made more flexible and effective by: Joining current rules on asylum and return into one single legislative instrument. Clarifying that while asylum applications made at the EU's external borders must be assessed, they do not constitute an automatic right to enter the EU. Ensuring that asylum claims that are clearly abusive or where the applicant poses a threat to security or is unlikely to be in need of international protection should be assessed in an asylum border procedure. The Reception Conditions Directive ensures that common standards for reception conditions (such as housing, food and clothing and access to health care, education or employment under certain conditions) are provided for asylum seekers across the EU to ensure a dignified standard of living in accordance with the Charter of fundamental rights.

Reception conditions

The Reception Conditions Directive

The Reception Conditions Directive (DIRECTIVE 2013/33/EU OF THE EUROPEAN PARLIAMENT AND OF THE COUNCIL) aims at ensuring common standards of reception conditions throughout the EU.

The Directive

- ensures that applicants have access to housing, food, clothing, health care, education for minors and access to employment (within a maximum period of 9 months) provides particular attention to vulnerable persons, especially unaccompanied minors and victims of torture. EU countries must conduct an individual assessment to identify the special reception needs of vulnerable persons and to ensure that vulnerable asylum seekers can access medical and psychological support;
- includes rules regarding detention of asylum seekers and consider alternatives of detention in full respect of the fundamental rights.

The revised Reception Conditions Directive proposal

The current Reception Conditions Directive still leaves a margin of discretion to Member States to choose the most adequate way to provide material reception conditions to ensure the protection of human dignity in accordance with the Charter of fundamental rights. The migratory crisis has exposed the need to ensure greater consistency in reception conditions across the EU and the need to be better prepared to deal with large migration influxes. The Commission, therefore, presented in 2016 a proposal to revise (recast) the Reception Conditions Directive to further harmonies reception conditions throughout the EU and to reduce the incentives for secondary movements. The proposal also aims at increasing applicants' self-reliance and possible integration prospects by reducing the time-limit for access to the labor market. The Commission supports a quick adoption of the text of the political compromise agreed upon by the European Parliament and the Council in 2018.

EASO guidance on reception conditions: operational standards and indicators

In September 2016, the European Asylum Support Office (EASO), now the European Union Agency for Asylum (EUAA), released the EASO guidance on reception conditions: operational standards and indicators. The guidance describes specific common standards which are applicable to national reception systems across all EU Member States and the indicators with which such standards should be measured against. The standards included in the document reflect already existing practice in EU Member States.

The guidance was drafted by the Agency together with a working group composed of EU Member States' experts, as well as representatives of other relevant stakeholders in the field of reception and fundamental rights, including the European Commission, the European Union Agency for Fundamental Rights (FRA) and the United Nations High Commissioner for Refugees (UNHCR), while civil society's organizations were consulted prior to the adoption by the Management Board.

The overall objective of the guidance is to support Member States in the implementation of key provisions of the Reception Conditions Directive while ensuring an adequate standard of living for all applicants for international protection, including those with special reception needs.

The document has been designed to serve multiple purposes:
- at policy level, it serves as a tool to support reform or development and serve as a framework for setting/further development of reception standards;
- at operational level, it can be used by reception authorities/operators to support the planning/running of reception facilities or to support staff training.

In addition, the guidance could serve as a basis for the development of monitoring frameworks to assess the quality of national reception systems. Finally, it should be noted that the European Commission's proposal for a recast of the Reception Conditions Directive of 13 July 2016 specifically refers to these operational standards and indicators.

EASO guidance on reception conditions for unaccompanied children: operational standards and indicators

In March 2018, the European Asylum Support Office (EASO), now the European Union Agency for Asylum (EUAA), issued the EASO guidance on reception conditions for unaccompanied children, which focuses on reception authorities and is written with reception staff in mind. It is based on the fact that unaccompanied children in migration require specific and appropriate protection, where listed guidences follow the principle of the best interest of the child.

EASO guidance on contingency planning in the context of reception

In December 2018, the European Asylum Support Office (EASO), now the European Union Agency for Asylum (EUAA), issued the EASO guidance on contingency planning in the context of reception with the goals to strengthen the reception authorities' preparedness and ability to cope with situations that create organizational strain.

The Qualification Directive clarifies the grounds for granting international protection and therefore making asylum decisions more robust. It also provides access to rights and integration measures for beneficiaries of international protection.

Who qualifies for international protection?

The Qualification Directive

The current Qualification Directive of 2011 amends Council Directive 2004/83/EC of 29 April 2004 on minimum standards for the qualification and status of third country nationals or stateless persons as refugees or as persons who otherwise need international protection and the content of the protection granted.

The Qualification Directive sets out criteria for applicants to qualify for refugee status or subsidiary protection status and sets out the

rights afforded to persons who have been granted one of those statuses. They include the right to a residence permit, travel document, access to employment, access to education, social welfare, healthcare, access to accommodation, access to integration facilities, as well as specific provisions for children and vulnerable persons. More specifically, it:
- clarifies the grounds for granting and withdrawing international protection;
- regulates exclusion and cessation grounds;
- improves the access of beneficiaries of international protection to rights and integration measures;
- takes into account the specific practical difficulties faced by beneficiaries of international protection;
- ensures that the best interest of the child and gender-related aspects are taken into account in the assessment of asylum applications, as well as in the implementation of the rules on the content of international protection;

The directive allows EU countries to put in place or to keep more favorable standards than those set out in its provisions.

The revised Qualification Regulation proposal

In order to further streamline the standards for the recognition and protection offered at EU level, the Commission proposed, in 2016, a proposal for a Qualification Regulation. The 2016 proposal for a new Qualification Regulation aims at:
- further harmonizing common criteria for qualifying for international protection, thus ensuring further convergence of asylum decisions across the EU;
- codifying the relevant case law of the Court of Justice of the European Union in this field;
- ensuring that protection is granted only for as long as the grounds for persecution or serious harm persist, without affecting the person's integration prospects;
- addressing secondary movements of beneficiaries of international protection;
- further clarifying and harmonizing the rights that beneficiaries of international protection are entitled to.

The Commission supports a quick adoption of the text of the political compromise agreed upon by the European Parliament and the Council in 2018. The Dublin Regulation enhances the protection of asylum seekers during the process of establishing the State responsible for examining the application, and clarifies the rules governing the relations between states. It creates a system to detect early problems in national asylum or reception systems and address their root causes before they develop into fully fledged crises.

Country responsible for asylum application (Dublin Regulation)

On 23 September 2020, the European Commission adopted the New Pact on Migration and Asylum following consultations with the European Parliament, Member States and various stakeholders. The New Pact covers all the different elements needed for a comprehensive approach to migration. In particular, the New Pact recognizes that no Member State should shoulder a disproportionate responsibility and that all Member States should contribute to solidarity on a constant basis.

Member State responsible for an asylum application - Dublin Regulation

Every single asylum application lodged within EU territory needs to be examined - each Member State must be able to determine if and when it is responsible for handling an asylum claim. The objective of the Dublin III Regulation is to ensure quick access to the asylum procedures and the examination of an application on the merits by a single, clearly determined EU country. The Regulation establishes the Member State responsible for the examination of the asylum application. The criteria for establishing responsibility are, in hierarchical order:
- family considerations;
- recent possession of visa or residence permit in a Member State and;
- whether the applicant has entered EU irregularly, or regularly.

Main elements of the current Dublin Regulation

The Dublin III Regulation entered into force in July 2013. It contains sound procedures for the protection of asylum applicants and improves the system's efficiency through: an early warning, preparedness and crisis management mechanism, geared to addressing the root dysfunctional causes of national asylum systems or problems stemming from particular pressures, a series of provisions on protection of applicants, such as compulsory personal interview, guarantees for minors (including a detailed description of the factors that should lay at the basis of assessing a child's best interests) and extended possibilities of reunifying them with their relatives, the possibility for appeals to suspend the execution of the transfer for the period when the appeal is pending, together with the guarantee of the right for a person to remain on the territory pending the decision of a court on the suspension of the transfer pending the appeal, an obligation to ensure legal assistance free of charge upon request, a single ground for detention in case of risk of absconding; strict limitation of the duration of detention, the possibility for asylum seekers that could in some cases be considered irregular migrants and returned under the Return Directive, to be treated under the Dublin procedure – thus giving these persons more protection than the Return Directive, an obligation to guarantee the right to appeal a transfer decision before a court or tribunal and greater legal clarity of procedures between Member States – e.g., exhaustive and clearer deadlines. The entire Dublin procedure cannot last longer than 11 months to take charge of a person, or 9 months to take him/her back (except for absconding, or where the person is imprisoned).

Evaluation of the Dublin III Regulation

In June 2015, the Commission committed studies on the external evaluation on the implementation of the Dublin III Regulation and an evaluation report in view of the reform of the Dublin system as foreseen in the European Agenda on Migration:
- Evaluation of the Implementation of the Dublin III Regulation (Executive Summary);
- Evaluation of the Dublin III Regulation.

Towards a reform of the CEAS: principle of solidarity and fair sharing of responsibility

The large-scale, uncontrolled arrival of migrants and asylum seekers in 2015 put a strain not only on many Member States' asylum systems, but also on the Common European Asylum System as a whole. The volume and concentration of arrivals exposed in particular the weaknesses of the Dublin System, which establishes the Member State responsible for examining an asylum application based primarily on the first point of irregular entry.

Negotiating new asylum and migration rules

For these reasons, in 2016, the Commission proposed to revise and replace the current asylum instruments to better manage migration flows and offer adequate protection to those in need, in line with the approach set out in the European Agenda for Migration.

The European Parliament adopted its negotiation mandate on 16 November 2017, which included a proposal to replace the criterion of first entry and the default criterion of first application with an allocation system, where the applicant would be able to choose to be allocated to one of the four Member States with the fewest applications. On the side of the Council, after intense, yet unsuccessful negotiations the Member States were unable to agree on a common approach and the negotiations stalled. Based on the outcome of the discussions, as well as taking into consideration the new migratory situation in 2020, the Commission is proposing to replace the Dublin III Regulation with a new Regulation on Asylum and Migration Management.

Proposing a new Regulation on Asylum and Migration Management

The new proposal establishes a common framework that contributes to the comprehensive approach to migration management based on new forms of solidarity between all the Member States and through integrated-policy making in the field of asylum and migration management, including both their internal and external components.

The Regulation is based on the principle of solidarity and fair sharing of responsibility. It recognizes that, the challenges of migration management, ranging from ensuring a balance of efforts in dealing with asylum applications to ensuring a quick identification of those in need of international protection or effectively returning those who are not in need of protection, should not have to be dealt with by individual Member States alone, but by the EU as a whole.

It introduces a solidarity mechanism for situations of migratory pressure, under which all Member States would have the obligation to contribute, while retaining the possibility to choose among different forms of solidarity. A solidarity mechanism to address the specificities of search and rescue operations is also proposed. This builds on voluntary contributions which may become mandatory if the voluntary contributions are insufficient.

Different forms of solidarity are listed in the regulation: from relocation of asylum seekers from the country of first entry to taking over responsibility for returning individuals with no right to stay, or various forms of operational support.

A new common framework is included for a more structured and common European approach to search and rescue, respecting the national competence.

The regulation streamlines the rules with regard to the responsibility for examining an application for international protection. Among other elements, it protects asylum seekers' best interests by providing stronger guarantees for unaccompanied minors, extending the definition of 'family members', and modifies the rules related to evidence to make the responsibility criteria for family reunification more effectively applicable. It also introduces an additional criterion for determining responsibility based on the possession of a diploma or qualification. Finally, it improves or removes elements that facilitate abuse of the system to determine the Member State responsible to deal with an asylum application and makes the system more effective.

Puts in place a system of governance and preparedness, underpinned by national strategies of Member States, in order to ensure that sufficient capacities are in place to effectively manage and implement asylum and migration policies.

Proposing the Crisis and Force *Majeure* Regulation

Together with the Asylum and Migration Management Regulation, the New Pact on Migration and Asylum proposed a new instrument to complement the Common European Asylum System and make it more resilient to extraordinary situations. The proposed Crisis and Force Majeure Regulation would ensure that Member States are able to address situations of crisis and force majeure in the field of asylum and migration within the EU.

In short, the proposed Regulation provides:
- a simplified procedure and shortened timeframes for triggering the compulsory solidarity mechanism foreseen for situations of pressure in the Regulation on Asylum and Migration Management;
- wider scope for relocation to include all applicants, beneficiaries of international protection, including those granted immediate protection, and irregular migrants;

- possibility for Member States in a situation of crisis to request derogations from the applicable rules as concerns borders, asylum and return and
- in a situation of crisis, the possibility for Member States to grant immediate protection to a clearly defined group of displaced third-country nationals who are subject to a high risk of indiscriminate violence due to an armed conflict and who are unable to return to their country of origin.

The EURODAC Regulation supports the determination of the Member State responsible under the Dublin Regulation and allows law enforcement authorities access to the EU database of the fingerprints of asylum seekers under strictly limited circumstances in order to prevent, detect or investigate the most serious crimes, such as murder, and terrorism.

Recast Eurodac Regulation

Eurodac is a biometric database in which Member States are required to enter the fingerprint data of asylum-seekers in order to identify where they entered the European Union (EU). Established in 2000 and reviewed in 2013, its main purpose is to facilitate the application of the Dublin Regulation. The 2013 revision broadened the scope to provide law enforcement authorities with access to the Eurodac database. As part of the reform of the common European asylum system in 2016, the European Commission proposed a recast Eurodac Regulation. The co-legislators reached a partial agreement on the proposal in 2018. As part of the broader migration and asylum pact, the new Commission presented an amended proposal on 23 September 2020. The Commission expects the co-legislators to promptly adopt the proposal on the basis of the agreement already reached. Third edition. The 'EU Legislation in Progress' briefings are updated at key stages throughout the legislative procedure. The European Union Agency for Asylum contributes to improving the functioning and implementation of the Common European Asylum System. It provides operational and technical assistance to Member States in the assessment of applications for international protection across Europe.

Towards a reform of the Common European Asylum System (CEAS)

1999-2005

Creation of first laws

In 1999, the European Council committed to work towards establishing a Common European Asylum System, based on the full and inclusive application of the Geneva Convention.

The commitments undertaken under the Tampere Program heralded the beginning of the Common European Asylum System and led to the adoption of several EU laws.

Between 1999 and 2005, six legislative instruments establishing minimum standards for asylum were adopted: the Eurodac Regulation, the Temporary Protection Directive, the Reception of Asylum Seekers Directive, the Dublin Regulation replacing the 1990 Dublin Convention, the Qualification Directive and the Asylum Procedures Directive.

2008-2013

First reforms

After the completion of the first phase, a period of reflection was necessary to determine the direction in which the CEAS should develop. The situation across EU Member States was still too varied and the levels of protection still not strong enough. This led to the European Commission's Policy Plan on Asylum presented in June 2008, which set the basis for building a system of common and uniform standards for protection.

Along with the Plan, the Commission presented a set of reformed EU asylum laws, which were completed in 2013. Among the novelties, the European Asylum Support Office was established specifically to assist Member States in implementing EU asylum law and to enhance the practical cooperation.

From 2015 onwards

New challenges and reforms

In 2015, the unprecedented high number of arrivals of refugees and irregular migrants in the EU exposed a series of deficiencies and gaps in Union policies on asylum. Therefore, the European Commission proposed in May and July 2016 a third package of seven pieces of legislation with the aim to move towards a fully efficient, fair and humane asylum policy which can function effectively also in times of high migratory pressure.

In 2017, the European Parliament and the Council reached a broad political agreement on five out of the seven proposals, namely as regards the setting-up of a fully-fledged European Union Asylum Agency, the reform of Eurodac, the review of the Reception Conditions Directive, the Qualification Regulation, and the EU Resettlement framework. However, the Council did not reach a common position on the reform of the Dublin system and the Asylum Procedure Regulation. While in 2020 the Commission is proposing amendments to some of these proposals, it has been supporting a quick adoption of the proposals on which a political agreement has been reached by the co-legislators. These proposals include:

The qualification regulation

Replacing the Qualification Directive (Directive 2011/95/EU) with a regulation, aims at achieving more convergence in asylum decision-making. The regulation would change current optional rules providing common criteria for recognizing asylum applicants to obligatory rules, by further clarifying and specifying the content of international protection, in particular regarding the duration of residence permits and social rights, and by establishing rules aimed at preventing unauthorized movements.

By replacing the Qualification Directive with a regulation, protection standards will be harmonized across the EU, by creating greater convergence of recognition rates and forms of protection. The new regulation will introduce stricter rules sanctioning unauthorized movements and strengthening integration incentives for beneficiaries of international protection. The new regulation will clarify the criteria for granting international protection in particular by making the application of the internal protection alternative compulsory for Member States as part of the assessment of the application for international protection. The content of protection will also clarify the rights and obligation of the beneficiary of international protection.

A recast Reception Conditions Directive

The Reception Conditions Directive will ensure asylum seekers receive decent conditions throughout the EU, reduce incentives for abuse and increase the possibility for asylum seekers to be self-reliant. Member States will be obliged to have contingency plans in place to ensure sufficient reception capacity at all times, including in times of disproportionate pressure. Asylum seekers will be provided with full reception conditions only in the Member State responsible for their asylum application. This will help prevent asylum seekers from travelling from Member State to Member State.

To ensure an efficient procedure, Member States will be able to allocate asylum seekers to a geographical area within their territory, assign them a place of residence and impose reporting obligations to discourage them from absconding. Asylum seekers with well-founded claims will be granted the right to work no later than six months after their application is registered. Minors will receive education within two months after their asylum request is lodged. Unaccompanied minors will immediately receive assistance and will be appointed a representative no later than 15 days after an asylum application is made.

A reinforced European Union Asylum Agency

In view of the crucial role the previous Agency - EASO was playing in addressing the migration crisis and its limited mandate, on 4 May 2016 the Commission presented a new proposal for a European Union Asylum Agency (EUAA). Following a political agreement by the co-legislators on this proposal in 2017, the Commission called for a quick adoption of the proposal for the EU Agency on Asylum in the Pact on Asylum and Migration. Following the successful conclusion of the negotiations with the European Parliament and Council, the regulation of the agency was adopted on 15 December 2021 and subsequently entered into force on 19 January 2022.

The EU Asylum Agency replaced the European Asylum Support Office (EASO) with a strengthened mandate. This represents an important step forward in regards to the Pact on Migration and Asylum as the new mandate reinforces EUAA's operational capacity, equipping it with the necessary staff, tools and financial means. The operational support of EUAA is critical in strengthening the European asylum system to ensure that asylum decisions are taken in a fast and fair manner, with the same high quality everywhere in Europe, bringing Member States' asylum systems closer to each other.

An EU Resettlement Framework

An EU Resettlement Framework would establish a permanent framework with a unified procedure for resettlement across the EU. While the Member States will remain, the ones deciding on how many people will be resettled each year, by coordinating national efforts and acting as a whole, the EU will have a greater impact and will be able to contribute collectively and with one single voice to global resettlement efforts.

In 2018, the Commission also proposed a recast of the Return Directive in response to the existing obstacles to an effective return policy. The recast aims at making the EU rules fit for purpose in successfully addressing the risk of absconding, providing assistance to voluntary returns, ensuring proper monitoring of national procedures, and streamlining administrative and judicial procedures. In 2019, the Council reached a partial general approach on the text, except regarding the border procedure for returns. In the European Parliament, work to reach a negotiation mandate continues.

Pact on Migration and Asylum

In September 2020, the Commission adopted a New Pact on Migration and Asylum, containing a number of solutions through new legislative proposals and amendments to pending proposals to put in place a system that is both humane and effective, representing an important step forward in the way the Union manages migration.

Conclusion

The European Union is a destination for many international migrations, the presence of millions of migrants, which grows in number each year, has raised the importance of this issue to the point that the migration debate became a priority of the Lisbon Treaty (2007), and now the policy of accepting migrants in Europe is limited and there is no longer a former open policy of accepting migrants and refugees. By spending millions of euros per year, the Union has tried to resolve the problem of illegal immigrants and refugees from the country of origin. Their incentives also include facilitating the export of these countries to European markets and allocating development assistance, and instead these governments should impose tighter control on their borders and cooperate in repatriating their nationals.

The occurrence of several unrest and terrorist incidents in European countries by immigrants in the new century has also brought migration into the new security dimension, as well as the growth of right-wing groups due to the financial crisis that has identified migrants as the cause of unemployment and the weakening of their national identity has had an impact on the tightening of immigration to the Union. And the practice of conventions such as Geneva has moved away, and instead of refugees, illegal immigrants are seeking to attract the skilled and educated people they need from other countries, a policy that on the one hand will contribute to Europe's progress in various fields of science and technology, and on the other hand will accelerate the brain drain and the process of depleting developing countries from their specialists. Overall migration has different dimensions and the adoption of policies and rules of containment on the one hand is subject to the internal economic and social conditions of EU countries and on the other hand is subject to international conditions such as conflicts and internal conflicts of countries, the second one intensifies migration to the European Union.

References

https://ec.europa.eu/home-affairs/system/files/2020-09/proposal_on_standards_for_the_reception_of_applicants_for_international_protection_en.pdf.

https://ec.europa.eu/home-affairs/policies/migration-and-asylum/common-european-asylum-system_en.

https://www.europarl.europa.eu/factsheets/en/sheet/151/asylum-policy.

https://eur-lex.europa.eu/legal-content/EN/TXT/?uri=CELEX:02013R0604-20130629.

https://www.unhcr.org/europeanunion/.

http://ensani.ir/file/download/article/20160518162648-10056-13.pdf.

https://fa.m.wikipedia.org/wiki/%D8%A7%D8%B1%D9%88%D9%BE%D8%A7.

Informação bibliográfica deste texto, conforme a NBR 6023:2018 da Associação Brasileira de Normas Técnicas (ABNT):

NAAB, Khatera. Refugees law according to the European Union. In: SARAIVA FILHO, Oswaldo Othon de Pontes; BERTELLI, Luiz Gonzaga; SIQUEIRA, Julio Homem de (coord.). Direitos dos refugiados. Belo Horizonte: Fórum, 2024. (Coleção Fórum Direito Internacional Humanitário, v. 1, t. 1). p. 137-154. ISBN 978-65-5518-615-4.

THE OBLIGATIONS OF *NON-REFOULEMENT* UNDER INTERNATIONAL REFUGEE LAW AND INTERNATIONAL HUMAN RIGHTS LAW

ROBERTA COSTA CARNEIRO ABDANUR

GULANDAM TOTAKHAIL

Introduction

The principle of *non-refoulement* constitutes an essential protection under international human rights, refugee, humanitarian and customary law. It prohibits States from transferring or removing persons from their jurisdiction or effective control where there are substantial grounds for believing that the person would be in danger of suffering irreparable harm upon return, including persecution, torture, ill-treatment or other serious human rights violations (OHCHR, 2014). As an inherent element of the prohibition of torture and other forms of ill-treatment, the principle of *non-refoulement* is characterized by its absolute nature without any exceptions. In this regard, the scope of this principle under the relevant human rights treaties is broader than that contained in international refugee law. The prohibition applies to all persons, regardless of their citizenship, nationality, statelessness or immigration status, and it applies wherever a State exercises jurisdiction or effective control, even outside the territory of that State.

Our article provides an overview of States' *non-refoulement* obligations towards refugees under international refugee law and international human rights law. Consequently, presents the extraterritorial application of these obligations and sets out the United Nations High Commissioner for Refugees (UNHCR) role with regard to the territorial scope of States' *non-refoulement* obligations under the 1951 Convention and its 1967 Protocol. UNHCR's monitoring mandate under its Statute is reflected in Article 35 of the 1951 Convention and Article II of the 1967 Protocol, as it provides guidance on the creation and establishment of national refugee status determination procedures and also conducts such determinations under its own mandate.

The principle of *non-refoulement* under international refugee law

(i) The 1951 Convention relating to the Status of Refugees and its 1967 Protocol

The principle of *non-refoulement* is the cornerstone of international refugee protection. It is guaranteed in Article 33 of the 1951 Convention, which is also binding on States Parties to the 1967 Protocol. Article 33(1) of the 1951 Convention provides: "No Contracting State shall expel or shall not, in any way whatsoever, return a refugee to the frontiers of territories where his life or freedom would be threatened on account of his race, religion, nationality, membership of a particular social group or political views". The protection against *refoulement* of Article 33(1) applies to any person who is a refugee under the terms of the 1951 Convention, that is to say, anyone who meets the conditions of the refugee definition laid down in Article 1A(2) of the 1951 Convention (the criteria "of inclusion") and which does not fall within the scope of the provisions concerning exclusion. Since a person is a refugee within the meaning of the 1951 Convention, once he or she meets the criteria set out in the refugee definition, the determination of refugee status is declaratory in nature: a person does not become a refugee by virtue of his or her recognition as such, but is recognized as such because he or she is a refugee (UNHCR, 1992). It follows that the principle applies not only to the recognized refugees, but also to those whose status has not been formally declared.

The prohibition against *refoulement* to risk of persecution under international refugee law applies to all forms of forcible return, including removal from the territory, expulsion, extradition, as well as expel at the border. This is evident from the wording of Article 33(1) of the 1951 Convention which refers to expulsion, "in any manner whatsoever". This applies not only with regard to return to the country of origin or, in the case of stateless persons, the former country of habitual residence, but also to any other place where a person has reason to fear threats to his or her life or freedom, in relation to one or more of the grounds determined by the 1951 Convention, or places where he or she risks being sent to this type of risk. The principle of *non-refoulement* as defined in Article 33(1) of the 1951 Convention does not, as such, imply a right for the person to be granted asylum in a particular State. Hence, when States are unwilling to grant asylum to persons seeking international protection on their territory, they must adopt a course of action which does not result in the return, direct or indirect, of those to a place where their life or freedom would be in danger because of their race, religion, nationality, membership of a particular social group or political opinion.

As a general rule, in order to give effect to their obligations under the 1951 Convention and the 1967 Protocol, States are required to grant individuals seeking international protection access to their territory and to fair and efficient asylum procedures. The *non-refoulement* obligation of Article 33 of the 1951 Convention is binding on all organs of a State party to the Convention and the Protocol, as well as on any person or entity acting in his name. The obligation in Article 33(1) of the 1951 Convention not to return a refugee or asylum-seeker to a country where he or she may risk persecution, is not subject to territorial restrictions; it applies wherever the State in question exercises its jurisdiction.

Exceptions to the principle of *non-refoulement* under the Convention are allowed only in the circumstances expressly specified by Article 33(2), which provides: *"The benefit of this provision shall not may, however, be invoked by a refugee whom there are serious reasons for regarding as a danger to the security of the country in which he finds himself or who, having been the subject of a final conviction for a particularly serious crime or misdemeanor, constitutes a threat to the community of that country."* The application of this provision implies, for the country in which the refugees find themselves an individualized examination of whether they belong to one of the two categories specified by Article 33(2) of the 1951 Convention.

The provisions of Article 33(2) of the 1951 Convention do not affect the *non-refoulement* obligations of the receiving State as they arise from international human rights law which does not provide for any exceptions. Thus, the host State could not return a refugee, if this had the effect of exposing him, for example, to a substantial risk of torture. Similar considerations apply with respect to the prohibition of expulsion towards other forms of irreparable harm. Under the 1951 Convention and 1967 Protocol, the principle of *non-refoulement* constitutes an essential and non-derogable element of international refugee protection. The central importance of the obligation not to return a refugee to risk of persecution is found in Article 42(1) of the 1951 Convention and Article VII(1) of the 1967 Protocol. The fundamental and non-derogable nature of the principle of *non-refoulement* has also been reaffirmed by the UNHCR's Executive Committee in a number of its conclusions since 1977. Similarly, the General Assembly has called on States to respect the fundamental principle which is not subject to derogation (UNGA, 1977).

(ii) Other international instruments

The obligations of States with regard to *non-refoulement*_with regard to refugees are also found in regional treaties, notably the 1969 OAU Convention Governing the Specific Aspects of Refugee Problems in Africa and the 1969 American Convention on Human Rights. Article 33(1) of the 1951 Convention, have also been incorporated into extradition treaties, as well as into a number of conventions against terrorism, both at the international and regional level. Further, the principle of *non-refoulement* was reaffirmed in the Cartagena Declaration on Refugees of 1984, as well as in other important non-binding international texts, including in particular the Declaration on Territorial Asylum, adopted by the General Assembly of the United Nations on 14 December 1967.

Non-refoulement obligations under international human rights law

Obligations of *non-refoulement*, reinforcing those stemming from the 1951 Convention which preceded the major human rights treaties, have also been established by international human rights law. More specifically, States are required not to transfer an individual to another country if this would lead to their exposure to serious human rights violations, in particular arbitrary deprivation of life, or torture or any other cruel, inhuman or degrading treatment or punishment.

An explicit provision regarding the principle is included in Article 3 of the Convention against Torture and Other Cruel, Inhuman or Degrading Treatment or Punishment of 1984, which prohibits the return of a person to a country where there is has serious grounds for believing that he is in danger of being subjected to torture. The obligations resulting from the 1966 Covenant on Civil and Political Rights (ICCPR), as interpreted by the United Nations Human Rights Committee, also include the obligation not to extradite (UNHCR, 2004), expel or return from any other manner, a person from a territory, when there are substantial grounds for believing that there is a real risk of irreparable harm, such as those contemplated by Articles 6 (right to life) and 7 (the right to not to be subjected to torture or any other cruel, inhuman or degrading treatment) of the ICCPR, either in the country to which the return is to be made or in any country to which the person may be returned thereafter. The prohibition of *refoulement* to a risk of serious human rights violations, in particular torture and other forms of ill-treatment, is also firmly established in regional human rights treaties.

The prohibition of *refoulement* to a country where the person concerned would face a real risk of irreparable harm, such as violations of their right to life or their right not to be subjected to torture or cruel, inhuman treatment or punishment or degrading effects extends to any person who is on the territory of a State or is under its authority, including asylum seekers and refugees, and applies with regard to the country to which the deportation must be carried out, or any country to which the person may subsequently be returned. This is non-derogable and applies in all circumstances (Chetail, 2011), including in the context of measures to counter-terrorism and during periods armed conflicts. Some courts and international human rights mechanisms have further interpreted serious violations of economic, social and cultural rights as falling within the scope of the prohibition of *non-refoulement* because they would represent a serious violation of the right to life or protection from torture or other cruel acts, inhuman or degrading treatment or punishment.

Non-refoulement of refugees under customary international law

Article 38(1)(b) of the Statute of the International Court of Justice lists "international custom, as evidence of a general practice accepted as law" as one of the sources of law that it applies when it has to settle disputes in accordance with international law. For a rule to form part of customary international law, two elements are required: consistent

State practice and *opinio juris*, the understanding by States that the practice in question is mandatory because of the existence of a rule imposing it. For instance, the UNHCR understands that the prohibition of *refoulement* of refugees, as provided in Article 33 of the 1951 Convention and complemented by *non-refoulement* obligations under international human rights law, meets these criteria and constitutes a rule of customary international law. As a result, UNHCR's binding on all States, including those which are not yet party to the 1951 Convention or its 1967 Protocol.

For instance, in a Declaration adopted at the Ministerial Meeting of States Parties on 12-13 December 2001, and subsequently endorsed by the General Assembly, States Parties to the 1951 Convention or the 1967 Protocol noted the continuing relevance and adaptability of this international body of rights and principles, including at its core the principle of *non-refoulement*, the applicability of which is enshrined in customary international law (Hemptinne, 2017). At the regional level, the character of customary international law of the principle of *non-refoulement* was also reaffirmed in the Declaration adopted by the Latin American States participating in a meeting celebrating the twentieth anniversary of the Cartagena Declaration of 1984 since the principle of *non-refoulement* is imperative with regard to refugees and in the current state of international law must be considered and applied as a rule of *jus cogens*.

The extra-territorial applicability of Article 33(1) of the 1951 Convention

Restricting the scope of territorial applicability of Article 33(1) of the 1951 Convention to the conduct of a State within its territory, would also be inconsistent with subsequent State practice and the appropriate rules of international law applicable between States parties to the treaty in question. In accordance with Article 31(3) of the 1969 Vienna Convention, these elements must also be taken into account when interpreting a provision of an international treaty (UN Doc.E/AC.32/SR.20). Subsequent State practice is expressed, *inter alia*, through the numerous Conclusions of the Executive Committee, which attest to the major importance accorded to the principle of *non-refoulement*, whether or not the refugee is on the national territory of the country (*Comité exécutif, Conclusion n°6* (XXVIII). Subsequent State practice which is relevant for the interpretation of the obligation of *non-refoulement* of the 1951 Convention and the 1967 Protocol, is also highlighted by other instruments in the field of international refugee and human rights law put in place since 1951, none of them placing territorial restrictions on States' *non-refoulement* obligations.

In adhering to the rules of treaty interpretation mentioned above, it is also necessary to take developments in related areas of international law when interpreting the territorial scope of Article 33(1) of the 1951 Convention (Chetail, 2014). International refugee law and international human rights law are regimes complementary and mutually reinforcing legal provisions. It follows that Article 33(1) of the 1951 Convention, which embodies the humanitarian essence of the Convention and protects the fundamental rights of refugees, must be interpreted in accordance with developments in international human rights law. In this case, an analysis of the extent *ratione loci* of States' obligations with regard to *non-refoulement* under international human rights law is particularly relevant to the question of the extraterritorial applicability of the prohibition on returning a refugee to a danger of persecution under international refugee instruments.

Key considerations

The principle of *non-refoulement* is an essential principle in international law and a pillar of the right to asylum. Although enshrined in numerous international and regional texts, this principle is increasingly violated by States, despite the injunctions of the UNHCR regarding the violation of the principle. For instance, during the pandemic and in contradiction with international law, the United States had chosen to return non-Mexican nationals to Mexico without allowing them to file an application for international protection. However, under international law, it is only possible to derogate from the principle of *non-refoulement* in the event that asylum seekers or refugees represent a threat to the national security of the host country. These numerous violations lead us to wonder whether the principle is still an effective principle and whether it still protects refugees. Although enshrined in numerous treaties, the principle is experiencing effectiveness in its implementation throughout the world.

International human rights law reinforces the specific legal framework for refugees by allowing refugees to invoke the protection of norms whose scope of application can be broader than those of the refugee regime, for example, the absolute prohibition of repulsion for situations where there is an imminent risk (Gil-Bazo, 2015). Likewise, the Universal Declaration of Human Rights (UDHR) of 1948 included the right to seek asylum in article 14, and is enshrined in international human rights instruments of regional scope in Latin America, Africa and Europe.

References

Bauloz C., Chetail, V. (2011). The European Union and the Challenges of Forced Migration: From Economic Crisis to Protection Crisis? Research Report, European University Institute.

Chetail, V. (2014). Les relations entre droit international privé et droit international des réfugiés: histoire d'une brève rencontre, *Journal du droit international*, Vol. 141.

Gil-Balzo, M. (2015) Beyond Non-Refoulement: Status and International Human Rights Law. Newcastle University, Newcastle.

Lauterpacht, E. & Bethlehem, D. (2001). The Protection of Refugees in International Law: opinion on the scope and content of the principle of non-refoulement, UNHCR. Available at: https://www.unhcr.org/en/publications/legal/516bf9e59/protection-refugees-international-law-notice-scope-content-principle-no.html.

UNHCR, The Principle of Non-Refoulement as a Norm of Customary International Law. Available at: http://www.unhcr.org.

OHCHR, The Principle of Non-Refoulement Under International Human Rights Law. Available at: https://www.ohchr.org/sites/default/files/Documents/Issues/Migration/GlobalCompactMigration/ThePrincipleNon-RefoulementUnderInternationalHumanRightsLaw.pdf.

Informação bibliográfica deste texto, conforme a NBR 6023:2018 da Associação Brasileira de Normas Técnicas (ABNT):

ABDANUR Roberta Costa Carneiro; TOTAKHAIL, Gulandam. The obligations of non-refoulement under international refugee law and International Human Rights Law. *In*: SARAIVA FILHO, Oswaldo Othon de Pontes; BERTELLI, Luiz Gonzaga; SIQUEIRA, Julio Homem de (coord.). *Direitos dos refugiados*. Belo Horizonte: Fórum, 2024. (Coleção Fórum Direito Internacional Humanitário, v. 1, t. 1). p. 155-162. ISBN 978-65-5518-615-4.

THE PROTECTION OF STATELESS PERSONS AND INTERNATIONAL REFUGEE LAW

ROBERTA COSTA CARNEIRO ABDANUR

The Concept and Protection of Stateless Persons

In 1951, the United Nations General Assembly convened a Conference of Plenipotentiaries to draft an international treaty on refugees and stateless persons. Although the Convention relating to the Status of Refugees was adopted that year, international negotiations on the protection needs of stateless persons continued. The Convention relating to the Status of Stateless Persons was adopted on September 28, 1954, and entered into force on June 6, 1960. Defining the framework for the international protection of stateless persons, it codifies the rights of stateless persons in the most comprehensive way internationally (UNHCR, 2014). The most significant contribution of the 1954 Convention to international law is the definition of "stateless person" as "a person whom no State considers to be its national under the operation of its law". For those recognized as stateless, the Convention provides important minimum standards of treatment. According to its terms, stateless persons should enjoy the same rights as citizens to freedom of religion and the education of their children. For a number of rights, such as the right of association, the right to employment and housing, it provides that stateless persons must benefit from treatment at least equal to that accorded to other foreigners.

The 1954 Convention and the 1961 Convention, along with UN human rights treaties and conventions, form the foundation of the international legal framework to address statelessness. While stateless persons are clearly protected by the 1954 Convention, this article explores the extent to which such persons are also entitled to refugee status under the 1951 Refugee Convention. Hence, it is concerned with the immediate protection of stateless persons who are on the move, and not with the prevention and reduction of statelessness in countries of origin or indeed in countries of refuge. It is important to recognize that an analysis of the relationship between the 1951 Refugee Convention and the 1954 Convention does not deplete the connection amid refugee and statelessness (Bauböck, 2017). In fact, there is an increased awareness of the way in which the refugee context can give rise to statelessness.

The attention to statelessness as an issue has highlighted the way in which contemporary refugees flow, as well as certain restrictive policies such as offshore processing, may lead to statelessness or risk of statelessness. Nevertheless, too few states are parties to this convention. With the United Nations High Commissioner for Refugees (UNHCR) calling for the eradication of statelessness by 2024, the 'I Belong' campaign is redeploying efforts to encourage States to accede to the two statelessness conventions, since the 1954 Convention offers States practical solutions enabling them to meet the specific needs of stateless persons by guaranteeing their safety and dignity until their problem is solved. It is essential to make the provisions of the convention widely known and to bring all stakeholders to join UNHCR in increasing the number of accessions in order to solve the problem of stateless people throughout the world. Despite the sense of similarity between the two status of refugees and statelessness was linked to the lack of protection. However, their main causes were considered different: while the situation of *de facto* stateless was thought to be more the result of technical and legal issues, the situation of the stateless (refugees) was resulted in more humanitarian terms.

Statelessness and the Right to a Nationality

The right to nationality is a fundamental human right. It implies the right of every individual to acquire, maintain or change a nationality. International law provides that the right of States to decide who their nationals are is not absolute and, in particular, States must fulfill their human rights obligations in relation to the granting and loss of nationality. The right to nationality enshrined in Article 15 of the Universal Declaration of Human Rights is recognized in a number of international treaties. While these instruments are clearly binding, they do not universally guarantee the right to nationality. These instruments, however, represent vital and significant inroads into the discretion of the State in the regulation of nationality. The exact number of stateless persons is not known, but the United Nations High Commissioner for Refugees (UNHCR) estimates there are at least 12 million worldwide. In addition to violations of their right to nationality, stateless persons are often subject to other rights offenses. In addition to the difficulty in accessing basic rights such as education, health, employment and freedom of movement. Statelessness arises from a variety of situations, including redrawn borders, discriminatory laws that prevent women from passing on their nationality to a child, births that go unregistered, or the mass expulsion of an ethnic group.

In the context of armed conflicts, such as the Syrian conflict, many children are born in neighboring countries such as Lebanon, Jordan, Turkey and Kurdistan (Iraq). All of them are signatories to the Convention on the Rights of the Child (CRC), the Convention on the Elimination of All Forms of Discrimination Against Women (CEDAW) and the International Covenant on Civil and Political Rights (ICCPR), which protect a child's right to acquire a nationality and the women's right to be protected from discrimination in nationality laws. However, the compliance with these international frameworks is far from reality. In all four countries, Syrian refugees may be reluctant to apply for a birth certificate for their newborns through the Syrian consulate for fear of retaliation by the Assad regime (Reynolds and Tori, 2015). By the Syrian law, a child can only acquire nationality through the father, both parents must be present, or if only the mother, she must provide a certificate of father's marriage and birth certificate ('I Belong' UNHCR, 2017).

Statelessness also occurs among Syrian adults who left the country after the destruction of their homes, identity documents and no longer can prove their nationality. Such situations of being at risk of statelessness makes these individuals more vulnerable to moral harm, lack of resources and opportunities, which may even prevent them from seeking asylum due to lack of documentation or lack of willingness of states to allow them to enter their territory. Article 33 of the 1951 Refugees Convention (*non-refoulement*) is absent from the 1954 Convention because it was assumed that a stateless person in a position to be expelled would be treated as a potential refugee and protected against repulsion under the Convention. It is clear that not all stateless persons are refugees, hence the need for a specific instrument of international law for the protection of persons who are not considered nationals of any State and who are not refugees. In many ways, the 1954 Convention reflects the terms of the 1951 Refugee Convention, therefore refugees and stateless persons who are outside their country of nationality are entitled to a similar level of protection under the international law (Albarazi and Laura van Waas, 2016). As such, it can be questioned whether it matters whether a person, who is stateless and a refugee, obtains protection under the 1951 Convention or the 1954 Convention. However, unfortunately, there are considerable divergences in principles and practices that make stateless persons less likely to be protected under international law.

The practical consequence is that, even when there is protection under refugee and statelessness frameworks within a domestic jurisdiction, special attention must be paid, in the first instance, to the applicability of the Refugee Convention, since the statelessness regime does not prohibit the return (*The Implementation of the Convention relating to the Status of Stateless Persons Across EU States*, 2018). Consequently, the 1954 Convention cannot provide appropriate protection for a stateless person fleeing persecution, as it does not contain protection from *refoulement*. Even in those States that have ratified the 1954 Convention, very few have implemented a procedure in domestic law to assess and grant specific status under the Convention (Lambert and Foster, 2019). In countries that have a stateless person status determination procedure, there remain significant concerns in terms of both the status determination process and full access to the rights of stateless persons.

In Brazil, the new Migration Law, in force since November 2017, presents a special section to the protection of stateless persons, guaranteeing residence and naturalization. The commitment began with the adoption of the two original forms of nationality, *ius solis* and *ius sanguinis*, and has now extended to those recognized as stateless through a simplified naturalization process (Laferté, 2018). In June 2018, the Minister of Justice recognized Maha Mamo and Souad Mamo – born in Lebanon to Syrian parents, they weren't eligible for either nationality – as the first stateless persons designated as eligible for citizenship in Brazil. The country's commitment to prevent and eradicate statelessness in accordance with the United Nations Convention of 1954 and the of 1961 led to the granting of nationality to Maha and Souad. Accordingly, the United Nations recognized the Brazilian Maha Mamo's persistence and advocacy for prioritizing the issue on the political agenda in Brazil

(UNHCR, 2018), which is among the 23 countries that currently have legal avenues to absorb stateless persons. Since then, she represents the most effective leader and global advocate for the plight of millions of stateless persons in the world.

Key Considerations on Statelessness Response

The 1951 Convention is clearly relevant to the protection of stateless persons (as refugees) but it is still not sufficient. A comprehensive network of human rights treaties, including the 1954 Convention Relating to the Status of Stateless Persons and the 1961 Convention on the Reduction of Statelessness, as well as non-binding laws and jurisprudence, are relevant and adequately credible in refugee decision-making in a wide range of jurisdictions (Foster and Lambert, 2018). Yet it is necessary to revisit the root causes of statelessness, despite being seen only as a technical legal issue, statelessness has emerged as an important human rights issue. Despite these developments, further evolution is still crucial.

For instance, even today there is no universally guaranteed right to a nationality that is enforceable against a particular state. However, all major regional instruments guarantee everyone's right to a nationality as part of their legal identity or legal status. Some of these regional instruments also contain provisions for the elimination of statelessness. Statelessness arises from a variety of situations, including redrawn borders, discriminatory laws that prevent women from passing on their nationality to a child, births that go unregistered, or the mass expulsion of an ethnic group. States must introduce safeguards to prevent statelessness by granting their nationality to persons who would otherwise be stateless (Mamo, 2019) and born in their territory or born abroad to one of their nationals. States must also prevent statelessness in the event of loss or deprivation of nationality.

References

Cassese, A. (2008) Voci contro le barbarie. La battaglia per i diritti umani attraverso i suoi protagonisti. Feltrinelli, Milan.

International Observatory on Statelessness (2009) Geneva Academy of International Law and Human Rights Law, Geneva.

Mamo M., Oliveira D. (2020) Maha Mamo, A luta de uma apátrida pelo direito de existir. Globo Livros, Rio de Janeiro.

Lambert M., Foster H., (2019) International Refugee Law and the Protection of Stateless Persons. Oxford University Press, London.

UNHCR (2018). First stateless persons recognized by Brazil receive Brazilian nationality.

UNHCR Brazil, https://help.unhcr.org/brazil/fr/2018/10/04/les-premiers-apatrides-reconnus-par-le-bresil-recoivent-la-nationalite-bresilienne/.

UNHCR. I Belong (2014) https://www.unhcr.org/ibelong/.

UNHCR. Handbook on Protection of Stateless Persons (2014). https://www.unhcr.org/dach/wp-content/uploads/sites/27/2017/04/CH-UNHCR_Handbook-on-Protection-of-Stateless-Persons.pdf.

Informação bibliográfica deste texto, conforme a NBR 6023:2018 da Associação Brasileira de Normas Técnicas (ABNT):

ABDANUR, Roberta Costa Carneiro. The Protection of Stateless Persons and International Refugee Law. In: SARAIVA FILHO, Oswaldo Othon de Pontes; BERTELLI, Luiz Gonzaga; SIQUEIRA, Julio Homem de (coord.). Direitos dos refugiados. Belo Horizonte: Fórum, 2024. (Coleção Fórum Direito Internacional Humanitário, v. 1, t. 1). p. 163-168. ISBN 978-65-5518-615-4.

THE DIPLOMATIC PROTECTION OF REFUGEES BY THEIR STATE OF ASYLUM. THE ISSUE OF LEGITIMACY TO ACT OF STATES HOSTING UKRAINIAN REFUGEES

ALBERTA FABBRICOTTI

This chapter is an updated version of my 2005 article.[1]

My main goal is to revisit Draft Article 8 of the text on diplomatic protection adopted by the International Law Commission (ILC) in 2006. This provision deals with the diplomatic protection of stateless persons and refugees by the State of residence/refuge.

As an appendix, I will discuss about whether and how Draft Article 8 could apply in today's emergency provoked by the massive flux of Ukrainians spreading to the territory of almost all European countries, especially the bordering States of Poland, Romania, Hungary and Slovakia. To date the number of refugees from Ukraine recorded across Europe is 7,867,219.[2] The legal response to the entrance and stay of Ukrainians in the European Union has been rapid, generous, and highly exceptional.[3] Yet, it seems appropriate to investigate on whether

---

[1] See A. Fabbricotti, 'The Diplomatic Protection of Refugees by their State of Asylum. A Few Remarks on the Exclusion of the State of Nationality of the Refugee from the Addressees of the Claim', in *AWR Bulletin*, 2005, vol. 43(52)/4, pp. 266-272.; in addition, a different version of the present chapter was published as an article in *Quarterly on Refugee Problems – AWR Bulletin*, 2023, Vol. 62, Issue 1, pp. 3-14.

[2] Source: UNHCR, https://data.unhcr.org/en/situations/ukraine, last visited on November 30th, 2022.

[3] On this sympathetic attitude, see J. Ramji-Nogales, 'Ukrainians in Flight: Politics, Race, and Regional Solutions', in *AJIL Unbound*, 2022, vol. 116, pp. 150-154.

the receiving States have the right to exercise diplomatic protection in favour of the Ukrainian exiles.

Draft Article 8 provides that:

> 1. A State may exercise diplomatic protection in respect of a stateless person who, at the time of the injury and at the date of the official presentation of the claim, is lawfully and habitually resident in that State.
> 2. A State may exercise diplomatic protection in respect of a person who is recognized as a refugee by that State when that person, at the time of injury and at the date of the official presentation of the claim, is lawfully and habitually resident in that State.
> 3. Paragraph 2 does not apply in respect of an injury caused by an internationally wrongful act of the State of nationality of the refugee.

Paragraphs 1 and 2 envisage that a State may exercise diplomatic protection in respect of a person who is stateless or has been recognized by that State as a refugee, if that person is lawfully and habitually resident in that State at the time of the injury and at the time the claim is officially made.

The following paragraph 3 clarifies that "[p]aragraph 2 does not apply in respect of an injury caused by an internationally wrongful act of the State of nationality of the refugee".

The drafting of these provisions proved to be extremely difficult, as the question of whether diplomatic protection can be exercised with respect to non-nationals of the claimant State is highly controversial. This is particularly true if one considers that the individuals concerned are stateless persons and refugees, i.e. two categories of persons that raise major political concerns in international relations.[4] Allowing this is particularly innovative, even revolutionary, when compared to the well-established rule of entitlement, which grants the right exercised through diplomatic protection only to the State of which the foreigner is a national. According to this traditional view, as expressed by the Permanent Court of International Justice in the *Mavrommatis* leading case, "[b]y taking up the case of one of its subjects and by resorting to diplomatic action [...] a State is in reality asserting its own right".[5]

---

[4] In doctrine, on the question of the diplomatic protection of refugees by their host State, see also M Reiterer, *The Protection of Refugees by Their State of Asylum*, Abhandlungen zu Flüchtlingsfragen Volume XVI, Wien (Braumüller), and N. Ridi, 'The Exercise of Diplomatic Protection on Behalf of Refugees', in V. Sancin and M. Kovič Dine (eds), *Responsibility to Protect in Theory and Practice* (GV Založba), pp. 653-678.

[5] *Mavrommatis Palestine Concessions*, 1924 Permanent Court of International Justice (Series A), No. 30, at p. 12.

The ILC itself admitted that Article 8 was an "exercise in progressive development of the law",[6] and thus did not reflect customary international law.

An exception to the general rule according to which a State might exercise diplomatic protection on behalf of its nationals was introduced in the 2006 Draft Articles for the benefit of stateless persons and refugees only, to take into account the concern of contemporary international law for the status of both categories of persons, which is evidenced by the Convention on the reduction of statelessness of 1961 and the Convention on the status of refugees of 1951.[7]

This progressive development approach is criticized by Alain Pellet: "the new mania in the Commission of advocating 'diversity' in all and everything, and in particular, human rights and environment, can only be regretted. This way of thinking certainly attracts much sympathy and approval. But there are limits to this decentralised or 'exploded' approach to international law [...]. This does not rule out exceptions when exceptions are indispensable, but these exceptions must be included in the general codification; and when they are not, they must be provided for in the treaties themselves, not decreed by specialists without regard to the need for clear, general, uniform, well-established and well-respected rules. And this is not all that constraining: after all, codified rules are only applicable when the special treaties themselves do not provide otherwise!".[8]

Draft Article 8 was considered *de lege ferenda* at the time of adoption by the ILC.[9] ILC Rapporteur John Dugard clarified that: "Traditionally diplomatic protection was limited to the protection of nationals only. This meant that stateless persons and refugees might not be granted protection by their State of residence [...]. The attitude of States to stateless persons and refugees has, however, undergone major changes and there is now considerable support for the extension of

---

[6] ILC, *Report on the Work of Its Fifty-Sixth Session* (3 May to 4 June and 5 July to 6 August 2004), GAOR, Fifty-ninth Session, Suppl. No.10 (UN Doc. A/59/10), UN, NY 2004, para 36.
[7] *Ibidem*, para 45.
[8] A. Pellet, 'Between Codification and Progressive Development of the Law: Some Reflections from the ILC', in *International Law Forum*, 2004, vol. 6(1), pp. 15-23; this concept is reiterated in A. Pellet, 'The Second Death of Euripide Mavrommatis? Notes on the International Law Commission's Draft Articles on Diplomatic Protection', in *The Law and Practice of International Courts and Tribunals*, 2008, vol. 7, pp. 33-58.
[9] E.g., in *Al Rawi & others, R [on the application of] v. Secretary of State for Foreign Affairs*, [2006] EWHC 972 [Admin], an English Court held that art. 8 "not yet part of international law", at para. 63.

diplomatic protection to such persons. Consequently, *in a clear exercise in progressive development*, the ILC has proposed in Art. 8 Draft Articles".[10] Differently, Antonio Fortin argues that the meaning of the lack of national protection requirement of the refugee definition embodied in the Refugee Convention 1951 and in the Statute of UNHCR is often misunderstood in current discussions on international refugee law. According to one view, the protection to which the refugee definition alludes is 'internal protection', that is, the protection that the State must provide within its territory to victims or potential victims of persecution. In the view of Fortin, this view is not supported by the drafting history of the refugee definition, and is not consistent with the wording of the relevant texts. On the contrary, the term 'protection' in this context means 'diplomatic protection', that is, the protection accorded by States to their nationals abroad.[11] Fortin's thesis is criticised with various arguments by James C. Hathaway and Michelle Foster. [12]

Since 2006, there has been no evidence in international practice that this provision has been transformed into *de lege lata*. I will not dwell on a comparison between this article and the traditional theory of diplomatic protection, as this approach seems rather useless in the present context.

Instead, I will focus on the main limitation on the exercise of diplomatic protection on behalf of a refugee by his or her host State, namely the subjective exclusion provided for in paragraph 3, which excludes the State of which the refugee is a national from the addressees of the claim. As we will see, this issue is relevant also for the debate regarding the diplomatic protection of the Ukrainians.

In order to describe the scope of the refugee rule enshrined in Article 8, one must first refer to the definition of diplomatic protection contained in the preceding Article 1 of the ILC project, which of course applies to all subsequent draft articles. 'Diplomatic protection' is here defined as "diplomatic action or other means of peaceful settlement by a State adopting in its own right the cause of its national in respect of an injury to that national arising from an internationally wrongful act

---

[10] J. Dugard, 'Diplomatic Protection', in *Max Planck Encyclopedia of Public International Law*, 2021, paras 47-48.

[11] A. Fortin, 'The Meaning of "Protection" in the Refugee Definition', in *International Journal of Refugee Law*, vol. 12, pp. 548-576.

[12] 'Internal Protection/Relocation/Flight Alternative as an Aspect of Refugee Status Determination', in E. Feller, V. Türk and F. Nicholson (eds.), *Refugee Protection in International Law. UNHCR's Global Consultations on International Protection*, Cambridge University Press, 2003, pp. 357-417.

of another State". Leaving aside the somewhat curious fact that this general definition strictly adheres to the requirement of the nationality of the claimant and completely disregards the exception for stateless persons and refugees in Article 8,[13] let us focus on the most important requirement for the claim of diplomatic protection, namely the wrongfulness under international law of the act by which the national was injured.

This leads us directly to the definition of 'internationally wrongful act' contained in the Draft Article 2 on Responsibility of States adopted by the ILC in 2001.[14] The topic of diplomatic protection is closely linked to the issue of State responsibility for injuries to individuals. Originally, the drafting of articles on diplomatic protection was even intended to be part of the study on State responsibility.

According to the State responsibility draft definition "[t]here is an internationally wrongful act of a State when conduct consisting of an action or omission: (a) is attributable to the State under international law; and (b) constitutes a breach of an international obligation of the State.".

It is well known among international law scholars that this definition contains two elements, often referred to as subjective and objective: the conduct in question must be attributable to the State under international law, and, for the State's air to be held responsible, the conduct must constitute a breach of an international legal obligation that was in force for that State at the time.

An internationally wrongful act *always* entails the responsibility of the author of that act. This principle of automatism, i.e. the determination of responsibility when an act contrary to international law is committed, is clearly set out in draft Article 1 on State responsibility and applies without prejudice to special circumstances, the occurrence of which precludes the wrongfulness of the act and thus the responsibility of the author of that act.[15]

The question that arises at this point is whether or to what extent paragraph 3 of draft Article 8 on diplomatic protection fits into the

---

[13] The text of Article 8 also does not bridge this "impasse", for example by a safeguard clause, but the gap is filled by Article 3: "1. The State entitled to exercise diplomatic protection is the State of nationality. 2. Notwithstanding paragraph 1, diplomatic protection may be exercised in respect of a non-national in accordance with draft Article 8".

[14] ILC, *Report on the Work of Its Fifty-Third Session* (23 April to 1 June and 2 July to 10 August 2001), GAOR, Fifty-fifth Session, Suppl. No. 10 (UN Doc. A/56/10), UN, NY 2001, para. 43.

[15] *Ibidem*, Chapter V (Circumstances precluding wrongfulness).

general principles and rules of State responsibility discussed above. Paragraph 3 assumes that the conduct of the State of which the refugee is a national which has caused harm to the refugee may consist in a breach of an obligation under international law and, thus, in an act contrary to international law, but avoids referring to the consequences of responsibility. The latter point was probably considered completely irrelevant in order to deny the State of refuge the exercise of diplomatic protection *vis-à-vis* the State of which the refugee is a national. For Lina Panella, the exclusion of the State of citizenship of the refugee pursuant to paragraph 3 of draft article 8 "is justified, for reasons of a political nature, since, in most cases, an individual who abandons his own country to take refuge in a A foreign State can always advance reasons for resentment against its own State of origin, for which there could be a multiplication of international complaints and diplomatic protection could become an instrument of 'pressure' in international relations".[16]

The ILC Commentary on paragraph 3 simply states that allowing the resort to diplomatic protection against the refugee's nation-State "would have contradicted the basic approach of the draft Articles, according to which nationality is the predominant basis for the exercise of diplomatic protection".[17]

Indeed, this approach is consistent with draft Article 44 on State responsibility, which states that: "[t]he responsibility of a State may not be invoked if the claim is not brought in accordance with any applicable rule relating to the nationality of claims". In this case, the nationality of claims provision is not only considered an admissibility requirement when raised before an international tribunal, but also as a general requirement for the assertion of responsibility in cases where it is applicable, namely in the field of diplomatic protection.[18]

For the combination of the above provisions, one could conclude that while the State of nationality of the refugee has committed an internationally wrongful act and is therefore responsible, even if only in principle, under international law, there is no room either for establishing this responsibility before an international court or for invoking it by another State through diplomatic protection. This sounds very much like non-justiciability or impunity!

---

[16] L. Panella, 'Il progetto di articoli della Commissione di diritto internazionale sulla protezione diplomatica: codificazione e sviluppo progressivo del diritto internazionale', in *Rivista della Cooperazione Giuridica Internazionale*, 2008, vol. 28, pp. 54-83.

[17] See *supra*, note 5, at para 37.

[18] See *supra*, note 13, at para120.

This result is very much against the spirit and rationale of codification efforts in the field of diplomatic protection. In his first report, Special Rapporteur Dugard expressed the view that diplomatic protection was an essential tool for the protection of human rights,[19] i.e. a means to advance it. According to the Special Rapporteur, unlike human rights treaty remedies which are available only to a limited minority of individuals and, moreover, are often ineffective, diplomatic protection, as a customary rule of international law, applies universally and thus constitutes the best redress.[20] According to Dugard, "[w]hile the European Convention on Human Rights may offer real remedies to millions of Europeans, it is difficult to argue that the American Convention on Human Rights, or the African Charter on Human and Peoples' Rights, have achieved the same degree of success. Moreover, the majority of the world's population, situated in Asia, is not covered by a regional human rights convention. To suggest that universal human rights conventions, particularly the International Covenant on Civil and Political Rights (ICCPR), provide individuals with effective remedies for the protection of their human rights is to engage in a fantasy which, unlike fiction, has no place in legal reasoning. The sad truth is that only a handful of individuals, in the limited number of states that accept the right of individual petition to the monitoring bodies of these conventions, have obtained or will obtain satisfactory remedies from these conventions".[21] Diplomatic protection as a means of promoting the protection of human rights therefore formed the premise of the first report and the draft articles therein, which already included a provision on refugees.

---

[19] On this point, see M. Zieck, M., 'Codification of the Law on Diplomatic Protection: The First Eight Draft Articles', in *Leiden Journal of International Law*, 2002, vol. 14(1), pp. 209-232; G. Gaja, 'Is A State Specially Affected When Its Nationals' Human Rights Are Infringed?', in L.C. Vohrah and al. (eds), *Man's Inhumanity to Man*, Amsterdam (Kluwer Law International), 2003, pp. 373-382; L. Condorelli, 'La protection diplomatique et l'évolution de son domaine d'application', in *Rivista di diritto internazionale*, 2003, pp. 5-26, at 19; J.-F. Flauss, 'Protection diplomatique et protection internationale des droits de l'homme', in *Revue Suisse de droit international et européen*, 2003, vol. 1, pp. 1-36; J. Dugard, 'Diplomatic Protection and Human Rights: The Draft Articles of the International Law Commission', in *Australian Yearbook of International Law*, 2005, vol. 24, pp. 75-91; S. Garibian, 'Vers l'émergence d'un droit individuel à la protection diplomatique?', in *Annuaire français de droit international*, 2008, vol. 54, pp. 119-141; D. Leys, 'Diplomatic Protection and Individual Rights: A Complementary Approach', in *Harvard International Law Journal Online*, 2016, vol. 57, pp. 1-14; A. Heeps, 'Diplomatic Protection and Human Rights: Quo Vadis', in *King's Student Law Review*, 2017, vol. 8(2), pp. 1-17.

[20] UN Docs. A/CN.4/506, paras. 31, 32, 68.

[21] Dugard, see *supra* note 18, p. 77.

The Draft Articles are intended to complement, and not replace the rules and principles for the protection of the human rights of aliens. They are to be understood as different methods of achieving the common goal of human rights' protection. This is made very clear by Article 17, which states: "The present Draft Articles are without prejudice to the rights of States, natural persons or other entities to resort to actions or procedures under international law other than diplomatic protection to secure redress for injury suffered as a result of an internationally wrongful act".[22]

What remains rather undefined is whether refugees are entitled to an effective remedy under international human rights treaties against the State of their nationality. Is a State that has acceded to a human rights treaty, bound to comply with its associated standards in relation to a national if that national-has fled abroad and has been granted refugee status by another State? To the extent that the treaty leaves room for individual petitions to a human rights body or court, this question should be rearranged: is a petition filed by a refugee against his State of nationality admissible? This question can only be answered in the affirmative, since no valid legal argument can be advanced to exempt a party to a human rights treaty from continuing its obligations to a national after the latter has left its territory or from being liable retroactively for injuries suffered by the refugee at the time when he was still in his country of origin and thus subject to the territorial jurisdiction of that party. On the other hand, none of the procedural rules providing for the admission to courts or human rights institutions prevents the refugee from taking legal action against the State of his nationality.

If there is no legal impediment to the use of human rights treaties and monitoring mechanisms by refugees against the State of their nationality, then why do refugees not, but only exceptionally, use the available protection, namely the filing of individual complaints, to obtain some redress for injuries and pains suffered at the period before they fled? As far as I am aware, the overwhelming majority of cases involving refugees and decided by the UN Human Rights Committee, the UN Committee against Torture or the European Court on Human Rights have been about the right to non-*refoulement*, which is inferred by the prohibition of inhuman and degrading treatment, where the

---

[22] *Idem*, at p. 91.

respondent State was the asylum seeker's host State. Only in a very few cases, have refugees brought a case against their State of nationality.[23]

Perhaps one explanation for this phenomenon is simply that the States responsible for the refugee flows avoid becoming parties to human rights treaties. Perhaps the standards of satisfaction or repayment established by human rights bodies in the event that the claim is successful are not 'just' enough to provide the refugee with an effective reparation for the violation suffered.

What is certain is that the protection of refugees against their State of nationality under human rights treaties is largely ineffective or inadequate. Of course, the implementation of human rights treaties prevents the phenomenon of refugees. However, once this goal of deterrence has failed, refugees appear to have no real means of redress *vis-à-vis* their home State. This is thus a domain where diplomatic protection could have worked better as a means of promoting human rights, according to the premises of the Dugard Report.

It is not at all surprising that this did not happen. This point is made very clear in the ILC's Commentary on paragraph 3 of Draft Article 8: "The paragraph is [...] justified on policy grounds. Most refugees have serious complaints about their treatment at the hand of their State of nationality, from which they have fled to avoid persecution. To allow diplomatic protection in such cases would be to open the floodgates for international litigation. Moreover, the fear of demands for such action by refugees might deter States from accepting refugees".[24] According to James Crawford: "Like most floodgates arguments this is unconvincing. Under the Articles, diplomatic protection is an entitlement not an obligation. Why should a State be deterred from accepting a refugee merely because it might thereby acquire an entitlement to claim?".[25]

Apart from these general political considerations, it should also be borne in mind that the human rights approach to diplomatic protection suggested by Special Rapporteur Dugard was not universally shared within the ILC.[26] For example, some ILC members objected that while the content of a State's obligations under international law of

---

[23] See *supra*, Fabbricotti, note 1.

[24] See *supra*, ILC, note 5, at p. 37.

[25] J. Crawford, 'The International Law Commission's Articles on Diplomatic Protection Revisited', in T. Maluwa, M. du Plessis and D. Tladi (eds), *The Pursuit of a Brave New World in International Law: Essays in Honour of John Dugard*, Leiden (Brill), 2017, 135-171, at p. 154, note 75. 135-171.

[26] See the views of three former members of the ILC: Gaja, *supra* note 18; Pellet, *supra* note 7; Crawford, *supra* note 24.

aliens often overlaps with its obligations under international human rights law, the content of the State's corresponding rights may differ. [27]

The right to diplomatic protection, through the exercise of which the State traditionally seeks to secure certain treatment abroad for nationals (aliens for the State against which the claim is addressed) or their property, belongs only to the State of nationality. In contrast, human rights obligations do not give rise to a bilateral relationship between the territorial State and the State of which the individual is a national, as they are *erga omnes* in character, i.e. their observance can be claimed – and the responsibility of the State author of a breach invoked - by any State towards which the obligation exists.[28] An *erga omnes* obligation may be owed to the international community as a whole (if the rule giving rise to the obligation is part of customary international law) or to several States that do not comprise the entire international community (if the rule is conventional). According to this view, human rights of an individual may be defended either by his State of nationality, by way of diplomatic protection, or – irrespective of nationality, provided that the rights claimed for are the content of *erga omnes* obligations – by any State (including the State of nationality) to which the obligation exists, without resorting to diplomatic protection action. This view relies on the *obiter dictum* of the International Court of Justice in the *Barcelona Traction* judgment on the merits: "an essential distinction should be drawn between the obligations of a State towards the international community as a whole, and those arising vis-à-vis another State in the field of diplomatic protection. In view of the importance of the rights involved, all the States can be held to have a legal interest in their protection; they are obligations erga omnes".[29]

In the case of a refugee, the first of these options is obviously not feasible, as the individual whose human rights are being violated is a national of the responsible State. As for the second option, one must again refer to the ILC's Draft Articles on responsibility of States.[30] According to its Draft Article 48, any State is entitled to invoke the

---

[27] Gaja, *supra* note 18, at p. 373.
[28] On this issue, see, for instance, A. Vermeer-Künzli, 'A Matter of Interest: Diplomatic Protection and State Responsibility Erga Omnes', in *International and Comparative Law Quarterly*, 2007, vol. 56(3), pp. 553-581.
[29] See ICJ, Judgment, *Barcelona Traction, Light and Power Company, Limited*, I.C.J. Reports 1970 at 32, para. 33.
[30] The issue of State responsibility for having caused refugees' flows is tackled by W. Czaplinski, and P. Sturma, 'La responsabilité des Etats pour les flux de réfugiés provoqués par eux', in *Annuaire Français de Droit International*, 1994, vol. 40, pp. 156-169.

responsibility of another State, i.e. to require the latter to cease the wrong and give assurances of non-repetition and reparation, if the obligation breached is owed either to a group of States to which that State belongs and was established to protect a collective interest of the group or of the international community as a whole.

From this, one might conclude that if the refugee's human rights are protected by *erga omnes* obligations. This will be the case, in the opinion expressed by the International Court of Justice in the *Barcelona Traction* judgment, for rights originating from the outlawing of acts of aggression, and of genocide, as for basic human rights, including protection from slavery and racial discrimination;[31] then any State, including the State of asylum, may invoke the responsibility of the State of which the refugee is a national and which has breached those obligations and infringed those rights. This is, of course, something compared to the situation outlined above, which comes close to impunity. However, it is far from satisfactory.

Indeed, it is doubtful whether this provision is applied often enough to meet the need of refugees' protection. It is hard to imagine a State or several States not directly involved in the specific event that triggered the flow of refugees, or in the consequences of such a flow, asserting the responsibility of the refugee's State of origin. Responses such as described in Draft Article 48 are certainly not, and never will be, the usual way to redress the harm done to refugees by their national State.

The implications of Draft Article 48 are likely to be greater when one considers that the States that can invoke the responsibility include the State of refuge.

In my view, the State that has given refugee status to the individual whose human rights have been infringed may be considered, in the first instance, as the State injured by the act in violation of international. Draft Article 42 on State responsibility introduces the concept of *injured State*, i.e. the State that is primarily entitled to claim the responsibility of another State. Under this definition, the injured State is not only the State to which the breached obligation is owed individually, but also the State *specially affected* by the breach, even if the obligation is also owed to other States or to the international community as a whole, as well as any State that is part of a group of States if the breach of the obligation by one of the members of that group is of such

---

[31] See *supra*, note 28, p. 32, para. 34.

character as radically change the position of all the others with respect to the further performance of the obligation (italics added).[32]

The State that recognized the individual as a refugee might well be considered "specially affected" by the internationally wrongful act committed by the national State of the refugee, since it bears the burden, viz. the consequences, of the breach.

Therefore the State of refuge, being "specially affected", i.e. "injured", by the breach within the meaning of Draft Article 42, may therefore invoke the responsibility of the State of nationality of the refugee, even if the *erga omnes* character of the obligation breached is lacking.

This being said, it remains rather unclear what the implementation of the claims under Draft Articles 42 and 48 on State responsibility entails. The ILC Commentary on these provisions states that "invocation [of responsibility] should be understood as taking measures of a relatively formal character, for example, the raising or presentation of a claim against another State or the commencement of proceedings before an international court or tribunal".[33] How then can the State of asylum, or any other State entitled to do so under Draft Article 48, exercise its right to invoke the responsibility of the national State of the refugee, if, as we have seen above, claims (whether for the purpose of diplomatic protection or the institution of proceedings) under Draft Article 44 are barred to them because they would not be brought in accordance with an applicable rule on nationality of claims?

It is not possible in this paper to examine this issue in depth.

I would like to limit myself to making some remarks at the end of this essay on the possible-application of Draft Article 8 on the diplomatic protection to the future, hopefully imminent, end of the Russian-Ukrainian conflict.

It is not easy to predict the territorial situation in which Ukraine will find itself after a hypothetical peace agreement ending the war. To date (April 2023), there are still many unknowns; it is not clear how far Russian occupation forces will penetrate Ukraine, nor whether the occupied territory will become an integral part of the Russian Federation or a self-proclaimed independent body (a new subject of international law) or whether the Ukrainians will be successful in repelling the invader. Admittedly, it is not self-evident that any peace agreement

---

[32] See *supra*, note 13, para. 294.
[33] *Ibidem*.

will be reached and that there will not be a *de facto* territorial change. From an international law perspective, a great majority of States did not recognize the annexation of Ukrainian territories by Russia. An example is the Statement by the Members of the European Council of 30 September 2022: "We firmly reject and unequivocally condemn the illegal annexation by Russia of Ukraine's Donetsk, Luhansk, Zaporizhzhia and Kherson regions".[34] Non-recognition of legal situations comes from the customary obligation for all States not to recognize the effects of the use of force, a rule which is also codified in Article 41, para 2 of the Draft Articles on State responsibility. UN General Assembly repeatedly condemned the aggression by the Russian Federation against Ukraine targeting this action as a violation of Article 2 (4) of the Charter. Another example is the General Assembly Resolution adopted on 2 March 2022, in which the General Assembly: "1. Reaffirms its commitment to the sovereignty, independence, unity and territorial integrity of Ukraine within its internationally recognized borders, extending to its territorial waters; 2. Deplores in the strongest terms the aggression by the Russian Federation against Ukraine in violation of Article 2 (4) of the Charter; 3. Demands that the Russian Federation immediately cease its use of force against Ukraine and to refrain from any further unlawful threat or use of force against any Member State; 4. Also demands that the Russian Federation immediately, completely and unconditionally withdraw all of its military forces from the territory of Ukraine within its internationally recognized borders; 5. Deplores the 21 February 2022 decision by the Russian Federation related to the status of certain areas of the Donetsk and Luhansk regions of Ukraine as a violation of the territorial integrity and sovereignty of Ukraine and inconsistent with the principles of the Charter; 6. Demands that the Russian Federation immediately and unconditionally reverse the decision related to the status of certain areas of the Donetsk and Luhansk regions of Ukraine".[35]

Despite the great incertainty of the situation, one would wonder how to manage and resolve the claims for recovery of status, restitution of property, reparation of damages etc. of hundreds of thousands, perhaps millions, of people who have been forced to flee Ukraine. Would States having received the fluxes of Ukrainian nationals be entitled to exercise an action in diplomatic protection against Russia?

---

[34] https://www.consilium.europa.eu/en/press/press-releases/2022/09/30/statement-by-the-members-of-the-european-council/, last visited 30 November 2022.
[35] UN Doc. A/RES/ES-11/1 of 18 March 2022.

Would Draft Article 8 on diplomatic protection be applicable – at least in principle – to provide reparation for the immense material and moral losses of the Ukrainians?

One point needs to be clarified preliminarily, that of the legal status of expatriated Ukrainians. These people are not "refugees" within the International legal meaning (not under the 1951 Geneva Convention nor other international law regimes). The European Union qualifies them as displaced persons being entitled to temporary protection.[36] However, the word 'refugee' referred to in paragraph 2 of Draft Article 8 "is not limited to refugees as defined in the 1951 Convention relating to the Status of Refugees and its 1976 Protocol but is intended to cover, in addition, persons who do not strictly conform to this definition".[37] In addition, paragraph 2 of Draft Article 8 sets down two criteria, namely the lawful-and-habitual-residence and the permanent residence, which are, at least the first of them, fulfilled by the Ukrainian exiles. Indeed, many of them reside lawfully in the host country since already one year or so, and it is likely that the stay will still last quite a long time.

Turning now to the very issue, the limit envisaged in paragraph 3 of Draft Article 8 seems hardly applicable *ratione personae* and/or *ratione temporis*. The act contrary to international law (in the case at hand, the illegal use of force with all its consequences) is referable to Russia, at a time when Russia is a State different from the State of nationality of the Ukrainian refugees. Furthermore, even if one of the possible outcomes of the war is the *de facto* annexation of Ukraine or part of it to the Russian Federation, the illegal act would have been committed at a time when the transfer of sovereignty or governmental power over the territory in question, with the consequent acquisition of a new nationality by the resident population, had not yet taken place. And this without going into an important issue already mentioned, namely, the recognition (which is unlikely) by the international community of the sovereignty of an entity other than Ukraine on the territory conquered by Russia.

At least in principle, therefore, and assuming that Article 8 of the codification draft on diplomatic protection now has positive legal value (*de lege lata* and no more *de lege ferenda*), nothing would prevent States that have taken in and given protection to exiled Ukrainians from taking diplomatic protection measures against Russia or against

---

[36] EU Council Implementing Decision 2022/382 of 4 March 2022.

[37] ILC, Draft Articles on Diplomatic Protection with Commentaries 2006, *Report on the Work of Its Fifty-Eighth Session* (1 May – 9 June and 3 July – 11 August 2006), (UN Doc. A/61/10), UN, NY 2006.

the hypothetical new entity claiming sovereignty over Ukrainian territory captured as a result of the still ongoing conflict. Russia or that other entity are not the "State of nationality of the refugee". Thus, the discussed restriction *ratione personae* envisaged in paragraph 3 would not be enforceable.

Informação bibliográfica deste texto, conforme a NBR 6023:2018 da Associação Brasileira de Normas Técnicas (ABNT):

FABBRICOTTI, Alberta. The Diplomatic Protection of Refugees by their State of Asylum. The Issue of Legitimacy to Act of States Hosting Ukrainian Refugees. *In*: SARAIVA FILHO, Oswaldo Othon de Pontes; BERTELLI, Luiz Gonzaga; SIQUEIRA, Julio Homem de (coord.). *Direitos dos refugiados*. Belo Horizonte: Fórum, 2024. (Coleção Fórum Direito Internacional Humanitário, v. 1, t. 1). p. 169-183. ISBN 978-65-5518-615-4.

OPERAÇÃO ACOLHIDA: UM TRATAMENTO MAIS QUE HUMANITÁRIO

ANGELA VIDAL GANDRA MARTINS

1 Introdução

Em evento recente celebrando o lançamento de uma cartilha destinada a orientar afegãos recém-chegados ao Brasil, um dos pronunciamentos da sociedade civil ressaltava que o Brasil não tinha "refugiados", pois acolhia, interiorizava e integrava, de forma mais do que humanitária, ou seja, profundamente humana.

De fato, o Brasil é uma mãe de braços abertos para receber a todos, principalmente aqueles que se encontram em situação de vulnerabilidade, e mais ainda se esse estado é causado por injustiças. Nesse sentido, de acordo com o Estado Democrático de Direito, instituído pelo Preâmbulo da nossa Constituição, repugna-nos os atentados contra os valores que busca assegurar, especialmente o que se refere à liberdade. Ao mesmo tempo, nossa Carta Magna propugna uma sociedade "fraterna, pluralista e sem preconceitos, fundada na harmonia social e comprometida, na ordem interna e internacional, com a solução pacífica das controvérsias".[1] Daí a nossa responsabilidade.

---

[1] Constituição Federal, Preâmbulo, DOU 5.10.1988.

Nesse sentido, gostaria de apresentar a Operação Acolhida como grande força-tarefa humanitária executada e coordenada pelo governo federal, envolvendo vários atores, desde os entes federativos, passando por agências da ONU e organismos internacionais, até a convocação da sociedade civil e entidades privadas para recepcionar e auxiliar os imigrantes que vêm chegando ao Brasil como consequência da atuação de governos antidemocráticos, destacando-se especialmente os venezuelanos, que já somam mais de 900 mil, que entraram em nosso país.

Mais do que um artigo – que se caracterizaria como pouco ortodoxo dentro do contexto da obra –, trata-se de um relato de natureza apolítica, que deseja compartilhar uma experiência concreta e humana, que, por sua vez, pode servir de inspiração para outras ações cívicas, sociais ou pessoais.

2 A proposta da Operação Acolhida

A diáspora venezuelana ultrapassa 5 milhões de pessoas e o Brasil é hoje o quinto país buscado como abrigo. Nesse sentido, foi se tornando cada vez mais urgente uma mobilização para garantir o atendimento humanitário aos refugiados e imigrantes, ingressados, principalmente através de Roraima, porta de entrada da Venezuela no Brasil. Para enfrentar a situação, com espírito verdadeiramente humano, o governo federal criou, em 2018, a Operação Acolhida, que tem feito jus ao nome, com braços de mais de 100 parceiros, a postos para oferecer assistência emergencial e proceder à interiorização, através das estruturas montadas para recepção, identificação, fiscalização sanitária, imunização, regularização migratória e triagem de todos os que chegam ao país, em trabalho entrelaçado de servidores federais, militares, profissionais de organismos internacionais e entidades da sociedade civil, bem como de voluntários.

Até junho de 2021, mais de 610 mil venezuelanos entraram no País e 260 mil solicitaram regularização migratória para buscar oportunidades e melhores condições de vida. Para recebê-los, a Operação Acolhida estabeleceu, somente na área urbana de Boa Vista, 12 abrigos para acolhimento, com atenção especial aos indígenas, oferecendo alimentação, proteção, segurança, saúde e atividades sociais e educativas, com a intenção, porém, de criar fluxo, abrindo caminho, através do processo de interiorização e absorção no mercado local.

Por outro lado, a fim de mitigar o impacto no sistema de saúde local e, ao mesmo tempo, poder cuidar dos efeitos causados pela tensão somatizada pela crise, a Operação criou um Núcleo de Saúde, que, além do atendimento médico, oferece serviços de fisioterapia, psicologia, nutrição, odontologia, psicologia e assistência social, personalizando ainda mais a proposta.

A estratégia principal consistiu no processo de interiorização, que, além de possibilitar a diminuição da pressão sobre os serviços públicos do estado de Roraima, provocada pelo aumento exponencial do fluxo migratório resultante da crise humanitária na Venezuela, desejava promover com prontidão e eficácia a inclusão socioeconômica dos nossos vizinhos na sociedade brasileira. Desde abril de 2018 mais de 64 mil venezuelanos foram interiorizados para 778 municípios brasileiros.

Para tal, promoveu-se a campanha "Interiorização + humana", a partir de um Acordo de Cooperação Técnica entre a União e a Fundação Banco do Brasil, que criava um fundo privado para o recebimento de doações ao programa Operação Acolhida, de forma a assegurar a continuidade e a expansão das ações de assistência humanitária aos migrantes e refugiados, com o apoio de recursos privados garantidos via doação, direcionando recursos não orçamentários para o apoio às ações de assistência em curso e fomentando, assim, a responsabilidade social cidadã. Nesse sentido, ao pensar na sustentabilidade da operação diante da carência de recurso público, o governo investiu na mobilização de recursos internacionais e privados e na promoção, articulação e sinergia entre as iniciativas da sociedade civil, governos e organismos internacionais para o atendimento às necessidades.[2] Por outro lado, o atendimento humanitário aos migrantes e solicitantes de refúgio venezuelanos em Roraima foi federalizado pelas evidentes limitações do local.

A experiência tem servido de base, *mutatis mutandis*, para receber os afegãos e ucranianos no Brasil.

3 Base legal

Fundamentada no art. 5º de nossa Constituição Federal e nos artigos 14 a 16 da Declaração Universal de Direitos Humanos, bem como na Convenção 97, ratificada por nosso país, a Operação Acolhida teve como principais marcos regulatórios;

---

[2] Disponível em: https://www.gov.br/casacivil/pt-br/acolhida/sobre-a-operacao-acolhida-2.

a) a Lei nº 13.445, de 24.05.2017, que dispõe sobre os direitos e deveres do migrante, visitante e refugiado, de maneira geral, estabelecendo a condição de igualdade entre imigrantes, migrantes e nacionais em território brasileiro;
b) a Lei nº 9.474, de 22.07.1997, que regulamenta a implementação do Estatuto dos Refugiados no País;
c) a Portaria Interministerial nº 15, de 28.08.2018, que dispensou o documento em que conste filiação, bastando uma autodeclaração do migrante e refugiado venezuelano para solicitação de residência no País;
d) a Portaria Interministerial nº 19, de 23.03.2021, que possibilitou a regularização migratória por residência temporária para migrantes e refugiados venezuelanos.

Paralelamente, para instruir os imigrantes e refugiados a respeito de seus direitos e legislação subjacente, foi publicada uma cartilha em espanhol, denominada: *Guía de Orientación en Derechos Humanos para Venezolanas y Venezolanos en el Contexto de la Respuesta Humanitaria de Brasil*.

O conteúdo abrange desde o direito à documentação e ao trabalho decente, instruindo sobre sua obtenção, bem como sobre a forma de garantir os direitos laborais, e frisando, principalmente, o direito à equidade, à liberdade e à não discriminação, além da orientação sobre os órgãos disponíveis para prestar auxílio.

Essa iniciativa demonstrou-se bastante eficaz para fortalecer a autonomia e o espírito de cidadania dos refugiados e imigrantes.

4 Resultados

Ainda que nações e inúmeros organismos internacionais estremeçam diante da progressiva usurpação de direitos e da ineficácia de ações promovidas em contrário para enfrentar a crise venezuelana, atitude concreta como a do governo brasileiro merece especial destaque no sentido de oferecer ajuda pontual e eficiente para solucionar os problemas de uma população injustiçada por um regime tirânico.

Nosso Ministério tem acompanhado muito de perto a situação, e, como Secretária Nacional da Família, tive a oportunidade de visitar a missão em Roraima. Nossa viagem teve o objetivo específico de estudar as condições das famílias venezuelanas e brasileiras em tal conjuntura a fim de encaminhar possíveis soluções que se tornam cada vez mais necessárias e urgentes, de modo a não separar as famílias, o que pode provocar também riscos de promiscuidade.

Desde o primeiro momento, surpreendeu-nos a disponibilidade total do Exército bem como a ordem, limpeza e dignidade com que conduzem os trabalhos, que incluem alojamento, refeições, documentação, vacinação, cuidados ambulatoriais, higiene, etc. Porém, o diferencial é a acolhida que dá nome à missão. De fato, o lema "Braço Forte, Mão Amiga" parece ter acentuado principalmente o segundo adjetivo. Ouvimos testemunhos e muitos agradecimentos, comprovando a relação de confiança dos adultos, jovens e crianças com os militares. Na Operação Acolhida cada venezuelano é efetivamente tratado como pessoa e cidadão. Uma ação realmente humanitária e um modelo de solidariedade internacional, de acordo com as convenções internacionais que têm orientado a proteção dos direitos dos trabalhadores migrantes e suas famílias, em um mundo em que os refugiados, em geral, tendem a sofrer o impacto do utilitarismo.

Porém, entendemos como maior resultado que cada pessoa esteja sendo tratada como tal e que se busquem efetivamente soluções estáveis para as famílias, mantendo o grau de humanidade, ainda que especialmente desafiador, diante da persistente dificuldade.

Por outro lado, há também o palpável crescimento humano daqueles que prestam os serviços, bem como a dilatação do coração daqueles que, em um primeiro momento, rejeitam dar assistência, o que, infelizmente, é também uma realidade.

Por fim, no contato com os imigrantes e refugiados, é papável seu amor à pátria e o desejo de retornar. Porém, enquanto isto é impossível, buscamos ir à frente, para que também os brasileiros possam abrir-se para acolhê-los. Nesse sentido, lançamos em 2019 a Campanha "Adote um venezuelano e sua família", de forma a animar os empresários, que se mostraram receptivos. A abertura a essa ação pode também nos levar a pensar em soluções positivas para os problemas permanentes de desemprego em nosso país.

5 Conclusão

A Operação Acolhida recebeu o Prêmio Boas Práticas na ONU. De fato, pode ser uma luz para as crises humanitárias, embora esperamos chegar muito antes, fazendo valer a Declaração Universal dos Direitos Humanos, que vem sendo desnaturada e que, em sua originalidade, se efetivamente implementada, poderia fundamentar eficazmente um real Estado Democrático de Direito, evitando-se assim as crises, por defender primordialmente os valores humanos.

Por fim, destacamos algumas palavras do Papa Francisco que podem se aplicar especialmente a este artigo e que não se dirigem somente a crentes, mas ao ser humano como tal, como ser individual, de natureza racional e relacional, livre e responsável, que compartilha com seus iguais uma natureza e que, por outro lado, por sua excelência, pode ser iluminado pela regra de ouro, que reside em sua razão e em seu coração:

> *Na realidade, estamos todos no mesmo barco e somos chamados a empenhar-nos para que não existam mais os outros, mas só um nós, do tamanho da humanidade inteira (mensagem para o dia do Migrante e do Refugiado, 26;09;21).*

Informação bibliográfica deste texto, conforme a NBR 6023:2018 da Associação Brasileira de Normas Técnicas (ABNT):

MARTINS, Angela Vidal Gandra. Operação acolhida: um tratamento mais que humanitário. *In*: SARAIVA FILHO, Oswaldo Othon de Pontes; BERTELLI, Luiz Gonzaga; SIQUEIRA, Julio Homem de (coord.). *Direitos dos refugiados*. Belo Horizonte: Fórum, 2024. (Coleção Fórum Direito Internacional Humanitário, v. 1, t. 1). p. 185-190. ISBN 978-65-5518-615-4.

DIREITO DOS REFUGIADOS: CONSIDERAÇÕES JURÍDICAS E MORAIS. ANÁLISE DO PENSAMENTO DE HANNAH ARENDT SOBRE O "DIREITO A TER DIREITOS" E O "PENSAR O QUE ESTAMOS FAZENDO"

FERNANDA BURLE

OSWALDO OTHON DE PONTES SARAIVA NETO

I Introdução

A condição de refugiado pressupõe violações sérias aos direitos humanos. Cada solicitação de asilo traz consigo uma carga de agressões que não são condizentes com o tratamento conferido a esses pedidos. As famílias refugiadas abandonam tudo em troca de um futuro incerto em uma terra desconhecida porque se veem na situação dramática em que o Estado a qual pertencem ou lhes persegue ou não lhes protege quando elas são perseguidas.[1]

Por outro lado, a condição de "refúgio" constitui exceção a uma das principais características do Estado soberano, que é o controle

---

[1] PIOVESAN, Flávia Cristina. O direito de asilo e a proteção internacional dos refugiados. *In*: RODRIGUES, Viviane Mozine (coord.). *Direitos humanos e refugiados*. Curitiba: CRV, 2016, p. 53 e 55.

das fronteiras – territorialidade. O Estado acolhedor cede temporária e precariamente seu território para ocupação pelo refugiado, que por estar em situação fragilizada deve receber a proteção da comunidade internacional.

O presente artigo abordará o tema dos refugiados sob três aspectos: a) violação sistêmica dos direitos dos apátridas durante a Segunda Guerra Mundial; b) evolução dos direitos humanos dos refugiados no pós-guerra; e c) aproximação entre os direitos humanos e a filosofia moral.

O primeiro e o último item serão inspirados na obra de Hannah Arendt, filósofa alemã e judia que escreveu sobre as origens dos regimes totalitários, a exclusão dos apátridas do "direito a ter direitos", as brechas do sistema de proteção dos direitos humanos dos refugiados e as atrocidades cometidas no holocausto no seio de um regime jurídico vigente.

A experiência do holocausto alertou a humanidade sobre duas questões. A primeira é a de que a proteção aos refugiados é pouco efetiva se não houver uma sistematização de seus direitos e uma estrutura de concretização de princípios e diretrizes que inclua medidas de coerção e punição de Estados-nações. Sobre isso, abordaremos no segundo item como o tratamento dos direitos dos refugiados evolui no Direito Internacional público e no Direito brasileiro.

A segunda questão é moral, Arendt chama a atenção para a forma indiferente e despercebida com que a violência paira sobre a sociedade. A filósofa cunha de "banalidade do mal" a incapacidade de examinar a repercussão de atos e omissões sobre pessoas em estado de vulnerabilidade.

O objetivo deste artigo é fortalecer aspectos jurídicos e morais envolvendo o tema dos refugiados a fim de prevenir novas agressões.

II Origens do totalitarismo e o "direito a ter direitos" dos apátridas

No capítulo V, parte II, de *As Origens do Totalitarismo* (1951), Hannah Arendt disserta sobre o "declínio do Estado-nação e o fim dos direitos do homem", fazendo um profundo estudo da escalada de grupos de refugiados, denominados apátridas, que perderam a condição de cidadãos de uma nação, não tendo a quem recorrer pelas violações de seus direitos humanos, civis e políticos.

A apatria significa a condição de uma pessoa que foi expulsa da velha tríade Estado-povo-território,[2] de modo que não existe um "lugar comum" ou uma nação na qual possa ser acolhida e protegida sem que não se submeta a diferenças de tratamento jurídico em relação aos cidadãos nacionais.

Durante a Segunda Guerra Mundial, eles eram representados por judeus, armênios, romenos, entre outros, que sofreram um processo de desnaturalização por razões étnicas ou culturais; e por russos e alemães, que sofreram um processo de desnacionalização por não pactuarem com a ideologia do regime.

Em uma tentativa de diferenciar apátridas e refugiados, Ana Paula Silva Pereira define que os primeiros são aqueles indivíduos que perderam sua cidadania e não pertencem mais a nenhum Estado-Nação, os quais são frequentemente identificados como judeus do período do Terceiro Reich. Já os refugiados são aqueles que fugiram ou foram expulsos do seu país de origem, sendo obrigados a buscar abrigo em outro território, ainda que venham a retornar ao país de sua nacionalidade.[3]

Para os fins deste artigo, entende-se que o tratamento moral e jurídico (Direito Internacional Humanitário) é muito semelhante para essas duas figuras, razão pela qual serão tratadas como sinônimas.

O crescimento desses grupos no século passado pôs em xeque a eficácia das convenções de direitos humanos, a exemplo dos tratados de paz firmados após a Primeira Guerra Mundial.

O número elevado de pessoas sem Estado mostrou as fragilidades dos procedimentos legais de repatriação e naturalização e a incapacidade de os Estados promoverem ações humanitárias de asilo e inserção de grupos excluídos.

Durante a Segunda Guerra, o processo de naturalização de refugiados foi um fracasso, posto que, em regra, os regimes jurídicos dos países que os abrigavam apenas admitiam a naturalização segundo critérios restritivos, como tempo de permanência, exercício laboral ou nascimento dentro do território. Mesmo quando se pudesse admitir a naturalização por critérios mais humanitários, a massa de pessoas expulsas de seus Estados ameaçava a qualidade dos serviços públicos prestados, a ponto de os Estados passarem a promover, contrariamente, processos de desnaturalização.

---

[2] ARENDT, *Origens do totalitarismo*. Trad. Roberto Raposo. São Paulo: Cia. das Letras, 2000, p. 314.
[3] PEREIRA, Ana Paula Silva. A crítica de Hannah Arendt aos direitos humanos e o direito a ter direitos. *Perspectiva Filosófica*, vol. 42, n. 1, 2015, p. 14, p. 18.

O fenômeno da desnaturalização em massa teve início na Alemanha nazista quando houve o cancelamento da cidadania dos alemães de origem judaica naturalizados. Pouco depois, a própria Alemanha passou a discutir a desnacionalização de alemães natos, o que só não se formalizou no ordenamento jurídico por força do início do regime de exceção decorrente da guerra.

Em outros países europeus, os critérios de desnaturalização foram flexibilizados por simples decretos do Poder Executivo, a exemplo do que ocorreu na Bélgica e na Grécia. Em seu estudo, Hannah Arendt narra que, entre os anos de 1923 e 1928, a Grécia naturalizou cerca de 45 mil refugiados armênios e, entre 1923 e 1936, todas as naturalizações foram suspensas.[4]

Além das restrições a direitos civis, como trabalho, residência e empreendimento, os apátridas compartilhavam o constante sentimento de ameaça pela incerteza quanto à permanência no lugar de refúgio, conforme descreve Ana Paula Silva Pereira:

> As pessoas que simplesmente perdiam sua cidadania ou eram obrigadas a refugiar-se em outro país, sem ser, desse modo, assimiladas nesse novo território e sem poder voltar para o seu território de origem, de onde já haviam fugido por serem indesejadas. Assim, elas sentiam-se constantemente ameaçadas por não possuírem mais um lugar onde pudessem se sentir em casa no mundo.[5]

Um homem sem um Estado-nação é posto na situação de fora da lei, o que admitia que os Estados de refúgio promovessem as mais absurdas políticas de controle, a exemplo da criação de centros de transição, da transferência de populações, do contrabando para outros territórios e do envio a campos de internação.

Hannah Arendt narra situações vexatórias, como conflitos entre polícias fronteiriças envolvendo o transporte de imigrantes para fora do território de um Estado- nação; e o cenário abismal do refugiado que, mesmo conseguindo fugir de um campo de concentração nazista para a Holanda, lá seria colocado em um campo de internação.

Na situação de permanente transgressão à lei, os apátridas estavam sujeitos à prisão, sem sequer cometerem algum crime. A instituição encarregada de promover a organização espacial dos

---

[4] ARENDT, *Origens do totalitarismo*. Trad. Roberto Raposo. SP: Cia. das Letras, 2000, p. 310.
[5] PEREIRA, Ana Paula Silva. A crítica de Hannah Arendt aos direitos humanos e o direito a ter direitos. *Perspectiva Filosófica*, vol. 42, n. 1, p. 199, 2015.

apátridas era a polícia, que recebera autoridade para agir por conta própria, detendo poder de governar os refugiados em uma espécie de estado de exceção.[6]

Como exemplo do tratamento excepcional conferido às pessoas sem cidadania, recorre-se a um caso em fronteiras brasileiras. No ano de 1947, o Supremo Tribunal Federal analisou *habeas corpus* impetrado por apátrida que foi mantido preso por cinco anos enquanto as autoridades diplomáticas tentavam repatriá-lo.

Adolpho Maximiliano Langeler era polonês e teve sua nacionalidade cassada em razão de sua naturalização brasileira. Todavia, ele passou por um processo de desnaturalização em vista da acusação de crime de falsificação de documentos, apesar de ter sido posteriormente absolvido por ausência de comprovação da autoria delitiva.

A Suprema Corte brasileira entendeu ser impossível expedir decreto de expulsão do território brasileiro sem que exista um país de destino. Após anos de cárcere, a prisão foi revogada, porém a condição de apátrida foi mantida, de modo que Adolpho Maximiliano Langeler recuperou a liberdade física, mas ainda ficou sujeito às restrições de direitos civis, sociais e políticos. O acórdão que relata esse tratamento atípico ao apátrida foi ementado da seguinte forma:

> Expulsão de Estrangeiro – Apátrida – Polonês que se naturalizou brasileiro e teve cassada a naturalização – Não recuperação automática da nacionalidade de origem – O apátrida não deixa de ser um alienígena e, como tal, pode ser expulso do país, onde se encontre – Mas se o seu país de origem se recusa a recebê-lo e não se indica outro que consinta em admiti-lo, torna-se de execução impossível o decreto de expulsão, até que se possa dar destino ao expulsando – Nestes termos, é concedido o "habeas corpus".
> (HC 29986, Relator: Ministro Castro Nunes, julgado em 23/12/1947)

O caso brasileiro é apenas uma ilustração do tratamento jurídico estendido aos apátridas na Europa, inseridos em um contexto mais calamitoso, com reações mais repressoras e vexatórias do Judiciário e da polícia europeia.

---

[6] Para o filósofo Giorgio Agamben: "o estado de exceção apresenta-se como a forma legal daquilo que não pode ter forma legal" (AGAMBEN, Giorgio. *Estado de exceção*. Trad. Iraci D. Poleti. São Paulo: Boitempo, 2004, p. 12).

O Direito Internacional Humanitário pouco poderia ser invocado, considerando a deferência dos Estados em relação ao caráter absoluto atribuído à soberania de cada nação, conforme relata Hannah Arendt:

> Os direitos do homem, supostamente inalienáveis, mostraram-se inexequíveis sempre que surgiam pessoas que não eram cidadãos de algum Estado soberano. [...] A primeira perda que sofreram essas pessoas privadas de direito não foi a da proteção legal mas a perda dos seus lares, o que significava a perda de toda a textura social na qual haviam nascido e na qual haviam criado para si um lugar peculiar no mundo. Essa calamidade tem precedentes. O que era sem precedentes não era a perda do lar, mas a impossibilidade de encontrar um novo lar.[7]

As normas internacionais humanitárias não possuíam um órgão coercitivo adequado para garantir sua eficácia. Arnaldo Godoy ressalta que a única forma de reivindicar o respeito a direitos humanos seria se a pessoa fosse tutelada por um Estado-nação:

> As fórmulas norte-americanas (vida, liberdade e procura da felicidade) e francesas (igualdade perante a lei, liberdade, proteção à propriedade e soberania nacional) eram inoperantes para quem não contasse com um governo para defendê-las[9]. O problema dos refugiados não era – necessariamente – a igualdade perante a lei; o que os afetava, efetivamente, era a ausência de lei. Ninguém, ou nenhum governo, reclamaria proteção sobre direitos de quem não comprovasse vínculos justificativos de alguma medida de intervenção[10]. Comparativamente, Arendt nos remete à liberdade de opinião de um encarcerado: esta é fútil; nada que o encarcerado pensa teria alguma importância. Resumidamente: não haveria proteção para quem perdesse uma relação comunitária politicamente reconhecida[11].[8]

Assistia-se a um paradoxo discrepante entre os direitos inalienáveis desfrutados pelos cidadãos das nações em comparação ao tratamento dado aos "deslocados de guerra" em campos de internação.[9]

Somente a cidadania poderia garantir o respeito aos direitos civis e políticos. Perdê-la significaria ficar desprotegido dos direitos

---

[7] ARENDT, *Origens do totalitarismo*. Trad. Roberto Raposo. SP: Cia. das Letras, 2000, p. 327.

[8] GODOY, Arnaldo Sampaio de Moraes. *O pensamento de Hannah Arendt e os paradoxos dos direitos humanos*, disponível em: https://www.conjur.com.br/2014-set-14/embargos-culturais-pensamento-hannah-arendt-paradoxos-direitos-humanos. Acesso em: 30 maio 2022.

[9] ARENDT, *Origens do totalitarismo*. Trad. Roberto Raposo. São Paulo: Cia. das Letras, 2000, p. 312.

humanos, sem haver nenhum ordenamento jurídico a que reclamar.[10] O apátrida, portanto, seria aquela pessoa que não tem o "direito a ter direitos".

Para Hannah Arendt, um direito que se proclama universal, como são os direitos humanos, não deve aceitar flexibilizações ou exceções à sua incidência, como foi testemunhado em relação aos apátridas, amplificadas pelas atrocidades cometidas pelo regime nazista.

III Direito dos refugiados no pós-guerra

Desde a crítica feita por Hannah Arendt à incapacidade de os direitos humanos protegerem efetivamente os apátridas, as normas internacionais de proteção dos refugiados foram aprimoradas, inclusive adaptadas para contextos regionais.

Além da Declaração Universal dos Direitos Humanos de 1948, a comunidade internacional também elaborou a Convenção sobre o Estatuto dos Refugiados, de 1951, que foi complementada pelo Protocolo sobre o Estatuto dos Refugiados de 1967. Este afastou as restrições temporais e territoriais da Convenção de 1951 para admitir a incidência das normas internacionais para pessoas que se refugiaram após 1951 e fora do continente europeu.

De acordo com a Convenção e o Protocolo, refugiado é aquela pessoa que sofre fundado temor de perseguição por motivos de raça, religião, nacionalidade, participação em determinado grupo social ou opiniões políticas, não podendo ou não querendo por isso valer-se da proteção de seu país de origem.

A Convenção da Organização da Unidade Africana de 1969 e a Declaração de Cartagena sobre os Refugiados de 1984[11] passaram a admitir na condição de refugiada aquela pessoa que é compelida a cruzar fronteiras em razão de conflitos armados e outras formas de violação à ordem pública, mesmo que não caracterizada a existência de perseguição.

O acolhimento do refugiado é sistematizado em quatro fases: perseguição; abandono do país de origem; acolhimento por um país

---

[10] PEREIRA, Ana Paula Silva. A crítica de Hannah Arendt aos direitos humanos e o direito a ter direitos. *Perspectiva Filosófica*, vol. 42, n. 1, p. 14, 2015.

[11] Em 24.06.2019, Brasil aplicou pela primeira vez a definição ampliada de refugiado estabelecida pela Declaração de Cartagena para analisar solicitações de reconhecimento da condição de refugiado de venezuelanos admitindo a adoção de procedimento simplificado no processo de determinação da condição de refugiado.

protetor; e a solução do problema, seja pela repatriação voluntária ou pela integração social – no país de acolhimento ou em outra nação.

A primeira fase, anterior ao refúgio, se caracteriza pelo colapso do Estado de Direito,[12] em que o regime de um Estado representa riscos à vida, à liberdade (física e de opinião), à segurança e a não discriminação de parcela de seus cidadãos. Logo que a pessoa se vê obrigada a fugir do seu país de origem, incidem os direitos de segunda fase: direitos ao asilo, proteção contra prisão ilegal, liberdade de locomoção e o direito de manutenção da unidade da família.

Na terceira fase, de acolhimento no país protetor, além dos direitos anteriores, irradiam regras de igualdade perante a lei, de moradia com dignas condições de vida, de obtenção de documentos de identidade e de garantia ao trabalho, associação, educação e acesso ao Poder Judiciário.

Por fim, na quarta fase, de solução do problema, destacam-se os princípios do *non-refoulement* (proibição de devolver o refugiado ao país de origem contra a sua vontade) e do *burden-sharing* (compartilhamento de responsabilidade entres os países signatários dos tratados de direitos humanos). Devem-se assegurar os direitos à nacionalidade e à cidadania, além dos direitos sociais, políticos, econômicos e culturais. Neste momento, a pessoa deixa de ser refugiada para deter amplos direitos de empreender e de participar de programas sociais, incluindo a previdência ou assistência social no país em que foi incorporada definitivamente.

As estratégias da quarta fase para soluções permanentes são: a) integração local; b) repatriação voluntária; e c) reassentamento.

A integração local consiste na adaptação do refugiado à sociedade do país acolhedor, missão promovida por políticas públicas do Estado e participação da sociedade civil por meio da atuação de entidades dedicadas à promoção de direitos humanos.[13]

A repatriação voluntária é a ideal, uma vez que o refugiado regressaria à sua terra de origem depois de cessadas as causas que o obrigaram a fugir, de modo que o processo de recuperação da cidadania e reinserção social seria menos traumático.[14]

---

[12] PIOVESAN, Flavia Cristina. O direito de asilo e a proteção internacional dos refugiados In: RODRIGUES, Viviane Mozine (coord.). *Direitos humanos e refugiados*. Curitiba: CRV, 2016, p. 61/62.

[13] JUBILUT, Liliana Lyra. *O Direito internacional dos refugiados e sua aplicação no orçamento jurídico brasileiro*. São Paulo: Método, 2007, p. 154.

[14] *Idem*, p. 154.

Os reassentamentos ocorrem quando o refugiado não pode permanecer no país que lhe reconheceu o *status* de refugiado, de modo que a integração ocorre em outro território, por meio da interlocução política entre os Estados.

Liliana Lyra Jubilut diferencia a condição de asilo da condição universal de refugiado para destacar que a solução de reassentamento "somente é possível em função do sistema universal de proteção aos refugiados, posto que, se ainda somente existisse o instituto do asilo, fundado na discricionariedade de cada Estado concessor, os indivíduos reconhecidos como merecedores de proteção em um Estado não teriam necessariamente o seu *status* reconhecido nos demais".[15]

Direitos de terceira e de quarta fase buscam combater as ilicitudes denunciadas por Hannah Arendt quanto ao tratamento jurídico dos refugiados no pós-guerra, em que essas pessoas eram inseridas em um regime de exceção, à mercê de violações de seus direitos fundamentais sem possibilidade de recorrer a qualquer país.

Apesar dos avanços normativos e da sistematização de estratégias de solução, a efetivação desses direitos e a interlocução entre os Estados continua sendo um problema para a comunidade internacional, a exemplo da crise europeia decorrente da onda de entrada de refugiados sírios no auge da guerra civil no país do Oriente Médio em 2011.

Os países cuja costa marítima é ligada ao Mar Mediterrâneo, Grécia e Itália, receberam o maior número de refugiados, e o plano de realocação dessas pessoas em outros países europeus não contou com a adesão desejada dos países membros da comunidade, posto que apenas 10% de 160 mil sírios foram assentados em outras nações.[16]

Em plena contradição da realidade com as convenções internacionais, o regime de exceção que admite restrição de locomoção, violência policial e evacuações de refugiados continua sendo aplicado, a exemplo dos vários relatos de violações de direitos fundamentais em assentamento na região de Calais, na França, com relação a refugiados do Sudão, Afeganistão, Serra Leoa e Etiópia.[17]

Pouco se tem avançado em relação às medidas coercitivas para assegurar posturas humanitárias dos países signatários de convenções internacionais de proteção dos direitos dos refugiados.

---

[15] *Idem*, p. 154.
[16] Disponível em: https://www.rfi.fr/br/europa/20170412-apenas-10-dos-refugiados-que-chegaram-grecia-e-italia-foram-distribuidos-na-ue.
[17] Disponível em: https://www.dw.com/pt-br/pandemia-agrava-situa%C3%A7%C3%A3o-de-refugiados-na-fran%C3%A7a/a-53341866.

Atualmente, o descumprimento de compromissos humanitários simboliza uma deslegitimação do estado aderente à convenção internacional em relação a outros acordos. Não há, todavia, a consolidação de uma teoria da responsabilidade jurídica do Estado[18] para indenizar o refugiado e condenar o país signatário em obrigações de fazer em relação ao refugiado e à comunidade internacional.

Diante das dificuldades de interlocução entre os países, a garantia de direitos fundamentais pode ser demandada no âmbito de jurisdição interna do país de refúgio.

Após o aprimoramento do Direito Internacional Humanitário no pós-guerra, o tratamento jurídico dos refugiados no Brasil também avançou com a promulgação da Constituição Federal de 1988 e a publicação das Leis nº 9.474/1997 (lei dos refugiados) e nº 13.445/2017 (lei de migração).

A Lei nº 9.474/1997 internalizou a Convenção sobre o Estatuto dos Refugiados de 1951 e o Protocolo sobre o Estatuto dos Refugiados de 1967 para dispor que os processos de reconhecimento da condição de refugiado terão caráter urgente (art. 47) e que deverá ser facilitada a obtenção de documentos, a aceitação da condição de residente e o ingresso em instituições de ensino de todos os níveis (art. 44).

A lei também dispõe que a solução de reassentamento de refugiados em outros países deve ser caracterizada, sempre que possível, pelo caráter voluntário (art. 45), assim como a solução de repatriação, salvo nos casos em que não possam recusar a proteção do país de que são nacionais, por não mais subsistirem as circunstâncias que determinaram o refúgio (art. 42).

Em linha com os tratados internacionais, os Tribunais Superiores têm aplicado o princípio do *non-refoulement* à pessoa com *status* de refugiada para negar pedidos de extradição, com destaque ao controverso caso "Cesare Battisti":

> RECLAMAÇÃO. PETIÇÃO AVULSA EM EXTRADIÇÃO. PEDIDO DE RELAXAMENTO DE PRISÃO. NEGATIVA, PELO PRESIDENTE DA REPÚBLICA, DE ENTREGA DO EXTRADITANDO AO PAÍS REQUERENTE. FUNDAMENTO EM CLÁUSULA DO TRATADO QUE PERMITE A RECUSA À EXTRADIÇÃO POR CRIMES POLÍTICOS. DECISÃO PRÉVIA DO SUPREMO TRIBUNAL FEDERAL CONFERINDO

---

[18] PIOVESAN, Flavia Cristina. O Direito de Asilo e a Proteção Internacional dos Refugiados. *In*: RODRIGUES, Viviane Mozine (coord.). *Direitos Humanos e Refugiados*. Curitiba: CRV, 2016, p. 67.

AO PRESIDENTE DA REPÚBLICA A PRERROGATIVA DE DECIDIR PELA REMESSA DO EXTRADITANDO, OBSERVADOS OS TERMOS DO TRATADO, MEDIANTE ATO VINCULADO. PRELIMINAR DE NÃO CABIMENTO DA RECLAMAÇÃO ANTE A INSINDICABILIDADE DO ATO DO PRESIDENTE DA REPÚBLICA. PROCEDÊNCIA. ATO DE SOBERANIA NACIONAL, EXERCIDA, NO PLANO INTERNACIONAL, PELO CHEFE DE ESTADO. ARTS. 1º, 4º, I, E 84, VII, DA CONSTITUIÇÃO DA REPÚBLICA. ATO DE ENTREGA DO EXTRADITANDO INSERIDO NA COMPETÊNCIA INDECLINÁVEL DO PRESIDENTE DA REPÚBLICA. LIDE ENTRE ESTADO BRASILEIRO E ESTADO ESTRANGEIRO. INCOMPETÊNCIA DO SUPREMO TRIBUNAL FEDERAL. DESCUMPRIMENTO DO TRATADO, ACASO EXISTENTE, QUE DEVE SER APRECIADO PELO TRIBUNAL INTERNACIONAL DE HAIA. PAPEL DO PRETÓRIO EXCELSO NO PROCESSO DE EXTRADIÇÃO. SISTEMA "BELGA" OU DA "CONTENCIOSIDADE LIMITADA". LIMITAÇÃO COGNITIVA NO PROCESSO DE EXTRADIÇÃO. ANÁLISE RESTRITA APENAS AOS ELEMENTOS FORMAIS. DECISÃO DO SUPREMO TRIBUNAL FEDERAL QUE SOMENTE VINCULA O PRESIDENTE DA REPÚBLICA EM CASO DE INDEFERIMENTO DA EXTRADIÇÃO. AUSÊNCIA DE EXECUTORIEDADE DE EVENTUAL DECISÃO QUE IMPONHA AO CHEFE DE ESTADO O DEVER DE EXTRADITAR. PRINCÍPIO DA SEPARAÇÃO DOS PODERES (ART. 2º CRFB). EXTRADIÇÃO COMO ATO DE SOBERANIA. IDENTIFICAÇÃO DO CRIME COMO POLÍTICO TRADUZIDA EM ATO IGUALMENTE POLÍTICO. INTERPRETAÇÃO DA CLÁUSULA DO DIPLOMA INTERNACIONAL QUE PERMITE A NEGATIVA DE EXTRADIÇÃO "SE A PARTE REQUERIDA TIVER RAZÕES PONDERÁVEIS PARA SUPOR QUE A PESSOA RECLAMADA SERÁ SUBMETIDA A ATOS DE PERSEGUIÇÃO". CAPACIDADE INSTITUCIONAL ATRIBUÍDA AO CHEFE DE ESTADO PARA PROCEDER À VALORAÇÃO DA CLÁUSULA PERMISSIVA DO DIPLOMA INTERNACIONAL. VEDAÇÃO À INTERVENÇÃO DO JUDICIÁRIO NA POLÍTICA EXTERNA BRASILEIRA. ART. 84, VII, DA CONSTITUIÇÃO DA REPÚBLICA. ALEGADA VINCULAÇÃO DO PRESIDENTE AO TRATADO. GRAUS DE VINCULAÇÃO À JURIDICIDADE. EXTRADIÇÃO COMO ATO POLÍTICO-ADMINISTRATIVO VINCULADO A CONCEITOS JURÍDICOS INDETERMINADOS. NON-REFOULEMENT. RESPEITO AO DIREITO DOS REFUGIADOS. LIMITAÇÃO HUMANÍSTICA AO CUMPRIMENTO DO TRATADO DE EXTRADIÇÃO (ARTIGO III, 1, f). INDEPENDÊNCIA NACIONAL (ART. 4º, I, CRFB). RELAÇÃO JURÍDICA DE DIREITO INTERNACIONAL, NÃO INTERNO. CONSEQUÊNCIAS JURÍDICAS DO DESCUMPRIMENTO QUE SE RESTRINGEM AO ÂMBITO INTERNACIONAL. DOUTRINA. PRECEDENTES. RECLAMAÇÃO NÃO CONHECIDA. MANUTENÇÃO DA DECISÃO DO PRESIDENTE DA REPÚBLICA. DEFERIMENTO

DO PEDIDO DE SOLTURA DO EXTRADITANDO.
(...)
27. O ato político-administrativo de extradição é vinculado a conceitos jurídicos indeterminados, em especial, *in casu*, a cláusula do artigo III, 1, f, do Tratado, permissiva da não entrega do extraditando.
28. A Cooperação Internacional em matéria Penal é limitada pela regra do non-refoulement (art. 33 da Convenção de Genebra de 1951), segundo a qual é vedada a entrega do solicitante de refúgio a um Estado quando houver ameaça de lesão aos direitos fundamentais do indivíduo.
29. O provimento jurisdicional que pretende a República Italiana é vedado pela Constituição, seja porque seu art. 4º, I e V, estabelece que a República Federativa do Brasil rege-se, nas suas relações internacionais, pelos princípios da independência nacional e da igualdade entre os Estados, seja pelo fato de, no supracitado art. 84, VII, conferir apenas ao Presidente da República a função de manter relações com Estados estrangeiros.
30. Reclamação não conhecida, mantendo-se a decisão da Presidência da República. Petição Avulsa provida para que se proceda à imediata liberação do extraditando, se por al não estiver preso.
(Ext 1085 PET-AV, Relator: GILMAR MENDES, Relator p/ Acórdão: LUIZ FUX, Tribunal Pleno, julgado em 08/06/2011, DJe 02/04/2013)

EXTRADIÇÃO. DOCUMENTO DE REFUGIADO EXPEDIDO PELO ALTO COMISSARIADO DA ONU (ACNUR). CONARE. RECONHECIMENTO DA CONDIÇÃO DE REFUGIADO PELO MINISTRO DA JUSTIÇA. *PRINCÍPIO DO NON REFOULEMENT*. INDEFERIMENTO.
(...)
5. *O extraditando está acobertado pela sua condição de refugiado, devidamente comprovado pelo órgão competente – CONARE -, e seu caso não se enquadra no rol das exceções autorizadoras da extradição de agente refugiado.*
6. Parecer da Procuradoria Geral da República pela extinção do feito sem resolução de mérito e pela imediata concessão de liberdade ao extraditando.
7. Extradição indeferida. 8. Prisão preventiva revogada.
(Ext 1170, Relatora: ELLEN GRACIE, Tribunal Pleno, julgado em 18/03/2010, DJe 23/04/2010)

CONSTITUCIONAL. INTERNACIONAL. HABEAS CORPUS. REFUGIADO. EXPULSÃO. VIOLAÇÃO DO DEVIDO PROCESSO LEGAL. CONVENÇÃO DAS NAÇÕES UNIDAS SOBRE O ESTATUTO DOS REFUGIADOS. LEI 9.474/97. ORDEM CONCEDIDA.
(...)

3. A garantia do devido processo legal constitui direito fundamental assegurado pelo art. 5º, LV, da Constituição Federal aos brasileiros e estrangeiros residentes no país, também encontrando previsão expressa na Convenção das Nações Unidas sobre o Estatuto dos Refugiados e na Lei 9.474/97, pelo que a conclusão de processo administrativo em que seja declarada a perda da condição de refugiado, assegurado o contraditório e a ampla defesa, deve ser reconhecida como limitação ao poder discricionário do Executivo para expulsar um estrangeiro que ostente a condição de refugiado.

4. Hipótese em que a portaria de expulsão foi editada sem que tivesse sido levada em consideração a condição de refugiado do paciente, tendo o próprio impetrado informado estar a medida de expulsão sobrestada, já que "enquanto o interessado detiver o status de refugiado, a expulsão não poderá ser efetivada, sendo condicionada à perda do refúgio, observados o devido processo legal e a ampla defesa" (e-STJ, fl. 58).

5. É nula a portaria de expulsão editada contra refugiado antes de instaurado regular processo administrativo de perda do refúgio, não podendo o ato ter seus efeitos suspensos para ser convalidado por procedimento administrativo posterior.

Ordem concedida.

(HC n. 333.902/DF, relator Ministro Humberto Martins, Primeira Seção, julgado em 14/10/2015, DJe de 22/10/2015)

O art. 5º da Lei nº 9.474/1997 é expresso ao assegurar aos refugiados os mesmos direitos e deveres do estrangeiro no Brasil. O art. 22, por sua vez, determina a aplicação subsidiária da lei de migração enquanto estiver pendente o processo relativo à solicitação de refúgio.

A lei de migração (Lei nº 13.445/2017) conceitua como imigrante "a pessoa nacional de outro país ou apátrida que trabalha ou reside e se estabelece temporária ou definitivamente no Brasil". No art. 3º, há uma lista de garantias a serem asseguradas aos imigrantes, entre elas: a) promoção de entrada regular e de regularização documental; b) acolhida humanitária; c) desenvolvimento econômico, turístico, social, cultural, esportivo, científico e tecnológico do Brasil; d) garantia do direito à reunião familiar; e) igualdade de tratamento e de oportunidade ao migrante e a seus familiares; f) inclusão social, laboral e produtiva do migrante por meio de políticas públicas; g) acesso igualitário e livre do migrante a serviços, programas e benefícios sociais, bens públicos, educação, assistência jurídica integral pública, trabalho, moradia, serviço bancário e seguridade social; e h) repúdio a práticas de expulsão ou de deportação coletivas.

Passo contínuo, o Supremo Tribunal Federal tem reconhecido a inclusão dos refugiados nas políticas públicas determinando a repartição entre os entes federativos dos ônus financeiros das políticas de acolhimento. Na Ação Cível Originária (ACO) 3.121, a Suprema Corte determinou que a União transfira imediatamente recursos adicionais ao Estado de Roraima para ressarcir metade dos gastos com a prestação de serviços públicos aos imigrantes oriundos do Haiti e da Venezuela, conforme ementa:

> AÇÃO CÍVEL ORIGINÁRIA. FLUXO MIGRATÓRIO. HAITIANOS. LEGISLAÇÃO SOBRE EMIGRAÇÃO E IMIGRAÇÃO, ENTRADA, EXTRADIÇÃO E EXPULSÃO DE ESTRANGEIROS. COMPETÊNCIA PRIVATIVA DA UNIÃO. EDIÇÃO DA LEI 13.445/2017. GARANTIA AOS REFUGIADOS DOS MESMOS DIREITOS E DEVERES DO ESTRANGEIRO NO BRASIL. ART. 5º DA LEI 9.474/1997. CUSTEIO DAS POLÍTICAS PÚBLICAS. REPARTIÇÃO ENTRE OS ESTADOS. ESCOLHA DO CONSTITUINTE. TRATAMENTO DIFERENCIADO A IMIGRANTES. IMPOSSIBILIDADE. AÇÃO CÍVEL ORIGINÁRIA JULGADA IMPROCEDENTE.
>
> 1 – Ação Cível Originária interposta pelo Estado Membro com o objetivo de reconhecer a competência material da União na gestão e custeio integral de despesas com imigrantes que ingressaram no território nacional e passaram a residir nos Estados de fronteira.
>
> 2 – A Constituição Federal de 1988, ao tratar da organização do Estado, estabeleceu que é da competência privativa da União legislar sobre emigração e imigração, entrada, extradição e expulsão de estrangeiros.
>
> *3 – No exercício de sua competência privativa, a União editou a Lei 13.445/2017 – Lei de Migração – a qual afirma entre os princípios e diretrizes da política migratória brasileira, a universalidade, indivisibilidade e interdependência dos direitos humanos, a acolhida humanitária, o fortalecimento da integração econômica, política, social e cultural dos povos da América Latina, mediante constituição de espaços de cidadania e de livre circulação de pessoas e a cooperação internacional com Estados de origem, de trânsito e de destino de movimentos migratórios, a fim de garantir efetiva proteção aos direitos humanos do migrante.*
>
> 4 – O art. 5º da Lei nº 9.474/1997 (Lei dos Refugiados), por sua vez, é categórico ao assegurar aos refugiados os mesmo direito e deveres do estrangeiro no Brasil.
>
> 5 – O custeio das políticas públicas foi distribuído entre os entes federados pelo constituinte, inexistindo distinção acerca da competência para assegurar tais direitos em relação a migrantes e refugiados.
>
> 6 – Na hipótese dos autos, além de ter estabelecido políticas públicas dentro de sua esfera de competência, a União adotou medidas para o cumprimento de seus deveres constitucionais e internacionais de proteção aos refugiados e imigrantes, inclusive mediante repasse financeiro ao Estado Autor.

7 – Ação Cível Originária julgada IMPROCEDENTE.
(ACO 3113, Relator: MARCO AURÉLIO, Relator p/ Acórdão: ALEXANDRE DE MORAES, Tribunal Pleno, julgado em 13/10/2020, DJe 16/12/2020)

Mesmo com um avanço considerável dos direitos humanos dos refugiados após a Segunda Guerra Mundial, ainda se presenciam dificuldades de comunicação entre Estados-Nação em momentos de crises migratórias. Na impossibilidade de a comunidade internacional proteger cada situação pessoal, a jurisdição interna do país acolhedor deve assegurar os direitos fundamentais do refugiado e zelar pela concretização dos princípios e diretrizes previstos nos tratados internacionais, incluindo entes federados de um mesmo país.

Em síntese, no segundo capítulo tratou-se da crítica de Hannah Arendt sobre a inefetividade dos direitos humanos na proteção dos apátridas durante a Segunda Guerra Mundial; no terceiro capítulo apresentou-se a evolução do direito dos refugiados no pós-guerra, com a ressalva de que momentos de crises migratórias ainda revelam algumas fragilidades na garantia dos direitos humanos. No final do terceiro capítulo, destacou-se a importância da jurisdição nacional como meio supletivo de proteção de direitos fundamentais da pessoa. Por fim, abordaremos a relação entre moral e Direito, segundo as reflexões de Hannah Arendt sobre a "banalidade do mal".

IV A banalidade do mal e o "pensar o que estamos fazendo"

A situação dos refugiados colocados à margem dos direitos humanos e as violações cometidas contra eles representaram para Arendt uma fonte de inquietação não só jurídica (críticas aos direitos humanos), como também filosófica, a respeito da incapacidade dos operadores do Direito e funcionários burocráticos reagirem moralmente às violações de direitos humanos.

O que sempre permeou a obra de Hannah Arendt é a percepção de que a mera proclamação de direitos naturais do homem não é suficiente para conferir eficácia ao asilo e à promoção de inclusão social dos refugiados.

Essa inquietação levou a autora a escrever sobre a "banalidade do mal" que permeia a sociedade e as implicações morais de não "pensar o que estamos fazendo".

A partir do momento em que só existe norma e não existe valor, o Direito se aparta da finalidade pela qual foi constituído e pode ser utilizado como instrumento de discriminações e exclusões. Na obra *Julgamento de Eichmann: um relato sobre a banalidade de mal* (1963), Arendt desperta a necessidade de se refletir sobre as implicações morais e políticas da falta do "pensar o que estamos fazendo", tendo em memória a ascensão de governos totalitários e da perseguição de judeus, começando pela sua desnaturalização (ou desnacionalização), passando por sua exclusão em campos de concentração, encerrando-se com o holocausto.

O livro narra o julgamento de Adolf Eichmann,[19] funcionário mediano, carreirista de vida dedicada ao trabalho burocrático, que ficou conhecido por ser a pessoa encarregada de conduzir trens com judeus para os campos de concentração. Eichmann foi encontrado na Argentina, preso e julgado por um Tribunal de exceção em Israel. No julgamento, o funcionário público apresentou-se como uma pessoa "assustadoramente normal" – alegava não odiar judeus e invocava a virtude de cumprir fielmente a sua função de conduzir e fazer a logística de trens.[20]

O perturbador para Hannah Arendt é o conformismo e a total falta de senso moral do funcionário que no julgamento repetia frases feitas e em nenhum momento mostrava remorso quanto às consequências de seus atos.

Arendt descreve a "banalidade do mal" como a forma indiferente e despercebida em que a violência paira sobre a sociedade. Trata-se do esquecimento da moralidade e da justiça através da burocratização, massificação e a totalização do homem (a perda do homem de si mesmo, a perda de seus direitos nacionais, etc.). A banalidade é a não existência da dicotomia entre o mal e o sistema.

Os acontecimentos catastróficos da Segunda Guerra Mundial revelaram uma tremenda vulnerabilidade dos padrões morais que aparentavam ser valores sólidos. A questão moral levantada no século XX é sem dúvida: "Como, sem muita dificuldade, a moralidade foi

---

[19] Hannah Arendt acompanhou o julgamento de Eichmann como enviada pela revista *The New Yorker*, escrevendo cinco artigos que resultaram no livro *Eichmann em Jerusalém – Um relato sobre a banalidade do mal*. Eichmann foi julgado por 15 acusações, entre elas *crime contra a humanidade*, crime contra o povo judeu e de pertencer a uma organização criminosa, e condenada à morte. A pena de morte era permitida em Israel, porém Adolf Eichmann foi o primeiro criminoso a ser enforcado.

[20] "É horrendo constatar que Eichmann era terrivelmente normal" (*Eichmann em Jerusalém: um relato sobre a banalidade do mal*. Trad. José Rubens Siqueira. São Paulo: Companhia das Letras, 1999).

subvertida a ponto de se criarem campos de concentração?", "Como se mudam as maneiras à mesa de todo um povo?".[21]

O conjunto de regras que uma sociedade chama de ética, ou mesmo de direitos humanos, não se sustenta em si, pois, como relatado nos regimes totalitários, ela pode ser invertida ou subvertida. Pensar a moralidade vai além do campo dos costumes e das leis. Arendt sugere que a questão moral seja tratada a partir da capacidade do homem de pensar o que está acontecendo e submeter esses acontecimentos ao seu juízo.

A delegação das regras morais ao regime instituído ou mesmo ao conjunto de regras postas contraria a própria capacidade inata do homem de saber se posicionar diante de acontecimentos no mundo.

O homem possui interesse natural em buscar o conhecimento, a verdade e o sentido, por isso, Immanuel Kant era contrário à ideia de que a filosofia só existe para poucos, traçando uma diferenciação entre pensar e conhecer. Uma pessoa conhecedora de algo não é obrigatoriamente uma pessoa sábia, tendo em vista que o pensamento pode ser renegado pelas necessidades mais imediatas da vida. Arendt retoma a distinção de Kant entre razão e intelecto:

> Devemos a Kant a distinção entre pensar e conhecer, entre a razão, a premência de pensar e compreender, e o intelecto, que deseja e é capaz de certo conhecimento verificável (...) A capacidade e a necessidade de pensar não se restringem absolutamente a qualquer tema específico, como as questões que a razão propõe e sabe que nunca será capaz de responder. Kant não negou o conhecimento, mas separou o conhecer do pensar e abriu espaço não para a fé, mas para o pensamento. Como certa vez sugeriu, ele na verdade 'eliminou os obstáculos pelos quais a razão atrapalha a si mesma'.[22]

Não é, portanto, o conhecer (o domínio das informações ou o saber como fazer) o requisito indispensável para poder filosofar, mas sim o "pensar" – o exercício da crítica e do frequentar o saber e os grandes valores – que está presente em todos os homens.

O termo *banalidade do mal* concebido por Arendt serve como conceito ideal para se entender que, diferentemente da opinião comum da filosofia tradicional de que o mal é a ausência do bem (uma pessoa

---

[21] ARENDT, 1972 *apud* VALLÉE, Catherine. *Hannah Arendt*: Sócrates e a questão do totalitarismo. Lisboa: Instituto Piaget, 2003.
[22] *Responsabilidade e julgamento*. Edição de Jerome Kohn. Tradução de Rosaura Eichenberg. São Paulo: Companhia das Letras, 2004, p. 231.

maligna seria aquela que se desvirtuou da bondade), o mal banal é aquele que rodeia uma sociedade desapercebidamente, em que as violações aos direitos humanos são aceitas por pessoas comuns que não são diabólicas, apenas indiferentes ao pensamento.

Arendt propõe então uma busca moral no exercício do pensar: "precisaríamos do exercício da razão como a faculdade do pensamento, para impedir o mal". Mas, como um empreendimento sem resultados (já que não pertence à lógica instrumental dos fins), que para acontecer precisa se distanciar do mundo (já que é contemplativo) e de cunho geral e teórico (já que não é objetivo nem prático), poderia ser relevante para que o homem possa nele se apoiar e saber distinguir o certo do errado?

Arendt então recorre ao exemplo do filósofo Sócrates, que acreditava poder ensinar homens a serem mais virtuosos, piedosos, corajosos ou justos através das discussões sobre a virtude, a piedade, a coragem ou a justiça, mesmo que essas discussões não terminassem com definições ou orientações para condutas futuras.

Em seus debates, Sócrates incitava seus interlocutores e os despertava a examinar questões, doutrinas e regras, deixando-os perplexos e ávidos na busca de sentidos. Ele impelia seus próximos a depurar tudo de ruim em suas opiniões, sem, entretanto, dar-lhes a verdade, tendo em vista não ser ele um doutrinador, nem alguém que ditasse normas fixas e concretas, mas alguém que punha em movimento as questões, mesmo que não chegasse a lugar nenhum.

Por isso, à imagem-semelhança da parteira que dá à luz uma criança, dá-se à luz o pensamento.[23] Segundo Sócrates, uma vida em que não se examinam os acontecimentos não vale a pena ser vivida. O pensar acompanha o viver quando, para isso, é preciso levar consigo as considerações a respeito da felicidade, do prazer, da temperança, da coragem e da justiça.

Dizia Sócrates: "É melhor sofrer o mal do que fazer o mal"[24] e "Seria melhor para mim que a minha lira ou um coro que eu dirigisse fossem desafinados ou estridentes com dissonâncias, e que multidões de homens discordassem de mim do que eu, sendo um só, estivesse em desarmonia comigo mesmo e me contradissesse".[25]

---

[23] Não seria certa, portanto, a noção difundida de que Sócrates dava luz à verdade, mas sim ao pensamento.

[24] PLATÃO, *Górgias* [469b-c] *in:* ARENDT, Hannah. Responsabilidade e julgamento. Edição de Jerome Kohn. Tradução de Rosaura Eichenberg São Paulo: Companhia das Letras, 2004, p. 146.

[25] ARENDT, Hannah. *Responsabilidade e julgamento*. Edição de Jerome Kohn. Tradução de Rosaura Eichenberg São Paulo: Companhia das Letras, 2004, p. 154.

O pensar, segundo o filósofo Platão, discípulo de Sócrates, é um diálogo silencioso entre mim e mim mesmo,[26] esse dois-em-um no qual o pensador, sendo ele mesmo, teme se contradizer.

Esse temor tem repercussão ética, já que caso o pensador praticasse algo que contrariasse seu entendimento moral ou mais ainda, praticasse atrocidades, teria como companhia e testemunha um outro que ele não gostaria que fosse seu parceiro mais íntimo. Pensar e agir devem, portanto, estar em forma e em harmonia entre si.

O caráter crítico e desconstrutivista do pensamento é o que possibilita uma outra faculdade mais prática do homem, que é a faculdade do julgar, que é a apuração dos discursos e dos acontecimentos não examinados. Escreve Arendt que o elemento purificador do pensar é político por implicação, já que enseja julgamentos e motiva deliberações.[27]

Sendo o pensamento contemplativo, puramente teórico e separado do mundo dos acontecimentos, a faculdade do julgar, propriamente dita, é que se relaciona com os fatos particulares e imediatos, quer dizer, aqueles acontecimentos que precisam de uma resolução espontânea, não podendo o homem distanciar-se para refletir. A capacidade de reagir moralmente a acontecimentos do mundo corresponde ao que o filósofo Kant chama de razão prática.

O julgar dá realidade ao pensar. Levando em conta as alegações e meditações que o pensamento proporciona, somos mais capazes de julgar, de distinguir o certo do errado, de alegar contradições veladas em discursos, de denunciar evidências ignoradas e violações de direitos humanos.

Em conclusão, a importância que Hannah Arendt dá à filosofia moral advém das atrocidades da Segunda Guerra Mundial e do holocausto. Para que as normas não sejam utilizadas como instrumentos de agressão à pessoa humana, o Direito deve sempre comunicar-se com a moral. Para tanto, a filósofa exalta a importância do pensamento atribuindo a ele um caráter político, já que libera a faculdade do julgamento em situações de crise e de violação de direitos humanos.

---

[26] PLATÃO, *Sofista*, em Os Pensadores, São Paulo: Abril Cultural, 1972, p.195-198- 261e a 264b.
[27] ARENDT, Hannah. *Responsabilidade e julgamento*. Edição de Jerome Kohn. Tradução de Rosaura Eichenberg. São Paulo: Companhia das Letras, 2004, p. 257.

V Conclusão

Neste artigo, abordou-se a denúncia de Hannah Arendt à exclusão dos apátridas do "direito a ter direitos", condição que permitiu as atrocidades cometidas durante a Segunda Guerra Mundial, ainda que dentro de um regime de Estado de Direito. A experiência do holocausto motivou escritos filosóficos da pensadora sobre a "banalidade do mal" e da necessidade de "pensarmos o que estamos fazendo", principalmente em momentos de crise humanitária que encadeiam crises migratórias.

Valores devem mover pessoas e principalmente estadistas, mas a estrutura jurídica para o acolhimento de refugiados deve preexistir a qualquer evento de violação de direitos humanos, de modo que a conjunção moral-Direito deve servir de parâmetro de proteção de vulneráveis.

O Direito Humanitário Internacional, apesar de ser uma disciplina que recorre constantemente ao pensamento moral, ainda engatinha na consolidação de uma estrutura de acolhimento eficaz e solidária, que abarque métodos de solução de conflitos de forma célere e medidas de responsabilidade de nações que não cumprem os compromissos humanitários.

Referências

AGAMBEN, Giorgio. *Estado de exceção*. Trad. Iraci D. Poleti. São Paulo: Boitempo, 2004.

ARENDT, Hannah. *A dignidade da política*: ensaios e conferências. Trad. Antonio Abranches. Rio de Janeiro: Relume Dumará, 1993.

ARENDT, Hannah. *Vida do espírito* – o pensar, o querer e o julgar. 2. ed. Rio de Janeiro: Civilização Brasileira, 2010.

ARENDT, Hannah. *Eichmann em Jerusalém*: um relato sobre a banalidade do mal. Trad. José Rubens Siqueira. São Paulo: Companhia das Letras, 1999.

ARENDT, Hannah. *Origens do totalitarismo*. Trad. Roberto Raposo. São Paulo: Cia. das Letras, 2000.

ARENDT, Hannah. *Responsabilidade e julgamento*. Edição de Jerome Kohn. Tradução de Rosaura Eichenberg São Paulo: Companhia das Letras, 2004.

GODOY, Arnaldo Sampaio de Moraes. *O pensamento de Hannah Arendt e os paradoxos dos direitos humanos*. Disponível em: https://www.conjur.com.br/2014-set-14/embargos-culturais-pensamento-hannah-arendt paradoxos direitos humanos. Acesso em: 30 maio 2022.

JUBILUT, Liliana Lyra. *O Direito internacional dos refugiados e sua aplicação no orçamento jurídico brasileiro*. São Paulo: Método, 2007.

PIOVESAN, Flavia Cristina. O direito de asilo e a proteção internacional dos refugiados. *In*: RODRIGUES, Viviane Mozine (coord.). *Direitos humanos e refugiados*. Curitiba: CRV, 2016, p. 51-87.

PEREIRA, Ana Paula Silva. A crítica de Hannah Arendt aos direitos humanos e o direito a ter direitos. *Perspectiva Filosófica*, vol. 42, n. 1, 2015.

PLATÃO. *Sofista*, Coleção Os Pensadores. São Paulo: Abril Cultural, 1972.

REZEK, Francisco. *Direito Internacional Público*. 16. ed. São Paulo: Saraiva, 2016.

VALLÉE, Catherine. *Hannah Arendt*: Sócrates e a questão do totalitarismo. Lisboa: Instituto Piaget, 2003.

Informação bibliográfica deste texto, conforme a NBR 6023:2018 da Associação Brasileira de Normas Técnicas (ABNT):

BURLE, Fernanda; SARAIVA NETO, Oswaldo Othon de Pontes. Direito dos refugiados: considerações jurídicas e morais. Análise do pensamento de Hannah Arendt sobre o "direito a ter direitos" e o "pensar o que estamos fazendo". *In*: SARAIVA FILHO, Oswaldo Othon de Pontes; BERTELLI, Luiz Gonzaga; SIQUEIRA, Julio Homem de (coord.). *Direitos dos refugiados*. Belo Horizonte: Fórum, 2024. (Coleção Fórum Direito Internacional Humanitário, v. 1, t. 1). p. 191-211. ISBN 978-65-5518-615-4.

DIREITOS E DEVERES DOS REFUGIADOS: O PRINCÍPIO CONSTITUCIONAL DA FRATERNIDADE COMO INSTRUMENTO DE CONCRETIZAÇÃO DOS DIREITOS DOS REFUGIADOS (AGENDAS DA ONU 2030/2045)[1]

LAFAYETTE POZZOLI

ROGÉRIO CANGUSSU DANTAS CACHICHI

GILMAR SIQUEIRA

1 Introdução

Este artigo proporá o princípio da fraternidade como paradigma hermenêutico para o século XXI, a começar por sua inserção nas agendas da Organização das Nações Unidas – ONU. Considerando que refletir sobre a fraternidade como paradigma hermenêutico é um tema bastante amplo – ainda que localizado no contexto das agendas da ONU –, o artigo tratará do princípio fraterno a partir do tema da migração, que envolve refugiados e imigrantes.

É necessário verificar como a fraternidade pode estar presente no tema da migração. Para isso a primeira seção do artigo tentará encontrar

---

[1] Vale observar que no momento final de escrita do presente artigo estourou a guerra entre Rússia e Ucrânia. Os noticiários dão conta do grande número de refugiados já existente nos primeiros dias da guerra. A União Europeia já declarou que receberá os refugiados. Mais um assunto que será objeto de análise em futuro artigo.

a perspectiva subjacente à lei de migração brasileira de 2017. Não serão analisados todos os artigos da lei, mas apenas aqueles que garantem os direitos dos migrantes e parecem demandar deles um compromisso com a comunidade brasileira. O objetivo dessa análise será verificar se a integração à comunidade brasileira é uma possível perspectiva subjacente à Lei nº 13.445, de 2017.

A preocupação tanto pela recepção dos migrantes quanto por verificar as causas da migração (que pode resultar de conflitos militares ou problemas econômicos) revela uma preocupação pelos direitos humanos. Pensar tanto no tema da migração quanto no tema da fraternidade, portanto, é necessariamente pensar sobre os direitos humanos. A segunda seção do artigo será dedicada à concepção analógica dos direitos humanos e sua relação com o princípio da fraternidade.

A terceira seção, por fim, estará dedicada à possível inserção do princípio da fraternidade como paradigma hermenêutico nas agendas da ONU.

A pesquisa foi desenvolvida utilizando o método de abordagem hipotético-dedutivo, o procedimento comparativo, a técnica de documentação indireta, a pesquisa bibliográfica: em livros e periódicos jurídicos; documental; em legislação e em sites eletrônicos.

2 A nova lei de migração brasileira: tentativa de integrar refugiados e imigrantes

O tema da migração de pessoas é matéria recorrente na imprensa, sobretudo em se tratando da recepção dos imigrantes que vão a países desenvolvidos e as responsabilidades que esses países deveriam (ou não) assumir. Mas é importante lembrar que, segundo informações da ONU, são os países em desenvolvimento os que mais recebem imigrantes buscando abrigo e proteção, os denominados refugiados (ACNUR, 2020).

Isso leva a uma série de questões sobre a recepção de imigrantes e as causas que motivam a migração. Se, por um lado, alguns países podem receber imigrantes que fogem de conflitos militares nos seus países de origem, por outro lado a pressão externa para que os conflitos acabem é igualmente importante. Receber imigrantes não ajuda a mitigar a crise de um país, mas apenas de uma pequena parte da sua população. Claro que ajudar um contingente de pessoas – ainda que pequeno se comparado a toda a população – é importante, mas ao mesmo tempo é necessário atacar a causa do problema que deu origem à necessidade de migrar.

Outro problema são os critérios e possibilidades de recepção dos imigrantes e refugiados em todos os países, estejam ou não em desenvolvimento. Esse problema abre perspectivas éticas diferentes. Perspectivas mais universalistas podem concentrar o foco na universalidade dos direitos humanos (sejam eles fundamentados ética ou politicamente) e, consequentemente, no dever de atender e receber os imigrantes e refugiados; perspectivas mais particularistas, por outro lado, ainda que aceitando a universalidade dos direitos humanos, podem concentrar o foco em circunstâncias específicas que habilitariam (ou não) cada país a receber imigrantes e refugiados (BADER, 2005, p. 335). Essas perspectivas não são necessariamente opostas, mas revelam uma tensão com a qual é preciso lidar.

> Eu acredito que toda a filosofia prática produtiva tem que lidar com a tensão entre a tendência universalizadora dos princípios morais e a tendência particularizadora das instituições, culturas e práticas, a fim de evitar dois perigos. Primeiro, o perigo de universalismo abstrato, meramente estipulado, de uma visão moral imaginária a partir de lugar nenhum; e segundo, o perigo de um particularismo não refletido, de uma aceitação não crítica de 'nossas' instituições e práticas particulares como 'falsas necessidades', ou moralmente corretas ou pelo menos defensáveis enquanto 'primeiras aproximações'.[2] (BADER, 2005, p. 336).

Considerada a tensão explicada por Bader, é necessário distinguir entre os conceitos de migração, imigração e refúgio. Migração é o conceito mais amplo e se refere à mudança de um país a outro. Tanto imigrantes quanto refugiados são, nesse sentido mais amplo, migrantes. A condição dos refugiados é mais específica e, na sua página virtual, a Agência da ONU para Refugiados (ACNUR) definiu o conceito da seguinte maneira:

> Os *refugiados* são pessoas que escaparam de conflitos armados ou perseguições. Com frequência, sua situação é tão perigosa e intolerável que devem cruzar fronteiras internacionais para buscar segurança nos

---

[2] Texto original: *"I believe that all productive practical philosophy has to deal with the tension between the universalizing trend of moral principles and the particularizing trend of institutions, cultures, and practices in order to avoid two dangers. First, the danger of abstract, merely stipulated universalism, of an imaginary moral view from nowhere; and second, the danger of unreflective particularism, of an uncritical acceptance of 'our' particular institutions and practices as 'false necessities' or as morally right or at least as defensible 'first approximations'"*.

países mais próximos, e então se tornarem um 'refugiado' reconhecido internacionalmente, com o acesso à assistência dos Estados, do ACNUR e de outras organizações. São reconhecidos como tal, precisamente porque é muito perigoso para eles voltar ao seu país e necessitam de um asilo em algum outro lugar. Para estas pessoas, a negação de um asilo pode ter consequências vitais. (ACNUR, 2015, destaque no original)

Os refugiados são perseguidos em seus países de origem (ou residência) e por isso se veem forçados a abandoná-los. O regresso a esses países pode representar para eles um risco grave e por isso existe a demanda por proteção. O *status* de refugiado é específico e juridicamente reconhecido pela Convenção das Nações Unidas relativa ao Estatuto dos Refugiados (ACNUR, 1951), que foi promulgada no Brasil pelo Decreto nº 50.215, de 1961, e implementada pela Lei nº 9.474, de 1997. Com o objetivo de proteger vítimas (potenciais e atuais) de violações dos direitos humanos foi criado um *status* jurídico que demandasse ação imediata por parte dos signatários da convenção relativa aos refugiados. Se o perigo que corre alguém qualificado como refugiado é iminente, pronta deverá ser a resposta dada pelo Estado a que o refugiado acudir.

A Lei nº 9.474, de 1997, em seu artigo 1º, acompanha a Convenção das Nações Unidas de 1951 e descreve a circunstância do refugiado da seguinte maneira:

> Art. 1º Será reconhecido como refugiado todo indivíduo que:
> I - devido a fundados temores de perseguição por motivos de raça, religião, nacionalidade, grupo social ou opiniões políticas encontre-se fora de seu país de nacionalidade e não possa ou não queira acolher-se à proteção de tal país;
> II - não tendo nacionalidade e estando fora do país onde antes teve sua residência habitual, não possa ou não queira regressar a ele, em função das circunstâncias descritas no inciso anterior;
> III - devido a grave e generalizada violação de direitos humanos, é obrigado a deixar seu país de nacionalidade para buscar refúgio em outro país. (BRASIL, 1997)

A preocupação da Convenção da ONU de 1951, acompanhada pela legislação brasileira correspondente, é de que não haja entrave para que pessoas em perigo ingressem no território nacional: eis a justificativa para a criação do *status* jurídico do refugiado. O imigrante, por sua vez, é quem deixa o país que reside por causas outras que não a perseguição ou conflito; alguém que almeje uma carreira profissional economicamente mais rentável, por exemplo. Dadas as circunstâncias atuais e os intensos movimentos migratórios, é necessário considerar que muitas vezes fica difícil para os países que recebem migrantes discernir individualmente quem é refugiado e quem imigrante. Esse é outro problema que precisa ser levado em consideração e enfrentado sobre o terreno.

A Convenção da ONU de 1951 estabelece direitos que os refugiados terão no território que os acolher: propriedade móvel e imóvel (art. 13), acesso à justiça (art. 16), profissões assalariadas, não assalariadas e liberais (arts. 17 a 19), educação (art. 22) etc. Parece haver aqui a preocupação pela integração do refugiado à comunidade que o acolher: integração que lhe concederá oportunidades e ao mesmo tempo demandar-lhe-á um compromisso. O artigo 7º da Convenção, por sua vez, dispõe que, exceto pelas disposições mais favoráveis contidas na própria Convenção, "[...] um Estado Contratante concederá aos refugiados o regime que concede aos estrangeiros em geral" (ACNUR, 1951). Isso significa que, cumpridos os requisitos para que alguém seja considerado refugiado num determinado território nacional, o regime jurídico a ser aplicado para essa pessoa será a respectiva legislação nacional e migração.

O artigo 7º demonstra a necessidade de coordenação entre legislação nacional e internacional para a proteção (refúgio, propriamente dito) de pessoas perseguidas e também para a tentativa de fazer com que cada país procure receber e integrar essas pessoas da melhor forma possível. Nos casos de migração em sentido amplo, os migrantes não cortam relações com os países de origem: familiares (ainda que afastados), idioma e cultura continuarão a compor a identidade dos migrantes de tal maneira que não podem ser elementos ignorados pelo país que os receber. Mas, ao mesmo tempo, sem perder essa identidade, será demandada dos migrantes uma abertura para contribuir (não apenas economicamente) com o país que os receber. Essa demanda de contribuição não poderá ser abstratamente estipulada, mas dependerá de cada país e suas circunstâncias.

Por isso, tratando especificamente do caso brasileiro, é importante analisar alguns elementos da Lei de Migração – a Lei nº 13.445, de 2017 – em que aparecem claramente delimitados os princípios e garantias dos migrantes, a fim de compreender também quais serão os seus deveres.

O artigo 3º, em seus 22 incisos, trata dos princípios e diretrizes que regem a política migratória brasileira. O primeiro deles é o da "universalidade, indivisibilidade e interdependência dos direitos humanos" (BRASIL, 2017), do qual decorre a não discriminação, a acolhida humanitária, a garantia do direito à reunião familiar, a inclusão social e profissional etc. Lidos sistematicamente, os incisos do artigo 3º trazem garantias que permitirão ao migrante integrar a sociedade brasileira. Mas essa integração não envolverá ruptura com o país de origem. Nesse sentido, vale citar alguns incisos:

> XIV - fortalecimento da integração econômica, política, social e cultural dos povos da América Latina, mediante constituição de espaços de cidadania e de livre circulação de pessoas;
> XV - cooperação internacional com Estados de origem, de trânsito e de destino de movimentos migratórios, a fim de garantir efetiva proteção aos direitos humanos do migrante;
> XVI - integração e desenvolvimento das regiões de fronteira e articulação de políticas públicas regionais capazes de garantir efetividade aos direitos do residente fronteiriço;
> [...].
> XX - migração e desenvolvimento humano no local de origem, como direitos inalienáveis de todas as pessoas. (BRASIL, 2017)

Não é em vão que o inciso XIV trata do fortalecimento da integração do Brasil com os demais países da América Latina: a proximidade geográfica requer um estreitamento de laços e a consideração de que, caso haja necessidade de migrar, o estreitamento de laços entre o Brasil e seus vizinhos americanos será benéfico tanto para os brasileiros que saírem quanto para os estrangeiros que entrarem. O inciso XVI é uma continuação dessa perspectiva. Os incisos XV e XX, por sua vez, complementam-se no sentido de que é preciso cuidado e cooperação com os países de origem dos migrantes; se por um lado o Brasil, conforme o inciso XIX, garantirá a proteção ao brasileiro no exterior, por outro lado essa garantia será melhor atendida quando o Brasil e o país estrangeiro estiverem com boas relações. A necessidade de cooperar com países cujos estrangeiros se encontrem vivendo no território brasileiro é igualmente importante.

Conforme mencionado anteriormente, a migração pode ser meio para que um grupo de pessoas consiga escapar de um perigo iminente (no caso dos refugiados) ou alcance alguma melhora de vida almejada (no caso dos imigrantes). Mas isso não será igualmente válido para toda a população de um país com determinado problema; além do mais, os laços dos migrantes com seus países de origem não serão rompidos (e a legislação brasileira tampouco pede semelhante ruptura). É necessário, portanto, que o Brasil estabeleça relações com os países de origem dos migrantes a fim de, na medida do possível, oferecer a ajuda necessária. Tal necessidade será mais forte à medida que o Brasil tiver maiores relações com um determinado país de origem (se for do continente americano, por exemplo).

O artigo 4º garante ao migrante, em condição de igualdade com os nacionais, "[...] a inviolabilidade do direito à vida, à liberdade, à igualdade, à segurança e à propriedade [...]", além de direitos e liberdades civis, direito à reunião familiar, acesso à justiça e à educação etc. O inciso V do artigo 4º é particularmente interessante ao estabelecer o "[...] direito de transferir recursos decorrentes de sua renda e economia pessoais a outro país, observada a legislação aplicável" (BRASIL, 2017). Se o migrante procurar o Brasil para trabalhar e conquistar uma melhor condição econômica, além de contribuir com o Brasil (por meio da execução do seu trabalho, dos impostos e da movimentação econômica), ele poderá ainda auxiliar, por exemplo, familiares seus que permaneceram no país de origem. Por esse dispositivo se pode perceber tanto a abertura para a contribuição do migrante no Brasil quanto o fomento à contribuição com seu próprio país, sem a necessidade de romper os vínculos.

Em seu artigo 30 a Lei de Migração estipula as condições para que seja concedida a residência ao migrante no território brasileiro. Dentre elas, no inciso I, encontram-se pesquisa, tratamento de saúde, acolhida humanitária, estudo e reunião familiar. O inciso II traz os casos em que a pessoa for "[...] beneficiária de tratado em matéria de residência e livre circulação" (BRASIL, 2017), tenha alguma oferta de trabalho, tenha o benefício do refúgio, asilo ou proteção ao apátrida. Como se pode ver, esse artigo garante a residência em dois tipos de circunstâncias consonantes com a Convenção da ONU de 1951: (I) no caso dos imigrantes, ao comprovarem a atividade a ser realizada no país; e (II) no caso dos refugiados, asilados ou apátridas, que têm proteção especial. É necessário perceber aqui que o migrante deverá ter razões (motivos) para residir no território brasileiro.

A integração do migrante em território brasileiro não envolve a ruptura de seus vínculos, mas a manutenção deles numa nova circunstância. Isso fica mais claro quando se pensa na família: dentre as garantias aos migrantes está a de reunião familiar; garantia esta que aparece também dentre as condições de residência ao migrante no território brasileiro. O artigo 37 trata especificamente do visto ou autorização de residência para reunião familiar que será concedido ao imigrante:

I - cônjuge ou companheiro, sem discriminação alguma;

II - filho de imigrante beneficiário de autorização de residência, ou que tenha filho brasileiro ou imigrante beneficiário de autorização de residência;
III - ascendente, descendente até o segundo grau ou irmão de brasileiro ou de imigrante beneficiário de autorização de residência; ou
IV - que tenha brasileiro sob sua tutela ou guarda. (BRASIL, 2017)

Pela Lei de Migração o Estado toma iniciativa de oferecer oportunidades de integração na sociedade brasileira aos migrantes começando pelos direitos civis e indo até a proteção da família, numa perspectiva que mostra a importância da família para o desenvolvimento humano na comunidade. A mesma lógica de integração pode ser percebida quando se analisa, por exemplo, o artigo 54, que trata da expulsão. Poderão ser expulsos os migrantes ou visitantes que forem condenados com sentença transitada em julgado pela prática de crimes de genocídio, contra a humanidade, de guerra ou agressão conforme definidos pelo Estatuto de Roma. Também poderão ser expulsos aqueles que forem condenados por "crime comum doloso passível de pena privativa de liberdade, consideradas a gravidade e as possibilidades de ressocialização em território nacional" (BRASIL, 2017). Esses migrantes também receberão a garantia do devido processo legal.

Serão expulsos do território brasileiro, portanto, aqueles migrantes que atentarem diretamente contra o direito e, portanto, que violarem as oportunidades de integração e convivência oferecidas pelo Brasil. Mesmo nos casos de expulsão se pode ver como ainda permanece a lógica de oferecer condições de adaptação ao migrante.

A Lei de Migração de 2017 é mais vasta e outros artigos também poderiam ser citados e interpretados. O objetivo de mencionar e comentar alguns deles foi o de ressaltar a perspectiva que parece justificar a lei como um todo: o Brasil aceitará, protegerá e oferecerá condições aos migrantes para que participem ativamente da sociedade brasileira e sem que precisem romper os vínculos com seus países de origem. Essa abertura do Brasil demandará aos migrantes – sejam ou não refugiados – um esforço para aproveitarem as oportunidades de integração e contribuírem com o país, ou seja, os migrantes têm deveres que podem ser remetidos ao enunciado do artigo 29 da Declaração Universal dos Direitos Humanos: "Toda pessoa tem deveres para com a comunidade, em que o livre e pleno desenvolvimento de sua personalidade é possível" (POZZOLI, 2001, p. 188).

O que o Brasil fez por meio da Lei de Migração foi realizar aquilo que se comentou no início do artigo: a resposta ao amplo problema da migração só pode ser dada de maneira concreta, conforme as circunstâncias de cada país envolvido.

Na sequência será realizada uma análise do princípio constitucional da fraternidade numa perspectiva dos direitos humanos.

3 A fraternidade e a concepção analógica dos direitos humanos

A tentativa de trazer à luz uma perspectiva da Lei de Migração de 2017 foi mostrar como a preocupação com os direitos humanos, respeitando a sua universalidade, também é local e depende das circunstâncias. Isso não significa que os direitos humanos dependam das circunstâncias para existir, mas que serão realizados (atualizados) na concretude da vida. Nesse sentido é que Juan Cianciardo (2020, p. 156) entende que os direitos humanos encontram uma base tripla:

> [...] a dignidade humana, que determina a inviolabilidade e a universalidade, a maneira como tratar os direitos humanos; a natureza humana, que indica qual é o conteúdo básico de cada um dos direitos; as circunstâncias sociais, política e econômicas, à luz das quais cada direito acaba aparecendo com seu perfil nítido. Os dois primeiros elementos são universais: encontram-se presentes em todos os seres humanos. Daí surge, pois, a universalidade dos direitos.[3] (tradução nossa)

De modo que a universalidade dos direitos humanos não é afastada, mas antes garantida, nas circunstâncias sociais porque "[...] os direitos humanos são direitos da pessoa, mas não de uma pessoa abstrata e ideal, e sim de uma pessoa que só se pode compreender plenamente num contexto cultural"[4] (CIANCIARDO, 2020, p. 150, tradução nossa). Isso significa que, para os direitos humanos, o contexto social é importante. Mas o que se pode entender por contexto social? Tanto o lugar de origem da pessoa quanto as relações estabelecidas com os demais membros da sua comunidade. É na comunidade que o flores-

---

[3] Texto original: "[...] *la dignidad humana, que determina la inviolabilidad y la universalidad, el cómo tratar los derechos; la naturaleza humana, que indica cuál es el contenido básico de cada uno de los derechos; las circunstancias sociales, políticas y económicas, a la luz de las cuales cada derecho acaba apareciendo con su perfil nítido. Los dos primeros elementos son universales: se encuentran presentes en todos los seres humanos. De allí surge, pues, la universalidad de todos los derechos*".

[4] Texto original: "[...] *los derechos humanos son derechos de la persona, pero no de una persona abstracta e ideal, sino de una persona que sólo se puede comprender plenamente en un contexto cultural*".

cimento será buscado e as diferentes formas de organização existem para propiciar essa busca.

> Comunidades diferentes vão assegurar os *mesmos* direitos de um *modo diferente*, pois todas as pessoas são dotadas de razão e consciência, mas todas livremente decidiram organizar sua vida política, econômica, social e cultural de um *modo distinto* para efetivar os *mesmos direitos* em *circunstâncias distintas*. É a concepção analógica dos direitos humanos que está aqui presente. (BARZOTTO, 2010, p. 53, destaques do autor)

O que Juan Cianciardo e Luis Fernando Barzotto querem dizer quando falam do contexto cultural e da concepção analógica dos direitos humanos, respectivamente? Já que ambas as perspectivas parecem coincidir, vale retomar o argumento do autor brasileiro sobre o que seja a concepção analógica dos direitos humanos e a partir dela será possível ver a força do contexto cultural de que falou o autor argentino.

Luis Fernando Barzotto entende que a dogmática jurídica não dá conta de explicar os direitos humanos porque (I) ela está dedicada à sistematização de um ordenamento jurídico positivo em que os direitos subjetivos são determinados a partir de estatutos jurídicos e não da condição humana em si; e (II) também porque, filosoficamente, a dogmática jurídica é vista da perspectiva jusracionalista dos direitos do ser humano, na qual o direito é uma qualidade inerente à pessoa e não uma relação com os outros (como era o *jus* clássico) (BARZOTTO, 2010, p. 43-44).

Se os direitos humanos, conforme a Declaração Universal dos Direitos Humanos de 1948, são atribuíveis a todos os seres humanos e aos ordenamentos jurídicos de cada comunidade cabe o seu reconhecimento, então é necessário compreendê-los a partir da ética. E Barzotto o faz a partir da ética de Santo Tomás de Aquino, que, segundo o autor brasileiro, torna possível compreender os direitos humanos como sistematização das exigências de justiça, expressão dos aspectos da vida boa, garantia do caráter distributivo do bem comum e expressão das exigências da dignidade da pessoa humana (BARZOTTO, 2010, p. 45-47).

O titular de um direito subjetivo é quem cumpre requisitos estabelecidos pelo ordenamento jurídico. No entanto, o titular dos direitos humanos é quem pertence à espécie humana. "A determinação, portanto, do sujeito dos direitos humanos exige uma antropologia, uma resposta articulada à questão: 'Quem é o ser humano?'" (BARZOTTO, 2010, p. 48).

A antropologia, por sua vez, encontrará fundamento numa teoria do ser (metafísica) anterior e, por essa razão, o autor trouxe três grandes concepções metafísicas que, ao terem certa visão de quem é o ser humano, também fundamentariam de alguma maneira os direitos humanos. Essas concepções são a idealista, a empirista e a realista.

O idealismo tem uma noção unívoca dos direitos humanos, posto que o ser humano é essencialmente reduzido a uma natureza abstrata, dotada de racionalidade, mas na qual os atributos históricos e concretos não têm relevância. "Isso gera um universalismo abstrato presente hoje em alguns discursos sobre direitos humanos" (BARZOTTO, 2010, p. 49). O empirismo, por outro lado, considera apenas o circunstancial, terreno no qual as disputas de força e buscas de interesses são os únicos elementos relevantes para a vida social. O ser humano é produto do meio em que vive.

> Essa visão empirista combina-se com uma visão positivista dos direitos humanos. Se o ser humano é o produto determinado de circunstâncias históricas, os direitos que lhe correspondem só podem ser aqueles que lhe são atribuídos por essas circunstâncias. Para o empirista, portanto, não existem direitos humanos, direitos que cabem ao ser humano como tal, pois esse sujeito de direitos não existe, mas somente direitos fundamentais, garantidos por ordens jurídicas particulares aos seus cidadãos. Aqui, os direitos humanos assumem um caráter equívoco. (BARZOTTO, 2010, p. 50)

A concepção analógica dos direitos humanos, para Barzotto, pode ser encontrada na metafísica realista. Nessa perspectiva a pessoa humana é natureza (essência) concretamente determinada (existência). A natureza (universal) é a mesma, mas a existência de cada pessoa concreta atualiza essa natureza de maneiras diferentes e circunstanciais; a essência é compartilhada por todos e ao mesmo tempo modulada em contextos diferentes. Essa visão possibilita uma concepção analógica dos direitos humanos.

> O realismo propugna um universalismo analógico. A pertença à espécie humana garante a posse de direitos, os direitos humanos. Mas esses se manifestam de modos distintos, do mesmo modo que a mesma humanidade se manifesta em cada pessoa humana de um modo distinto. Os mesmos direitos, na sua essência, para todos aqueles que possuem a essência humana. Mas direitos que existem com conteúdos concretos diferentes para pessoas que existem de modo diferente. Na sua efetividade, os direitos não serão absolutamente idênticos (idealismo) nem absolutamente distintos (empirismo), mas semelhantes. (BARZOTTO, 2010, p. 52)

A pessoa humana na visão realista é o ser que subsiste na natureza racional e, pelo livre-arbítrio, tem a capacidade de se encaminhar – por meio das próprias escolhas – à autorrealização. "Para essa autorrealização, são necessários certos bens. A pessoa humana é digna, merecedora desses bens" (BARZOTTO, 2010, p. 53). Esses bens são devidos à pessoa para que ela possa florescer. Mas são devidos à pessoa por quem? Para Barzotto (2010, p. 54), "Se os direitos humanos cabem a todo ser humano em virtude de sua condição humana, a responsabilidade pelo dever é universalizada". Uma ética do dever dos direitos humanos também é necessária; e essa ética é a da fraternidade.

> Toda pessoa humana é devedora em termos éticos em relação a toda pessoa humana, sob pena de mutilar a própria humanidade. Sendo social por natureza, o ser humano só pode viver a sua humanidade em comum: o humano é sempre co-humano. As exigências da natureza humana expressam-se conjuntamente em si mesmo e no outro. Há uma mutilação na própria humanidade se a humanidade do outro não for reconhecida em suas exigências, uma vez que a humanidade é partilhada com o outro. (BARZOTTO, 2010, p. 58)

A ética da fraternidade guarda relação com a Declaração Universal dos Direitos Humanos, na qual foram reconhecidos direitos intrínsecos a todas as pessoas. Isso se pode perceber logo no artigo 1º: "Todas as pessoas nascem livres e iguais em dignidade e direitos. São dotadas de razão e consciência e devem agir em relação umas às outras com espírito de fraternidade" (POZZOLI, 2001, p. 184). A DUDH não cria juridicamente a dignidade, mas a constata e demanda seu reconhecimento por parte dos ordenamentos jurídicos de todos os países. O reconhecimento e a promoção dos direitos humanos, conforme disse Barzotto, pode adotar formas variadas porque as comunidades – e as pessoas – existem concretamente de maneiras diferentes; no entanto, pela perspectiva analógica, os direitos humanos permanecem universais.

"A dimensão fraternal da dignidade humana propõe a revisitação dos fundamentos da comunidade política que remontam à concepção mesma do ser humano" (POZZOLI; SIQUEIRA, 2021, p. 268). Se o co-humano é titular do dever de direitos humanos, então todos são responsáveis perante todos (a nível pessoal) e cabe à autoridade política organizar o convívio social baseado na proteção e fomento dos direitos humanos, ou seja, no bem comum.

A finalidade da vida em comunidade é a autorrealização, a vida boa. O bem da comunidade, o bem comum, é alcançado quando os membros da comunidade possuem as condições comunitárias de realização da vida boa. Os direitos humanos como aspecto da vida boa são a articulação do conteúdo do bem comum, eles revelam a 'natureza distributiva' do bem comum como bem de todos: o bem comum só existe na medida em que é partilhado por todos. Os direitos humanos são a parte que cabe a cada um no bem comum. (BARZOTTO, 2010, 47)

"A fraternidade não deve ser vista apenas como uma ordem suprema ou mística, mas, principalmente, como uma necessidade para uma melhor convivência em sociedade" (SIQUEIRA; POZZOLI; MUNHOZ, 2019, p. 185). Isso porque a fraternidade supõe o reconhecimento mútuo que possibilita a busca pelo bem comum na comunidade (POZZOLI; SIQUEIRA, 2021, p. 257), sendo o princípio responsável por equilibrar a liberdade e a igualdade. "A responsabilidade é também consequência da liberdade humana e um dever exigido ainda pela dignidade" (POZZOLI; SIQUEIRA, 2021, p. 265). A responsabilidade é prática – pessoal e institucional – do reconhecimento que demanda a fraternidade. Ao proteger e fomentar os direitos humanos, a autoridade política deve criar condições para que aconteça o reconhecimento fraterno.

[...] o reconhecimento da humanidade do outro necessita de estruturas humanas que convirjam para essa disposição que implica não só no alcance racional, mas que se reflita em atos. Pensar e agir de acordo com o natural reconhecimento da humanidade em todos os seres humanos é facilitado por uma comunidade política, cujo *ethos* conduza a esta elucidação. Estruturas sociais injustas, marcadamente desiguais, por exemplo, funcionam como muros que não só separam as pessoas em espaços diferentes, mas em humanidades diferentes. (COSTA; PINHEIRO, 2020, p. 98)

Quando o reconhecimento demandado pela fraternidade é pensado a partir da concepção analógica dos direitos humanos, pode-se perceber a profundidade a que chegam documentos como a Declaração Universal dos Direitos Humanos e a Convenção da ONU relativa aos refugiados. O reconhecimento universal dos direitos humanos demanda o reconhecimento das circunstâncias – existências pessoais concretas – em que eles são atualizados nas pessoas. Uma norma abstrata internacional para a proteção dos migrantes só encontra eficácia quando circunstanciada nos ordenamentos jurídicos nacionais, tal como fez o Brasil na Lei de Migração. É necessário, para levar a cabo o *ethos* fraterno da obrigação universal pelo dever dos direitos humanos, que exista coordenação entre o Direito Internacional e os ordenamentos jurídicos nacionais. O exemplo da migração coloca isso em evidência. Conforme se verá na seção seguinte deste artigo, as agendas da ONU podem ser um meio de realizar tal coordenação caso levem em conta o princípio da fraternidade.

4 Possibilidade de coordenação: presença da fraternidade na agenda da ONU de 2045

Tomar a fraternidade como alicerce para promover a dignidade humana é reencontrar a centralidade da justiça no Direito (CACHICHI; POZZOLI; SIQUEIRA, 2020, p. 402). Esse aspecto é importante para a consideração que aqui se está a fazer da fraternidade como paradigma hermenêutico para a Agenda 2045. A fraternidade é um ato de reconhecimento do outro como igual – titular dos mesmos direitos humanos –, um reconhecimento prévio e não constitutivo. "O reconhecimento se dá de um modo pré-jurídico, porque a percepção do outro como outro eu é uma atitude cognitiva não proposicional anterior à argumentação jurídica" (BARZOTTO, 2010, p. 115). As normas, instituições e compromissos – como a Agenda 2045 – supõem esse reconhecimento e, a partir dele, estabelecem proposições conforme os direitos humanos, isto é, conforme a justiça.

A dimensão fraternal da dignidade humana propõe a revisitação dos fundamentos da comunidade política que remontam à concepção mesma do ser humano. Se a sociedade for, além de natural, um bem em si mesmo e uma das manifestações da dignidade humana, então a estrutura da comunidade política poderá ser lida também a partir dessa perspectiva. Essa leitura consistiria na realização da fraternidade como paradigma hermenêutico para o século XXI e, especificamente, para o caráter comunitário das agendas da ONU.

Uma proposição como essa, da fraternidade como paradigma hermenêutico, é até melhor vista conforme a presente proposição: sua inserção na Agenda 2045. Ora, a agenda da ONU é um compromisso conjunto que demanda clara disposição dos países membros. Semelhante compromisso, para que tenha eficácia, precisa ser erigido sobre valores objetivamente comuns. Tal objetividade é tão necessária quanto dificultosa, ao menos num princípio. A presença da fraternidade na agenda, funcionando como paradigma hermenêutico centrado no reconhecimento dos direitos humanos e no dever de responsabilidade para com eles, pode ser uma iniciativa importante. Pensando no tema da migração, isso fica mais bem esclarecido quando a legislação (nacional e internacional) é lida, interpretada e aplicada à luz do princípio da fraternidade.

Os objetivos da Agenda são concretos e giram em torno da realização dos direitos humanos, ou seja, da preparação de condições para que cada pessoa consiga se desenvolver. Uma vez que seja trabalhada à luz do bem comum, a Agenda 2045 pode ser um compromisso de autêntica fraternidade. Esse princípio, sopesando ainda a liberdade e a igualdade, pode nortear a interpretação na busca tanto pelo fundamento quanto pela efetividade dos direitos.

> Por derradeiro ainda uma ponderação neste caminho proposto, sobre o princípio da fraternidade. Trata-se de um princípio norteador de paradigma interpretativo junto com os outros dois princípios da igualdade e da liberdade. Para arrematar, pode-se dizer o seguinte: a liberdade e a igualdade serviram predominantemente como paradigma interpretativo nos cursos jurídicos e no mundo profissional, até o século passado. Neste século nos parece que começa a ter uma predominância a presença da fraternidade como um paradigma interpretativo. Não que deixemos de lado a liberdade e a igualdade; mas começa a haver uma predominância no seu uso quotidiano em todas as áreas do conhecimento. Começamos a nos dar conta de que estamos vivendo num único mundo, começamos a perceber a importância que tem em caminharmos juntos. Por causa dessas discriminações que acontecem no plano internacional, começamos nos dar conta de que é preciso algo mais, não basta simplesmente fazer uma lei para atender a determinados imigrantes como aconteceu no passado; é preciso ter um acolhimento diferente, entender um pouco melhor esses imigrantes, essas pessoas que estão transitando pelo mundo. (CACHICHI; POZZOLI; SIQUEIRA, 2020, p. 403)

A abertura demandada pela fraternidade é bastante importante no caso dos migrantes (refugiados e imigrantes) e das condições que essas pessoas encontrarão nos lugares para onde se dirigirem. A partir da perspectiva fraterna centrada no bem comum e nos direitos humanos, dois polos do problema podem ser enfrentados: o da recepção digna dos migrantes (que, em si, não demanda relativização cultural, mas o reconhecimento dos valores humanos expressos pelos direitos humanos) e o das circunstâncias nos países de origem dos refugiados (problemas econômicos, ambientais, conflitos militares etc.). A migração de pessoas acontece porque a sua circunstância presente não permite o desenvolvimento, de modo que é imprescindível analisar e resolver também os problemas dessa circunstância. A atual lei brasileira, interpretada a partir do princípio da fraternidade, mostra que a ação de recepção e integração dos migrantes na comunidade precisa acontecer ao mesmo tempo que a tentativa de propiciar o desenvolvimento de cada pessoa (preservação e fomento dos direitos humanos) em seu país de origem.

Que o princípio da fraternidade esteja presente na Agenda 2045 da ONU. É um passo importante para que se renove a visão dos fundamentos da comunidade política (renovação que, em alguns aspectos, retomará a concepção clássica realista) e para que, em seus objetivos, a Agenda 2045, lida, interpretada e aplicada à luz da fraternidade, possa ser um instrumento importante para a proteção e fomento do bem comum em escala global, proporcionando uma sociedade fraterna e com paz.

5 Considerações finais

Propor que o princípio da fraternidade esteja presente nas agendas da ONU como paradigma hermenêutico é uma das várias maneiras de tentar fazer com que esse princípio renove as bases da comunidade política. A presença da fraternidade como paradigma hermenêutico nas agendas da ONU indica a disposição para constituir um *ethos* fraterno capaz de resgatar a noção de bem comum.

Para que essa proposição fosse melhor entendida, o artigo tratou dos migrantes (refugiados e imigrantes) dando especial ênfase à lei brasileira de migração, vigente desde o ano de 2017. O objetivo do comentário não foi uma análise exaustiva da legislação, mas a tentativa de perceber o princípio da fraternidade (consubstanciado na tentativa de integrar o migrante à comunidade nacional) como subjacente à lei brasileira. Isso em perfeita consonância com a resolução da ONU sobre refugiados.

A legislação brasileira se preocupa com a integração dos migrantes à comunidade nacional. Semelhante preocupação pode ser percebida pela ênfase na garantia aos direitos humanos dos migrantes e especialmente pela possibilidade de reunião com suas famílias, ou seja, pela possibilidade de que as famílias dos migrantes também sejam recebidas em território nacional. A possibilidade de integração do migrante demanda também um dever: os direitos previstos na legislação são efetivamente realizados quando o migrante coloca para si o compromisso de contribuir com a comunidade brasileira, auxiliando no seu desenvolvimento e respeitando o Estado de direito.

Os direitos e deveres dos migrantes – sejam refugiados ou imigrantes – na verdade não são separáveis. O fato de que os direitos humanos sejam universais vem acompanhado pela igual universalidade do compromisso de proteger os direitos humanos. Por essa razão foi que, na segunda seção do artigo, a perspectiva analógica dos direitos humanos foi examinada. Que tanto a titularidade dos direitos humanos quanto o dever de sua proteção sejam universais, algo que indica a responsabilidade que decorre do reconhecimento demandado pelo princípio da fraternidade.

Referências

ACNUR. *Como refugiados estão colocando em prática os objetivos de desenvolvimento sustentável.* 23 dez. 2020. Disponível em: https://www.acnur.org/portugues/2020/12/23/como-refugiados-estao-colocando-em-pratica-os-objetivos-de-desenvolvimento-sustentavel/. Acesso em: 2 mar. 2022.

ACNUR. Convenção de 1951. Disponível em: https://www.acnur.org/portugues/convencao-de-1951/. Acesso em: 29 jan. 2022.

ACNUR. Refugiado ou migrante? O ACNUR incentiva a usar o termo correto. Disponível em: https://www.acnur.org/portugues/2015/10/01/refugiado-ou-migrante-o-acnur-incentiva-a-usar-o-termo-correto/. Acesso em: 29 jan. 2022.

AQUINI, Marco. Fraternidade e Direitos Humanos. *In:* BAGGIO, Antônio Maria (org.). *O princípio esquecido/1.* Vargem Grande Paulista: Cidade Nova, 2008.

BADER, Veit. The Ethics of Immigration. *Constellations,* v. 12, n. 3, p. 331-361. Doi: 10.1111/j.1351-0487.2005.00420.x.

BAGGIO, Antonio Maria. *Introduzione alla Dottrina della Fraternità.* AMB: il sito ufficiale di Antonio Maria Baggio. Disponível em: https://www.antoniomariabaggio.it/libri/introduzione-alla-dottrina-della-fraternita/. Acesso em: 29 jan. 2022.

BARZOTTO, Luis Fernando. *Filosofia do Direito:* os conceitos fundamentais e a tradição jusnaturalista. Porto Alegre: Livraria do Advogado, 2010.

BRASIL. *Constituição da República Federativa do Brasil, de 5 de outubro de 1988.* Brasília: Presidência da República, 1988. Disponível em: http://www.planalto.gov.br/ccivil_03/constituicao/constituicao.htm. Acesso em: 25 jan. 2022.

BRASIL. *Lei nº 9.474, de 22 de julho de 1997.* Brasília: Presidência da República. Disponível em: http://www.planalto.gov.br/ccivil_03/leis/l9474.htm. Acesso em: 29 jan. 2022.

BRASIL. *Lei nº 13.445, de 24 de maio de 2017.* Brasília: Presidência da República. Disponível em: http://www.planalto.gov.br/ccivil_03/_ato2015-2018/2017/lei/l13445.htm. Acesso em: 29 jan. 2022.

CACHICHI, Rogério Cangussu Dantas; POZZOLI, Lafayette; SIQUEIRA, Gilmar. Pandemia e Fraternidade: a resposta comunitária oferecida pela Agenda da ONU 2030 – Uma Agenda para o século XXI. *In:* VERONESE, Josiane Rose Petry; MACHADO, Carlos Augusto Alcântara; POZZOLI, Lafayette (org.). *Pandemia, Direito e Fraternidade:* um mundo novo nascerá. Caruaru: Asces-Unita, 2020, p. 398-409. Disponível em: http://repositorio.asces.edu.br/handle/123456789/172. Acesso em: 31 jan. 2022.

CIANCIARDO, Juan. *La Cultura de los Derechos Humanos: razón, voluntad, diálogo*. Cidade do México: UNAM, 2020. Disponível em: https://biblio.juridicas.unam.mx/bjv/detalle-libro/6272-la-cultura-de-los-derechos-humanos-razon-voluntad-dialogo. Acesso em: 25 jan. 2021.

COSTA, Chiara de Sousa; PINHEIRO, Victor Sales. A fraternidade como lei natural da alteridade: uma reflexão de Chiara Lubich sobre a racionalidade prática e o bem comum em tempos de pandemia. *In*: VERONESE, Josiane Rose Petry; MACHADO, Carlos Augusto Alcântara; POZZOLI, Lafayette (org.). *Pandemia, Direito e Fraternidade: um mundo novo nascerá*. Caruaru: Asces-Unita, 2020, p. 93-106. Disponível em: http://repositorio.asces.edu.br/handle/123456789/172. Acesso em: 25 jan. 2021.

FONSECA, Reinaldo Soares da. *O princípio constitucional da fraternidade: seu resgate no sistema de justiça*. Belo Horizonte: D'Plácido, 2019.

JABORANDY, Clara Cardoso Machado. *A fraternidade no Direito Constitucional brasileiro: um instrumento para proteção de direitos fundamentais transindividuais*. 2016. Tese (Doutorado em Direito) – Universidade Federal da Bahia (UFBA), 2016.

MACHADO, Carlos Augusto Alcântara. *A garantia constitucional da fraternidade: constitucionalismo fraternal*. 2014. Tese (Doutorado em Direito) – Pontifícia Universidade Católica de São Paulo (PUC-SP), 2014.

POZZOLI, Lafayette. *Maritain e o Direito*. São Paulo: Loyola, 2001.

POZZOLI, Lafayette. Direito como função promocional: da dignidade humana ao direito fraterno. *Revista Faculdade de Direito PUC-SP*, v. 2, p. 143-153, 2014.

POZZOLI, Lafayette; SIQUEIRA, Gilmar. O princípio constitucional da fraternidade como paradigma interpretativo no século XXI: análise a partir do preâmbulo da Constituição Federal brasileira de 1988. *In*: MARTINS, Ives Gandra da Silva; CARVALHO, Paulo de Barros; BERTELLI, Luiz Gonzaga (coord.). *O Preâmbulo da Constituição Federal*. São Paulo: Noeses, 2021, p. 247-278.

RAZABONI JUNIOR, Ricardo Bispo; POZZOLI, Lafayette. A fraternidade como princípio orientador nos casos de bullying. *Revista Em Tempo*, vol. 17, 2018.

SIQUEIRA, Gilmar; POZZOLI, Lafayette; MUNHOZ, Cátia Martins da Conceição. Dignidade da Pessoa Humana e Direito Fraterno – um percurso do Direito como função promocional. *In*: GUNTHER, Luiz Eduardo; FISCHER, Octavio Campos (coord.).; LEAHY, Érika; CACHICHI, Rogério Cangussu Dantas (org.). *Constitucionalismo e direitos fundamentais*. Curitiba: Instituto Memória, 2019, p. 179-193.

SOUZA, Carlos Aurélio Mota de. *Direitos humanos, urgente!* São Paulo: Oliveira Mendes, 1998.

Informação bibliográfica deste texto, conforme a NBR 6023:2018 da Associação Brasileira de Normas Técnicas (ABNT):

POZZOLI, Lafayette; CACHICHI, Rogério Cangussu Dantas; SIQUEIRA, Gilmar. Direitos e deveres dos refugiados: o princípio constitucional da fraternidade como instrumento de concretização dos direitos dos refugiados (Agendas da ONU 2030/2045). *In*: SARAIVA FILHO, Oswaldo Othon de Pontes; BERTELLI, Luiz Gonzaga; SIQUEIRA, Julio Homem de (coord.). *Direitos dos refugiados*. Belo Horizonte: Fórum, 2024. (Coleção Fórum Direito Internacional Humanitário, v. 1, t. 1). p. 213-230. ISBN 978-65-5518-615-4.

AN EXERCISE IN DETACHMENT: THE COUNCIL OF EUROPE AND SEXUAL MINORITY ASYLUM CLAIMS[1]

NUNO FERREIRA

1 Introduction

Both key regional organisations in Europe – the European Union (EU) and the Council of Europe (CoE) – have played an increasingly significant role in moulding current asylum law in Europe.[2] The EU now

---

[1] This chapter has been produced within the context of the project 'Sexual Orientation and Gender Identity Claims of Asylum: A European human rights challenge –SOGICA' (www.sogica.org, last accessed 3 March 2020). This project has received funding from the European Research Council (ERC) under the European Union's Horizon 2020 research and innovation programme (grant agreement No 677693). The author wishes to thank Marie-Benedicte Dembour, Kanstantsin Dzehtsiarou, Richard Mole, Moira Dustin, Nina Held, Carmelo Danisi, Stephanie Berry, Gianluca Gentili, Melody Greaves and Lisa Harrington for the constructive critique they offered on earlier drafts of this chapter. This text was originally published in Richard C. M. Mole (ed.), *Queer migration and asylum in Europe*, UCL Press, 2021, pp. 78-108, and is being re-published here in its original version. Two further relevant judgments have been produced in the meantime: *Rana v. Hungary*, Application no. 40888/17, 16 July 2020, regarding a trans Iranian refugee, and *B and C v. Switzerland*, Applications nos. 889/19 and 43987/16, 17 November 2020, regarding a gay Gambian man. Although both these judgements found in favour of the applicants and reflect a slightly more positive approach by the Court, the overall analysis and arguments of this chapter are still valid. This chapter was previously published with the same title in *Queer migration and asylum in Europe*, edited by Richard C. M. Mole, London: UCL Press, 2021.

[2] Despite their different legal and technical meanings, the expressions 'asylum', 'refugee' and 'international protection' will be used somewhat inter-exchangeably throughout this text for ease of use.

has a fully-fledged, reasonably sophisticated asylum policy, constituted by a range of legal instruments and jurisprudence covering all key aspects of asylum claims (Peers 2016). This body of law and policy has a direct and explicit impact on sexual minority asylum claims (SMACs) (Ferreira 2018).[3] Although the activity of the CoE in the field of asylum is considerably scattered and patchy compared to the EU's, the CoE has nevertheless gradually produced an important body of law and policy that affects SMACs. This is mostly because of the work of the European Court of Human Rights (the Strasbourg Court).

I will consider how the CoE has contributed to shaping the current European legal and policy framework relating to SMACs. While there is already academic work that comprehensively analyses this theme in the context of the EU and the Court of Justice of the EU (CJEU) (Ferreira 2018), that is not the case in relation to the CoE. My focus in this chapter will be, in particular, on how the jurisprudence of the Strasbourg Court has dealt with SMACs. Similarly to the general situation in relation to the Strasbourg jurisprudence on sexual orientation (Johnson 2013), the CoE policy and the Strasbourg jurisprudence have a significant influence on how domestic authorities address SMACs, so it is critical to address this gap in the academic literature and develop a thorough understanding of the framework developed in the context of the CoE on this matter. Enforcement issues will fall outside the scope of this chapter.

Through this work, I wish to contribute to a growing body of literature that adopts a queer perspective on the activity of the Strasbourg Court. Inspired by an extensive body of queer literature that explores the socio-cultural nature, diversity and fluidity of gender and sexuality (for example Butler 1990; Sedgwick 2008) and uses 'queer'

---

[3] The expression 'sexual minorities' will be used in this chapter to refer to non-heterosexual persons. The expression 'sexual orientation' will also be used to refer to persons' sexuality. I acknowledge that not everyone I wish to refer to may identify as a member of a 'sexual minority' or see the matters discussed as a matter of 'sexual orientation' but I will use these expressions for practical reasons. The words 'homosexual' and 'homosexuality' will also be used; despite being increasingly disfavoured and replaced with the word 'gay' in English-speaking contexts, they are still very much used in judicial decisions, policy documents and in other languages, so these words will be used here without any negative connotation. Much of the discussion in this chapter also relates to or affects gender identity asylum claims but owing to the fact that the Strasbourg Court has so far only dealt with SMACs, gender identity will fall outside the scope of this chapter. There is, however, currently pending a decision from the Strasbourg Court in a case relating to a transsexual individual already granted international protection: *Jafarizad Barenji Rana v. Hungary*, Application no. 40888/17, lodged on 29 May 2017 (Fourth section). The case regards a transsexual Iranian refugee in Hungary, who claims a violation of Article 8 ECHR for having been denied a change of legal status of name and gender.

as a tool of critique in the field of migration (Fernandez 2017), I add my voice to those that offer a queer deconstructive reading of human rights discourse to challenge the lack of universality of sexuality rights and foster emancipation (see, for example, Gonzalez-Salzberg 2019; Langlois 2018). While acknowledging that merely granting rights will not achieve sufficiently radical change for sexual minorities from a queer perspective, one cannot but *also* demand the recognition of rights as at least *part* of the solution (Langlois 2018). In addition to a queer perspective, it is important to consider an intersectional perspective. Building on the work of intersectional scholars such as Crenshaw (1989) and Yuval-Davis (2006), which requires us to ponder the range of individuals' characteristics and their interactions in order to understand people's social and political experiences, I will consider how the Strasbourg Court can offer a holistic analysis of SMAC applications in order to vindicate applicants' rights and challenge injustice.

The key argument put forward in this chapter is that, despite some isolated positive developments, the CoE in general and the Strasbourg Court in particular are failing SMAC applicants. The jurisprudence of the Strasbourg Court shows an astonishing degree of deference to member states' policies and decision-making in this field, thus effectively not upholding the European Convention on Human Rights (ECHR) and betraying the applicants' rights. This deference creates a worrying detachment from the suffering and risks to which SMAC applicants are exposed when the Court denies their claims, something that has been argued in relation to the Strasbourg jurisprudence on migration in general as well (Dembour 2015). This argument will be substantiated throughout this chapter through an analysis of the relevant policy documents and numerous examples drawn from the jurisprudence in question. The significance of this analysis thus lies mainly in the identification of the shortcomings of the CoE's policy and the Strasbourg Court's jurisprudence in this field, which will allow commentators, policy-makers and decision-makers to gain a systematic and critical understanding of this field and plan their response accordingly.

I will proceed by delineating in Section 2 the role of the CoE, and the Strasbourg Court in particular, in developing both asylum and sexual orientation law at a European level, albeit by adopting lines of direction that are essentially divergent. Section 3 explores the Strasbourg jurisprudence on SMACs, by offering an overview and a summary assessment of the relevant decisions. Section 4 explores three key themes that emerge in that jurisprudence, namely the threshold for violation of ECHR articles, the rules of evidence and credibility assessment, and how the Court deals with intersecting characteristics and sociocultural factors. Finally, Section 5 summarises why the CoE, and the Strasbourg Court in particular, should deal more forcefully with these claims.

2 Asylum and sexual orientation in the Council of Europe: Resisting the meeting of the roads?

All CoE member states are bound by the 1951 Refugee Convention,[4] but not all are bound by the 1967 Protocol,[5] which extends the geographical scope of the 1951 Convention beyond Europe and removes its temporal restriction to pre-1951 events. Moreover, the CoE itself is not bound by the Refugee Convention or its Protocol and does not have a fully-fledged policy on asylum matters. Nonetheless, the CoE has acquired a progressively significant role in the field of asylum. Despite the absence of an asylum policy as such, several of its bodies have taken a noteworthy role in this field. For example, in 2005 the CoE's Parliamentary Assembly warned domestic asylum authorities about the need to implement an efficient asylum system without jeopardising the standards in the Refugee Convention and its Protocol and the ECHR and its protocols.[6] Furthermore, the European Committee for the Prevention of Torture and Inhuman or Degrading Treatment or Punishment (CPT) produces guidelines on the treatment of migrants and asylum claimants, which are a valuable tool to advocate for better conditions at a domestic level (Danisi 2009). The Committee has also urged CoE member states to use detention only as a measure of last resort and to provide detainees with adequate conditions (European Committee for the Prevention of Torture and Inhuman or Degrading Treatment or Punishment 2017), which is directly consequential for asylum claimants.

---

[4] UN General Assembly, *Convention Relating to the Status of Refugees*, 28 July 1951, United Nations, Treaty Series, vol. 189, 137.

[5] UN General Assembly, *Protocol Relating to the Status of Refugees*, 31 January 1967, United Nations, Treaty Series, vol. 606, p. 267.

[6] Parliamentary Assembly of the Council of Europe, *Accelerated asylum procedures in Council of Europe member states*, text adopted by the Assembly on 7 October 2005 (32nd Sitting).

The Strasbourg Court, above all, along with the now extinct European Commission of Human Rights,[7] has developed a strong line of jurisprudence that applies the ECHR to asylum claimants, despite the ECHR not possessing any norm explicitly related to asylum. In short, although the Strasbourg Court does not take decisions that consider the final outcome of asylum claims as such, it does decide on the violation of ECHR articles that may protect asylum claimants. In doing so, the Court engages in a 'balancing exercise between the effective protection of human rights, and the Contracting States' autonomy to regulate migration and refugee flows' (Buchinger and Steinkellner 2010, 421). The Strasbourg Court offers asylum claimants protection mostly on the basis of Articles 3 ECHR (prohibition of torture)[8] and, to a lesser extent, 2 ECHR (right to life).[9] In the Court's own words:

> its case-law has found responsibility attaching to Contracting States in respect of expelling persons who are at risk of treatment contrary to Articles 2 and 3 of the Convention. This is based on the fundamental importance of these provisions, whose guarantees it is imperative to render effective in practice (...). Such compelling considerations do not automatically apply under the other provisions of the Convention. On a purely pragmatic basis, it cannot be required that an expelling Contracting State only return an alien to a country which is in full and effective enforcement of all the rights and freedoms set out in the Convention.[10]

The Court may, nevertheless, also consider violations of Articles 4 (prohibition of slavery and forced labour),[11] 5 (right to liberty and

---

[7] The European Commission of Human Rights was a body of the Council of Europe that assisted the Strasbourg Court until 1998 in determining whether applications were admissible, reaching friendly settlements and producing statements of facts and opinions on whether a violation had occurred. This Commission ceased to exist with the entry into force of Protocol No. 11 to the ECHR, which, amongst other things, introduced direct access by individuals to the Court: *Protocol No. 11 to the Convention for the Protection of Human Rights and Fundamental Freedoms, Restructuring the Control Machinery Established Thereby*, Strasbourg, 11 May 1994, European Treaty Series - No. 155.

[8] For example, *Chahal v. the United Kingdom*, Application no. 70/1995/576/662, 11 November 1996.

[9] *Bahaddar v. the Netherlands*, Application no. 25894/94, 19 February 1998.

[10] *F. v. United Kingdom*, Application no. 17341/03, 22 June 2004 (further discussed in Section 3.1).

[11] *H.I. v. Switzerland*, Application no. 69720/16, 14 December 2017.

security),[12] 8 (right to respect for private and family life)[13] and 13 (right to an effective remedy)[14] of the ECHR, if the asylum claimant has suffered or risks suffering a flagrant denial of these rights in the CoE host country. The Court will not, however, entertain claims based on Article 6 (right to a fair trial), because it only applies to civil and criminal matters, asylum (and migration) being neither. Most important, the Court not only limits itself for the most part to considering Articles 2 and 3 ECHR violations, which restricts immensely the scope of rights asylum claimants may claim (Dembour 2015), but it also adopts an excessively high threshold for finding a violation of these articles by requiring that they be 'systematically' violated (see Section 4.1). This is the cornerstone of the detachment Strasbourg adopts in relation to asylum claimants. Moreover, jurisprudence is also in tension with the intersectional approach adopted in this analysis, because asylum applicants whose particular combination of characteristics may expose them to greater levels of violence and persecution may not see their experiences fully acknowledged or their rights vindicated in such broad-brush, excessive requirement of 'systematic' violation of Articles 2 or 3 ECHR. The greatest indictment in this respect comes from the fact that applicants have come to find the United Nations (UN) bodies, namely the Commission Against Torture, more effective in staying removals of asylum claimants than the Strasbourg Court (CDDH and DH-SYSC 2019, 100), despite the widely known shortcomings of the UN human rights system. Undoubtedly, the CoE needs to further refine its legal and policy framework on asylum and render it more responsive to the needs, interests and rights of the individuals affected. This will be illustrated by the analysis of SMAC jurisprudence in subsequent sections.

In parallel, the CoE has also developed a rich body of jurisprudence on sexual orientation, but this has so far not influenced the SMAC jurisprudence of the Court. Despite some legitimate criticism (see, for example, Ammaturo 2017), the CoE has been active in facilitating what has been termed the 'law of small change' in relation to sexual orientation matters: slowly but steadily, there has been progress, from decriminalisation of homosexual activity to same-sex marriage and same-sex adoption (Waaldijk 2003). Indeed, the CoE has contributed

---

[12] For example, *Khlaifia and Others v. Italy*, Application no. 16483/12, 15 December 2016 (Judgment of the Grand Chamber); *O.M. v. Hungary*, Application no. 9912/15, 5 July 2016 (discussed in Section 3.1).

[13] *B.A.C. v. Greece*, Application no. 11981/15, 13 October 2016.

[14] *G.R. v. the Netherlands*, Application no. 22251/07, 10 January 2012.

considerably to such progress, including by making some positive changes at a domestic level. Yet the legal framework of the CoE has been slow in tackling the violation of sexual orientation-related rights, which have been increasingly recognised at the domestic and international levels (Human Rights Council 2016; 'The Yogyakarta Principles' 2007), thus revealing an insufficiently queer reading of the ECHR.

Although the ECHR does not contain a stand-alone non-discrimination clause,[15] the Strasbourg Court has developed a non-discrimination jurisprudence that also protects sexual minorities. This has included the use of Article 8 ECHR on the right to family and private life, often in combination with Article 14 ECHR, to prohibit the criminalisation of homosexuality,[16] preclude bans on homosexuals in the armed forces,[17] eliminate discrimination in relation to the age of sexual consent on grounds of sexual orientation,[18] condemn discrimination against same-sex couples in relation to tenancy rights,[19] protect the parental rights of homosexual fathers,[20] recognise that same-sex relationships are a form of 'family life'[21] and safeguard the family reunification rights of same-sex couples.[22]

The work of the Strasbourg Court has thus been increasingly supportive of sexual minorities' legal claims and this has been welcomed by activists and community groups. As van der Vleuten states, 'LGBTI [lesbian, gay, bisexual, trans and intersex] activists have been empowered vis-à-vis their governments by their access to the European courts when access to the national political arena was blocked, and (...) the ECJ [CJEU] and, to a lesser extent, the ECtHR [Strasbourg Court] have been empowered by LGBTI activism' (van der Vleuten 2014, 119). It may be the case that the Strasbourg Court has not been sufficiently progressive in relation to all sexual minority matters and the case of SMACs may in fact be one such matter, as the

---

[15] Article 14 ECHR refers exclusively to discrimination in relation to one of the rights in the ECHR. The 2000 Protocol No. 12 to the ECHR (ETS No. 177), which entered into force in 2005, does contain a self-standing non-discrimination provision but has so far only been ratified by 20 out of the 47 CoE Member states.
[16] *Dudgeon v. UK*, Application no. 7525/76, 22 October 1981; *Norris v. Ireland*, Application no. 10581/83, 26 October 1988; *Modinos v. Cyprus*, Application no. 15070/89, 22 April 1993.
[17] *Smith and Grady v. UK*, Applications nos. 33985/96 and 33986/96, 27 September 1999.
[18] *L. and V. v. Austria*, Applications nos. 39392/98 and 39829/98, 9 January 2003.
[19] *Karner v. Austria*, Application no. 40016/98, 24 July 2003.
[20] *Salgueiro da Silva Mouta v. Portugal*, Application no. 33290/96, 21 December 1999.
[21] *Schalk and Kopf, v. Austria*, Application no. 30141/04, 24 June 2010.
[22] *Pajić v. Croatia*, Application no. 68453/13, 23 February 2016; *Taddeucci and Mccall v. Italy*, Application no. 51362/09, 30 June 2016.

jurisprudence analysis below will show. Nonetheless, the Strasbourg Court has been found to be more proactive than the CJEU in relation to sexual minorities, to the extent that the CJEU tends only to offer protection to sexual minority claims when the Strasbourg Court has already initiated that legal direction (Wintemute 2015).[23] In this regard, Ammaturo importantly points out that human rights frameworks inform a sense of European exceptionalism in relation to sex, sexuality and gender, which contributes to a 'European sexual and gendered citizenship' that has at its core the recognition of LGBTIQ+ (lesbian, gay, bisexual, trans, intersex, queer and other) rights in the European political community (Ammaturo 2017, 100). Consequently, Europe is no longer just a 'geo-political area and becomes a prescriptive and normative idea, almost an aspiration' (Ammaturo 2017, 100). And yet, homonationalist agendas attempt to instrumentalise advancements on LGBTIQ+ rights for xenophobic and racist purposes (Bracke 2012; Mole 2017), and the Court's jurisprudence on sexual minorities has contributed to the construction of an '*essentialised, privatised, victimised and respectable* "homosexual"', simultaneously de-politicising, normativising and domesticating the 'homosexual subject' (Ammaturo 2018, 576; emphasis in original).

There undoubtedly remains much work to be done in the context of the CoE to ensure that asylum claimants are able to vindicate their right to international protection, and much could still be done to improve how sexual minorities are treated and recognised as fully fledged members of society. From a queer theoretical perspective, the Court's jurisprudence is clearly still far a long way from adequately acknowledging and respecting human sexual and gender variety and fluidity. Moreover, asylum claimants are re-victimised by Strasbourg's detachment from their needs, interests and rights. The snapshot above suggests that Strasbourg has become an increasingly 'pro-LGBT' court, but 'anti-migrant' as well. This might explain the hesitant and often inconsistent way the CoE, in general, and the Strasbourg Court, in particular, have dealt with SMACs so far, as will now be explored.

---

[23] Exceptions to this can be found in the CJEU's jurisprudence on, for example, access to marriage and discrimination, as can be seen in C-267/12, *Frédéric Hay v Crédit agricole mutuel de Charente-Maritime et des Deux-Sèvres*, 12 December 2013, ECLI:EU:C:2013:823, and C-673/16, *Relu Adrian Coman and Others v Inspectoratul General pentru Imigrări and Ministerul Afacerilor Interne*, 5 June 2018, ECLI:EU:C:2018:385. For a discussion of this jurisprudence, see (Danisi, Dustin, and Ferreira 2019).

3 The sexual minority asylum jurisprudence of the Strasbourg Court

It has been clear for several years in the context of CoE asylum law and policy that SMACs deserve legal protection. For example, the CoE Committee of Ministers has called on member states to fulfil their international obligations in relation to SMACs:

> Asylum seekers should be protected from any discriminatory policies or practices on grounds of sexual orientation or gender identity; in particular, appropriate measures should be taken to prevent risks of physical violence, including sexual abuse, verbal aggression or other forms of harassment against asylum seekers deprived of their liberty, and to ensure their access to information relevant to their particular situation.[24]

The European Commission of Human Rights (which until 1998 acted as scrutiniser of claims before they were allowed to reach the Court) and the Strasbourg Court have had a growing number of opportunities over the years to establish a position in relation to SMACs.[25] This jurisprudence is quantitatively summarised as follows:[26]

---

[24] Recommendation CM/Rec(2010)5 of the Committee of Ministers to Member States on measures to combat discrimination on grounds of sexual orientation or gender identity, adopted on 31 March 2010 at the 1081st meeting of the Ministers' Deputies.

[25] For a more extensive chronological narrative of this jurisprudence, see www.sogica.org/database/ferreira-sexual-minority-asylum-claimants-in-the-jurisprudence-of-the-strasbourg-court-2019/, last accessed 3 March 2020. For a quick overview, including information regarding the applicants, main legal bases and key outcomes, see table of European jurisprudence available online: www.sogica.org/database/ferreira-sogica-tables-of-european-sogi-asylum-jurisprudence-2019/, last accessed 3 March 2020.

[26] This jurisprudence has been identified through a search in the Court's database HUDOC (http://hudoc.echr.coe.int/, last accessed 3 March 2020), scholarly literature and NGO publications. Figures relate to date of decisions and were correct as of 21 May 2019. Only cases already decided have been included; applications lodged but not yet decided have not been included. *M.E. v. Sweden* has been included twice, as it has led to two decisions from the Court, although the first one did not become a final decision. The only selection criterion used was the case involving – even if not as its main feature – an asylum claim related to the applicant's sexual orientation. The decision in *Ayegh v. Sweden*, Application no. 4701/05, 7 November 2006, was thus excluded, as this case involves same-sex sexual acts (the applicant's son being raped and abused by his school headmaster in Iran) but not the sexual orientation of the applicant herself.

FIGURE 1: Jurisprudence of the Strasbourg Court on sexual minority asylum claims, 1990–2019. The figure sets out the number of sexual minority asylum cases per year and their outcomes

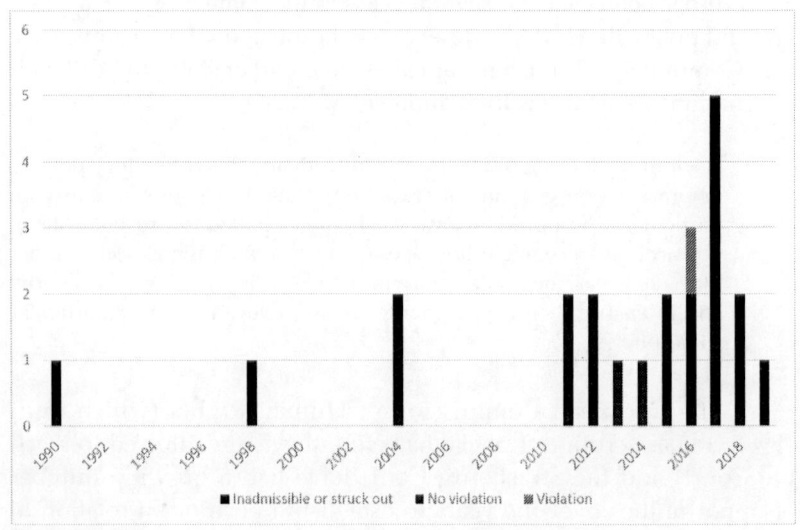

[Bar chart showing number of cases per year from 1990 to 2019, categorized as: Inadmissible or struck out, No violation, Violation]

Source: author.

Amongst the 23 decisions that have been identified, the great majority – 20 (87 per cent) – have been of inadmissibility (including applications found to be manifestly ill-founded) or striking out,[27] two (9 per cent) have been of no violation of an ECHR article and only one (4 per cent) has been of violation of an ECHR article. These figures alone suggest a reluctance on the part of the Court to support sexual minority applicants claiming asylum. The figures also suggest a growing number of relevant decisions over time, with figures increasing since 2015, which tallies with the growing body of scholarly, NGO and media discussion on this theme.[28] A qualitative analysis of these decisions, however, tells us much more: it presents a severely inadequate picture from a queer intersectional perspective.

---

[27] See Article 35 ECHR, which establishes the criteria for the Court to consider an application admissible and deal with it, and Article 37 ECHR, which determines the circumstances under which the Court may at any stage of the proceedings decide to strike an application out of its list of cases.

[28] See, for example, the database and social media available via www.sogica.org, last accessed 3 March 2020.

3.1 A bird's-eye view

The first time the Strasbourg Court decided on a case involving a SMAC was in 1990, in *B. v United Kingdom*, when a gay Cypriot man claimed his deportation to the Turkish Republic of Northern Cyprus (TRNC) would constitute a violation of Articles 8, 13 and 14 ECHR in the light of the criminalisation of same-sex acts in TRNC and the intimate relationship the applicant had developed with a British citizen in the meantime.[29] On this occasion, the Court found the application inadmissible for being manifestly ill-founded. Almost a decade later, in 1998, the Commission again dealt with a SMAC in *Shahram Sobhani v Sweden*, where an Iranian gay man who applied for asylum in Sweden on grounds of his homosexuality saw his claim denied.[30] While his application to the Commission for violation of Articles 2, 3 and 8 ECHR was being considered, the Swedish government quashed the expulsion order and granted the applicant a permanent residence permit, thus leading the claimant to withdraw his application and the application to be struck out by the Commission.

These two cases set a leitmotif: ever since, the Court has for the most part found applications related to SMACs inadmissible for being manifestly ill-founded or has struck them out. For example, *F. v United Kingdom*[31] and *I.I.N. v the Netherlands*,[32] both involving Iranian gay men, were found manifestly ill-founded, as well as *A.N. v France*, involving a Senegalese gay man,[33] and *M.B. v the Netherlands*, involving a Guinean gay man.[34] The Court has also found inadmissible the application in the interesting *H.A. and H.A. v Norway* case, involving two Iranian brothers with asylum claims on multiple grounds (religion and sexual orientation). In this case, sexual orientation was a perceived characteristic of the applicant.[35] Although the Court also found the application manifestly ill-founded in *I.K. v Switzerland*,[36] based on the domestic authorities' negative assessment of the applicant's credibility, this decision seems to signal a change in rhetoric: the Court acknowledged sexual orientation as a fundamental characteristic, talked

---

[29] *B. v. United Kingdom*, Application no. 16106/90, 10 February 1990.
[30] *Shahram Sobhani v. Sweden*, Application no. 32999/96, 10 July 1998.
[31] *F. v. United Kingdom*, Application no. 17341/03, 22 June 2004.
[32] *I.I.N. v. the Netherlands*, Application no. 2035/04, 9 December 2004.
[33] *A.N. v. France*, Application no. 12956/15, 19 April 2016.
[34] *M.B. v. the Netherlands*, Application no. 63890/16, 21 December 2017.
[35] *H.A. and H.A. v. Norway*, Application no 56167/16, 3 January 2017.
[36] *I.K. v. Switzerland*, Application no. 21417/17, 19 December 2017.

about the need to be sensitive in the assessment of applicants' credibility and asserted the inappropriateness of 'concealment reasoning' in asylum claims (see Section 4 for further discussion). At any rate, the outcome remained negative, which suggests there is still a long way to go until the Court is ready to truly protect the rights of applicants in the case of SMACs.

Several applications have been struck out on the basis that national authorities had in the meantime taken measures that addressed the applicant's claim, such as suspending a return order in *K.N. and Others v France*,[37] granting an asylum-based residence permit in *A.S.B. v the Netherlands*,[38] conceding a continuous residence permit for work for one year, with thea possibility to of requesting a renewal, in *A.E. v Finland*,[39] agreeing to re-examine the asylum claim in *M.B. v Spain*,[40] accepting a fresh asylum claim in *A.T. v Sweden*,[41] ordering that the claim be reassessed in *E.S. v Spain*,[42] and granting a residence permit to the applicant in *A.R.B. v the Netherlands*.[43]

On a few occasions, the Court has also struck out applications because of the applicants having lost contact with their legal representative, such as in *R.A. v France*,[44] involving a Pakistani gay man, and *D.B.N. v United Kingdom*,[45] involving the first lesbian asylum claimant to file a case with the Strasbourg Court. On other occasions, applications were struck out owing to the lack of a reply from the applicant to the observations submitted by the respondent State and third parties, as in *M.T. v France*, involving a gay Cameroonian man.[46] In a different context, the Court has also struck out the application in *Khudoberdi Turgunaliyevich Nurmatov (Ali Feruz) v Russia*, which referred

---

[37] *K.N. and Others v. France*, Application no 47129/09, 19 June 2012. This case stands out as the only 'Dublin return' case amongst the Strasbourg SMAC jurisprudence. See Regulation (EU) No 604/2013 of the European Parliament and of the Council of 26 June 2013 establishing the criteria and mechanisms for determining the Member State responsible for examining an application for international protection lodged in one of the Member States by a third-country national or a stateless person, OJ L 180, 29.6.2013, p. 31–59.

[38] *A.S.B. v. the Netherlands*, Application no. 4854/12, 10 July 2012.

[39] *A.E. v. Finland*, Application no. 30953/11, 22 September 2015.

[40] *M.B. v. Spain*, Application 15109/15, 13 December 2016.

[41] *A.T. v. Sweden*, Application no. 78701/14, 25 of April 2017.

[42] *E.S. v. Spain*, Application no 13273/16, 19 October 2017.

[43] *A.R.B. v. the Netherlands*, Application no. 8108/18, 17 January 2019.

[44] *R.A. v. France*, Application no. 49718/09, 8 February 2011.

[45] *D.B.N. v. United Kingdom*, Application no. 26550/10, 31 May 2011.

[46] *M.T. v. France*, Application no. 61145/16, 27 March 2018.

to an Uzbek gay man detained in Moscow.⁴⁷ What set this case apart from all other SMAC applications before Strasbourg is that the applicant was a publicly known journalist, who regularly contributed to a weekly newspaper with national coverage – *Novaya Gazeta* – and who had dealt with a wide array of issues, including LGBTIQ+ rights. After several months in detention in Russia, the applicant was allowed to travel to Germany, where authorities granted him asylum. On this account, the Court struck out the Article 3 claim as well as considering the Article 5 claim inadmissible.

The Court has only considered admissible three SMAC-related applications, and two of these led to a finding of no violation of an ECHR article. The first was the decision in *M.K.N. v Sweden*, in which the Court finally recognised that SMACs fall within the remit of the ECHR.⁴⁸ Although the Strasbourg Court accepted the importance of affording the benefit of the doubt to asylum claimants, it sided with the Swedish authorities regarding the possibility of internal relocation and the negative credibility assessment. The Court thus held that returning the claimant to Iraq did not constitute a violation of Article 3 ECHR. The second one was the infamous decision in *M.E. v Sweden*,⁴⁹ in which the Court had to deal with the case of a Libyan asylum claimant in a same-sex relationship in Sweden, who had been required to return to Libya to obtain a family reunification visa. Although the applicant had been the target of death threats from his family for having married someone of the same sex, the Strasbourg Court found that the requirement that the claimant be 'discreet' about his sexuality (effectively 'concealing' it) for a period of time in Libya was not a violation of Article 3 ECHR. This decision was severely criticised in a powerful dissenting opinion by Judge Power-Forde, who stated: 'The majority's conclusion in this case does not "fit" the current state of International and European law on this important question of fundamental human rights (…) The reasoning is flawed and unconvincing'. While this decision was being referred to the Court's Grand Chamber, the Swedish Migration Board decided to grant the applicant a permanent residence permit because of the deterioration of conditions in Libya, leading the Court to strike out the case.⁵⁰

---

⁴⁷ *Khudoberdi Turgunaliyevich Nurmatov (Ali Feruz) v. Russia*, Application no. 56368/17, 2 October 2018.
⁴⁸ *M.K.N. v. Sweden*, Application no. 72413/10, 27 June 2013.
⁴⁹ *M.E. v. Sweden*, Application no. 71398/12, 26 June 2014.
⁵⁰ *M.E. v. Sweden*, Application no. 71398/12, 8 April 2015.

The only finding of a violation of an ECHR article in a SMAC-related application came with *O.M. v Hungary*,[51] in which the Strasbourg Court dealt with the case of an Iranian gay man who was detained for two months in Hungary and then granted refugee status. Here, the Court found that there had been a violation of Article 5 ECHR, especially in view of the authorities' disregard for the particular vulnerability of O.M. during his detention, and awarded the claimant compensation. The positive decision in *O.M. v Hungary* had given hope of a Court more sensitive towards SMACs. Nonetheless, what has followed is a long string of SMAC applications either being held inadmissible or struck out, with no single finding of violation of an ECHR right ever since, quickly dashing any such hopes of a more supportive Court. Furthermore, *O.M. v Hungary* did not relate to the asylum claim itself, so there is effectively no finding of a violation of an ECHR article in relation to a SMAC as such.

3.2 A summary assessment

Overall, the body of Strasbourg jurisprudence that has developed around SMACs indicates an insufficient willingness to protect these applicants from persecution. Even decisions significant for introducing positive developments, such as the recognition in *M.K.N. v Sweden* that SMACs fall within the remit of Article 3 ECHR, reinforce the image of a Court unsympathetic towards SMACs. One might attribute such results to the fact that the asylum claims found credible by domestic authorities are decided positively at domestic level, and only the ones that are not found credible reach Strasbourg. Yet that does not justify the substantive decisions across all the jurisprudence discussed above. Moreover, this image of an unsympathetic Court – or 'static and unresponsive', in the words of Falcetta and Johnson – becomes even more apparent when one contrasts this restrictive line of jurisprudence with the judgments the Court has produced in relation to cases involving sexual orientation and migrants' residence issues (Falcetta and Johnson 2018, 215). All this reinforces the idea of a Court detached from the suffering of SMAC applicants, thus dehumanising them.

As Ammaturo points out, 'If there were a genuine interest in defending individuals either citizens or non-citizens – from human rights abuses, stories of structural violence or harassment would

---

[51] *O.M. v. Hungary*, Application no. 9912/15, 5 July 2016.

be enough to grant protection, without the applicants having to demonstrate a threat of death or an extreme punishment' (Ammaturo 2017, 57). In none of the decisions discussed here is there any reference to the Yogyakarta Principles and only in one case – *I.K. v Switzerland* – is there a reference to the UNHCR's guidelines on refugee claims based on sexual orientation or gender identity (UNHCR 2012). This practically inexistent consideration of international standard-setting documents in this field reinforces the lack of willingness from the Strasbourg Court to engage fully with the scope of rights of SMAC applicants, especially considering that the Court regularly refers to external sources in other types of claims.[52] If the Court were open to genuinely considering such external sources, this would go some way to address the concerns raised by a queer intersectional perspective, by recognising and engaging with the variety of rights, characteristics and experiences of sexual minorities.

The increasingly frequent references by the parties and the Strasbourg Court to the jurisprudence of the CJEU could, in theory, translate into better outcomes for SMAC applicants. The CJEU has slowly developed a body of SMAC jurisprudence that, despite room for improvement, does possess many positive elements (Ferreira 2018). Moreover, although the relationship between the CJEU and Strasbourg Court has not always been clear or mutually supportive, there are plenty of examples of positive judicial dialogue (Rackow 2016). Yet, in practice, the CJEU jurisprudence has been used either to reinforce the argumentation in favour of a negative outcome or to dot negative argumentation with some positive references to the legal protection afforded to the applicants. As an example of the former, in *I.K. v Switzerland* the CJEU's decision in *X, Y and Z* is only alluded to by the Swiss authorities to support the conclusion that the applicant's claim was unfounded.[53] As an example of the latter, in *A.N. v France* the Court acknowledged that the third parties intervening in the case referred to the decision in *X, Y and Z* to highlight the wrongness of the 'discretion argument', but the Court still concluded that the application was manifestly ill-founded on other grounds. Similarly, in *M.B. v the Netherlands* the Court referred to the CJEU decisions in *X, Y and Z* and *A, B and C*, drawing some positive elements from these cases for the

---

[52] For example, the Court has referred to World Health Organisation guidelines in *Makshakov v. Russia*, Application no. 52526/07, 24 May 2016, and *Petukhov v. Ukraine (No. 2)*, Application no. 41216/13, 12 March 2019.

[53] Joined Cases C-199/12, C-200/12 and C-201/12, *X, Y and Z v Minister voor Immigratie, Integratie en Asiel*, 7 November 2013, ECLI:EU:C:2013:720.

applicant, but nevertheless again found the application to be manifestly ill-founded on other grounds.[54] Finally, the initial reference to *X, Y and Z* in the Court's first decision in *M.E. v Sweden* was ignored when the Court subsequently imposed an obligation on the applicant to conceal his sexuality upon return. The fact that the majority agreed on this point is stunning, as the CJEU's decision in *X, Y and Z* could not have been clearer about there being no room for the 'discretion argument' in the asylum procedure. This deviation from a positive feature in *X, Y and Z* indirectly weakened the asylum system in Europe, by undermining the CJEU's authority and the persuasiveness of its decisions. This tension may be a mere reflection of the often fraught relationship between the CJEU and Strasbourg (including in the field of asylum), and of the heavily politicised debates that affect these Courts, such as the debate about the EU's accession to the ECHR (Rackow 2016). When the consequences include a potential danger to an applicant's life, the Strasbourg Court should be able to rise to the occasion and protect human rights above all.

Another noticeable and disappointing feature in this body of Strasbourg jurisprudence is the apparent strategy of the member states to solve, delay or revisit the applicant's claim for international protection in an obvious attempt to pre-empt negative decisions from the Court or simply lead the Court to strike out the application. The long list of cases (partially or completely) struck out on account of the respondent state's decision to somehow revisit its refusal of international protection – 10 out of the 23 analysed – is clearly suggestive of that.[55] Specific examples can be found in *A.E. v Finland*, for example: the Finnish authorities avoided a substantive decision from the Court by granting to the applicant a continuous residence permit for work for one year, with the possibility of requesting a renewal. This not only led to the Court striking out the application, but crucially also overlooks the fact that the applicant's life remained in limbo and the Finnish authorities might very well deny the renewal of the residence permit for work. Similarly, in *M.B. v Spain*, the Spanish authorities decided to reopen the administrative procedure and re-examine the asylum claim in question while the Court was analysing the application, so the Court struck out

---

[54] Joined Cases C-148/13 to C-150/13, *A, B and C v Staatssecretaris van Veiligheid en Justitie*, 2 December 2014, ECLI:EU:C:2014:2406.

[55] K.N. and Others v. France, A.S.B. v. the Netherlands, M.E. v. Sweden (Grand Chamber), A.E. v. Finland, M.B. v. Spain, A.T. v. Sweden, E.S. v. Spain, M.T. v. France, Khudoberdi Turgunaliyevich Nurmatov (Ali Feruz) v. Russia, and A.R.B. v. the Netherland.

the application. Although this decision is perfectly legitimate in the light of the Court's rules and its jurisprudence in such circumstances, it has been lamented for missing the opportunity to provide greater clarity on the issues it raised (ILGA-Europe 2017). A third example can be seen in *A.T. v Sweden*, in which the Swedish authorities considered the expulsion order statute-barred and accepted a fresh asylum claim while the Court was analysing the original claim, which led to the Court's decision to strike out the application. In a slightly different scenario, but with similar consequences, Russia escaped condemnation in *Nurmatov (Ali Feruz) v Russia* by letting the applicant travel to Germany, where authorities granted him asylum. While it is fortunate that the applicant is now in safety, it is lamentable that once again the Court was deprived (or deprived itself) of the possibility of analysing the substance of the claim. The most recent example of this strategy can be seen in *A.R.B. v the Netherlands*, in which the Netherlands granted a residence permit to the applicant, which led the Court to striking out the case.

One may believe that such a State strategy is legitimate and that the Court should not be criticised for simply using the ECHR rules to manage its workload as effectively as possible. Yet, Article 37 ECHR also states that the Court 'shall continue the examination of the application if respect for human rights as defined in the Convention and the Protocols thereto so requires' and that it 'may decide to restore an application to its list of cases if it considers that the circumstances justify such a course'. The strategy of these states not only affects migrants more generally, but also seriously undermines applicants' human rights (Dembour 2015, 325). In the light of the vulnerable and precarious position in which these applicants are left by states in these circumstances, the Court would be not only entitled, but also required, not to strike out several of the applications mentioned above, for the sake of effectively protecting the rights of the applicants. In this process, the Court also disregards the particular characteristics of the applicants in these cases and likewise the fact that the Court's refusal to analyse the substance of the applications may leave them even more vulnerable. An intersectional approach to these cases is thus in order.

Overall, we are faced with a disappointing body of jurisprudence from the Strasbourg Court, which can be criticised on a range of grounds and is severely lacking from a queer intersectional perspective. In the next section, three further key areas of criticism are analysed, which will render more evident the flaws and the scope for improvement of the decisions in question.

4 Exposing the skeletons in the Court's closet

The Strasbourg Court does not apply the Refugee Convention, so it is not directly concerned with ensuring the fulfilment of requirements such as 'demonstrating a fear of persecution', membership of a 'particular social group', 'credibility' or lack of 'internal relocation alternative' (UNHCR 2019). Instead, the Court analyses such international protection claims from the prism of the ECHR. Such analysis – as carried out in the Strasbourg SMAC jurisprudence so far – entails many 'skeletons' that need to be exposed.

4.1 The threshold for violation of ECHR articles

Instead of determining whether there is a 'risk of persecution' under the Refugee Convention, the Court is concerned with determining whether there is a risk of violation of an ECHR right upon the return of the applicant to their country of origin. As mentioned above, however, in this context the Court is generally only concerned with possible violations of Articles 2 and 3 ECHR, and only more rarely with violations of other ECHR articles. To carry out this assessment, the Court often refers to the information submitted by the parties in relation to the situation in the applicant's country of origin. The analysis of the quality of such information will serve as springboard for this section. The analysis will then move to the restrictive use of the ECHR, the high threshold adopted by the Court to find a violation and the way the Court has dealt with the notion of 'discretion'.

To carry out their assessment of international protection claims, national authorities are expected to rely on precise and up-to-date country of origin information (COI) and information regarding countries through which the claimant may have transited. Despite the lack of relevant COI on sexual minorities, asylum claimants may well be victims of persecution warranting international protection, as the information gathered in relation to the country of origin, 'first country of asylum' and 'third countries' often omits elements regarding sexual minorities. Based on COI, national authorities often adopt lists of 'safe countries', which are seen as countries from where one would generally not expect to see a 'legitimate' asylum claim. This has been a notion widely criticised by both scholars and civil society for undermining the right to international protection (Costello 2016; ECRE 2016). Furthermore, the very notion of 'safe country' is in tension with an intersectional approach to asylum claims, which requires an individual consideration of each claimant's circumstances and is not compatible with wholesale analyses of countries of origin. The Strasbourg jurisprudence has, positively, adopted a highly critical view of the mechanistic way in which asylum authorities use the notion of 'safe country' (be it country of origin or third country/country of passage). In *Ilias and Ahmed*, relating to Hungarian border procedures, the Court reiterated that the use of this notion needs to be carefully scrutinised against Article 3 ECHR.[56] To this purpose, public authorities cannot simply rely on a list of 'safe countries' and expect asylum claimants to rebut that legal presumption of 'safety': it is 'unfair and excessive' for the public authorities to lay the whole burden of proof on asylum claimants and not carry out any work of assessment of the risk of violation of Article 3 ECHR in case of refoulement. The Court thus ascertained that 'it is incumbent on the domestic authorities to carry out an assessment of that risk of their own motion when information about such a risk is ascertainable from a wide number of sources' (para. 118).

On a less positive note, however, the Court does not offer the full power of the ECHR and its jurisprudence to asylum claimants. For example, in *F. v United Kingdom*, the Court oddly asserted that, despite all the evidence it had received about the treatment of gay men in Iran, it had not been proven that returning the applicant to Iran would entail treatment falling within the scope of Article 8 ECHR. The Court blatantly downplayed the risk of criminal punishment for homosexual conduct and asserted that returning the applicant to Iran would not engage Article 8 ECHR, let alone constitute a violation of that norm.[57] The Court adopted a similar approach in subsequent cases, such as *M.E. v Sweden*. This is at odds with the Strasbourg jurisprudence on 'sodomy laws' that criminalised same-sex conduct in many countries across Europe and that were finally held to have been a violation of human rights law since the 1980s by the Strasbourg Court in seminal

---

[56] *Ilias and Ahmed v. Hungary*, Application no. 47287/15, 14 March 2017, para. 112-113, 118 and 124.

[57] Although the Strasbourg Court was not, in these cases, dealing with the notion of 'persecution' as such – as there is no right to asylum as such in the ECHR – it is interesting to note that the Strasbourg jurisprudence somehow mirrors the assertion of the CJEU in *X, Y and Z* that the criminalisation of same-sex conduct does not in itself constitute an act of persecution. This runs against the views of scholars and NGOs alike (ICJ – International Commission of Jurists 2014; Jansen and Spijkerboer 2011).

cases such as *Dudgeon v UK*,[58] *Norris v Ireland*[59] and *Modinos v Cyprus*.[60] While in these cases the mere existence of 'sodomy laws' in a member state (even if not enforced) was considered a violation of Article 8 ECHR, in relation to SMAC applications the Court does not believe Article 8 ECHR is engaged at all by 'sodomy laws' that may well be enforced. For this reason, Judge De Gaetano used his separate opinion in *M.E. v Sweden* to criticise the Court's reliance on *X, Y and Z* and its tolerance of laws criminalising homosexual acts. More recently, in *I.K. v Switzerland*, the applicant had also invoked a violation of Article 14 ECHR, but the Court brushed that aside by asserting that the substance of the claim had already been analysed from the perspective of Article 3 ECHR, thus circumventing any analysis of Article 14 ECHR in the context of asylum. Foreign queer bodies are blatantly dehumanised, in a sort of legalised erasure of humanity, with the alleged blessing of established legal doctrinal principles.

What transpires evidently is that international protection claimants can only rely on a very limited scope of ECHR protection. While nationals of CoE member states can expect to benefit from the full scope of the ECHR while they remain within their jurisdiction (unless they are subject to extradition),[61] migrants in general should expect a more limited scope of protection (Dembour 2015). People seeking asylum, in particular, should generally not expect to benefit from more than the protection of Articles 2 and 3 when it comes to analysing the risks they may face upon return to their countries of origin. In the words of Spijkerboer, with this sort of decision the Court is effectively asserting that 'some fundamental rights are, actually, not fundamental because facilitating their violation by removal is not in violation of these rights' (Spijkerboer 2018, 228). Although one may say that Strasbourg is not responsible for the state of human rights across the globe, this application of double standards on the basis of one's citizenship status sits uneasily with the universality of human rights, has rightly been criticised by commentators (Jansen 2019, 133), and affects SMACs in particularly acute ways.

Even if one limits oneself to relying on Articles 2 and 3 ECHR, it is striking how the Strasbourg Court applies these articles to SMACs on

---

[58] *Dudgeon v. The United Kingdom*, Application no. 7525/76, 22 October 1981.
[59] *Norris v. Ireland*, Application no. 10581/83, 26 October 1988.
[60] *Modinos v. Cyprus*, Application no. 15070/89, 22 April 1993.
[61] See, for example, *Soering v. the United Kingdom*, Application no. 14038/88, 7 July 1989.

the basis of an extremely high threshold, thus overlooking the absolute nature of these norms. For example, in both *F. v United Kingdom* and *I.I.N. v the Netherlands*, the Court ignored the possibility of prosecution for consensual and private homosexual relationships, the under-reporting of such instances, and the reported instances of criminal punishment of homosexual conduct. In *I.I.N. v the Netherlands*, in particular, the Strasbourg Court considered a range of materials submitted as evidence, including a UNHCR position paper which stated:

> In view of the multiplicity of executions and lashings, it cannot be excluded the victims thereof include persons being punished – on grounds of homosexuality – by death or lashing as provided for on the Iranian Criminal Code. Against this background, it cannot be asserted with certainty that the criminal law provisions on homosexuality only have a theoretical significance.

Yet, similarly to *F. v United Kingdom*, the Court found the application manifestly ill-founded. In both *F. v UK* and *I.I.N. v the Netherlands*, gay Iranian asylum claimants conformed to the Western, popular notion of a 'gay man' and described the violence they had suffered in their home country. This 'hypervisible Iranian queer' (Shakhsari 2012) is someone who engages to as great a degree as one can expect with the asylum system and addresses all the requirements one may be expected to fulfil in asylum claims. And yet that was not enough, as the Strasbourg Court overlooked their humanity and dismissed their claims, denying the risk of cruel or inhuman punishment upon their return to Iran.

The same approach was to be adopted in subsequent decisions. In *M.E. v Sweden*, for example, although the applicant had been the target of death threats from his family for having married someone of the same sex in Sweden, the Court denied his application. This decision was widely criticised for disregarding the fact that, independently of whether the criminal penalties for homosexuality in Libya were enforced or not, 'a hostile attitude towards anyone suspected of being homosexual permeated local culture', instances of massive violence against gay men had been reported, and all diplomatic representations in Libya had been closed down (Falcetta 2015). The decision itself referred to – but remained uninfluenced by – official reports by international organisations and domestic authorities confirming violence against civilians, active extremist groups, continued arbitrary detention of thousands of persons outside state control, and persecution of homosexuals. Again, a queer foreign body is the victim of a violent process of dehumanisation, betraying an acutely detached Court.

More recently, in *A.N. v France*, involving a Muslim gay Senegalese man, the Court determined that, although same-sex conduct is criminalised in Senegal, with a prison sentence of up to five years, and there are on average ten convictions each year on this basis, the enforcement of this norm was not 'systematic'. The Court pursued the same line of argumentation in *M.B. v the Netherlands*, involving a gay man from Guinea, where – according to the Dutch authorities' own official country guidance report – 'there are deeply rooted social, religious and cultural taboos with respect to homosexuality'. Despite NGO and Dutch authorities' own reports indicating the opposite, the Court found that the Guinean criminal offence of same-sex conduct was not 'systematically applied'. 'Systematically' implies that the Court intends to cover all or practically all instances of violation of the law, which is unreasonable: it effectively means that no criminal norm in any system is enforced in a systematic way, as there are always instances where criminally punishable conducts are not prosecuted for the most various reasons. Furthermore, this line of argumentation overlooks the widespread dangerous societal, structural and institutional effects that the mere criminalisation of same-sex conduct, even when the prohibition is not actively enforced by public authorities, can have on the well-being and protection of sexual minorities, including the facilitation of blackmail, extortion, severe discrimination and other forms of serious harm (Phillips 2009; UNHCR 2012, para. 26).

The unreasonably high threshold of the Court in these cases is thus excruciatingly obvious and is in contradiction with the standards of the UN bodies, which have asserted that 'inconsistencies and ambiguities' in particular cases 'are not of a nature as to undermine the reality of the feared risks'[62] and that the fact that domestic authorities 'are not actively persecuting homosexuals does not rule out that such prosecution can occur'.[63] Moreover, such a high threshold is also arguably in contradiction with the Court's own jurisprudence, to the extent that, in these cases, the Court should be considering whether

---

[62] *M.I. v. Sweden*, Communication No. 2149/2012, Human Rights Committee, views adopted by the Committee at its 108th session (8-26 July 2013), 25 July 2013, para. 7.5, in a case relating to a lesbian claimant from Bangladesh, where legislation criminalising same-sex conduct 'in itself fosters the stigmatization of LGTB individuals and constitutes an obstacle to the investigation and sanction of acts of persecution against these persons'.

[63] *Mondal v. Sweden*, CAT/C/46/D/338/2008, UN Committee Against Torture (CAT), 7 July 2011, para. 7.3, regarding a homosexual Bangladeshi man.

there is a 'real risk' of even a *single* violation of Articles 2 or 3 ECHR, rather than whether there is a 'systematic application' of norms that violate ECHR rights. Crucially, this jurisprudence ignores the need to adopt an intersectional approach to SMACs and neglects how SMAC applicants' particular range of characteristics and specific socio-economic context may affect potential violations of Articles 2 and 3.

The Court's focus on the way such criminal offences are enforced can, furthermore, be denounced as hypocritical: while in relation to (heterosexual) women asylum claimants the Court is only concerned with whether there are laws in place to protect women from ill-treatment irrespective of whether those norms are applied in practice (Peroni 2018, 353), when it comes to SMACs the Court does the opposite and is only concerned with signs of lack of enforcement of laws criminalising same-sex conduct irrespective of whether or not those laws still cause harm even when not enforced. What is clear, then, is that the Court is not concerned with any actual harm the applicants may risk suffering but rather with finding more or less formulaic methods of denying the applications. Crucially, there is a growing movement to consider the criminalisation of same-sex conduct between consenting adults to be a violation of Article 3 ECHR in itself, owing to the degrading and dehumanising nature of these criminal offences (Danisi 2015, 298-300; Johnson and Falcetta 2018).

The Strasbourg jurisprudence on SMACs has also touched on the idea that applicants may be returned to their countries of origin and be 'discreet' about their sexuality (effectively concealing it), so as to avoid any harm coming their way. In *M.K.N. v Sweden*, the Strasbourg Court had already hinted at sympathising with this argument when it denied the applicant's claim, perhaps influenced by the Swedish government's argument that, as the claimant intended to go on living with his wife, there was no risk of him demonstrating his sexual orientation upon his return – and thus he would remain 'discreet'. Although such a 'discretion' or 'concealment' argument or requirement was widely used across Europe for many years, in 2013 the CJEU condemned this idea beyond doubt in *X, Y and Z*. Yet, somewhat anachronistically, the Strasbourg Court's decision in *M.E. v Sweden* retained the 'discretion requirement' as appropriate, even if for a relatively short period of time, and thus found no violation of Article 3 ECHR under these circumstances. Although the Swedish authorities subsequently granted the applicant a permanent residence permit, the harm had been done: the Court had offered legitimacy to the 'discretion requirement' at a time when most European domestic jurisdictions had abandoned it, and this was rightly criticised by commentators (Fraser 2014; Steendam 2014). In the light of the eradication of the 'discretion requirement' in most of its forms from most of the European domestic jurisdictions, one could legitimately expect a different position from the Strasbourg Court in subsequent, similar cases. That is what happened in *I.K. v Switzerland*, in which the Court acknowledged that there was no room for discretion in relation to such a fundamental aspect of one's identity and conscience. And yet the outcome was negative for the applicant. The Court again neglects SMAC applicants' individual composite of characteristics and how it may expose them to violence and persecution. Ultimately, this makes one wonder when rhetoric will translate into genuine queer rights vindication.

4.2 Rules of evidence and assessment of credibility

SMACs are notoriously difficult to prove in any jurisdiction (Jansen and Spijkerboer 2011). As with any other asylum claim, the success of SMACs is fundamentally dependent on the evidentiary standards adopted and the credibility assessment carried out by the decision-maker. As many scholars have already pointed out, a 'culture of disbelief' pervades some domestic asylum authorities, such as the Home Office in the UK (Millbank 2009; Souter 2011). Even more worryingly, the Strasbourg Court adopts a dangerously hands-off approach to the scrutiny of the credibility assessment carried out by domestic authorities, leaving applicants at the mercy of often hostile domestic authorities. Although the Court is admittedly constrained by its own statute and procedural rules, such as admissibility criteria (Article 35 ECHR) and striking-out rules (Article 37 ECHR), there is scope to scrutinise more thoroughly member states' rules of evidence and assessment of credibility.

The Strasbourg jurisprudence's leitmotif in this field is deference towards domestic authorities, something recognised by the Court's judges themselves and justified on the basis of the Court's subsidiary role and limited tools (Ravarani 2017, 3-4). This deference is blatant in the decisions subscribing to negative credibility assessments. Clear examples can be found in relation to the UK and French domestic authorities. In *F. v United Kingdom*, the domestic authorities questioned F.'s credibility in relation to the length of time he spent in prison and his nationality. They also queried why he had not claimed asylum in Turkey. On appeal, the UK authorities reiterated the assessment of lack of credibility. The Court also chose to accept the assessment of lack of credibility of the domestic authorities, thus siding with the 'culture of disbelief' of the UK asylum authorities. In *A.N. v France*, the Court also subscribed to the French authorities' assessment of the facts, thus accepting the 'verdict' of lack of credibility. Although the Court acknowledged the difficulty of proving SMACs owing to the personal nature of the matters at hand, it sided with the French government to reiterate the insufficiency of the evidence submitted by the applicant. Deference – and detachment – once again prevailed.

Further examples of such deference to the negative assessments of credibility carried out by domestic authorities can be found in Strasbourg jurisprudence, such as *M.E. v Sweden*, *M.B. v Spain*, *E.S. v Spain*, and *I.K. v Switzerland*. Even when the Court rhetorically highlights that the credibility assessment has to be carried out in an individual and delicate manner, as it asserted in *I.K. v Switzerland*, deference prevails and the domestic authority's negative credibility assessment stands. A particularly crass example of such excessive deference can be seen in *M.B. v the Netherlands*, in which the Court deferred to the Dutch authorities' assessment of the applicant's credibility, even though the Dutch authorities expected that the applicant would be able to state the number of people involved in a mob attack and the number of police officers who arrived afterwards. It is submitted that it would have been 'incredible' if the applicant had been able to point out the exact number of such attackers and police officers, as it is highly unlikely that an individual would be able to count the number of people beating up or detaining them. Moreover, the Court shows no sign of reflecting on the possible influence of individual mental health and trauma, or local cultural or social factors, on the accounts of applicants that may appear incredible to European decision-makers, although such impact has been analysed and evidenced at length (Bögner, Herlihy, and Brewin 2007). On the contrary, the Court is too easily convinced by the domestic authorities' preoccupation with apparent inconsistencies or oddities.[64]

The principle of the benefit of the doubt – a principle whose importance in asylum adjudication is highlighted in the UNHCR guidance (UNHCR 2019) – is ultimately ignored by both domestic authorities and the Strasbourg Court, thus unlawfully depriving SMAC applicants of a key legal tool. A striking example can be seen in *M.K.N.*

---

[64] Rather astonishingly, the Court's deference to domestic authorities even extends to the Court being more concerned with applying domestic law rather than the ECHR, as in *M.E. v. Sweden* (para. 85).

v Sweden, in which despite all the evidence submitted by the applicant, the Swedish Migration Board claimed that M.K.N.'s account was not credible. The Migration Court reiterated this assessment of lack of credibility owing to the late disclosure of his sexuality (see Section 4.3). Before the Strasbourg Court, M.K.N. claimed to have provided a reasonable explanation for the late disclosure and asked to be given the benefit of the doubt. The Strasbourg Court confirmed the importance of affording the benefit of the doubt to asylum claimants but also agreed with the Swedish authorities regarding the possibility of internal relocation and the credibility assessment, in particular in relation to the claimant's homosexual relationship. In the end, the Court refused to give the claimant the benefit of the doubt, thus again deferring to the credibility assessment of the domestic authorities. The same approach by the Court can be seen in the first decision in *M.E. v Sweden*.

The Court thus seems willing to accept member states' choices as to which aspects of asylum claimants' testimonies matter, and how they should matter, without offering domestic authorities any critical comments, positive guidance or admonition for the clearly inadequate application of rules on evidence and findings on credibility. Both member states and the Strasbourg Court are accomplices in this violence caused to foreign queer bodies in search of international protection. It is thus apt to ask: Who's afraid of the benefit of the doubt?

4.3 Intersecting characteristics and socio-cultural factors

Besides analysing the risk of violation of an ECHR article upon return (Section 4.1), and the overall credibility of the applicant (Section 4.2), the Court is often called upon to consider a range of other legal and social aspects relevant to asylum claims that are intertwined with a range of individual characteristics and socio-cultural factors. How the Court deals with these other aspects (including in the light of COI, discussed in Section 4.1) has an impact on how the Court analyses both the risk of violation of an ECHR article upon return, and the credibility of the applicant. It is thus crucial to consider those as well and to bring to fruition an intersectional approach to the Court's SMAC jurisprudence.

One such aspect is the 'internal relocation alternative', i.e., an individual seeking asylum being able to return to their country of origin and relocate within it to escape the risk of persecution. In the light of how widespread discrimination and violence against sexual minorities can be in the countries of origin of most SMAC applicants, 'internal relocation' is rarely available to them (UNHCR 2012, paras 51–6). In *M.K.N. v Sweden*, the Strasbourg Court uncritically endorsed the Swedish authorities' assertion that the Christian religious beliefs of the Iraqi claimant – who had had a homosexual relationship in Iraq and had been discovered – would allow him to relocate to the Kurdistan region. Similarly, in *A.N. v France*, the applicant – a Muslim man who had been the victim of blackmail, physically assaulted by rioters and held captive and violently assaulted by relatives – submitted evidence that sexual minorities had to move residence regularly in Senegal to avoid being found out, but the French government insisted that internal relocation was realistic and the Court simply referred back to the domestic assessment of the facts, without showing any interest in questioning the reasonableness of internal relocation in Senegal.

Another aspect of SMAC applicants' experiences that can have a negative impact on the success of their claims is the 'late disclosure' of one's sexuality. The reality is that SMAC applicants often do not know that their sexual orientation can be of relevance for the purposes of obtaining international protection and, even if they do, many do not know how to structure their narratives or that they should include all the elements that may possess relevance to a European decision-maker. Most importantly, many SMAC applicants will not feel comfortable – or may even feel utterly mortified for religious, cultural or personal reasons – at the thought of discussing their sexual orientation with a complete stranger, in what is often a hostile environment. The Strasbourg Court's decision in *M.K.N. v Sweden* is a good example of how asylum authorities fail to grasp the difficulties a sexual minority asylum claimant may have in disclosing their past experiences. In this case, the claimant's account of his past homosexual relationship was denied credibility for having been reported late, although the late disclosure could be justified by the fact that the claimant had an opposite-sex spouse, had children and had lived in a strongly conservative and unstable country affected by religious conflicts. M.K.N. himself attributed the late disclosure of this element of his account to not knowing that homosexuality was (socially and legally) accepted in Sweden. The Court, however, chose to disregard the difficulties involved in disclosing to authorities one's past homosexual relationships, even in such complex and adverse circumstances. Similarly, in *M.E. v Sweden*, the Court chose to side with the Swedish authorities in their assessment of lack of credibility on account of the late disclosure of M.E.'s sexuality. More recently, however, the CJEU asserted in *A, B and C* that delays in disclosing one's sexuality should not automatically be held against asylum claimants to harm their credibility. One can only hope that this will prove valuable in guiding domestic authorities towards not placing excessive importance on late disclosures.[65]

More generally, the Court fails to grasp the complexity of applicants' lives and socio-cultural backgrounds and reduces them to 'siloed' identities that can fit neatly into domestic asylum systems and the ECHR system as envisaged by European mindsets. In *I.I.N. v the Netherlands*, for example, the gay Iranian asylum claimant had come into contact with the Iranian authorities not only because of his homosexuality but also because of his participation in protests. Yet his political activism only deserves a brief mention amongst the facts reported and is ignored in the Court's analysis. Similarly, in *M.K.N. v Sweden*, although the applicant had an opposite-sex spouse, had children and risked persecution on grounds of his sexuality, religious beliefs and (relatively good) economic condition, the Court paid no heed to the 'messiness' of the applicant's account and simply relied on the Swedish authorities' negative credibility assessment, focusing on only one of the applicant's characteristics – his sexuality. Generally, one can find passing references to some of the applicants' characteristics or circumstances: the applicant in *M.E. v Sweden* fearing that the Libyan diaspora in Sweden would pass the news about his same-sex marriage to Libya; the applicant in *A.N. v France* being gay, Muslim and afraid of discrimination from his diaspora community; or the gay male applicant in *M.B. v the Netherlands* not knowing many details about his partner, perhaps owing to the clandestine nature of their relationship in a society oppressive towards sexual minorities.

Yet, disappointingly, the Court only mentions these aspects but never addresses or analyses them to any extent as the significant socio-cultural dynamics and identifiers that they are or allows them to have any positive bearing on the outcome of the case. It would have been particularly interesting in *M.B. v Spain* – involving a lesbian woman of a particular ethnicity that was at the origin of her exposure to human rights violations – to see how the Court would deal with issues of criminalisation and credibility in a context where ethnicity, gender and sexuality intersect. Similarly, the decision in *H.A. and H.A.* – where one of the brothers feared persecution on the basis of both religion and sexual orientation – would have been an excellent opportunity to

---

[65] See, for example, decision of the Italian Supreme Court: Corte di cassazione, ordinanza n. 4522/15.

engage with the way in which religion and sexuality may potentiate persecution and human rights violations, but the Court – worryingly – opted to dismiss that matter with a very terse analysis of the applicant's concerns, despite the widely known severe treatment of gay (or just perceived as gay) men in Iran (Ramón Mendos 2019).

Strasbourg's overall lacklustre approach to SMACs and the richness of these applicants' lives can ultimately dissuade them from pursuing their claims, with potentially terrible effects on their lives, aggravated in cases where specific combinations of characteristics render claimants particularly vulnerable to gender and sexual oppression. Consciously pursuing a queer intersectional approach to these cases can support better decision-making in Strasbourg, and we can legitimately expect more from the Court in terms of how it handles such complex lives and applications.

5 Which way forward for the European sexual minority asylum framework?

The CoE, and in particular the Strasbourg Court, have undoubtedly contributed to many positive developments for sexual minorities across Europe. Yet in relation to SMACs, the current inadequacies are conspicuous. Although many of these inadequacies may seem necessary by-products of the structure and functioning rules of the CoE and the Court, it is realistic to expect a fairer treatment of SMACs. Both quantitative and qualitative analyses of the Strasbourg jurisprudence on SMACs clearly reveal the unwillingness of the Court to genuinely and respectfully engage with these applicants' accounts and rights. Sporadic references to more positive CJEU decisions in this field have so far not led to any progress in Strasbourg. Worse, member states have been successful in strategically prompting the Court to strike out applications by solving, delaying or revisiting applicants' claims. This leaves applicants in precarious situations and circumvents jurisprudential developments in this field. Whether the Court adopts this approach to avoid antagonising member states, to respect their margin of appreciation, to manage its workload, to avoid opening the 'floodgates' to this type of claim or for any other reason, it needs to change its course to honour its mission and preserve the humanity of these claimants, even if that may well mean 'exporting' the Convention's values and applying them to seven billion people (Ravarani 2017, 4). Foreign queer bodies have human rights as well.

To vindicate the rights of SMAC applicants and foster judgments better informed by a queer intersectional perspective, the Strasbourg Court needs to improve its jurisprudence on several levels. First, the Court needs to apply the full range of ECHR articles (in particular Articles 8 and 14) to these claims when analysing the risks the applicants will encounter if they are returned to their country of origin. The Court also needs to lower the current threshold at which a risk becomes so severe as to be incompatible with the ECHR. States would still retain considerable agency to deport individuals with no human rights claims under a newly reduced threshold for deeming a risk 'severe enough' to be incompatible with the ECHR. In short, this would not mean 'opening the floodgates' to any challenge to deportation orders, because some leeway to deport individuals would remain.

Second, the Court needs to stop deferring to the 'culture of disbelief' engrained in many domestic authorities and start taking the principle of the benefit of the doubt seriously and hold domestic authorities against an appropriate standard of proof in these cases. If this means – as some may argue – that a small number of 'fake claims' succeed, then this is a reasonable price to pay for robust and fair international protection and human rights systems. Third, the Court needs to immerse itself in the applicants' whole stories and consider seriously all the individual characteristics, identifiers and socio-cultural factors involved in each case. This means adopting an intersectional approach to deal in a more culturally and socially appropriate way with issues such as assessing whether there is any 'internal relocation alternative' and whether the 'late disclosure' of one's sexuality should have any bearing on an applicant's claim. Although this may at first seem to require further resources, it can in effect be pursued by making use of quality training materials and COI already in existence.

Essentially, it is submitted that the Court has so far failed to do justice to SMAC applicants by detaching itself from the violence to which they are submitted in their countries of origin and in Europe. The Court has repeatedly ignored the complexity and richness of applicants' accounts and tended to operate within the limited parameters of narrow legal readings of the ECHR and the Court's relationships with the member states. This does a disservice to the applicants' claims and leads to unfair outcomes. If the Strasbourg Court were to become more sensitive to a queer intersectional approach to SMAC applications, better justice would be done.

References

Ammaturo, Francesca Romana. 2017. *European Sexual Citizenship: Human Rights, Bodies and Identities*. Cham: Palgrave Macmillan. https://doi.org/10.1007/978-3-319-41974-9, last accessed 3 March 2020.

Ammaturo, Francesca Romana. 2018. 'The Council of Europe and the Creation of LGBT Identities through Language and Discourse: A Critical Analysis of Case Law and Institutional Practices'. *The International Journal of Human Rights* 23: 575-595. https://doi.org/10.1080/13642987.2018.1540413, last accessed 3 March 2020.

Bögner, Diana, Jane Herlihy, and Chris R. Brewin. 2007. 'Impact of Sexual Violence on Disclosure during Home Office Interviews'. *British Journal of Psychiatry: The Journal of Mental Science* 191 (July): 75-81. https://doi.org/10.1192/bjp.bp.106.030262, last accessed 3 March 2020.

Bracke, Sarah. 2012. 'From "Saving Women" to "Saving Gays": Rescue Narratives and Their Dis/Continuities'. *European Journal of Women's Studies* 19 (2): 237-52.

Buchinger, Kerstin, and Astrid Steinkellner. 2010. 'Litigation before the European Court of Human Rights and Domestic Implementation: Does the European Convention Promote the Rights of Immigrants and Asylum Seekers?' *European Public Law* 16 (3): 419-35.

Butler, Judith. 1990. *Gender Trouble: Feminism and the Subversion of Identity*. New York / London: Routledge.

CDDH – Steering Committee for Human Rights, and DH-SYSC – Committee of Experts on the System of the European Convention on Human Rights. 2019. 'Draft CDDH Report on the Place of the European Convention on Human Rights in the European and International Legal Order as Adopted by the DH-SYSC in Its 5th Meeting (15-18 October 2019)'. Council of Europe. https://rm.coe.int/steering-committee-for-human-rights-cddh-committee-of-experts-on-the-s/168098ae3d, last accessed 3 March 2020.

Costello, Cathryn. 2016. 'Safe Country? Says Who?' *International Journal of Refugee Law* 28 (4): 601-22. https://doi.org/10.1093/ijrl/eew042, last accessed 3 March 2020.

Crenshaw, Kimberlé. 1989. 'Demarginalizing the Intersection of Race and Sex: A Black Feminist Critique of Antidiscrimination Doctrine, Feminist Theory and Antiracist Politics'. *University of Chicago Legal Forum*, 139-168.

Danisi, Carmelo. 2009. 'Preventing Torture and Controlling Irregular Immigration: The Role of the European Committee for the Prevention of Torture and Its Activity in Italy'. *Essex Human Rights Review* 6 (1): 151-76.

Danisi, Carmelo. 2015. *Tutela Dei Diritti Umani, Non Discriminazione e Orientamento Sessuale*. Napoli: Editoriale Scientifica.

Danisi, Carmelo, Moira Dustin, and Nuno Ferreira. 2019. 'Queering Brexit: What's in Brexit for Sexual and Gender Minorities?' In *Gender and Queer Perspectives on Brexit*, edited by Moira Dustin, Nuno Ferreira, and Susan Millns, 239-72. Cham: Palgrave. https://doi.org/10.1007/978-3-030-03122-0_10, last accessed 3 March 2020.

Dembour, Marie-Bénédicte. 2015. *When Humans Become Migrants: Study of the European Court of Human Rights with an Inter-American Counterpoint*. Oxford University Press.

ECRE - European Council on Refugees and Exiles. 2016. 'ECRE Comments on the Commission Proposal for an Asylum Procedures Regulation COM(2016) 467'. 2016. http://www.ecre.org/wp-content/uploads/2016/11/ECRE-Comments-APR_-November-2016-final.pdf, last accessed 3 March 2020.

European Committee for the Prevention of Torture and Inhuman or Degrading Treatment or Punishment. 2017. '26th General Report of the CPT - 1 January - 31 December 2016'. Council of Europe. https://rm.coe.int/CoERMPublicCommonSearchServices/DisplayDCTMContent?documentId=090000168070af7a&utm_, last accessed 3 March 2020.

Falcetta, Silvia. 2015. 'M.E. v Sweden'. ECHR Sexual Orientation Blog. 2015. http://echrso.blogspot.co.uk/2015/04/me-v-sweden-guest-post-by-silvia.html, last accessed 3 March 2020.

Falcetta, Silvia, and Paul Johnson. 2018. 'Migration, Sexual Orientation, and the European Convention on Human Rights'. *Journal of Immigration, Asylum and Nationality Law* 32 (3): 210-31.

Fernandez, Bina. 2017. 'Queer Border Crossers: Pragmatic Complicities, Indiscretions and Subversions'. In *Queering International Law: Possibilities, Alliances, Complicities, Risks*, edited by Dianne Otto, 193-212. Abingdon, Routledge.

Ferreira, Nuno. 2018. 'Reforming the Common European Asylum System: Enough Rainbow for Queer Asylum Seekers?' *GenIUS – Rivista Di Studi Giuridici Sull'orientamento Sessuale e l'identità Di Genere (Special Issue on SOGI Asylum)* 2018 (2): 25-42.

Fraser, Matthew. 2014. 'LGBTI Asylum Seekers: Discord between the European Courts?' EDAL – European Database of Asylum Law. 25 July.

Gonzalez-Salzberg, Damian A. 2019. *Sexuality and Transsexuality under the European Convention on Human Rights: A Queer Reading of Human Rights Law*. Portland, OR: Hart.

Human Rights Council. 2016. 'Resolution Adopted by the Human Rights Council on 30 June 2016: Protection against Violence and Discrimination Based on Sexual Orientation and Gender Identity (A/HRC/RES/32/2)'. http://www.un.org/en/ga/search/view_doc.asp?symbol=A/HRC/RES/32/2, last accessed 3 March 2020.

ICJ – International Commission of Jurists. 2014. 'X, Y and Z: A Glass Half Full for "Rainbow Refugees"? The International Commission of Jurists' Observations on the Judgment of the Court of Justice of the European Union in X, Y and Z v. Minister Voor Immigratie En Asiel'. International Commission of Jurists (ICJ).

ILGA-Europe. 2017. 'Update from Strasbourg - M.B. v Spain Asylum Case Struck Out'. 2017. http://ilga-europe.org/resources/news/latest-news/update-strasbourg-mb-v-spain-asylum-case-struck-out, 19 January, last accessed 3 March 2020.

Jansen, Sabine. 2019. 'Pride or Shame? Assessing LGBTI Asylum Applications in the Netherlands Following the XYZ and ABC Judgments'. Amsterdam: COC Netherlands. https://www.coc.nl/wp-content/uploads/2019/01/Pride-or-Shame-LGBTI-asylum-in-the-Netherlands.pdf, last accessed 3 March 2020.

Jansen, Sabine, and Thomas Spijkerboer. 2011. 'Fleeing Homophobia: Asylum Claims Related to Sexual Orientation and Gender Identity in Europe'. Amsterdam: Vrije Universiteit Amsterdam. https://www.refworld.org/docid/4ebba7852.html, last accessed 3 March 2020.

Johnson, Paul. 2013. *Homosexuality and the European Court of Human Rights*. Abingdon: Routledge.

Johnson, Paul, and Silvia Falcetta. 2018. 'Sexual Orientation Discrimination and Article 3 of the European Convention on Human Rights: Developing the Protection of Sexual Minorities'. *European Law Review* 43 (2): 167-85.

Langlois, Anthony J. 2018. 'Review Article: Curiosity, Paradox and Dissatisfaction: Queer Analyses of Human Rights'. *Millennium* 47 (1): 153-165, last accessed 3 March 2020.

Millbank, Jenni. 2009. 'The Ring of Truth: A Case Study of Credibility Assessment in Particular Social Group Refugee Determinations'. *International Journal of Refugee Law* 21 (1): 1-33.

Mole, Richard CM. 2017. 'Homonationalism: Resisting Nationalist Co-Optation of Sexual Diversity'. *Sexualities* 20 (5-6): 660-62. https://doi.org/10.1177/1363460716645800, last accessed 3 March 2020.

Peers, S. 2016. *EU Justice and Home Affairs Law: Volume I: EU Immigration and Asylum Law (4th Edition)*. Oxford University Press (OUP).

Peroni, Lourdes. 2018. 'The Protection of Women Asylum Seekers under the European Convention on Human Rights: Unearthing the Gendered Roots of Harm'. *Human Rights Law Review* 18 (2): 347-70. https://doi.org/10.1093/hrlr/ngy005, last accessed 3 March 2020.

Phillips, Oliver. 2009. 'Blackmail in Zimbabwe: Troubling Narratives of Sexuality and Human Rights'. *International Journal of Human Rights* 13 (2-3): 345-64.

Rackow, Julia. 2016. 'Strasbourg and Luxembourg: A Dialogue between Law and Politics'. *Geneva Jean Monnet Working Papers* 22/2016.

Ramón Mendos, Lucas. 2019. 'State-Sponsored Homophobia 2019: Global Legislation Overview Update'. Geneva: ILGA. https://ilga.org/downloads/ILGA_World_State_Sponsored_Homophobia_report_global_legislation_overview_update_December_2019.pdf, last accessed 3 March 2020.

Ravarani, Georges. 2017. 'Assessment of the Credibility of Asylum-Seekers: The Burden of Proof and the Limits of the ECHR's Examination'. European Court of Human Rights. https://www.echr.coe.int/Documents/Speech_20170127_Ravarani_JY_ENG.pdf, last accessed 3 March 2020.

Sedgwick, Eve Kosofsky. 2008. *Epistemology of the Closet (Updated with a New Preface)*. Berkeley and Los Angeles: University of California Press.

Shakhsari, Sima. 2012. 'From Homoerotics of Exile to Homopolitics of Diaspora Cyberspace, the War on Terror, and the Hypervisible Iranian Queer'. *Journal of Middle East Women's Studies* 8 (3): 14-40. https://doi.org/10.2979/jmiddeastwomstud.8.3.14, last accessed 3 March 2020.

Souter, James. 2011. 'A Culture of Disbelief or Denial? Critiquing Refugee Status Determination in the United Kingdom'. *Oxford Monitor of Forced Migration* 1 (1): 48-59.

Spijkerboer, Thomas. 2018. 'Gender, Sexuality, Asylum and European Human Rights'. *Law Critique* 29: 221-39.

Steendam, Sander. 2014. 'M.E. v. Sweden: Back to The Closet'. *Strasbourg Observers* (blog). 28 July 2014. https://strasbourgobservers.com/2014/07/28/m-e-v-sweden-back-to-the-closet/, last accessed 3 March 2020.

UNHCR. 2019. 'Handbook on Procedures and Criteria for Determining Refugee Status under the 1951 Convention and the 1967 Protocol Relating to the Status of Refugees'. Geneva: UNHCR. https://www.unhcr.org/publications/legal/5ddfcdc47/handbook-procedures-criteria-determining-refugee-status-under-1951-convention.html, last accessed 3 March 2020.

UNHCR. 2012. 'Guidelines on International Protection No. 9: Claims to Refugee Status Based on Sexual Orientation and/or Gender Identity within the Context of Article 1A(2) of the 1951 Convention and/or Its 1967 Protocol Relating to the Status of Refugees (HCR/GIP/12/01)'. http://www.refworld.org/docid/50348afc2.html, last accessed 3 March 2020.

Van der Vleuten, Anna. 2014. 'Transnational LGBTI Activism and the European Courts: Constructing the Idea of Europe'. In *LGBT Activism and the Making of Europe: A Rainbow Europe?*, edited by Phillip M. Ayoub and David Paternotte, 119-44. Abingdon: Palgrave Macmillan UK. https://doi.org/10.1057/9781137391766_6, last accessed 3 March 2020.

Waaldijk, Kees. 2003. 'Others May Follow: The Introduction of Marriage, Quasi- Marriage, and Semi-Marriage for Same-Sex Couples in European Countries'. *New England Law Review* 38 (3): 569-89.

Wintemute, Robert. 2015. 'In Extending Human Rights, Which European Court Is Substantively "braver" and Procedurally "Fitter"? The Example of Sexual Orientation and Gender Identity Discrimination'. In *Fundamental Rights in the EU: A Matter for Two Courts*, edited by Sonia Morano-Foadi and Lucy Vickers, 179-200. Oxford: Hart Publishing.

'The Yogyakarta Principles – The Application of International Human Rights Law in Relation to Sexual Orientation and Gender Identity'. 2007. 2007. http://www.yogyakartaprinciples.org/, last accessed 3 March 2020.

Yuval-Davis, Nira. 2006. 'Intersectionality and Feminist Politics'. *European Journal of Women's Studies* 13 (3): 193–209. https://doi.org/10.1177/1350506806065752, last accessed 3 March 2020.

Informação bibliográfica deste texto, conforme a NBR 6023:2018 da Associação Brasileira de Normas Técnicas (ABNT):

FERREIRA, Nuno. An exercise in detachment: The Council of Europe and sexual minority asylum claims. *In*: SARAIVA FILHO, Oswaldo Othon de Pontes; BERTELLI, Luiz Gonzaga; SIQUEIRA, Julio Homem de (coord.). *Direitos dos refugiados*. Belo Horizonte: Fórum, 2024. (Coleção Fórum Direito Internacional Humanitário, v. 1, t. 1). p. 231-264. ISBN 978-65-5518-615-4.

MAIS UM SANTUÁRIO: DA APLICABILIDADE DAS NORMAS DO ASILO PARA PROTEGER O PERSEGUIDO RELIGIOSO

JOÃO VITOR LOZANO JERONYMO

RAFAEL PANGONI

Introdução

Nos últimos anos, recebemos cada vez mais notícias de guerras e violações massivas de direitos humanos. Se uma pessoa, temendo ser perseguida por motivos de raça, religião, nacionalidade, grupo social ou opiniões políticas, encontra-se fora do país de sua nacionalidade, conforme a Convenção sobre o Estatuto dos Refugiados de 1951, artigo 1º (2), não podendo ou querendo valer-se da proteção do país de origem, estando fora de seu território, *ipso facto* terá *status* de refugiado. Se, porém, conforme a Convenção sobre Asilo Diplomático de 1954, artigo 1º, estiver no território onde há efetiva perseguição política, será possível o asilo em legação diplomática.

Ambos os institutos dão grande proteção a pessoas em situação de perseguição. No entanto, não parecem abraçar perseguidos religiosos no território de seu país de origem. Perseguidos religiosos, em vários países, podem ser considerados como pessoas de vulnerabilidade especial. Estima-se que 360 milhões de cristãos, por exemplo, sofreram ou sofrem perseguição por motivo de prática religiosa.[1] Entre outubro

---

[1] Disponível em: https://www.opendoorsusa.org/2022-world-watch-list-report/.

de 2020 e setembro de 2021, aliás, houve um aumento de 23% no número de cristãos mortos por sua fé.[2] Alguns países possuem normas anticonversão, leis que criam burocracias kafkaescas para que uma pessoa possa declarar que se converteu e que proíbem ou desestimulam o proselitismo, *e.g.*, a Índia.[3] O problema, porém, não para no aparato burocrático.

> [C]entenas de milhares de pessoas que saem de seus países (...) devido à agressão direta, como acontece na Nigéria ou no cinturão do Sahel; ou devido à instabilidade ou opressão por parte dos governos, como no Irã; ou como no caso de Mianmar, onde o exército atacou igrejas e prendeu líderes cristãos, também ali gerando refugiados que, muitas vezes – é a amarga consideração de Christian Nani – ou fogem para países que também estão na lista de perseguidores, ou "acabam em campos onde podem reviver as discriminações e as perseguições das quais, de fato, estão tentando escapar".[4]

Essas pessoas, se fugissem de seus países de origem ou residência habitual, certamente gozariam dos direitos decorrentes do *status* de refugiados. Se, porém, a fuga não for possível, não parece haver uma solução jurídica evidente para lhes dar proteção. A iminência do perigo de violação de direitos humanos, a carência de meios *etc.* podem ser obstáculos intransponíveis para os que sofrem efetiva perseguição religiosa.

Pretende-se, pois, no presente artigo, propor uma solução jurídica viável – norteada pelos princípios mais basilares do direito das gentes –, para que, em caso de efetiva e iminente perseguição, seja possível salvaguardar o direito de liberdade de consciência e religião. Para isso, precisaremos utilizar um método radical de leitura e interpretação das normas relevantes. Isto é, buscaremos estudar o *rationale* por detrás do Direito Internacional, seu conteúdo axioteleológico. Será necessário encontrarmos a ideia diretriz – como a chamaria Hauriou –, o valor – na linguagem de Reale e Radbruch – ou o fim – como na teoria de Recaséns-Siches.

Procuramos, portanto, encontrar o bem jurídico e moral tutelado – o direito à liberdade de religião e consciência – e seu lugar no Direito Internacional. Com isso em vista, buscaremos compreender qual é o

---

[2] *Idem.*
[3] POR QUE ATAQUES..., 2021.
[4] UM EM CADA SETE..., 2022.

papel dos Estados na defesa dos bens da natureza da liberdade religiosa: quem a deve garantir e a quem. E, por fim, daremos uma solução viável conforme-o-direito, para que se efetive o bem tutelado.

1 O direito à liberdade religiosa: uma norma de *jus cogens*

Comecemos pelo estudo do bem jurídico e moral tutelado: a liberdade religiosa e de consciência. Aqui, procuraremos compreender seu *status* normativo no Direito Internacional Público. Como exposto, devemos avaliar a norma por critérios axioteleológicos, isto é, qual é o seu valor fundamental e sua finalidade. Assim sendo, no presente ponto, procuraremos o porquê da liberdade religiosa na natureza humana – afinal, trata-se de um direito humano –, antes de a considerarmos no contexto do *ius gentium* moderno.

1.1 Fundamentos da liberdade de religião e consciência

Dentre o rol de direitos humanos listados na Declaração Universal está a liberdade religiosa:

> Artigo 18: Todo ser humano tem direito à liberdade de pensamento, consciência e religião; esse direito inclui a liberdade de mudar de religião ou crença e a liberdade de manifestar essa religião ou crença pelo ensino, pela prática, pelo culto em público ou em particular.

A liberdade de mudar de religião, durante os *traveaux préparatoires* da Declaração, não foi proposta incontroversa. Charles Malik sugeriu a inserção do direito, o que, *a priori*, desagradou os representantes dos Estados islâmicos – particularmente o Egito.[5] Estes, todavia, reviram seu posicionamento, após a manifestação de Muhammad Zafrulla Khan, ministro de relações exteriores do Paquistão, que, com fundamento em seus textos sagrados, defendeu que o Islã é uma religião proselitista – afinal, o Corão ensina que se deve exortar os homens para os caminhos de Alá[6] – e que o direito ao proselitismo implica o direito de mudar de religião.[7]

---

[5] GLENDON, 2002, p. 69-70 e 168.
[6] Corão, XVI, p. 125.
[7] GLENDON, 2002, p. 69-70 e 168.

Com efeito, assumindo – com base na própria natureza social dos homens, segundo Aristóteles[8] – que o contato inter-humano é moralmente lícito, Francisco de Vitória estabelece o que Cançado Trindade refere como *ius communicationis*.[9] Dentro deste direito, o Mestre de Salamanca inclui os direitos necessários de peregrinar para países estrangeiros, de comercializar vendendo o que abunda e comprando o que falta, de lá se instalar e, por fim, de pregar, o direito ao proselitismo. Na linguagem do teólogo dominicano, isso significa trazer a verdade aos homens, dar-lhes fraternalmente meios de salvação.

O homem é um ser que procura a verdade, que, como Platão, busca seu sol. Ovídio escreveu que, de todos os animais, o homem é o único que pode erguer seus olhos para cima e contemplar o céu.[10] Podemos olhar, por exemplo, para as pinturas rupestres: embora não saibamos o porquê exato de existirem, podemos afirmar que elas revelam uma sofisticação interior presente já no homem paleolítico. É justamente esse elemento de humanidade que leva Manuel Guerra a concluir que o homem pré-histórico apresentava um alto grau de racionalidade e que, por conseguinte, era capaz de conhecer a divindade pela razão.[11] Homero, com suas histórias de heroísmo e *galanterie*, e Hesíodo, com suas virtudes camponesas, não se separam de uma temática profundamente religiosa: "[o] fazer ordena-se ao contemplar – diz Giovanni Reale – (...) O homem é mais nobre, porque pode observar o céu".[12]

A natureza racional e contemplativa do homem, portanto, está unida à sua capacidade laboral e criativa, resumindo todas as suas atividades em uma realidade psicossomática. Com base nisso, podemos concluir que a liberdade religiosa existe para que se respeite a própria natureza inquieta da pessoa humana. Como Riobó ensina, a plena prática da liberdade religiosa baseia-se no respeito à razão humana.[13] Trata-se do "primeiro dos direitos, porque historicamente se afirmou em primeiro lugar e ainda porque tem como objecto a dimensão constitutiva do homem, isto é, a sua relação com o Criador".[14]

---

[8] ARISTÓTELES, 2009, p. 17.
[9] CANÇADO TRINDADE, 2011, p. 93.
[10] Metamorphosis, I.
[11] GUERRA, 1980b, p. 105-106.
[12] REALE, 2014, p. 91 e seg.
[13] RIOBÓ, 2013, p. 168.
[14] Discurso do Papa Bento XVI ao Corpo Diplomático Acreditado junto da Santa Sé para a troca de bons votos de início de ano, 10 de janeiro de 2011.

Buscar a face de Deus é uma experiência tão fundamental para o ser humano, que é perceptível tanto em Nietzsche como em Santo Agostinho. Ambos, com pena de poeta, expressam vivamente o que a ideia de divino desperta no homem: um, com uma tristeza trágica, e outro, com um enamorado ardor; este resume bem a experiência que ora descrevemos: *"inquietum est cor nostrum donec requiescat in te"*, nosso coração permanece inquieto, enquanto não descansa em ti.[15] Em que pesem todas as considerações que se podem fazer sobre o tema, ora tratamos tão somente do direito. Mas vale pensarmos um pouco sobre a magnitude do mundo interior do ser humano, para entendermos a importância do bem jurídico e moral tratado. A liberdade religiosa e de consciência é a faculdade pela qual podemos procurar o descanso, de que o Bispo de Hipona falava e, em razão disso, Maritain a lista dentre os direitos da pessoa humana enquanto tal.[16]

1.1.1 Conteúdo do direito à liberdade religiosa

A liberdade religiosa não é simplesmente permissão para crer e expressar sua religião. Tratando-se de direito humano, manifesta-se e desenvolve-se tanto na esfera privada quanto na esfera pública, devendo incluir o direito de pregar, educar, converter e participar plenamente da vida pública.[17] Trata-se da liberdade de buscar o divino e todas as consequências dessa liberdade, portanto, como o Papa Francisco afirmou:

> A razão reconhece na liberdade religiosa um direito fundamental do homem que reflecte (sic) a sua mais alta dignidade, a de poder procurar a verdade e de lhe aderir, e reconhecer nela uma condição indispensável para poder alargar toda a sua potencialidade. A liberdade religiosa não é só a de um pensamento ou de um culto privado. É liberdade de viver segundo os princípios éticos consequentes à verdade encontrada, quer em privado quer em público.[18]

---

[15] Confesiones, I, 1, 1.
[16] MARITAIN, 2001, p. 97.
[17] Id.
[18] Discurso do Papa Francisco aos participantes do Congresso Internacional "Liberdade Religiosa Segundo o Direito Internacional e o Conflito Global dos Valores", em 20 de Junho de 2014.

1.2 O caráter peremptório da liberdade religiosa

A magnitude da faculdade de procurar o transcendente como parte integral da vida e natureza humana já impõe, por si, um dever de respeito e proteção. Tanto que, além da Declaração Universal, instrumentos internacionais e constitucionais assim a protegem. Vejamos, por exemplo, o Pacto Internacional sobre Direitos Civis e Políticos, artigo 18, o Pacto de São José da Costa Rica, artigo 12, a Convenção Europeia de Direitos do Homem, artigo 9º, a Carta Africana de Direitos Humanos e dos Povos, artigo 8º: todos estes instrumentos reconhecem um valor humano geral. Outrossim, em numerosas constituições, codificadas ou não, de alguma forma aparecerá: a Constituição Federal, artigo 5º, incisos VI e VIII, o *Human Rights Act* de 1998, artigo 9º, do Reino Unido, *etc.* são exemplos de que, nas palavras de José Afonso da Silva, em numerosos Estados, este direito adquiriu caráter fundamental.[19]

Não se pode ignorar, assim, que há elementos suficientes para que consideremos a liberdade de consciência e religião como *ius cogens*, isto é, uma norma imperativa de Direito Internacional geral, de acordo com a Convenção de Viena sobre o Direito dos Tratados, artigo 53. São elementos necessários do *ius cogens*, a generalidade, o reconhecimento de toda a comunidade internacional e a inderrogabilidade.[20] Os dois primeiros elementos se provam pela quantidade de instrumentos que reconhecem essa liberdade, conforme informações anteriores. Quanto ao terceiro, lembremos que ora tratamos de uma norma que independe da vontade para ter força vinculante. Segundo o artigo citado da Convenção de Viena sobre o Direito dos Tratados, não se permite a derrogação – e, portanto, tampouco a inobservância – de normas de *ius cogens*. Todos os Estados, assim, têm o dever de proteger o direito à liberdade religiosa como parte integrante da própria dignidade humana.

Seja invariante axiológica ou direito natural, fato é que o caráter de *ius cogens* revela que a comunidade internacional reconhece a peremptoriedade de um direito. Ou seja, há um reconhecimento de um princípio de racionalidade, a rebater a ideia de voluntarismo. Na opinião de Cançado Trindade, o que se conhece por direito peremptório não emana da vontade dos Estados, mas da consciência humana.[21]

---

[19] DA SILVA, 2014, p. 439.
[20] NIETO-NAVIA, 2003, p. 10 e seg.
[21] CANÇADO TRINDADE, 2016, p. 6.

Essa interpretação revela a ideia de que os direitos humanos não são somente afirmações plasmadas em um texto normativo: como diz Javier Hervada, desses direitos diz-se que são declarados ou reconhecidos, não que são concedidos ou outorgados por leis positivas.[22] Ensina, do mesmo modo, Ives Gandra da Silva Martins que "o poder dominante (...) não tem força para criar todos os direitos. Há certos direitos que transcendem ao poder de ação do Estado. Há direitos que cabem apenas ao Estado reconhecer".[23]

A liberdade religiosa, portanto, como categoria de *direito humano*, não advém do fato de ter sido positivada no ordenamento. Foi positivada depois de conhecida, por conaturalidade. E as comunidades políticas devem respeitá-la e defendê-la, necessária e imperativamente.

2 A universalidade dos direitos humanos e o dever geral de proteção

As organizações internacionais, por concórdia pacífica dos Estados, sem prejuízo à soberania, concretizam a aspiração do gênero humano pela fraternidade e por mútuas exigências solidárias. Daí decorre a necessária existência de (i) um *espírito de cooperação internacional*, manifestado sob a forma de relações culturais, de acordos econômicos e de convenções de concordância, devendo contribuir para a aproximação moral dos povos, e (ii) uma *organização jurídica internacional*, que assegure a paz e o direito entre os povos.[24]

O artigo 1º (3) da Carta das Nações Unidas, nesse sentido, reconhece um princípio fundamental da sociedade internacional: a cooperação entre os povos. Também a Constituição Federal, artigo 4º, inciso IX, o incorpora. A redação do dispositivo da Carta traz consigo uma carga axioteleológica muito significativa: os Estados-membros devem cooperar para "promover e estimular o respeito aos direitos humanos e às liberdades fundamentais para todos, sem distinção de raça, sexo, língua ou religião". A indistinção de raça e língua pode significar, também, a não acepção de pessoas, isto é, um princípio universal de humanidade – não da defesa do cidadão, mas do homem.

Devemos perceber, assim, que a finalidade da cooperação internacional não comporta uma relação meramente interestatal, mas

---

[22] HERVADA, 2013, p. 152.
[23] MARTINS, 1988, p. 27.
[24] JOLIVET, 1966, p. 476 e seg.

envolve a pessoa humana como sujeito de direitos. Afinal, como diz Cançado Trindade, "se o Direito Internacional Público contemporâneo reconhece aos indivíduos direitos e deveres (...), não há como negar-lhes (...) personalidade internacional".[25] Todavia, antes de adentrarmos este ponto, devemos compreender o fundamento desse princípio de universalidade do gênero humano.

2.1 Os direitos humanos como uma realidade supraconstitucional

Foi a Escola Estoica a primeira a trazer a ideia de Cosmópolis, pátria universal,[26] e, portanto, uma noção de dignidade humana. Essa ideia só se completaria com o advento do cristianismo, que trouxe um novo olhar para o homem, filho de Deus, seguindo as palavras de São Paulo: "*non est Iudaeus neque Graecus*", não há mais judeu ou grego.[27] Cícero, um eclético que muito bebeu do estoicismo, do mesmo modo afirma que são destrutivos os que admitem ser necessário respeitar os direitos de concidadãos, mas não de estrangeiros.[28] E o são para todo o gênero humano, cuja ruína importará a destruição de toda a benignidade, equidade e liberdade.[29]

É importantíssimo atentar-nos aos princípios de universalidade dos direitos humanos. Isso porque os direitos dos estrangeiros não são direitos civis determinados por imperativos constitucionais positivos, mas direitos humanos reconhecidos pela *recta ratio*. O pensamento contrário trouxe, conforme narra Hannah Arendt, um grande problema para os povos que antes da Primeira Grande Guerra compunham os impérios multinacionais europeus: a apatridia, no entreguerras, significava ausência de direitos.[30] Esse era o defeito do constitucionalismo nacional oitocentista que foi revelado com a dissolução da Áustria-Hungria: tratava-se de direitos *du citoyen*, não do homem. Se somente o cidadão merece o amparo do Estado, uma indiferença egoística, quase hobbesiana, seria aceitável e conforme-o-direito. O trauma da Segunda Grande Guerra, porém,

---

[25] CANÇADO TRINDADE, 2003, p. 465.
[26] DE CICCO, 2017, p. 76.
[27] Gal. III, 28.
[28] Cic. *de Off.* III, 6.
[29] *Id*.
[30] ARENDT, 1976, p. 267 e seg.

revelou-nos a necessidade e imperatividade moral de, com base na razão reta, rendermos justiça aos homens incondicionalmente. Foi isso que "impulsionou o processo de internacionalização desses direitos, culminando na criação da sistemática normativa de proteção internacional (...)".[31] Nesse sentido, García Pelayo diz:

> Por eso no puede haber paz si no se le reconoce y garantiza a cada cual lo suyo: su *libertas*, sus privilegios, su honor, su *dignitas*, palabras que expresan una misma realidad, a saber, el *status* concreto de cada persona física o jurídica, no derivada de una ley positiva, nascida de la voluntad del hombre, sino de la ley natural del orden espontáneo de la sociedad, o, más precisamente, de un proceso histórico impersonal; en resumen, no podía haber concordia sin justicia y, por ello, como expresó San Agustín, la justicia era la condición de la paz.[32]

2.2 O dever *erga omnes* de proteção à dignidade humana

Se, ora, não falamos de um direito do cidadão, mas da pessoa humana enquanto tal, as autoridades não devem deixar de socorrer alguém que esteja sofrendo violações à liberdade de consciência e culto, ainda que seja um estrangeiro. Isso traria a dissolução de toda a sociedade dos povos. Afinal, a política internacional não pode subsistir senão pelo respeito aos princípios comuns mais fundamentais, nos quais se incluem os direitos humanos. Do contrário, a Casa Comum dividir-se-á e sobrará tão somente uma "falsa coexistência pacífica",[33] pois não pode haver paz se se tolera a perseguição, isto é, a violação do que há de mais justo e digno na vida humana. E assim, a humanidade ruirá, porque o que a Declaração Universal chama de *família humana* não se sustentará – *omnis civitas vel domus divisa contra se non stabit*, nenhuma cidade (*polis*) ou casa manter-se-á se for dividida contra si mesma.[34] Já dizia Galvão de Sousa que o ideal de uma ordem comunitária

---

[31] PIOVESAN, 2015, p. 197.

[32] É por isso que não pode haver paz sem reconhecer e garantir a cada um a sua própria: suas liberdades, seus privilégios, sua honra, sua dignidade, palavras que expressam a mesma realidade, ou seja, o *status* concreto de cada pessoa física ou jurídica, não derivado de uma lei positiva, nascida da vontade do homem, mas da lei natural da ordem espontânea da sociedade, ou, mais precisamente, de um processo histórico impessoal; em suma, não poderia haver concordância sem justiça e, portanto, como Santo Agostinho a expressou, a justiça era a condição da paz. Tradução livre (GARCÍA-PELAYO, 1959, p. 149 e seg.).

[33] GALVÃO DE SOUZA, 1967, p. 128.

[34] Mt. XII, 25.

entre as nações não é compatível com as categorias de um Direito Internacional individualista.[35] Somente a concórdia entre os povos trará paz verdadeira, que é fruto da justiça.[36] Afinal, conforme explica Regis Jolivet, "enquanto os povos se não garantirem mutuamente, de modo eficaz, o respeito de seus direitos naturais e contratuais, não haverá ordem internacional".[37]

Tiramos, portanto, uma segunda conclusão: se a comunidade internacional deve cooperar para a proteção dos direitos humanos, os Estados que a compõem têm o dever de os proteger. O destinatário final do ordenamento jurídico, afinal, como diz Cançado Trindade, é o ser humano: este deve estar na posição central, como sujeito tanto do Direito Doméstico como do Direito Internacional.[38] Tratando-se, portanto, de um direito humano – não somente civil, fundamental, constitucional, mas comum a todas as pessoas de todas as nacionalidades –, o dever de proteção não deve conhecer fronteiras. O único limite é o limite da humanidade, que coincidiria com os limites do universo se não os ultrapassasse. Assim sendo, o Estado brasileiro, por exemplo, não só não pode negar a um coreano, um árabe ou a um angolano, seus direitos, mas tem o dever de os proteger se mister. E, enfim, se, como concluímos no ponto anterior, a liberdade de crença e consciência é um direito humano, não pode um Estado, por mais soberano, deixar de garanti-la, ainda que o vilipêndio se faça contra um estrangeiro. Em outras palavras, por dever *erga omnes*, todos os Estados precisam respeitar e salvaguardar os direitos humanos de qualquer pessoa.

Não estamos propondo um imperativo categórico no sentido de que todos os Estados devem proteger diplomaticamente todos os homens, sempre. A cooperação internacional impediria, por exemplo, a proteção de um criminoso, procurado por delito comum. "Sabemos que no domínio da criminalidade comum – isto é, no quadro dos atos humanos que parecem reprováveis em toda parte, independentemente da diversidade de regimes políticos – os Estados se ajudam mutuamente".[39] A autoridade diplomática – e a essa nos atentamos no presente artigo –, outrossim, não deverá proteger qualquer pessoa em qualquer situação. Vemos, por exemplo, no caso

---

[35] GALVÃO DE SOUZA, 1967, p. 128.
[36] Id.
[37] JOLIVET, 1966, p. 477.
[38] CANÇADO TRINDADE, 2015, p. 127.
[39] REZEK, 2018, p. 259.

Nottebohm,[40] que, em regra, a proteção diplomática exige um *effective link*, uma relação verdadeira entre indivíduo e comunidade política que lhe oferece proteção. Todavia, essa regra aplica-se tão somente ao que é *reserved domain* do Direito Doméstico: os deveres, porém, de proteção aos direitos humanos – e isso encontramos desde os pensadores salmanticenses – são *erga omnes* e nenhum Estado deles pode se abster.

Voltamos, portanto, ao que Vitoria havia ensinado em suas *relectiones de indis*: em razão da *amicitia et societas humana*, o consórcio universal da humanidade, é lícito proteger o estrangeiro inclusive contra seus governantes se estes tiranicamente o perseguem por motivo de prática religiosa.[41] Afinal, como comentou o Papa Francisco, a liberdade religiosa, recebida nas constituições e nas leis e traduzida em comportamentos coerentes, torna possível, a partir de um núcleo de valores universalmente partilhados, uma colaboração global em vista do bem comum.[42]

3 Analogia e asilo: uma solução latina

No primeiro ponto, reconhecemos que a liberdade religiosa é um direito da pessoa humana enquanto tal. No segundo, que os Estados têm o dever de o proteger e garantir, independentemente da nacionalidade da parte ofendida. Neste terceiro, deve ser proposta uma solução jurídica viável para pôr em prática os deveres reconhecidos.

3.1 A tecnologia jurídica atual

Comecemos por uma breve análise de institutos do Direito Internacional atual: o refúgio e o asilo. Ambos se fundamentam no artigo 14 (1) da Declaração Universal: "Toda pessoa sujeita a perseguição tem o direito de procurar e se beneficiar de asilo em outros países". A perseguição referida pela Declaração é, com efeito, uma violação a direitos por ela reconhecidos. Tanto o asilo como o refúgio cumprem a função de proteção à pessoa humana contra abusos.[43]

Tratando-se de refúgio, conforme o artigo 1º da Convenção relativa ao Estatuto dos Refugiados de 1951 e o artigo 1º (2) do Protocolo

---

[40] Affaire Nottebohm (deuxième phase), Arrêt du 6 avril 1955 : C. I. J. Recueil 1955, p. 4.
[41] DE VITORIA, 1960, p. 719 e seg.
[42] FRANCISCO, 2014.
[43] PIOVESAN. 2016. p. 272 e 273.

de 1967, a perseguição em razão da religião é causa para se o pedir. No entanto, o refugiado deve estar necessariamente no território do país asilante. Logo, se o perseguido não tiver condições, por qualquer motivo que seja, de abandonar o território onde sofre abusos, não se lhe poderá conceder refúgio.

O asilo, por sua vez, dentro da cultura jurídica ibero-americana, pode ser concebido dentro de uma missão diplomática em território estrangeiro. Mesmo que sua forma perfeita seja o asilo territorial, diz Rezek, pode ser concedido fora do território do Estado asilante, na forma de asilo diplomático.[44] Teria, porém, pouca valia para a proteção de um perseguido religioso, pois, como disse a Corte Internacional de Justiça, o asilo protege o criminoso político contra medidas extrajurídicas, que um grupo ou partido pode tomar contra seus opositores.[45] Enquanto o refúgio figura como uma medida fundamentalmente humanitária, "o asilo é medida essencialmente política".[46]

Portanto, se houver iminência de perseguição religiosa a alguém fora do território de um potencial asilante, esta pessoa não gozaria dos direitos de asilo, pois não seria um perseguido político, nem de refúgio, por lhe faltar um critério geográfico necessário. Assim sendo, *a priori*, parece que o princípio da dignidade humana, sobre o qual se assentam os sistemas de proteção a refugiados, o asilo, as ordens constitucionais *etc.*,[47] não se aplica, conforme a lógica hipotética do direito positivo.

3.2 Analogia: uma solução prática

A tecnologia jurídica, porém, permite que levemos em consideração coisas além do direito dos tratados e costumes. O Direito Internacional possui como fontes, também, os princípios gerais reconhecidos pelas nações civilizadas, conforme o Estatuto da Corte Internacional de Justiça, artigo 38 (1) (c). Aí se incluem o respeito à dignidade da pessoa humana, a razoabilidade *etc*. Esses princípios são um norte axiológico que pode apontar para a solução que procuramos. Por eles, poderíamos construir uma resposta do zero, no entanto o que nos propomos aqui é mais simples.

---

[44] REZEK, 2018, p. 259.
[45] Affaire colombo-péruvienne relative au droit d'asile, Arrêt du 20 novembre 1950: C. I. J. Recueil 1950, p. 266.
[46] PIOVESAN, 2016, p. 273.
[47] *Id.*, p. 261.

O Digesto resgata uma frase do Jurisconsulto Juliano: "Non possunt omnes singillatim aut legibus aut senatus consultis comprehendi: sed cum in aliqua causa sententia eorum manifesta est, is qui iurisdictioni praeest ad similia procedere atque ita ius dicere debet".[48] Uma solução simples e prática, nesse sentido, seria aplicar os princípios do asilo (na concepção latino-americana) e do refúgio por analogia. Se não há lei reguladora do caso, diz Beviláqua, mas há normas que preveem casos semelhantes, o senso jurídico percebe a analogia e revela o direito latente.[49] Assim, tal como um perseguido político ou como se estivesse em território estrangeiro, aquele que foge dos que pretendem vilipendiar sua liberdade religiosa poderá procurar proteção em missão diplomática.

Propomos, pois, uma analogia *pro homine*, que pretende fazer valer o respeito à dignidade da pessoa humana. Diz, em seu preâmbulo, a Declaração Universal que é "essencial que os direitos humanos sejam protegidos pelo império da lei, para que o ser humano não seja compelido, como último recurso, à rebelião contra a tirania e a opressão". Se, portanto, a ordem jurídica nos dá a possibilidade de proteção a um direito humano – seja pela lógica hipotética, por equidade ou por analogia –, a inércia e a indiferença fazem-se ilegítimas.

Podemos tomar como exemplo a atitude da Legação de Honduras em Madrid, durante a Guerra Civil Espanhola, que manteve seguras numerosas pessoas perseguidas em razão de suas crenças e práticas religiosas. Sobre este episódio, comenta Hugo de Azevedo:

> Em março apresenta-se a possibilidade de novo alojamento (...) Trata-se da Legação de Honduras, ou, mais propriamente, da residência de um cônsul honorário desse país, o «consulado» frágil e precário, mas que os milicianos costumavam respeitar.[50]

O caso revela uma questão prática importante: o respeito dos milicianos pela legação mostra-nos que, de fato, a autoridade diplomática goza de inviolabilidade. Vê-se, portanto, que, ainda que as formas jurídicas não sejam de todo favoráveis, por uma situação de fato, é possível proteger perseguidos religiosos em missão diplomática.

---

[48] Todos os assuntos não podem ser especificamente incluídos nas leis ou decretos do Senado; mas quando seu sentido é claro em qualquer instância, aquele que tem jurisdição sobre os referidos assuntos pode aplicá-la a outros que são semelhantes e, desta forma, administrar a justiça. Tradução livre (Dig. 1.3.12).
[49] BEVILÁQUA, 1916, p. 180.
[50] DE AZEVEDO, 2021, p. 123.

E, tanto por um realismo – que pregaria o apotegma "*ex facto oritur ius*", do fato nasce o direito – quanto por um idealismo arquetípico de considerações de justiça e humanidade, podemos revestir essa atitude de legitimidade. E pela analogia, podemos fazê-lo, pelo próprio ordenamento, buscando suas finalidades e seguindo seus valores fundamentais. Essa solução humanitária, portanto, é conforme-o-direito, em vários aspectos – defendê-la-íamos tanto pelo jusnaturalismo como pelo positivismo jurídico.

3.3 Objeções e respostas

A solução, por mais defensável que seja, sob tantos ângulos, comporta duas objeções: (i) o asilo diplomático é instituto única e tão somente latino-americano, não universal e (ii) o asilo, em si, é medida discricionária e, portanto, não comporta a proteção aos direitos humanos que comporta o refúgio.

3.3.1 A regionalidade patente do asilo diplomático

A primeira objeção fundamenta-se com os *traveaux préparatoires* da Convenção de Viena de 1961. O direito ao asilo diplomático foi deliberadamente excluído, porque não era consenso entre os redatores da *International Law Commission* se realmente o Direito Internacional geral o reconhecia. Só na América Latina, *inter alia*, pela Convenção de Havana sobre Asilo de 1928, se lhe dá reconhecimento.[51] Faltando a universalidade do instituto, também seus princípios, que aplicamos por analogia, não seriam mundialmente reconhecidos, mas só regionalmente.

Devemos responder com algumas considerações práticas. A primeira seria o fato de que, embora a solução não goze totalmente de universalidade, seus fundamentos, demonstrados nos dois pontos anteriores, possuem um valor cosmopolítico inegável. Ademais, tanto o Direito costumeiro quanto o convencional garantem à missão diplomática a inviolabilidade de suas premissas.[52] Por mais que não se reconheça universalmente o direito ao asilo diplomático, reconhece-se a inviolabilidade. Se um embaixador, por exemplo, dá abrigo a um perseguido religioso, por nenhum direito poderão os perseguidores prendê-lo dentro dos perímetros do local da sua missão.

---

[51] REZEK, 2018, p. 259-261; BROWNLIE, 2008, p. 357.
[52] BROWNLIE, 2008, p. 356 e seg.

Vejamos, por exemplo, quando, em 1958, Álvaro Lins concedera asilo diplomático a Humberto Delgado, general da Força Aérea, em Portugal. Afonso Arinos Filho, comentando o caso, viu a atitude do embaixador justificada, por respeitar o direito de asilo, que se constituiu norma intransigente no nosso direito político, por motivos jurídicos, morais e históricos.[53] Remetendo à própria formulação e redação da Convenção sobre Asilo Diplomático, explica:

> (...) E foi à Delegação brasileira (...) que coube a satisfação de ver aceita a sua fórmula, que é forma simples, singela, corrente, mas que é (...) aquela que melhor corresponde às dificuldades do assunto porque as dificuldades só se podem resolver por meio de fórmulas correntias. Temos, no artigo 17 da Convenção sobre Asilo Diplomático, a seguinte disposição: "Compete ao Estado asilante a classificação da natureza do delito ou dos motivos da perseguição". Essa é a disposição incluída na carta de Caracas, não por sugestão nossa (...), mas como contribuição nossa, porque a redação é nossa e do Itamarati. (...) Dizia eu (...) que a nossa Delegação conseguiu, nessa fórmula – aceita na Convenção de Caracas, e que passou, então, a ser um dos artigos dessa lei internacional, umas das normas desse procedimento internacional que é o convênio de Caracas, e é uma das diretrizes da nossa diplomacia –, consubstanciar tudo quanto de generoso, de grande, venha da profundeza da nossa história, das fibras mais íntimas da nossa sensibilidade nacional, e que vinha, também, (...) da evolução mais lógica, mais concreta e mais articulada, do nosso direito político. (...) É por isso que não há hoje, em algum país, embaixador do Brasil, representante da nossa bandeira, a cujas portas bata um perseguido político, (...) que não tenha a obrigação de abrir as portas acolhedoras das nossas representações diplomáticas, e levantar, como se fosse uma cortina protetora, a bandeira nacional, para colocá-la sobre a cabeça desse perseguido, sobre essa lama desesperada de oprimido por suas convicções políticas.[54]

O choque provém da dificuldade de acomodar duas concepções, aparentemente antagônicas. Uma vez que o Brasil tem compromisso em resguardar direitos políticos pelo asilo diplomático, Portugal, por outro lado, não é signatário do acordo, muito menos adere a essa corrente jurídica. Por isso, a síntese dessas posições perpassaria necessariamente por edificar uma ponte com princípios comuns às partes, para a preservação de interesses mútuos:

---

[53] ARINOS FILHO, 2001, p. 120.
[54] *Id.*, p. 119 e seg.

diria que é indispensável que Portugal, exigindo, como exige, a aparência e a substância do respeito a todas as prerrogativas da sua soberania, não nos imponha uma solução convencional ou transacional que não tenha as mesmas condições de respeito à integridade e à aparência da nossa soberania. (...) Reconheço que Portugal, não soberana à qual nos ligam tantos sentimentos filiais, não é signatário desses convênios e não está, consequentemente, obrigado a respeitá-los formalmente. Por outro lado, sugiro que é do maior interesse de Portugal manter relações com o Brasil, como é do nosso manter relações com essa grande nação irmã. Consequentemente, o governo português deve esforçar-se para compreender a posição delicada em que nos encontramos, de termos dado o asilo e de termos mencionado a nossa opinião com referência ao nosso direito de qualificar as razões desse asilo.[55]

Se, portanto, o compromisso de um país com a proteção de direitos fundamentais é autêntico, ele permanecerá inafastável mesmo em condições adversas, ainda que em território em que não se lhes dá reconhecimento. Por essa mesma vereda, se se deve agasalhar alguém com o asilo diplomático por perseguição a direito político, quanto mais deve-se acolher o perseguido religioso – cujo direito violado é ainda mais íntimo à dignidade humana.

3.3.2 A discricionariedade da concessão de asilo: uma proteção insuficiente

A segunda objeção fundamenta-se na natureza discricionária do asilo. Como motivo para refúgio, a perseguição religiosa e a presença do perseguido no território do Estado asilante já fazem dele refugiado *ipso facto*.[56] O asilo, porém, é uma medida discricionária do Estado: a Declaração sobre Asilo Territorial, artigo 1º (3), reza: "*It shall rest with the State granting asylum to evaluate the grounds for the grant of asylum*", cabe ao Estado que concede asilo avaliar os fundamentos para concedê-lo. "A autoridade asilante dispõe, em regra, do poder de qualificação unilateral dos pressupostos do asilo".[57] Assim sendo, "[c]onceder asilo político não é obrigatório para Estado algum, e as contingências da própria política – exterior e doméstica – determinam, caso a caso, as decisões de governo".[58] Desse modo, a proteção que se dará seria insuficiente, tratando-se de perseguição religiosa.

---

[55] *Id.*, p. 121.
[56] UNHCR, 1985, 2. 22; PIOVESAN, 2016. p. 266.
[57] REZEK, 2018, p. 262.
[58] REZEK, 2018, p. 259.

A esta objeção podemos responder pela natureza da solução. O que ora propomos é uma analogia guiada pelos princípios da dignidade humana e da comunidade internacional. Reiteramos que a proposta não é de aplicação analógica tão somente das normas do asilo, mas também do refúgio. Afinal, não estamos tratando de uma premissa inferior perfeitamente adequada à hipótese convencional – do contrário, a analogia não seria necessária. Assim sendo, por mais que a extraterritorialidade do asilo (segundo a concepção latino-americana) se aplique, nada nos impede de considerar que o princípio de *non-refoulement* ou não devolução também seja aplicável. Afinal, este compõe o rol das normas de *ius cogens*[59] por uma razão: serve para proteger a pessoa humana contra expulsão ou retorno compulsório para onde tenha sua dignidade e sua liberdade ameaçadas.[60]

Conclusão

Conforme o estudo do presente artigo, devemos concluir que há uma possibilidade jurídica de salvaguardar a liberdade religiosa de um perseguido que não deixou o território da perseguição, utilizando-se de residência diplomática.

Isso porque o direito de buscar o transcendente é um traço fundamental da experiência humana, que jamais pode ser vilipendiado. De tal modo importante para a humanidade, que se pode considerar *ius cogens*, imperativo *erga omnes*. E não somente se trata de um dever do Estado para com seus cidadãos, mas de todas as comunidades políticas para com todos os seres humanos. Afinal o ser humano é sujeito do Direito Internacional, na qualidade de maior beneficiário.

Considera-se, assim sendo, que, em um cenário de perseguição religiosa efetiva e iminente, não havendo possibilidade de asilo ou refúgio, não será antijurídica a proteção dada por agente diplomático ao perseguido. Pelo contrário, na realidade, será uma aplicação dos seus princípios por analogia, pela proteção da dignidade inerente do ser humano.

---

[59] Declaração de Cartagena de 1984, conclusão 5ª; UNHCR, 1985, p. 23.
[60] UNHCR, 1985, 2. 22; PIOVESAN, 2016. p. 266.

Referências

ARENDT, Hannah. *The Origins of Totalitarianism*. San Diego-New York-London: Harcourt Brace & Company, 1976.

ARINOS FILHO, Afonso. *Diplomacia independente*: um legado de Afonso Arinos. São Paulo: Pax e Terra, 2001.

ARISTÓTELES. *A Política*. Bauru: Edipro, 2009.

AUGUSTINUS. *Confesiones*. Disponível em: www.thelatinlibrary.com/.

BENTO XVI. *Discurso do Papa ao Corpo Diplomático Acreditado junto da Santa Sé para a troca de bons votos de início de ano*. 10 de janeiro de 2011.

BEVILÁQUA, Clóvis. *Código Civil dos Estados Unidos do Brasil Commentado*. v. I. Rio de Janeiro: Livraria Francisco Alves, 1916.

BROWNLIE, Ian. *Principles of Public International Law*. 7. ed. Oxford: University Press, 2008.

CANÇADO TRINDADE, A. A. *A Humanização do Direito Internacional*. 2. ed. Belo Horizonte: Del Rey, 2015.

CANÇADO TRINDADE, A. A. *Jus Cogens:* the determination and the gradual expansion of its material content. *Revista do Instituto Brasileiro de Direitos Humanos*, 2016, 9.9.

CANÇADO TRINDADE, A. A. *Tratado de Direito Internacional dos Direitos Humanos*. v. III. Porto Alegre: Sérgio Antônio Fabris Editor, 2003.

CICERO, Marcus Tullius. *De officiis*. Disponível em: www.thelatinlibrary.com.

DA SILVA, José Afonso. *Teoria do Conhecimento Constitucional*. São Paulo: Malheiros Editores, 2014.

DE AZEVEDO, Hugo. *Uma luz no mundo*. São Paulo: Quadrante, 2021.

DE CICCO, Cláudio. *História do Direito e do Pensamento Jurídico*. São Paulo: Saraiva, 2017.

DE CICCO, Cláudio; GONZAGA, Alvaro de Azevedo. *Teoria Geral do Estado e Ciência Política*. São Paulo: Revista dos Tribunais, 2018.

DE VITORIA, Francisco. *Obras de Francisco de Vitoria:* Relecciones Teológicas: Edición crítica del texto latino, versión española, introducción general e introducciones con el estudio de su doctrina teológico-jurídica, por el padre Teófilo Urdanoz, O. P., PROFESSOR DE LA Universidad de Friburgo (Suiza). Madrid: BAC, 1960.

FRANCISCO. Discurso aos participantes do Congresso Internacional "Liberdade Religiosa Segundo o Direito Internacional e o Conflito Global dos Valores"., 20 de junho de 2014.

GALVÃO DE SOUZA, José Pedro. *Iniciação à Teoria do Estado:* roteiro de princípios. São Paulo: José Bushatsky, Editor, 1967.

GARCÍA-PELAYO, Manuel. *El reino de Dios, arquétipo político*: estudio sobre las formas políticas de la Alta Edad Media. Madrid: Revista de Ocidente, 1959.

GLENDON, Mary Ann. *A World Made New*: Eleanor Roosevelt and the Universal Declaration of Human Rights. New York: Random House Trade, 2002.

GUERRA, Manuel. *Historia de las Religiones:* Tomo I Constantes Religiosas. 2. ed. Pamplona: EUNSA, 1980.

HERVADA, Javier. *Escritos de Derecho Natural*. Pamplona: EUNSA, 2013.

JOLIVET, Régis. *Tratado de Filosofia,* Tomo IV, Moral. Rio de Janeiro: Livraria Agir Editora, 1966.

MARITAIN, Jacques. *Natural Law*: Reflections on Theory & Practice. South Bend, Indiana: Saint Augustine Press, 2001.

MARTINS, Ives Gandra da Silva; BASTOS, Celso. *Comentários à Constituição do Brasil*. v. 1. São Paulo: Saraiva, 1988.

NIETO-NAVIA, Rafael *et al*. International peremptory norms (*jus cogens*) and international humanitarian law. *In*: Man's inhumanity to man: essays on international law in honour of Antonio Cassese. Kluwer Law International, The Hague, p. 595-640, 2003.

OVIDIUS, *Metamorphosis*, Liber I. Disponível em: www.thelatinlibrary.com.

PÉGUES, R. P. Thomás. *A suma teológica de São Tomás de Aquino em forma de catecismo*. São Paulo: Cultor de Livros, 2016.

PIOVESAN, Flávia. *Temas de direitos humanos*. 9. ed. São Paulo: Saraiva, 2016.

PONTIFÍCIO CONSELHO "JUSTIÇA E PAZ". *Compêndio da Doutrina Social da Igreja*. 7. ed. São Paulo: Paulinas, 2011.

POR QUE ATAQUES contra cristãos estão aumentando na Índia. BBC News Brasil. 25 dezembro 2021. Disponível em: https://www.bbc.com/portuguese/internacional-59790169.

REALE, Giovanni. *O saber dos antigos: terapia para os tempos atuais*. Tradução de Silvana Leite. São Paulo: Edições Loyola, 2014.

REZEK, Francisco. *Direito Internacional Público Curso Elementar*. 17. ed. São Paulo: Saraiva, 2018.

RIOBÓ, Alfonso. Religious Freedom in the papacy of the Pope Benedict XVI: seven years of interventions before the UN. *In*: *Kościelne Prawo Publiczne*: Kościół I Prawo 2 (15) 2013, p. 157-206.

UM EM CADA SETE cristãos no mundo sofre perseguição, revela Relatório Portas Abertas. *Vatican News*, 20 de janeiro de 2022. Disponível em: https://www.vaticannews.va/pt/igreja/news/2022-01/perseguicao-contra-cristaos-relatorio-portas-abertas-2022.html.

UNHCR. Report of U.N. High Commissioner for Refugees, 40 U.N. GAOR Sup. (No. 12) at 6, U.N. Doc. A/40/12 (1985).

Casuística

Affaire colombo-péruvienne relative au droit d'asile, Arrêt du 20 novembre 1950: C. I. J. Recueil 1950, p. 266.

Affaire Nottebohm (deuxième phase), Arrêt du 6 avril 1955 : C. I. J. Recueil 1955, p. 4.

Sítios visitados

Relatório Portas Abertas. Disponível em: https://www.opendoorsusa.org/2022-world-watch-list-report/.

Informação bibliográfica deste texto, conforme a NBR 6023:2018 da Associação Brasileira de Normas Técnicas (ABNT):

JERONYMO, João Vitor Lozano; PANGONI, Rafael. Mais um santuário: da aplicabilidade das normas do asilo para proteger o perseguido religioso. *In*: SARAIVA FILHO, Oswaldo Othon de Pontes; BERTELLI, Luiz Gonzaga; SIQUEIRA, Julio Homem de (coord.). *Direitos dos refugiados*. Belo Horizonte: Fórum, 2024. (Coleção Fórum Direito Internacional Humanitário, v. 1, t. 1). p. 265-284. ISBN 978-65-5518-615-4.

REFUGIADOS, UM GRITO DE SOCORRO

MARIA HELENA BARBOSA CAMPOS

MARIA CAROLINA BARBOSA CAMPOS VITA

Introdução

Desde sempre, tudo o que se move se locomove. Ao prestarmos atenção aos animais, percebemos que eles estão sempre se mudando em busca de alimentos, melhores pastagens, melhores abrigos. Os pássaros também seguem esse mesmo movimento migratório em determinadas épocas do ano, assim como as baleias, pinguins, etc.

Na natureza, inúmeras são as justificativas para as mudanças territoriais: a busca por melhor caça, melhores pastagens, condição mais favorável à procriação, melhores parceiros, entre outras. Mesmo no reino animal podemos observar movimentos migratórios também originados no medo e temor.

Os seres vivos, de qualquer forma e espécie, são dotados de instintos, e o mais basilar de todos eles é o da autopreservação, o de sobrevivência e preservação da vida. Qual ser vivo, por mais simples que seja, que, se sentindo ameaçado, não parte para um local que lhe seja mais seguro e favorável, que traga maior estabilidade e assegure a perpetuação de sua existência?

Da mesma forma, o ser humano, diante de ameaça e perigo iminente, busca a sua proteção (e de sua família), deparando-se, às vezes, com a inevitável necessidade de mudança territorial.

Ao tratarmos de refugiados, é necessário salientar que sempre se está diante de pessoa que foge de seu país de origem, por ali não mais se sentir segura. Essa insegurança nasce em virtude de guerras, conflitos internos ou perseguições engendradas por grupos ou mesmo pelo próprio Estado. Alguns cenários possíveis são: perseguições políticas, religiosas, guerras internas, limpezas étnicas, entre outros. A pessoa abandona seu país natal por ali não mais se sentir segura.

Ao se falar em deslocamento territorial de grupos humanos para outros países, é necessário diferenciar algumas possibilidades.

Fala-se em migrante para definir aquele indivíduo que escolhe voluntariamente sair de seu país e migrar para outro por questões pessoais. Inúmeros são os fatores que impulsionam essa migração: procura por trabalho e melhores condições econômicas, realização de estudos, casamento com parceiros estrangeiros, curiosidade acerca de novas culturas e experiências, entre outros. A mudança é voluntária e espontânea, e o migrante pode retornar a sua terra natal a qualquer momento, sem nenhum receio.

Figura distinta é o refugiado, que abandona seu país por motivo de força maior, que lhe provoca um fundado temor, não lhe restando outra opção senão o abandono de sua nação e país de origem. Ele se despede e abandona tudo aquilo que lhe é conhecido e lhe traz a sensação de pertença. O refugiado muitas vezes se desloca apenas com a roupa do corpo, mas carrega em sua bagagem os sentimentos de medo, solidão, tristeza e insegurança em relação ao que perdeu e encontrará pela frente, como conseguirá prover sua subsistência e onde poderá viver, se estabelecer e criar seus filhos.

Também os deslocados internos são grupos de pessoas que não mais se sentem seguras em suas regiões de origem e, em virtude de conflitos internos, perseguições, violência e miséria abandonam aquelas regiões, mas permanecem dentro de seus próprios países. As motivações de seu deslocamento são as mesmas dos refugiados, mas essas pessoas permanecem dentro dos limites de seus Estados.

Refúgio e refugiado

Para Thiago Milhomem falar sobre o refúgio na experiência espaço-temporal humana é falar de um fenômeno social presente em diversas regiões do mundo no decorrer da história. O refúgio e os refugiados não nasceram na atualidade. No período comumente denominado pré-história – ou período "pré-Ágrafo", antes da invenção da escrita – grupos humanos migravam em busca de locais com condições mais favoráveis às suas sobrevivências.

Embora esses grupos sem escrita possam ser considerados migrantes, ainda não eram refugiados, pois a ideia de refúgio tem relação direta com a existência de sociedades organizadas com poderes políticos e instituições diversas que têm como objetivo básico atender às necessidades e desejos de certos grupos. Logo, é a partir do período antigo da História que podemos encontrar os primeiros refugiados, pois na Antiguidade surgiram as primeiras sociedades com organizações políticas e soberanias em limites territoriais, como, por exemplo, o império egípcio e as cidades-estados gregas.

Continuando, Milhomem declara que conceituar os termos "refúgio" e "refugiado" é sempre um desafio. Mas, para fins didáticos e início de discussões, pode-se entender o refúgio como a condição humana de deslocamento forçado, não voluntário, de uma região ou de um país para outro, em busca de melhores condições de vida.

O refugiado é aquele que deixa sua região ou país de origem, rumo a outras regiões ou países de forma coercitiva, forçada, devido às situações difíceis e desfavoráveis do meio ambiente ou do meio social em que vive. O refugiado sai do seu lugar de origem, lugar conhecido e, até aquele momento, relativamente seguro, motivado por guerras e outros tipos de conflitos armados, crises econômicas, perseguições políticas, religiosas, pensamentos ou orientações sexuais divergentes dos padrões sociais existentes no lugar. E, embora ainda não seja reconhecido de forma plena pelas entidades oficiais, também há casos de refúgio devido a tragédias ambientais.

Ainda, Milhomem alega que o refúgio é, geralmente, um fenômeno de massa. Claro que há casos individuais, com sujeitos "isolados" em movimento, mas a maioria dos casos de refúgio envolve expulsões ou perseguições a grupos.

Na primeira metade do século XX, em razão das inúmeras atrocidades cometidas nas guerras e desmandos que vitimaram milhares, delineou-se um novo panorama: o maciço deslocamento territorial de grupos humanos, evidenciando assim a necessidade de se debater questões a eles pertinentes.

Entre as consequências mais visíveis e dramáticas dos conflitos, estavam os milhões de refugiados que, ao redor do planeta, haviam sido forçados a deixar seus países de origem devido às hostilidades ou em razão de perseguições em função de sua raça, religião, nacionalidade, grupo social ou opinião política. Estima-se em mais de 40 milhões de pessoas o número de deslocados à força apenas na Europa ao final da segunda guerra.

Em 1945, na busca da manutenção da paz mundial, é criada a Organização das Nações Unidas, inicialmente com 50 signatários. Em 1948 a ONU adota a Declaração Universal dos Direitos Humanos. Nesses esforços iniciais, o mundo se mobilizava no sentido de reconhecer e garantir maior proteção ao ser humano.

O primeiro conceito de refugiado surgiu oficialmente em 1951. Em janeiro daquele ano, o alto Comissariado das Nações Unidas para Refugiados (ACNUR) entrou em efetivo funcionamento, embora esse órgão da ONU tenha sido fundado em dezembro de 1950. No contexto, em 1951, foi realizada a Convenção Relativa ao Estatuto dos Refugiados, concluída em 28 de julho do mesmo ano em Genebra, Suíça.

O texto citado entrou em vigor em 22 de abril de 1954 e, em seu artigo primeiro, ponto segundo, já apresenta a definição do termo "refugiado". No Brasil o texto dessa Convenção foi promulgado pelo Decreto nº 50.215 em janeiro de 1961.

Nesse documento, refugiado é qualquer pessoa que

> (...) em consequência dos acontecimentos ocorridos antes de 1º de janeiro de 1951 temendo ser perseguida por motivos de raça, religião, nacionalidade, grupo social ou opiniões políticas, se encontra fora do país de sua nacionalidade e que não pode ou, em virtude desse temor, não quer valer-se da proteção desse país, ou que, se não tem nacionalidade e se encontra fora do país no qual tinha sua residência habitual em consequência de tais acontecimentos, não pode ou, devido ao referido temor, não quer voltar a ele. (ORGANIZAÇÃO DAS NAÇÕES UNIDAS, 1951, p. 2)

Citando Moreira e Rocha, Milhomem ensina que, só em meados do século XX, os Estados componentes do sistema internacional passaram a reconhecer jurídica e politicamente a situação de refúgio. Os dois autores também afirmam que o regime internacional para refugiados está intimamente relacionado ao regime internacional dos direitos humanos. Em razão dos atos atrozes cometidos por regimes totalitários no século XX, a questão dos direitos humanos começou a ser debatida no cenário internacional, pois passou-se a considerar que o Estado e seus agentes poderiam também ser potenciais violadores dos direitos humanos de seus cidadãos.

A Declaração Universal dos Direitos Humanos de 1948 reconheceu os indivíduos como sujeitos de direito no plano internacional, garantindo-lhes uma série de direitos, entre os quais o de procurar e gozar de asilo, o que não significa que os Estados são obrigados a conceder asilos, pois essa é uma decisão política de cada país. "Todo ser humano, vítima de perseguição, tem o direito de procurar e gozar asilo em outros países" (art. 14 da Declaração Universal dos Direitos Humanos).

A proteção de refugiados é uma questão fundamental de direitos humanos. Trata-se de garantir a cada pessoa os direitos inerentes à própria condição humana, quando seu país de origem não quis ou não foi capaz de garanti-los.

O Brasil enaltece os valores consagrados na Declaração Universal dos Direitos Humanos e reafirma seu compromisso com a defesa dos direitos fundamentais e da dignidade da pessoa humana, inclusive dos refugiados aqui acolhidos, como já havia feito em 1948.

O texto em tela, que em 2018 completou 70 anos, foi resultado do esforço conjunto de representantes de países de todas as regiões do mundo no sentido da construção da paz e da tolerância, na sequência da destruição causada durante a Segunda Guerra Mundial, que havia se encerrado três anos antes, em 1945. A situação dos refugiados e o dever de protegê-los consistiram em dois dos mais significativos temas da agenda política presentes na elaboração da Declaração Universal dos Direitos Humanos. Tanto é assim que um dos 30 artigos da Declaração – o artigo 14 – assegura a todo ser humano que seja vítima de perseguição o direito de procurar e receber proteção internacional em outro país.

A Convenção relativa ao Estatuto dos Refugiados de 1951 consolida prévios instrumentos legais internacionais relativos aos refugiados e fornece a mais compreensiva codificação dos direitos dos refugiados a nível internacional. Ela estabelece padrões básicos para o tratamento de refugiados sem, no entanto, impor limites para que os Estados possam desenvolver esse tratamento. Ao passo que antigos instrumentos legais internacionais somente eram aplicados a certos grupos, a definição do termo "refugiado" no artigo 1º foi elaborada de forma a abranger um grande número de pessoas. No entanto, a Convenção só abarca eventos ocorridos antes de 1º janeiro de 1951.

Com o tempo e a emergência de novas situações geradoras de conflitos e perseguições, tornou-se crescente a necessidade de providências que colocassem os novos fluxos de refugiados sob a proteção das provisões da Convenção. Assim, um protocolo relativo ao Estatuto dos Refugiados foi preparado e submetido à Assembleia Geral das Nações Unidas em 1966. Na Resolução nº 2.198 (XXI), de 16 de dezembro de 1966, a Assembleia tomou nota do protocolo e solicitou ao secretário--geral que submetesse o texto aos Estados para que o ratificassem. O protocolo foi assinado pelo presidente da Assembleia Geral e o secretário-geral em 31 de janeiro de 1967 e transmitido aos governos. Entrou em vigor em 4 de outubro de 1967. Com a ratificação do protocolo, os países foram levados a aplicar as provisões da Convenção de 1951 a todos os refugiados enquadrados na definição da carta, mas sem limite de data e de espaço geográfico.

Embora relacionado com a convenção, o protocolo é um instrumento independente, cuja ratificação não é restrita aos Estados signatários da Convenção de 1951. De acordo com o seu Estatuto, é de competência do ACNUR promover instrumentos internacionais para a proteção dos refugiados e supervisionar sua aplicação. Ao ratificar a convenção e/ou o protocolo, os Estados signatários aceitam cooperar com o ACNUR no desenvolvimento de suas funções e, em particular, a facilitar a função específica de supervisionar a aplicação das provisões desses instrumentos. A Convenção de 1951 e o Protocolo de 1967, por fim, são os meios pelos quais é assegurado que qualquer pessoa, em caso de necessidade, possa exercer o direito de procurar e receber refúgio em outro país.

A reflexão sobre a questão dos refugiados é de suma importância e atualidade. A agência da ONU para refugiados (ACNUR) divulga que a quantidade de pessoas deslocadas à força no mundo alcançou os 65 milhões ao final de 2016, o que configura um triste recorde e ultrapassa os números registrados na Segunda Guerra Mundial. Em média, uma em cada 113 pessoas em todo o mundo foi forçada a se deslocar, e, embora muito se tenha falado a respeito das chegadas massivas de refugiados na Europa, 84% dos refugiados no mundo foram recebidos pelos países em desenvolvimento.

O Brasil presta sua contribuição à proteção dessas pessoas acolhendo milhares de refugiados e solicitantes de refúgio em seu território. Segundo dados de abril de 2018, 10.145 pessoas foram reconhecidas como refugiadas no país e existem 86 mil processos de solicitação de refúgio em trâmite, conferindo às pessoas envolvidas o direito à documentação relativa à sua condição migratória e ao acesso ao mercado de trabalho e aos serviços públicos de saúde e educação.

A Constituição Federal de 1988 é a base legal para a real efetivação dos refugiados no Brasil. Do preâmbulo e artigos de nossa Carta Magna, transbordam o respeito e a observância aos princípios da dignidade humana e a primazia dos direitos humanos.

A responsabilidade de proteção e integração de refugiados é primariamente do Estado brasileiro. No território nacional, o refugiado pode obter documentos, trabalhar, estudar e exercer os mesmos direitos civis de qualquer cidadão estrangeiro em situação regular no Brasil.

Para o ACNUR, na região das Américas, o Brasil tem uma legislação de refúgio considerada moderna por adotar um conceito ampliado para o reconhecimento de refugiados.

A Lei nº 9.474, de 22 de julho de 1997, define mecanismos para a implementação do Estatuto dos Refugiados de 1951 e é pioneira, ao explicitar em seu texto a nova definição de refugiado, que vai além do conceito estabelecido pela Convenção de 1951 (ACNUR). O ordenamento nacional brasileiro também reconhece como refugiado aquele que: III - devido a grave e generalizada violação dos direitos humanos, é obrigado a deixar seu país de nacionalidade para buscar refúgio em outro país.

Nítido o caráter expansivo na definição legal de refugiado, aumentando a possibilidade de maior número de pessoas nele se enquadrar.

Também para o enfrentamento da nova realidade, referido diploma legal criou, no art. 11, o Comitê Nacional para os Refugiados, o CONARE, órgão de deliberação coletiva no âmbito do Ministério da Justiça, composto por representantes governamentais e não governamentais.

Trata-se de órgão colegiado, vinculado ao Ministério da Justiça e Segurança Pública, que delibera sobre as solicitações de reconhecimento da condição de refugiado no Brasil. Suas competências e composição estão definidas no art. 12:

> Art. 12. Compete ao CONARE, em consonância com a Convenção sobre o Estatuto dos Refugiados de 1951, com o Protocolo sobre o Estatuto dos Refugiados de 1967 e com as demais fontes do direito internacional dos refugiados:
> I – analisar o pedido e declarar o reconhecimento, em primeira instância, da condição de refugiado;
> II – decidir a cessação, em primeira instância, *ex officio* ou mediante requerimento das autoridades competentes, da condição de refugiado;
> III – determinar a perda, em primeira instância, da condição de refugiado;
> IV – orientar e coordenar as ações necessárias à eficácia da proteção, assistência e apoio jurídico aos refugiados;
> V – aprovar instruções normativas esclarecedoras à execução desta Lei.

O art. 14 da citada lei discorre sobre a Estrutura e Funcionamento do CONARE que será constituído por:

I – um representante do Ministério da Justiça que o presidirá;
II – um representante do Ministério das Relações Exteriores;
III – um representante do Ministério do Trabalho;

IV – um representante do Ministério da Saúde;
V – um representante do Ministério da Educação e do Desporto;
VI – um representante do Departamento de Polícia Federal;
VII – um representante de organização não-governamental, que se dedique a atividade de assistência e proteção de refugiados no País.

§1º O Alto Comissariado das Nações Unidas para Refugiados – ACNUR será sempre membro convidado para as reuniões do CONARE, com direito a voz, sem voto.

§2º Os membros do CONARE serão designados pelo Presidente da República, mediante indicações dos órgãos e da entidade que o compõem.

§3º O CONARE terá um Coordenador-Geral, com a atribuição de preparar os processos de requerimento de refúgio e a pauta da reunião.

Percebe-se clara preocupação do legislador na composição do CONARE, buscando representantes das mais variadas esferas públicas, segmentos da sociedade civil e da ONU, que poderão auxiliar e preservar os interesses e direitos daqueles que serão recebidos como refugiados no Brasil. Merece menção ainda o convite ao órgão das Nações Unidas para Refugiados – ACNUR para participação em suas reuniões.

Em tempo, ressalta-se na lei a não criminalização de estrangeiro por entrada irregular em território nacional para aqueles reconhecidos como refugiados em seu art. 10 e parágrafos.

Outro diploma legal e digno de menção é a nova Lei de Migração nº 13.445/2017. O texto trata o movimento migratório como um direito humano e garante ao migrante, em condição de igualdade com os nacionais, a inviolabilidade do direito à vida, à liberdade, à segurança e à propriedade. Ainda institui o visto temporário para acolhida humanitária, a ser concedido ao apátrida ou ao nacional de país que, entre outras possibilidades, se encontre em situação de grave e generalizada violação de direitos humanos. São 125 artigos que tratam em minúcias dos direitos e deveres do migrante e do visitante, regula a sua entrada e estada no País e estabelece princípios e diretrizes para as políticas públicas para o emigrante.

A mesma lei regulamenta a questão dos apátridas. Apátrida é o indivíduo que não é titular de qualquer nacionalidade, ou seja, pessoa que não é considerada nacional por qualquer Estado. Isso ocorre quando o Estado deixa de existir, ou quando o Estado não reconhece um grupo de pessoas como seus nacionais.

De acordo com o ACNUR cerca de 10 milhões de pessoas no mundo exibem essa condição. Por não possuírem documentos de identidade, às vezes nem mesmo certidão de nascimento, são impossibilitadas de buscar empregos, utilizar o sistema de saúde, frequentar escolas, abrir contas bancárias, trabalhar, manter uma vida digna.

Apesar do apátrida não se confundir com o refugiado, sua figura recebe também especial proteção, traduzida em processo simplificado de naturalização. A Convenção sobre o Estatuto dos Apátridas de 1954 foi incorporada ao nosso ordenamento por meio do Decreto nº 4.246/02.

Diversos outros mecanismos de proteção complementar foram estabelecidos pelo Brasil para aplicação em fluxos migratórios específicos que demandavam respostas humanitárias, como haitianos e venezuelanos. Diante de quadros trágicos e de intenso sofrimento que assolavam aqueles povos, muitos se dirigiram ao Brasil, solicitando asilo. A esse respeito, ressalte-se a criação, em fevereiro de 2018, do Comitê Federal de Assistência Emergencial, responsável por definir as diretrizes e as ações prioritárias da administração pública federal no âmbito do acolhimento de pessoas em situação de vulnerabilidade decorrente de fluxo migratório provocado por crise humanitária.

O Decreto nº 10.917, de 29 de dezembro de 2021, dispõe sobre o Comitê Federal de Assistência Emergencial.

O art. 2º expõe as competências do referido Comitê:

> I – articular ações, projetos e atividades desenvolvidos com apoio dos Governos federal, estaduais, distrital e municipais no âmbito da assistência emergencial;
>
> II – estabelecer as diretrizes e as ações prioritárias do Governo Federal para a implementação da assistência emergencial;
>
> III – supervisionar o planejamento e a execução de ações conjuntas de órgãos que atuem na execução das medidas estabelecidas pelo Comitê Federal;
>
> IV – propor aos órgãos competentes medidas para assegurar os recursos necessários à implementação das ações, dos projetos e das atividades de assistência emergencial;
>
> V – firmar parcerias com: órgãos dos Poderes Executivo, Legislativo e Judiciário; entes federativos; organizações da sociedade civil; entidades privadas; especialistas; e organismos internacionais;
>
> VI – acompanhar e avaliar a execução da assistência emergencial e adotar medidas para a mitigação de riscos; e
>
> VII – elaborar relatório semestral de suas atividades, com a avaliação da execução e dos resultados.
>
> §1º Ao Comitê Federal compete, ainda, indicar Coordenador Operacional para atuar em área afetada por fluxo migratório provocado por crise humanitária.

§2º Ao coordenador Operacional de que trata o §1º cabe:

I – estabelecer as coordenações necessárias, em conjunto com os órgãos federais, estaduais, distritais e municipais, para atendimento ao fluxo migratório provocado por crise humanitária;

II – coordenar, no âmbito de suas atribuições, o apoio às atividades desenvolvidas pelos demais órgãos envolvidos e firmar termos de cooperação técnica;

III – executar as ações e os projetos estabelecidos pelo Comitê Federal para o apoio e o acolhimento das pessoas em situação de vulnerabilidade decorrente de fluxo migratório provocado por crise humanitária;

IV – elaborar plano operacional para a área afetada e coordenar a sua execução, em conformidade com as diretrizes e as ações prioritárias estabelecidas pelo Comitê Federal;

V – coordenar e ser responsável pela logística e pela distribuição de insumos; e

VI – informar o Comitê Federal, por meio de relatórios semestrais, sobre as situações ocorridas na área afetada.

§3º Os relatórios semestrais a que se refere o inciso VII do *caput* serão publicados em sítio eletrônico do Governo Federal no prazo de até sessenta dias, contado do encerramento do semestre ao qual se refere o relatório. (Decreto sancionado pelo presidente Jair Messias Bolsonaro em 29/12/2021).

Percebe-se que esse decreto também procura abranger de forma bem detalhada a situação de pessoas que, devido a problemas em seus países de origem, buscam a proteção do Estado brasileiro, cada vez mais receptivo ao acolhimento de pessoas do mundo todo.

Refugiados no Brasil

A 6ª edição do Relatório Refúgio em Números do Ministério da Justiça e Segurança Pública e OBMigra – Observatório das Migrações Internacionais traz informações atualizadas entre outras da dinâmica do refúgio no Brasil. É um documento de estudo para que se possa ter um quadro bem detalhado do que o Estado brasileiro tem feito a respeito desse movimento que aflige tantos cidadãos do mundo todo.

O Relatório atesta que a última década foi, sem dúvida, um período de profundas transformações para a dinâmica da mobilidade humana internacional em escala global, com reflexos para os deslocamentos forçados de maneira mais geral e o próprio refúgio de maneira mais específica. Estas transformações atravessam diferentes escalas e alcançam o Brasil, que observou a intensificação dos fluxos humanos que se deslocaram para o país em busca de proteção em razão de perseguição relacionada a questões de raça, religião, opinião política, nacionalidade, pertencimento a grupos minoritários ou mesmo em meio a circunstâncias estruturais de desorganização da vida social e consequente risco ou efetiva violação dos direitos humanos.

No contexto regional latino-americano a temática do refúgio ganhou maior visibilidade em virtude, justamente, dos desdobramentos evidentes para os países da região, entre eles o Brasil, que passaram a figurar como espaços consistentes de origem, trânsito e destino de fluxos migratórios internacionais mistos que incluem algumas possibilidades de deslocamentos humanos forçados.

Nesse relatório, foi possível observar que, ao longo da última década, o número de pessoas solicitantes de reconhecimento da condição de refugiado evoluiu de forma consistente, registrando resultados muito significativos, mesmo em meio a condições de extrema adversidade à mobilidade humana internacional, como aquelas experimentadas em decorrência da pandemia de covid-19 no ano de 2020.

Tal dinâmica significou uma maior diversificação dos espaços de origem, rotas, e circunstâncias coercitivas que corroboraram para o deslocamento dessas pessoas em busca de refúgio no território brasileiro. Continuando, o relatório declara que verificou ainda que, ao longo da década, estes fluxos populacionais passaram por transformações na sua caracterização demográfica, entre as quais se destaca a maior participação de mulheres, de crianças e de adolescentes na composição do cenário do refúgio no país.

A geografia do refúgio no Brasil também passou por importantes transformações. Ao longo da última década verificou-se um crescente protagonismo da fronteira norte brasileira nessa dinâmica, assim como o maior espalhamento das pessoas solicitantes de reconhecimento da condição de refugiado no território nacional. Ambos os processos com desdobramentos observáveis para as esferas locais, não somente quanto à proposição, à gestão e à integração de políticas públicas, como também pelo próprio reordenamento de forças sociais em virtude da capacidade de organização política destes grupos. Estes fenômenos puderam ser preliminarmente abordados através dos dados apresentados na última seção da publicação desse relatório.

A dimensão que o fenômeno do refúgio assumiu no Brasil, no período analisado, sem dúvida corrobora para justificar a relevância dos esforços realizados (e a realizar) em prol do aperfeiçoamento dos dispositivos de gestão da política humanitária brasileira no campo migratório. É notório que o esforço de ampliação da capacidade de gestão, por parte do Ministério da Justiça e Segurança Pública, nos últimos anos, resultou em volume até então inédito de apreciação de processos e tomada de decisão, o que demonstra o alinhamento do Ministério e do CONARE à realidade que se impõe.

Ao passo que se avança na gestão processual e na atualização normativa, se faz necessário seguir com os investimentos no sentido de fortalecer os processos de análise e continuar garantindo a proteção da vida humana em atenção à ordem legal vigente no país. Conferir visibilidade e o máximo de transparência possível à realidade do refúgio no Brasil sem dúvida alguma faz parte deste horizonte de fortalecimento da política humanitária brasileira no campo migratório.

Os direitos e deveres dos refugiados

O reconhecimento jurídico do *status* de refugiado é feito normalmente pelos países de acolhida e é necessário para que se determine quais são seus direitos e benefícios de acordo com seu sistema legal. No Brasil, o órgão competente para essa análise é o CONARE.

A proteção internacional destinada ao refugiado vai muito além da proteção física. Ele deverá gozar minimamente dos mesmos direitos e das mesmas garantias básicas asseguradas aos estrangeiros residentes no país, aí incluídos direitos fundamentais que são inerentes a todos os indivíduos. Assim, os refugiados gozam dos direitos civis básicos, incluindo a liberdade de pensamento, liberdade de deslocamento, a não sujeição à tortura e tratamentos degradantes.

Também os direitos econômicos e sociais são aplicados aos refugiados da mesma forma que aos demais indivíduos. Eles têm acesso ao trabalho e à escolaridade. Os refugiados têm direito à carteira de trabalho, podem trabalhar formalmente e são titulares dos mesmos direitos inerentes a qualquer outro trabalhador do Brasil. Há a proibição do trabalho aos menores de 14 anos, o trabalho em condições de escravidão e a exploração sexual.

Os refugiados podem e devem ser atendidos em quaisquer hospitais e postos de saúde públicos em todo o território nacional; têm direito à educação e a frequentar escolas públicas em todas as etapas e modalidades de ensino. Podem praticar livremente sua religião, visto ser o Brasil um país laico, que assegura a liberdade de culto, religião e crença.

Quanto à documentação dos refugiados, entende-se ser necessária a flexibilização nas exigências para a apresentação de documentos do país de origem, de acordo com o artigo 43 da Lei nº 9.474/97. As instituições brasileiras deverão considerar as dificuldades dos refugiados para obter e apresentar documentos emitidos em seus países de origem ou representações consulares e diplomáticas.

A residência permanente aos refugiados é reconhecida no Brasil e poderá ser solicitada após quatro anos da data de reconhecimento da sua condição de refugiado. No Brasil os refugiados assim reconhecidos têm o direito de obter o Registro Nacional de Estrangeiros (RNE), a Carteira de Trabalho e Previdência Social, número de CPF e documento de viagem.

Os refugiados também têm deveres e obrigações, entre eles, basicamente o de respeitar as leis dos países que os acolhem.

Considerações e desafios a serem enfrentados

1 A xenofobia

O ACNUR define xenofobia como "Atitudes, preconceitos e comportamentos que rejeitam, excluem e frequentemente difamam pessoas, com base na percepção de que eles são estranhos ou estrangeiros à comunidade, sociedade ou identidade nacional".

Albuquerque Junior nos ensina que a palavra xenofobia vem do grego, da articulação das palavras *xénos* (estranho, estrangeiro) e *phobos* (medo), significando, portanto, o medo, a rejeição, a recusa, a antipatia e a profunda aversão ao estrangeiro. Ela implica uma desconfiança e um preconceito em relação às pessoas estranhas ao território, ao meio, à cultura a que pertence aquele que julga, que observa, que se considera como estando em seu lugar.

A xenofobia implica uma delimitação espacial, uma territorialidade, uma comunidade, em que se estabelece um dentro e um fora, uma interioridade e uma exterioridade, tanto material quanto simbólica, tanto territorial quanto cultural, fazendo daquele que vem de fora desse território ou dessa cultura um estranho ao qual se recusa, se rejeita com maior ou menor intensidade.

A xenofobia pode se manifestar de diferentes maneiras, desde como uma simples recusa de aproximação, convivência ou contato com o estrangeiro até através de atitudes extremadas de agressão e tentativa de eliminação física ou simbólica do ser estranho. O estrangeiro tende a ser visto com suspeita, pois seus comportamentos, atitudes, códigos de valores não obedecem às mesmas regras que definem aquela cultura que o está recepcionando.

Até mesmo seu corpo pode ser completamente diferente dos corpos daquele agrupamento humano em que está ingressando. A xenofobia tende, assim, a ser uma maneira de expressão dos choques culturais causados pelo encontro de grupos e culturas humanas distintas.

Continuando, Albuquerque Junior assevera que a xenofobia é um dos maiores problemas do nosso tempo. No mundo contemporâneo, mesmo naquelas sociedades que se julgam as mais civilizadas e avançadas, tanto do ponto de vista tecnológico como do ponto de vista dos valores e costumes, convive-se com crescentes manifestações de intolerância, de racismo, de violência em relação aos estrangeiros, à medida que se caracteriza por ser um mundo marcado pela constante e ampla mobilidade das populações, dada, por um lado, pela maior facilidade de transporte, mas, por outro, pela convivência, lado a lado, de sociedades e economias com níveis de desenvolvimento econômico profundamente desiguais.

A globalização dos fluxos de capitais e das empresas foi acompanhada pela globalização dos fluxos de mão de obra e de trabalhadores, desde os mais qualificados até a grande massa de deserdados, de subempregados, de desempregados do mundo, que se lançam a aventuras, bastante perigosas, em busca de um lugar que lhe dê acesso a um posto de trabalho e das mínimas condições para viver.

Somando-se a todo esse quadro descrito, os distintos conflitos bélicos, as guerras civis, as perseguições religiosas e étnicas, as perseguições políticas, que levam milhares de pessoas a saírem de seus territórios e procurarem novos locais para habitar ou, pelo menos sobreviver. Todas as sociedades, todos os países tendem a se tornar multiétnicos e multiculturais, o que intensifica os contatos culturais e, ao mesmo tempo, os choques, os conflitos entre suas distintas formas.

Se os gregos antigos cunharam a palavra, deixando explícito que tal sentimento de rejeição e de medo do estrangeiro já existia naqueles tempos de menor contato entre os povos, no mundo contemporâneo, com meios de transporte e comunicação marcados pela rapidez, com a globalização dos fluxos populacionais, a xenofobia tende a ser uma presença cada vez mais marcante nas várias sociedades e é preciso que saibamos mais sobre esse sentimento, para podermos lidar com ele e combatê-lo.

2 Os refugiados climáticos

Os refugiados climáticos são pessoas forçadas a deixar o lugar em que vivem, de maneira temporária ou permanente, em virtude de eventos climáticos e ambientais, de origem natural ou humana, que colocam em perigo a sua existência ou afetam seriamente a sua condição de vida.

O Banco Mundial publicou o relatório "Groundswell Part 2", prevendo que muitas pessoas serão forçadas a se deslocar por conta das mudanças climáticas; o documento cita a Declaração e Plano de Ação do Brasil; São Tomé e Príncipe e menciona a estratégia de retirada voluntária de pessoas vulneráveis. O relatório também conclui que 216 milhões de pessoas serão forçadas a migrarem dentro de seus próprios países por conta das mudanças climáticas. O estudo aponta que os focos desse movimento interno devem surgir já no final da década e se intensificar pelos próximos 20 anos.

Segundo o mesmo estudo, América Latina e Caribe têm a maior propensão global a ter eventos extremos, incluindo cheias, tempestades, terremotos, secas, deslizamentos de terra, erupções vulcânicas e incêndios. Para o vice-presidente de desenvolvimento sustentável do Banco Mundial, Juergen Voegele, problemas como a escassez de água, queda na produtividade das lavouras e o aumento do nível dos mares fazem com que cada vez mais as pessoas se mudem para outras cidades.

Foram analisados os efeitos migratórios em seis regiões do mundo: América Latina, Norte da África, África Subsaariana, Europa Oriental e Ásia Central, Sul Asiático e Leste Asiático e Pacífico. No pior cenário, a África Subsaariana poderá ter 86 milhões de migrantes internos se os efeitos da mudança climática não forem mitigados. Já na América Latina, o relatório estima que 17 milhões de pessoas se deslocarão nos seus próprios países até 2050.

A Declaração e Plano de Ação do Brasil 2014 reconhece os "desafios colocados por mudanças climáticas e desastres naturais na região, bem como pelo deslocamento de pessoas através das fronteiras que o fenômeno pode causar na região". Para reduzir a migração prevista no pior cenário, o Banco Mundial recomenda que os países reduzam as emissões globais e façam todos os esforços para cumprir as metas previstas no Acordo de Paris. A publicação ressalta o caso de São Tomé e Príncipe, por uma estratégia das autoridades que estão retirando voluntariamente pessoas vulneráveis para as comunidades costeiras após fortes enchentes.

Mais de 30,7 milhões de novos deslocamentos foram registrados em 2020 devido a desastres relacionados ao clima. Os desastres ambientais já provocaram três vezes mais deslocamentos do que conflitos e violência. Eles também acentuam tensões e podem impulsionar conflitos. Além disso, milhões de pessoas refugiadas vivem em áreas vulneráveis às mudanças climáticas, como inundações e tempestades, e não dispõem dos recursos necessários para se adaptar aos ambientes cada vez mais hostis.

Cerca de 80% das pessoas forçadas a se deslocar no mundo têm como origem países que estão entre os que mais sofrem as consequências das mudanças climáticas. Pessoas deslocadas à força estão na linha de frente da emergência climática. A agência da ONU para Refugiados (ACNUR) alerta que ao redor do mundo o custo humano da crise climática já está sendo sentido, levando ao deslocamento forçado e tornando a vida mais difícil para aqueles que já são forçados a deixar seus locais de origens.

Mauritânia e Mali são um exemplo dessa situação acontece em países africanos na região do Sahel. Andrew Harper, conselheiro especial do ACNUR para ação climática, esteve na Mauritânia e visitou o Lago Mahmouda e o campo de refugiados de Mbera, localizado a cerca de 60 quilômetros da fronteira com o Mali. Durante sua visita, pessoas refugiadas, mauritanos e autoridades locais lhe relataram como as mudanças climáticas transformaram a região, levando comunidades já vulneráveis à pobreza e à insegurança alimentar.

Afirmou Haper que as pessoas que vivem ao redor do lago não apenas fugiram do conflito em seu país, mas também de um clima que está se tornando cada vez mais hostil em seu impacto – onde os lagos em que costumavam pescar agora desapareceram. Eles sabem melhor do que ninguém que o tempo está se esgotando e que as soluções devem ser imediatas.

Cerca de 90% do território da Mauritânia encontra-se no Deserto do Saara, tornando-o particularmente vulnerável aos efeitos da desertificação causada por longos períodos de seca e diminuição das chuvas. A estação chuvosa tem sido de poucas chuvas.

Yahya Koronio Kona sentiu pela primeira vez o efeito das mudanças climáticas em seu sustento em 2013, depois que o lago Faguibine no Mali, localizado próximo de sua cidade natal, Goundam, secou por completo, evaporando desde a década de 1970 devido a longos períodos de estiagem. Ele se mudou para outra cidade, onde surgiram tensões entre as comunidades locais e os recém-chegados à medida que a demanda por recursos limitados em um ambiente em rápida deteriorização se tornava insustentável. Milhões de malianos abandonaram suas casas quando lagos como Faguibine, Kamangou e Gouber secaram, deixando-os sem meios de cultivar, pescar ou criar gado.

Somado à contínua insegurança no país – e na maior parte do Sahel –, milhões de malianos cruzaram a fronteira para a Mauritânia e outros países vizinhos, incluindo Níger e Burkina Faso. À medida que a crise climática se agrava e mais malianos entram no país, a necessidade de garantir seus meios de subsistência para seu bem-estar e sua permanência no país de maneira digna e sustentável se torna urgente e necessária.

Harper declara que, ao aumentar os investimentos em áreas como viveiros de árvores e uso de energia renovável, as populações que atualmente obtêm renda com a destruição da frágil cobertura de árvores terão um futuro mais digno e sustentável devido aos investimentos na preservação de ambientes frágeis que estão sob ameaça. Relata ainda que a pequena vila de pescadores de Yahya ganha vida quando as caixas de peixes da pesca do dia são carregadas em um pequeno caminhão que fará seu caminho para os mercados locais e, possivelmente, através da fronteira com o Mali.

Necessário se faz que haja investimentos humanos também que ensinem a essas populações cuidar do que existe e, criar novas formas de vida e sustento sem destruir o pouco que lá encontram. Yahya sente falta de sua vida em casa, onde, antes da seca, tinha um fluxo constante de renda com a pesca, sua pequena fazenda e, o mais importante, paz. Por enquanto ele só quer se concentrar na construção de um futuro mais seguro.

A jornalista ambiental Sucena Shkrada Resk relata que, no Brasil temos também que nos preocupar e compreender os processos migratórios que têm sido objeto de pesquisadores da área ambiental, especialmente de mudanças climáticas, nos últimos anos. O que antes era praticamente creditado a questões estritamente socioeconômicas, hoje já tem uma análise mais aprofundada. Os deslocamentos humanos ou processos migratórios ambientais têm ganhado uma atenção especial.

Um contingente da população já definido como migrantes, deslocados ou refugiados climáticos ou ambientais, um conjunto de terminologias que está sendo construído internacionalmente, pois ainda não há uma definição oficial no Direito Ambiental. Porém, o que é certo por aqui é que uma significativa parte deles provém da região Nordeste do país.

Continuando, Resk nos relata que o estudo *Mudanças no padrão-temporal de secas no nordeste brasileiro*, publicado na Atmopsheric Science Letters, revelou que a seca, entre 2012 e 2017, foi a pior em 30 anos e prejudicou a população de 24 milhões de pessoas que vive na região, promovendo milhares de deslocamentos, em especial para a região Sudeste, fato que já acontecia em determinados períodos, desde a década de 1990. O levantamento alerta que a combinação de alta variabilidade espacial e temporal das chuvas, a falta de irrigação, a degradação da terra, devido ao manejo inadequado do solo, e a pobreza em larga escala nas áreas rurais tornam a região uma das áreas mais vulneráveis do mundo aos impactos das mudanças climáticas.

Em seu artigo, Resk cita o livro "*A proteção internacional e nacional aos deslocados ambientais: o caso dos deslocados do sertão do nordeste brasileiro*" e destaca os ensinamentos de Andrea Pacheco Pacífico, coordenadora do Núcleo de Estudo e Pesquisa sobre Deslocados Ambientais, da Universidade Estadual da Paraíba, também uma das autoras do referido livro, que explica: o Brasil carece de uma estrutura de atendimento a estas pessoas e seria ideal que se enquadrassem no tratado os Princípios Orientadores Relativos aos Deslocados Internos, da Organização das Nações Unidas (ONU).

Segundo o documento, é preciso compreender que deslocados internos são pessoas, ou grupo de pessoas, forçadas ou obrigadas a fugir ou abandonar as suas casas ou seus locais de residência habituais, particularmente em consequência de ou com vista a evitar os efeitos de conflitos armados, situações de violência generalizada, violações dos direitos humanos ou calamidades humanas ou naturais, e que não tenham atravessado uma fronteira internacionalmente reconhecida de um Estado.

As autoridades nacionais têm o dever e a responsabilidade primária de garantir a proteção e a assistência humanitária aos deslocados internos que se encontrem na sua área de jurisdição. Segundo a Agência da ONU para Refugiados (ACNUR), desde de 2009, estima-se que a cada segundo uma pessoa é deslocada em razão de um desastre ambiental. Em 2018, foram 17 milhões de novos deslocamentos relativos a desastres naturais e mudanças climáticas, no planeta, de acordo com o Centro de Monitoramento de Deslocados Internos, que fica em Genebra.

Nas próximas três décadas, o alerta é ainda maior. Segundo o Banco Mundial, a mudança climática deverá expulsar 140 milhões de pessoas de suas casas. Todos estes dados reforçam que não é mais possível desconsiderar esta questão nas agendas políticas públicas dos países e do próprio Direito Internacional.

Continuando, Resk cita a Dra. Patrícia Fernanda do Pinho, bióloga e doutora em Ecologia Humana, que integra o grupo de cientistas do Painel Intergovernamental sobre Mudanças Climáticas (IPCC) da ONU. Sua área de atuação é especialmente relacionada a desigualdades, pobreza, desenvolvimento sustentável e objetivos do desenvolvimento sustentável e, relata que a maior parte dos relatórios relacionados às mudanças climáticas e principalmente à seca analisa outras questões associadas de indução, como pobreza, marginalização, condição socioeconômica e algumas políticas setoriais.

Dra. Patrícia reitera que, principalmente na região do semiárido brasileiro, as pessoas têm abandonado as regiões rurais, indo para as cidades ou outros estados e regiões. "Isto, sem dúvida, diz ela, é decorrente da incidência da seca, como também de outros eventos extremos, que ocasionam deslizamentos e erosão. Existem migrações que ocorrem em outros biomas, como a Amazônia", alerta, apontando para a necessidade de se ter uma visão mais ampla no Brasil a respeito desta agenda emergente. Ainda esclarece que a terminologia "refugiados climáticos", que abrange tanto os deslocamentos internos como externos ao país de origem, é uma categoria nova que ainda precisa ser aprofundada no Brasil e no mundo. Mas já se tornou um dos principais desafios impostos nas negociações da Conferência das Partes da Convenção-Quadro das Nações Unidas sobre a Mudança do Clima.

O Direito Internacional dos Refugiados é um dos pilares do Direito Internacional dos Direitos Humanos, tendo como finalidade principal proteger os indivíduos que foram forçados a abandonar seus lares e a viver em outros países, principalmente em função da raça, da opinião política, da religião ou por pertencerem a um determinado grupo social. Nesse sentido, este ramo do Direito Internacional constitui-se em um conjunto de instrumentos normativos com o objetivo de tutelar a problemática dos deslocamentos humanos forçados em decorrência de condições predeterminadas e específicas em âmbito mundial, situação que tem gerado amplos debates em toda a comunidade internacional.

Em sendo um tema essencialmente multidisciplinar, o estudo da questão dos refugiados demanda a necessidade de pesquisas nas áreas do Direito Internacional Público e do Direito Internacional dos Direitos Humanos, bem como a análise dos demais aspectos que envolvem a ordem internacional (aspectos políticos, econômicos, sociais e humanitários).

Assevera Liliana Lyra Jubilut, doutora em Direito Internacional pela USP, que uma parte da doutrina aponta o Direito Internacional dos Refugiados como pertencente ao Direito Humanitário, que vem a ser as regras reguladoras da guerra, pois quando ocorrem conflitos bélicos a problemática dos refugiados é aprofundada. No entanto, os refugiados podem também solicitar refúgio com base em outros tipos de perseguições ou ainda em função de violações de direitos humanos. Ou seja, a guerra é somente uma das causas motivadoras do refúgio, não sendo a única.

Por isso, vislumbra-se que seja mais adequado incluir o Direito Internacional dos Refugiados como uma vertente do Direito Internacional dos Direitos Humanos, que engloba os direitos humanos propriamente ditos, o Direito Humanitário e o Direito Internacional dos Refugiados. Tal concepção é defendida pelo Alto Comissariado das Nações Unidas para Refugiados (ACNUR) em seu documento: *Compilación de instrumentos jurídicos internacionales: princípios y critérios relativos a refugiados y derechos humanos.*

Dessa forma, verifica-se que o estudo do Direito Internacional dos Refugiados somente pode ser efetuado adequadamente de modo multidisciplinar, a exemplo do estudo do Direito Internacional dos Direitos Humanos, uma vez que várias áreas do conhecimento são necessárias para a sua compreensão. Assim sendo, vislumbra-se que o Direito Internacional dos Refugiados é uma vertente do Direito Internacional dos Direitos Humanos, sendo esta a sua natureza jurídica.

Continuando, Dra. Jubilut alega que essa natureza jurídica implica aspectos positivos e aspectos negativos; o principal aspecto positivo é o fato de ser parte de um elenco de direitos universais, indivisíveis, interdependentes, inter-relacionados e essenciais ao ser humano, e o principal aspecto negativo é a questão da sua efetivação. Assim sendo, por ser um instituto de proteção ao ser humano, a compreensão da inserção do direito dos refugiados como vertente do Direito Internacional dos Direitos Humanos é essencial para compreender esta temática, bem como o seu processo de efetivação.

3 Definição de asilo e refúgio

Alguns doutrinadores entendem que o asilo e o refúgio são institutos jurídicos distintos e não se deve falar em formas de proteção abrangidas pelo direito de asilo *lato sensu*. Para outra parte da doutrina, (Dra. Jubilut inclusive) essa postura não merece prosperar, pois ambos os institutos visam à proteção do ser humano em face de perseguição, geralmente realizada pelo Estado, sendo, portanto, similares em sua essência e, dessa maneira, institutos assemelhados.

Esses institutos apresentam um caráter de complementariedade, tanto em relação aos sistemas nacionais de proteção quanto entre si, tendo em vista que o instituto do asilo é mais abrangente, podendo ser usado quando não há a possibilidade de aplicação do instituto mais específico do refúgio. Na legislação pátria há diferenças entre os dois institutos. Diante disso, faz-se necessário analisar sua distinção.

O instituto do asilo tem a sua origem na Antiguidade clássica, mais precisamente na civilização grega, em que era frequentemente utilizado. Consiste, em linhas gerais, no instituto pelo qual um Estado fornece imunidade a um indivíduo em face de perseguição sofrida por outro Estado. Por esse instituto jurídico um Estado tem o poder discricionário de conceder proteção a qualquer pessoa que se encontre sob sua jurisdição. É o que modernamente se denomina asilo político, uma vez que é concedido a indivíduos perseguidos por razões políticas.

O asilo político se subdivide em dois tipos: asilo territorial – verificado quando o solicitante se encontra fisicamente no âmbito territorial do Estado ao qual solicita proteção – e asilo diplomático – concedido em extensões do território do Estado solicitado, como, por exemplo, em embaixadas, navios ou aviões da bandeira do Estado. O instituto do asilo em ambas as modalidades é verificado contemporaneamente, sobretudo na prática do Direito Internacional Público da América Latina, muito em função das instabilidades políticas que ocorreram na região.

No caso do asilo, este será concedido somente a pessoa que sofre perseguição política individualizada. Trata-se de exercício de soberania estatal, sendo a concessão ato político discricionário que será avaliado diretamente pela presidência da República nos termos do art. 4º da Constituição Federal. Aqui, as garantias são dadas apenas após a concessão do asilo, que terá natureza constitutiva. Antes disso, a pessoa que estiver em território nacional estará em situação de ilegalidade.

Já o refúgio traz como características ser instituto jurídico internacional de alcance universal, aplicado a elevado número de pessoas que trazem um fundado temor de perseguição em seus países de origem, podendo ser este de natureza política, religiosa, civil. No refúgio, a proteção se dá fora do país de origem do solicitante e o reconhecimento da condição de refugiado é feito pelo CONARE (com reunião de segmentos da área governamental, da sociedade civil e das Nações Unidas).

Todos os pedidos de refúgio têm um processo no qual será analisado se o solicitante possui um fundado temor de perseguição por meio de uma entrevista pessoal com oficial do governo brasileiro responsável por determinar sua condição de refugiado. O plenário do CONARE delibera em reuniões mensais sobre os pedidos e dá a decisão, que poderá sofrer recurso decidido pelo Ministro da Justiça. Trata-se de instituto de caráter humanitário, com previsão de cláusulas de perda, cessação e exclusão.

4 Os refugiados e o impacto socioeconômico

Não se pode negar que o afluxo de numeroso contingente de refugiados traz consequências econômicas e sociais para os países que os acolhem. Em determinadas regiões, ocorrem explosões demográficas, escassez de provisões, falta de empregos, o que acarreta também um aumento de criminalidade, pobreza, exploração sexual, tráfico humano. A massa de refugiados que estampa uma situação de profunda vulnerabilidade precisa ser acolhida e integrada à comunidade e ao mercado de trabalho, de modo a construir para si e seus familiares uma vida digna.

No entanto, a despeito dos esforços das entidades governamentais e segmentos da sociedade civil, com a apresentação de diversos programas de integração, esse cenário não é conquistado em poucos dias, levando meses e até anos para se materializar. Nesse meio tempo, o refugiado que assim for reconhecido poderá ter acesso ao sistema de saúde pública e educação, e também lhes serão conferidos alguns benefícios sociais. Tal quadro gera um clima de insatisfação, desconfiança e repúdio em muitas populações, notadamente mais acentuado nas nações mais desenvolvidas, especialmente na Europa.

Os argumentos são que os refugiados viriam apenas para usufruir de benefícios, sem trazer nenhuma contribuição ou contraprestação, atrapalhando o mercado de trabalho e provocando o esgotamento de serviços assistenciais já deficitários, especialmente em razão de sua situação social, econômica e financeira ser bastante precária. Isso culmina em manifestações de hostilidade e preconceitos explícitos em relação aos refugiados que passam a residir nessas nações.

Verifica-se, inclusive, que a crise econômico-social mundial levou vários países a se negarem a conceder refúgio a determinado grupo de pessoas que, objetivamente, atenderiam aos requisitos para serem reconhecidos como refugiados.

De maneira geral, os refugiados sofrem preconceito de várias espécies: são discriminados por sua cultura, modo de vida, sua etnia, condição social, religião, língua pátria. São vistos como preguiçosos, desinteressados, indolentes, sem asseio, tidos como criminosos e perigosos. Além de terem tido que deixar tudo o que conheciam em seus países de nascimento, ainda encontram ambientes hostis nos lugares que chegam procurando abrigo.

O Conselho da Europa denunciou, num relatório publicado recentemente, a existência de "expulsões generalizadas" de refugiados nas fronteiras europeias e pediu aos Estados-membros que acabem com o que descreve como "violações dos direitos humanos".

O número de "refugiados, requerentes de asilo e migrantes" devolvidos nas fronteiras terrestres e marítimas da Europa aumentou, de acordo com o relatório do Conselho da Europa, que considera que "o fenômeno se tornou um problema pan-europeu sistemático".

Espanha, França, Itália, Grécia, Croácia, Áustria, Hungria, Polônia, Lituânia, Letônia, Chipre, Turquia e Bulgária são países fortemente criticados no documento por enviarem migrantes – que tentam entrar nos seus territórios – de volta para os países vizinhos. O documento é baseado em relatórios de organizações humanitárias, que contaram entre 50 e 130 procedimentos de deportação por dia – realizados da França para a Itália, na região dos Alpes Marítimos, durante o verão de 2020, e até 170 em outubro do mesmo ano. O relatório sublinha que, em alguns países, "o uso de violência" contra os refugiados é "grave e sistemático" e critica a tendência de alguns Estados de quererem adotar leis que legalizem as expulsões sumárias.

5 Uma cena que ficará para sempre

A imagem do pequeno corpo inerte na areia da praia turca. De camiseta vermelha, bermuda azul e tênis preto, parecia dormir. Mas o menino sírio de três anos já não respirava. Tinha morrido ao se arriscar de bote na travessia da Turquia para a Grécia, em uma tentativa desesperada da família de chegar à Europa e fugir da guerra civil na Síria e do Daesh (ISIS – Estado Islâmico do Iraque e da Síria). Era refugiado, como tantos outros que acabam virando apenas uma estatística.

Diante daquela imagem, o mundo também perdeu o fôlego. Naquele momento, o menino deixou de ser um número. Ele tinha um rosto, um nome: Aylan Kurdi. Não era apenas um dos 25,9 milhões de refugiados, sua morte expôs a brutalidade de um mundo onde barreiras geográficas importam mais que vidas. Onde violações de direitos humanos são constantes.

As crianças são a ponta mais frágil desses conflitos e muitas vezes se tornam símbolos das maiores atrocidades da humanidade. Kim Phuc Phan Thi, a menina vietnamita que corre sem roupas, derretendo sob os efeitos da bomba de napalm em 1972. O bebê sudanês Kong Nyong, que sucumbe de fome enquanto um urubu espera para ter do que se alimentar em 1993. Aylan na areia da praia turca em 2015. Omran Daqneesh, o menino de cinco anos recoberto de pó e sangue, de olhar profundo e perdido, que espera sentado na ambulância em Alepo em 2016. Todos vítimas da insanidade das guerras.

Diante de uma questão humanitária na qual pessoas como nós se veem vítimas de perseguições, catástrofes, guerras e ameaças, não deveria haver vozes dissonantes. Como dizer para uma mãe que passa fome que não pode tentar dar uma vida melhor para seus filhos? Como falar para um homem que ele deveria ficar em seu país para morrer? Não podemos fechar as portas quando há vidas em risco. É muito importante que escutemos as vozes desses sobreviventes de forma não passiva.

Não só porque superaram com valentia um passado recente no qual estavam em zonas de guerra, campos de refugiados e listas de extermínio, enfrentando violência generalizada, caos econômico, político e social. Também porque baixar nossos muros e acolher pessoas tão duramente penalizadas é uma questão de humanidade.

Malala Yousafzai tornou-se conhecida mundialmente quando sua história veio a público. No dia 9 de outubro de 2012, foi alvejada pelo Talibã, que havia invadido seu país e proibido meninas de estudarem. Por defender abertamente a educação das meninas, ter exposição na mídia e através de seu blog conclamar mudanças no *status quo* que tinha sido implantado pelo Talibã, tornou-se um alvo a ser abatido.

Malala ficou três meses internada em um hospital de Birmingham, na Inglaterra, onde ela e sua família chegaram apenas com a roupa do corpo. Tiveram que começar a vida do zero em um mundo que lhes era totalmente desconhecido. Sua história inspirou e sensibilizou o mundo, apontando que, a despeito das dificuldades, o caminho correto não está na intolerância, mas sim na esperança, colaboração e acolhimento daqueles que tudo deixam para trás apenas para sobreviver.

Conclusão

O mundo ocidental atualmente estremece sob uma crise em suas próprias bases: uma pandemia avassaladora põe em xeque a crença temerária na onipotência técnica; paira uma ameaça global de colapso do meio ambiente afligido por séculos de exploração incontida; ao mesmo tempo assiste-se ao assédio ideológico contra as instituições e os princípios que dão sustentação à frágil democracia liberal que não conseguiu prover proteção universal aos direitos individuais.

Nesse momento, diante de cada um desses problemas – e quantos outros poderiam ser mencionados – muitos insurgem com discursos destrutivos, cheios de ódio, de negacionismo, de autoritarismos.

Propõem como solução o aumento de força, em vez da deposição das armas em favor do diálogo. Alegam resolver conflitos enquanto alimentam o fogo da destruição e da guerra de todos contra todos.

Em meio a esse discurso que desagrega a sociedade, em vez de fortalecê-la em seus laços, que se tem elevado a voz do Papa Francisco. Ouve-se sua voz quase solitária no cenário político internacional, anunciando que este que aqui está não é o único mundo possível. Ao contrário, Papa Francisco entende que concessão, transigência e tolerância recíproca são os ingredientes fundamentais que permitem trocar a violência pela possibilidade de uma vida em paz.

As ideias de Francisco não constituem uma novidade histórica absoluta. Pelo contrário, resgatam valores cultivados há séculos, a maioria deles já presentes na doutrina social da Igreja Católica. Uma leitura atenta aos Evangelhos mostra que os princípios evocados pelo papa estão, de alguma maneira, alicerçados na mensagem fundante do próprio cristianismo.

O papa tem resgatado uma visão do ser humano como centro e fim das ações econômicas, nelas incluídas também as conquistas tecnológicas, mas sem perder de vista que mulheres e homens não subsistem desconectados da imensa teia da qual depende toda a vida. Com essa compreensão, Francisco se distancia do antropocentrismo tipicamente moderno. A própria ideia de "centro" parece esvanecer. O ser humano é o centro como toda forma de vida é o centro e está no centro. Nunca podemos nos esquecer de que somos feitos à imagem de semelhança de Deus e todos, absolutamente todos os seres humanos, importam.

Referências

ACNUR. Convenção sobre o Estatuto dos Apátridas. Disponível em: ACNUR.org/fileadm/ Documentos/português/BDL/convenção_sobre_o_Estatuto_dos Apatridas_de_1954.pdf. Acesso em: 24 maio 2022.

ALBUQUERQUE JR., Durval M. *Xenofobia*. Medo e rejeição ao estrangeiro. São Paulo: Cortez Editora, 2016.

BIANCO, Bela F.; SANJURJO, Liliana; AZEVEDO, Desirée; DA SILVA, Douglas M. *Migração e Exílio*. São Carlos: EdUFSCar, 2018.

BÍBLIA DE JERUSALEM. Ed. rev. e ampl. São Paulo: Ed. Paulus, 2022.

CARARO, Adryane; SOUZA, Duda P. Valentes. *Histórias de pessoas refugiadas no Brasil*. São Paulo: Editora Seguinte, 2020.

CONARE. Disponível em: www.gov.br/mj/pt-br/assuntos/seus-direitos/refugio/ institucional. Acesso em: 30 maio 2022.

CONSTITUIÇÃO FEDERAL. São Paulo: Edipro, 2022.

Entenda as diferenças entre refúgio e asilo – português (Brasil). Disponível em: www.gov.br. Acesso em: 1 junho 2022, às 11:00.

ECO, Umberto. *Migração e Intolerância*. Rio de Janeiro/São Paulo: Record, 2020.

GUIMARÃES, Joaquim G. M.; SOUZA; Robson S. R.; ALVES; Claudemir F.; PENZIM, Adriana, M. B. (org.). *O novo humanismo*. Paradigmas civilizatórios para o século XXI a partir do papa Francisco. São Paulo: Ed. Paulus, Nesp – Núcleo de Estudos Sociopolíticos, 2022.

MACHADO, Igor J. R. (org.). *Etnografias do Refúgio no Brasil*. São Carlos: EdUFSCar, 2020.

MONIZ, Jorge B. *Dicionário de Ciência da Religião*.

NOGUEIRA, Christiane V.; NOVAES, Marina; BIGNAMI, Renato (org.). *Tráfico de Pessoas* – Reflexões para a compreensão do trabalho escravo contemporâneo. São Paulo: Ed. Paulinas, 2014.

O que é um refugiado? Mundo Educação. Disponível em: uol.com.br. Acesso em: 31 maio 2022, às 10:20.

Os direitos dos refugiados no Brasil. *Jus Navigandi*. Disponível em: jus.com.br. Acesso em: 31 maio 22, às 23:38.

RELATÓRIO ACNUR. Disponível em: https://www.justiça.gov.br/seus-direitos/refugio/refugio-em-numeros. Acesso em: 20 maio 2022.

RELATÓRIO ACNUR. Disponível em: https://portaldeimigração.mj.gov.br/pt/dados/refugio-em-numeros. Acesso em: 19 maio 202.

SASSEN, Saskia. *Expulsões*. Brutalidade e complexidade na economia global. Rio de Janeiro/São Paulo: Editora Paz e Terra, 2016.

SILVA, G. J.; CAVALCANTI, L.; OLIVEIRA, T.; COSTA, L. F. L.; Macedo, M. *Refúgio em Números*. 6. ed. Observatório das Migrações Internacionais; Ministério da Justiça e Segurança Pública/Comitê Nacional para os Refugiados. Brasília, DF: OBMigra, 2021.

USARSKI, Frank; TEIXEIRA, Alfredo; PASSOS, João D. (org.). *Dicionário de Ciência da Religião*. 1. ed. São Paulo: Ed. Paulus, 2022.

YOUSAFZAI, Malala. *Longe de Casa*. Minha jornada e histórias de refugiados pelo mundo. São Paulo: Editora Seguinte, 2019.

Sites

https://www.acnur.org/portugues/dados-sobre-refugio/. Acesso em: 25 maio 2022, às 13:00.

https://www.acnur.org/portugues/acnur-no-brasil/legislacao/. Acesso em: 15 maio 2022, às 9:30.

https://acnur.org/fileadmin/Documentos/portugues/BD_Legal/Instrumentos_Internacionais/Protocolo_de_1967.pdf?file=. Acesso em: 13 maio 2022, às 21:30.

https://www.gov.br/mj/pt-br/assuntos/seus-direitos/refugio/institucional. Acesso em: 15 maio 2022, às 16:15.

https://br.search.yahoo.com/search?fr=mcafee&type=E210BR91199G91642&p=ADUS. org.br+Instituto+de+Reintegra%C3%A7%C3%A3o+do+Refugiado. Acesso em: 31 maio 2022, às 15:00.

https://www.ogrohistoriador.com/thiago-damasceno. Acesso em: 24 maio 2022, às 10:00.

https://www.in.gov.br/web/dou/-/resolucao-normativa-n-32-de-4-de-junho-de-2020-275906816. Acesso em: 27 maio 2022, às 11:50.

https://www.acnur.org/portugues/quem-ajudamos/deslocamentos-internos. Acesso em: 20 maio 2022, às 15:00.

g1globo.com/natureza/blog (amelia-gonzalez/post2020/01/03/onu-reconhece-pela-primeira-vez-que-existem-refugiados-climáticos.ghtml. Acesso em: 31 maio 2022, às 10:35.

https://brasil.un.org/pt-br/157286-mudancas-climaticas-impulsionam-migracoes-e-deslocamentos-forcados. Acesso em: 28 maio 2022, às 10:00.

https://www.ecodebate.com.br/2019/10/16/emergencia-climatica-refugiados-climaticos-uma-realidade-brasileira-por-sucena-shkrada-resk/. Acesso em: 29 maio 2022, às 11:45.

https://www.acnur.org/fileadmin/Documentos/portugues/BDL/Convencao_sobre_o_Estatuto_dos_Apatridas_de_1954.pdf. Acesso em: 10 maio 2022, às 10:30.

https://legislacao.presidencia.gov.br/atos/?tipo=DEC&numero=10917&ano=2021&ato=f43UTWU9UMZpWT655. Acesso em: 30 maio 2022, às 12:35.

https://www.planalto.gov.br/ccivil_03/_ato2015-2018/2017/lei/l13445.htm. Acesso em: 23 maio 2022, às 20:05.

https://www.planalto.gov.br/ccivil_03/decreto/1970-1979/D70946.htm. Acesso em: 17 maio 2022, às 13:45.

https://www.planalto.gov.br/ccivil_03/Leis/L9474.htm. Acesso em: 9 maio 2022, às 16:10.

https://www.acnur.org/portugues/convencao-de-1951/. Acesso em: 24 maio 2022, às 13:10.

https://www.planalto.gov.br/ccivil_03/Decreto-Lei/1937-1946/Del7967.htm. Acesso em: 16 maio 2022, às 12:40.

Informação bibliográfica deste texto, conforme a NBR 6023:2018 da Associação Brasileira de Normas Técnicas (ABNT):

CAMPOS, Maria Helena Barbosa; VITA, Maria Carolina Barbosa Campos. Refugiados, um grito de socorro. *In*: SARAIVA FILHO, Oswaldo Othon de Pontes; BERTELLI, Luiz Gonzaga; SIQUEIRA, Julio Homem de (coord.). *Direitos dos refugiados*. Belo Horizonte: Fórum, 2024. (Coleção Fórum Direito Internacional Humanitário, v. 1, t. 1). p. 285-311. ISBN 978-65-5518-615-4.

O DIREITO AO TRABALHO (NÃO ESCRAVO) COMO RESGATE DA DIGNIDADE DOS REFUGIADOS

GABRIELLA ALENCAR RIBEIRO

Introdução

A questão dos refugiados ganha relevância no Brasil devido à onda migratória provocada por conflitos étnicos, religiosos, políticos, raciais, de nacionalidade e de grupo social.

Atualmente, o número de refugiados e de deslocados internos em todo o mundo "chega a mais de 71 milhões de pessoas, *índice* que representa o maior nível de deslocamento forçado registrado pelo Alto Comissariado das Nações Unidas para os Refugiados (ACNUR, doravante) em toda a sua história" (SILVA; TEIXEIRA, 2021, p. 131). O alto nível de deslocamentos forçados impõe uma análise sobre o tema, sobretudo quando consideradas as informações midiáticas, que divulgam a situação dos refugiados em seu país de origem.

Um caso típico, que gerou o interesse de muitos, foi a história de Malala, uma garota que defendeu o direito à educação e foi baleada pelo Talibã, contada no livro "Eu sou Malala".

Para os brasileiros, essa pode ser uma realidade distante, uma vez que o artigo 6º, *caput*, da Constituição Federal consagra o direito à educação, mas para Malala Yousafzai, que sofreu um atentado aos 15 anos por defender o direito à educação para as meninas no Paquistão, essa é uma realidade patente. Na visão ocidental, o ataque do grupo terrorista é absurdo, tanto que Malala ganhou inúmeros prêmios, dentre eles o Nobel da Paz em 2014, mas essa não é a ventura de tantas e tantos outros que ainda vivem o cerceamento de seus direitos.

Esse é apenas um caso, relacionado à religião, que aconteceu em Swat, região conservadora no norte do Paquistão, porém, como a história de Malala, existem milhões de casos em outros países que não ganharam tanta popularidade, mas devem receber igual atenção.

Observá-los é relevante porque o Brasil vem recebendo um número crescente de refugiados venezuelanos, sírios, haitianos e congoleses (SILVA; TEIXEIRA, 2021, p. 131). Segundo dados da Agência da ONU para Refugiados, o país também recebeu afegãos, sudaneses, iraquianos, dentre outras nacionalidades em 2021:

Principais países de origem de deslocados à força até meados de 2021

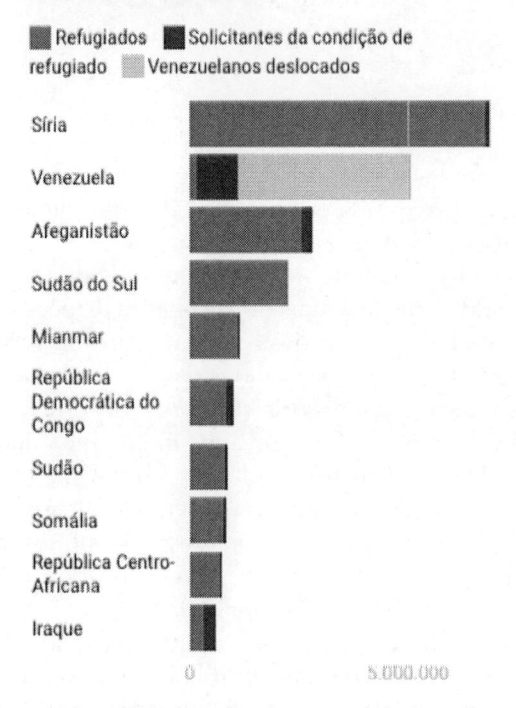

■ Refugiados ■ Solicitantes da condição de refugiado ■ Venezuelanos deslocados

Síria	
Venezuela	
Afeganistão	
Sudão do Sul	
Mianmar	
República Democrática do Congo	
Sudão	
Somália	
República Centro-Africana	
Iraque	

Exclui refugiados da Palestina sob mandato da UNRWA

Fonte: UNHCR Refugee Data Finder • Obter dados • Criado com Datawrapper

Além de receber um alto número de refugiados, o ordenamento jurídico interno brasileiro lhes oferece proteção considerável. Desde 1977, o país está amparado pela estrutura da ONU na realização dos acolhimentos (JUBILUT, 2007, p. 32).

Considerando que a temática consagra a concepção de direitos humanos como universais, segundo lições de Pacífico e Mendonça, "o Brasil, considerado um país solidário, vem se inserindo cada vez mais em ações humanitárias em prol da defesa e da proteção dos refugiados" (2010, p. 170).

E, de fato, no tratamento do problema, deve ser considerada a ótica dos direitos humanos internacionais e constitucionais, além da dimensão social, política, econômica e cultural. Ou seja, a questão dos refugiados deve ir além dos conceitos de segurança nacional, combate ao terrorismo, proteção ao trabalhador local ou ameaça a identidades culturais tradicionais. Conforme lições de Lessa, deve "ser considerado como atributo imanente à condição humana o direito universal da pessoa; podendo, inclusive, aportar importantes contribuições socioeconômicas, tanto para os países de chegada como para os de origem" (2016, p. 33).

Logo, considerando a necessidade de tutelar os direitos humanos, o que inclui os direitos sociais, o foco do presente artigo será o direito ao trabalho. Visto que esse é um meio de inserção do indivíduo na sociedade, assim como uma forma de devolver a dignidade que lhe foi retirada, dando uma perspectiva de futuro para quem já se encontra afastado de seu país, de seus amigos e familiares.

Portanto, apresentar-se-á uma perspectiva do direito ao trabalho como meio de proteção da dignidade humana, tutelando os direitos constitucionais. Tal enfoque justifica-se tanto pela difícil situação dos refugiados em seu país de origem, divulgada nos noticiários, quanto pelos casos de emprego de mão de obra refugiada em situação análoga à de escravo no Brasil.

A Presidência da República, no Manual de Recomendações de Rotinas de Prevenção e Combate ao Trabalho Escravo, ressaltou que a maioria dos casos de exploração envolve a indústria têxtil. São pessoas "que trabalham em ambientes inadequados, insalubres, perigosos, dezenas de horas diárias, sem intervalos ou descanso, com salários baixíssimos, reduzidos a condições degradantes, muitas vezes com privação da liberdade e ainda explorados sexualmente" (BRASIL, 2013, p. 15).

Observa-se que não apenas o direito ao trabalho é violado, mas diversos direitos humanos, tornando mister defender o direito ao trabalho não escravo como forma de resgatar a dignidade dos refugiados.

Refugiados x buscadores de asilo

Ao falar sobre direitos dos refugiados, é necessário conceituar quem são eles, uma vez que são vários os termos existentes para se referir àqueles que saem de seus países: migrantes, asilados e refugiados, estrangeiros, dentre outros.

O conceito de migrante é muito amplo, é toda pessoa que se transfere de seu lugar habitual para outro lugar, região ou país. Se alguém sai de seu país e decide permanecer em outro, torna-se um migrante, por diversos motivos, inclusive desejos pessoais não relacionados ao conceito de buscadores de asilo e refugiados.

Mais genérico ainda é o termo estrangeiro, pois significa apenas alguém que é proveniente de outro país e se encontra em outro local em determinado momento. Pode ser considerado estrangeiro alguém que resolve fazer um curso ou viajar para outro país.

Os motivos para os migrantes e estrangeiros saírem de seu país são diversos, genéricos, por isso, apesar de estes também serem detentores de direitos fundamentais, como o direito ao trabalho, não serão objeto de discussão no presente artigo. Pois a análise terá um enfoque mais restrito, voltado à vulnerabilidade das pessoas que buscam a proteção do Estado de destino.

Contudo, um buscador de asilo e um refugiado podem também ser considerados migrantes e estrangeiros, os termos não são excludentes, são uma forma de destacar os sujeitos que precisam de proteção. Se utilizados os termos genéricos, significa que se trata da realidade de todos, não apenas dos refugiados.

Segundo Jubilut, "tem-se que os 'buscadores' de asilo são todos os seres humanos que deixam seu país de origem e/ou de residência habitual e buscam proteção em outro Estado, e os refugiados são os que solicitam a proteção de outro Estado em função de um bem fundado temor de perseguição" (2007, p. 37).

Ambos deixam seu país e buscam proteção em outro Estado, mas enquanto a concessão de asilo depende de uma análise discricionária do Estado, o refugiado só terá proteção se configurado fundado temor de perseguição. Ou seja, o asilo é um ato discricionário do Estado que fornece imunidade a um indivíduo, enquanto o refúgio não é um ato discricionário e depende de hipóteses legais bem definidas.

No Brasil, está expressamente prevista no artigo 4º, X, da Constituição Federal e no artigo 27 da Lei nº 13.445/2017 a possibilidade de concessão de asilo político:

Art. 4º A República Federativa do Brasil rege-se nas suas relações internacionais pelos seguintes princípios:
X – concessão de asilo político.
Art. 27. O asilo político, que constitui ato discricionário do Estado, poderá ser diplomático ou territorial e será outorgado como instrumento de proteção à pessoa.
Parágrafo único. Regulamento disporá sobre as condições para a concessão e a manutenção de asilo.

A Lei nº 9.474/1997 traz a definição de refugiado:

Art. 1º Será reconhecido como refugiado todo indivíduo que:
I – devido a fundados temores de perseguição por motivos de raça, religião, nacionalidade, grupo social ou opiniões políticas encontre-se fora de seu país de nacionalidade e não possa ou não queira acolher-se à proteção de tal país;
II – não tendo nacionalidade e estando fora do país onde antes teve sua residência habitual, não possa ou não queira regressar a ele, em função das circunstâncias descritas no inciso anterior;
III – devido a grave e generalizada violação de direitos humanos, é obrigado a deixar seu país de nacionalidade para buscar refúgio em outro país.

Contudo, independente da classificação, são seres humanos que precisam de proteção de outro Estado. O objetivo do asilo e do refúgio no fim é "livrar seres humanos de perseguições por meio de sua acolhida em outro Estado no qual poderão gozar de seus direitos mais fundamentais e manter, deste modo, sua dignidade" (JUBILUT, 2007, p. 50).

Ambos os indivíduos buscam sair de seu país para que tenham respeitados os seus direitos fundamentais, seja por ato discricionário ou não. São pessoas que saíram de seu país e não têm a perspectiva de retornar, elas buscam a proteção de outro Estado pela impossibilidade de permanecerem em seu país.

Refugiados

A definição da doutrina corrobora o conceito anteriormente explicado:

> O refugiado é a pessoa que, em razão de perseguição ou do fundado receio de que esta ocorra devido a sua raça, religião, associação, opinião política dentre outros, encontra-se fora de seu país de origem, não

tendo mais possibilidade ou não mais desejando retornar ao seu Estado (DINALI; RIBEIRO, p. 1).

A referida lei, em seu artigo 1o, considera refugiado todo indivíduo que esteja sendo perseguido por motivos de raça, religião, nacionalidade, grupo social ou opiniões políticas que se encontre fora de seu país, não possa ou não queira a proteção do mesmo; sendo apátrida e estando fora do seu país, não possa ou não queira voltar, ou devido a grave e generalizada violação de direitos humanos é obrigado a deixar seu país de origem para pedir refúgio em outra nação (ANDRADE; RAMINA, 2018, p. 33).

Dado que a distinção entre buscadores de asilo e refugiados é que a concessão do refúgio não é um ato discricionário, isso significa que os solicitantes devem demonstrar que estão sofrendo as hipóteses do artigo 1º da Lei nº 9.474/1997, ou seja, o risco à vida e à integridade física deve ser comprovado. Conforme lições de Lessa, "um refugiado, para obter essa condição no Brasil, deve ter comprovado que está sujeito a perseguições, ou seja, sérias e urgentes ameaças à sua vida e integridade física no país de origem ou de procedência" (2016, p. 60).

Destacam Dinali e Ribeiro que, para verificar o instituto do refúgio, é necessária a "constatação da ameaça ou violação dos direitos fundamentais, dentre os quais, o direito à vida, à saúde e à liberdade" (p. 3).

A concessão de refúgio não é um ato discricionário, pois, ao acolher um refugiado, o país de destino se torna responsável pela proteção daquele, devendo garantir que ele não sofrerá perseguição ou violação de seus direitos. Portanto, há uma transferência de responsabilidade de proteção e dever para o Estado de acolhimento, pois o refúgio não é uma expectativa de melhoria de vida, mas sim de sobrevivência do indivíduo, conforme destacado pela doutrinadora:

> Verifica-se que o que ocorre com a aplicação do Instituto do Refúgio é a transferência da responsabilidade de proteção do indivíduo de um Estado para a comunidade internacional, por meio de um de seus membros. Sendo que a incorporação da questão dos refugiados no ordenamento jurídico dos países possibilita a adaptação das regras internacionais à realidade de cada Estado, permitindo proteção mais efetiva (JUBILUT, 2007, p. 35-50). O refúgio é o dever do Estado de abrigar, assumindo o compromisso de não recusar o refugiado, diferentemente do que ocorre com o imigrante que tem a expectativa de direito associada ao interesse do Estado. O refúgio não é uma expectativa de melhoria de vida e sim de sobrevivência do indivíduo e de dever do Estado de acolhimento (LESSA, 2016, p. 61).

Logo, refugiar-se é buscar melhores condições humanitárias em outro país, o que envolve segurança e amparo legal dos direitos humanos, visto que o país de origem os negou a partir do momento em que propagou perseguições (ANDRADE; RAMINA, 2018, p. 36).

Legislação brasileira

Considerando a definição de refugiado, é necessário entender a legislação brasileira para verificar a proteção que confere, pois, "o Brasil, considerado um país solidário, vem se inserindo cada vez mais em ações humanitárias em prol da defesa e da proteção dos refugiados" (PACÍFICO; MENDONÇA, 2010, p. 170).

Desde 1960, o Brasil recepcionou o Instituto do Refúgio, quando aprovou a Convenção de Genebra de 1951, relativa ao Estatuto dos Refugiados, pelo Decreto Legislativo nº 11, de 7 de julho de 1960, com exclusão de seus artigos 15 e 17. Essa Convenção tinha sido assinada em 1952, sendo ratificada em 1961 pelo Decreto nº 50.215.

A Convenção de 1951 foi elaborada pela Organização das Nações Unidas para que a obrigação de garantia de segurança para os refugiados fosse reconhecida, consagrando o Direito Internacional dos Refugiados em sentido formal (BORGES, 2018). Além de definir o conceito de refugiado, ela trouxe obrigações gerais, direitos e a obrigação de os Estados atenderem os solicitantes de refúgio, bem como o direito desses de não serem mandados de volta ao seu país de origem.

A única dificuldade da Convenção era que suas garantias eram limitadas geograficamente à Europa e aos acontecimentos relacionados à 2ª Guerra Mundial, tendo em vista que se consolidou num sistema para os refugiados armênios, russos e alemães, segundo noções de Jubilut:

> Começando com o instituto correlato do asilo no final do século IX e os sistemas ad hoc para os refugiados armênios, russos e alemães, a proteção dos refugiados consolidou-se num sistema internacional com a Convenção sobre o Estatuto dos Refugiados, aprovado pela Assembleia Geral da ONU em 1951. As garantias da convenção, limitadas geograficamente à Europa e aos acontecimentos relacionados à 2.a Guerra Mundial, foram em seguida universalizadas com o Protocolo de 1967 (JUBILUT, 2007, p. 17).

Portanto, o Protocolo de 1967 supriu algumas falhas da Convenção de 1951, universalizando os direitos da Convenção. Além disso, estendeu os direitos a todos os refugiados, independentemente da data limite de 01.01.1951, que foi estipulada na Convenção. Logo, conforme lições de Lessa, "a convenção estabeleceu padrões básicos para o tratamento de refugiados, sem impor limites para os Estados e sua regulamentação ampliada em 1966, entrando em vigor posteriormente, em 4 de outubro de 1967, com o denominado Protocolo de 1967" (2016, p. 59-60).

Com a ratificação do Protocolo de 1967, através do Decreto nº 70.946, de 7 de agosto de 1972, o Brasil recepcionou o instituto. Em 22 de julho de 1997, com a promulgação da Lei nº 9.474/1997, o país compilou e implementou todo esse patrimônio legal e conceitual.

Além de ser uma legislação específica, a Lei nº 9.474/1997 "define mecanismos de complementação à Convenção de 1951, tendo em vista estabelecer quais migrantes terão reconhecida a condição de refugiado ou não, como se dá o pedido de refúgio e os tipos de autorizações vigentes no país" (ANDRADE; RAMINA, 2018, p. 30).

O Brasil acolhe o instituto ao se coadunar com o sistema internacional vigente, bem como se atém a um sistema lógico, justo e atual de concessão de refúgio, pois, além de ter ratificado a Convenção de 1951 e o Protocolo de 1967, detém legislação específica para estabelecer e garantir direitos.

Conforme destacam Pacífico e Mendonça, o sistema brasileiro "tem sido apontado como paradigma para a uniformização da prática do refúgio na América do Sul, apesar de sempre haver espaço para melhorias e aperfeiçoamentos" (PACÍFICO; MENDONÇA, 2010, p. 173).

Direito dos refugiados

A partir do destacado, com a Convenção de 1951, o direito do refugiado de não ser mandado de volta ao seu país de origem, também conhecido como *non-refoulement*, ou não devolução, foi consagrado.

Esse conceito está previsto no artigo 7º, §1º, da Lei nº 9.474/1997, no sentido de que "em hipótese alguma será efetuada sua deportação para fronteira de território em que sua vida ou liberdade esteja ameaçada, em virtude de raça, religião, nacionalidade, grupo social ou opinião política". Assim, o indivíduo perseguido não pode ser devolvido ao seu país de origem, devendo ter garantidas proteção, acolhida e nova oportunidade para viver (JUBILUT, 2007, p. 18).

Ele não pode ser devolvido até que cessem todas as condições que deram origem ao refúgio, porque "o *ódio* estimulado na sociedade original do refugiado pode ainda estar presente naquela comunidade, o que não cessaria os motivos de perseguição que ensejaram a concessão do refúgio" (LESSA, 2016, p. 59-60).

Portanto, como o refugiado não será devolvido para o país onde ocorreu a perseguição ou para qualquer país em que corra algum risco, quem o acolheu tem o dever de cuidá-lo, garantindo condições mínimas para sua permanência no Estado de destino. Assim, ao acolher os refugiados, o Brasil precisa garantir-lhes proteção, em atendimento às normas internacionais de proteção à pessoa humana e à Declaração Universal dos Direitos do Homem, assegurando direitos fundamentais, como a vida, a liberdade, a saúde e a educação.

O Ministério da Justiça reconhece a responsabilidade brasileira para com os refugiados, pois deve garantir a todas as pessoas que se encontram em território nacional condições de realização e proteção dos direitos humanos, incluindo direitos econômicos, sociais e culturais:

> Todos os imigrantes são protegidos pelo Direito Internacional dos Direitos Humanos (ACNUDH, 2006). Os Estados estão obrigados, especialmente em razão do princípio de não discriminação, a respeitar os direitos humanos dos imigrantes, inclusive daqueles em situação irregular. Além disso, os Estados são responsáveis por todas as pessoas que se encontram em seu território, sejam elas nacionais ou não, o que exige garantir condições de realização, respeito e proteção dos direitos humanos dos imigrantes, incluindo os direitos econômicos, sociais e culturais, tais como o direito à saúde, à educação, à moradia e ao trabalho, dentre outros, que se reflete na garantia do acesso dos imigrantes aos serviços públicos essenciais. Em consequência, os direitos humanos devem ser parte integrante das políticas e do marco normativo migratório, como destaca o Global Migration Group (2008, p. 99) (2015, p. 22).

Todos esses direitos estão relacionados à dignidade do ser humano e aos direitos fundamentais, pois são adquiridos independentemente de estatuto político, jurídico, internacional ou do território do qual a pessoa é originária, devendo ser preservada sua aplicabilidade universal (LESSA, 2016, p. 102).

Conforme lições de Ono, "a Declaração Universal dos Direitos Humanos (DUDH), proclamada pela Assembleia Geral das Nações Unidas em 10 de dezembro de 1948, consolidou a dignidade da pessoa humana como pilar fundamental dos direitos humanos na ordem jurídica internacional" (2021, p. 30).

Assim, além da dignidade da pessoa humana ser consagrada no artigo 1º, III, da Constituição Federal como direito fundamental e princípio da República Federativa do Brasil, também foi elencada no artigo 1º da Declaração Universal dos Direitos Humanos como pilar que prevê que "todos os seres humanos nascem livres e iguais em dignidade e direitos. São dotados de razão e consciência e devem agir em relação uns aos outros com espírito de fraternidade".

Portanto, os refugiados possuem direito à dignidade da pessoa humana, sendo tal princípio a base do Direito Internacional e Nacional, que deve ser garantido em sua dimensão individual e social.

Segundo Miraglia, na dimensão individual cinge-se à "integridade física e psíquica do homem e se relaciona com as liberdades negativas dos direitos fundamentais" (2009, p. 149); já na dimensão social, decorre do fato de que "uma sociedade está intrinsecamente ligada *às* liberdades positivas e à igualdade substancial proposta pelos direitos fundamentais", baseando-se em "um mínimo existencial a ser assegurado a todas as pessoas" (2009, p. 149).

Portanto, o dever estatal vai além de uma obrigação de não fazer, sendo uma obrigação de fazer, que visa garantir que todas as dimensões do direito fundamental, econômicas, sociais e culturais, sejam garantidas.

Assim, a Lei nº 13.445/2017 expressamente confere ao migrante, no território nacional, a condição de igualdade com os nacionais, a inviolabilidade do direito à vida, à liberdade, à igualdade, à segurança e à propriedade, o acesso aos serviços públicos de saúde, assistência social e previdência social, o direito de associação, inclusive sindical, para fins lícitos, e a garantia de cumprimento de obrigações legais e contratuais trabalhistas, sem discriminação em razão da nacionalidade e da condição migratória:

> Art. 4º Ao migrante é garantida no território nacional, em condição de igualdade com os nacionais, a inviolabilidade do direito à vida, à liberdade, à igualdade, à segurança e à propriedade, bem como são assegurados:
> I – direitos e liberdades civis, sociais, culturais e econômicos;
> II – direito à liberdade de circulação em território nacional;
> III – direito à reunião familiar do migrante com seu cônjuge ou companheiro e seus filhos, familiares e dependentes;
> IV – medidas de proteção a vítimas e testemunhas de crimes e de violações de direitos;

V – direito de transferir recursos decorrentes de sua renda e economias pessoais a outro país, observada a legislação aplicável;
VI – direito de reunião para fins pacíficos;
VII – direito de associação, inclusive sindical, para fins lícitos;
VIII – acesso a serviços públicos de saúde e de assistência social e à previdência social, nos termos da lei, sem discriminação em razão da nacionalidade e da condição migratória;
IX – amplo acesso à justiça e à assistência jurídica integral gratuita aos que comprovarem insuficiência de recursos;
X – direito à educação pública, vedada a discriminação em razão da nacionalidade e da condição migratória;
XI – garantia de cumprimento de obrigações legais e contratuais trabalhistas e de aplicação das normas de proteção ao trabalhador, sem discriminação em razão da nacionalidade e da condição migratória;
XII – isenção das taxas de que trata esta Lei, mediante declaração de hipossuficiência econômica, na forma de regulamento;
XIII – direito de acesso à informação e garantia de confidencialidade quanto aos dados pessoais do migrante, nos termos da *Lei nº 12.527, de 18 de novembro de 2011*;
XIV – direito a abertura de conta bancária;
XV – direito de sair, de permanecer e de reingressar em território nacional, mesmo enquanto pendente pedido de autorização de residência, de prorrogação de estada ou de transformação de visto em autorização de residência; e
XVI – direito do imigrante de ser informado sobre as garantias que lhe são asseguradas para fins de regularização migratória.

Dessa forma, além de políticas de governança e ações coordenadas e efetivas, o Estado deve garantir o bem-estar, a estabilidade, a harmonia social e a prosperidade, o que inclui direitos sociais e econômicos, os quais, segundo doutrina de Rostiaux e Lorenzi, são imprescindíveis "para o bem-estar e dignidade dos migrantes, dado seu papel primordial na conquista por autonomia, segurança econômica e inclusão plena na sociedade e contribuição ao desenvolvimento da sociedade" (2021, p. 107).

Portanto, considerando que o escopo econômico pode ser garantido com o direito ao trabalho, é necessário analisá-lo como direito fundamental, o que inclui um trabalho livre, isto é, não escravo, que não só tem uma dimensão econômica, mas social e cultural, que merece ser destacada (DELGADO, 2017, p. 67-68).

Direito ao trabalho

O direito ao trabalho está previsto em normas nacionais e internacionais, pois está positivado nos artigos 5º, XIII, 6º e 7º da Constituição Federal, bem como no artigo 23 da Declaração Universal dos Direitos Humanos:

> Art. 5º Todos são iguais perante a lei, sem distinção de qualquer natureza, garantindo-se aos brasileiros e aos estrangeiros residentes no País a inviolabilidade do direito à vida, à liberdade, à igualdade, à segurança e à propriedade, nos termos seguintes:
> XIII – é livre o exercício de qualquer trabalho, ofício ou profissão, atendidas as qualificações profissionais que a lei estabelecer;
> Art. 6º São direitos sociais a educação, a saúde, a alimentação, o trabalho, a moradia, o transporte, o lazer, a segurança, a previdência social, a proteção à maternidade e à infância, a assistência aos desamparados, na forma desta Constituição.
> Art. 7º São direitos dos trabalhadores urbanos e rurais, além de outros que visem à melhoria de sua condição social:
> I – relação de emprego protegida contra despedida arbitrária ou sem justa causa, nos termos de lei complementar, que preverá indenização compensatória, dentre outros direitos; [...]
> IV – salário mínimo, fixado em lei, nacionalmente unificado, capaz de atender a suas necessidades vitais básicas e às de sua família com moradia, alimentação, educação, saúde, lazer, vestuário, higiene, transporte e previdência social, com reajustes periódicos que lhe preservem o poder aquisitivo, sendo vedada sua vinculação para qualquer fim;

> Art. 23
> 1. Todo ser humano tem direito ao trabalho, à livre escolha de emprego, a condições justas e favoráveis de trabalho e à proteção contra o desemprego.
> 2. Todo ser humano, sem qualquer distinção, tem direito a igual remuneração por igual trabalho.
> 3. Todo ser humano que trabalha tem direito a uma remuneração justa e satisfatória que lhe assegure, assim como à sua família, uma existência compatível com a dignidade humana e a que se acrescentarão, se necessário, outros meios de proteção social.
> 4. Todo ser humano tem direito a organizar sindicatos e a neles ingressar para proteção de seus interesses.

Portanto, todos têm direito ao livre exercício de qualquer trabalho, a condições justas e favoráveis, bem como a uma remuneração justa e satisfatória que garanta suas necessidades vitais básicas e as de sua família. Contudo, o trabalho não pode ser resumido apenas à subsistência, pois, mesclando a doutrina de Delgado e Jubilut, tem uma dimensão econômica, social, cultural e legal.

No tocante à dimensão econômica, considerando como garantidor do salário, é um direito de acesso à riqueza, pois, segundo lições de Jubilut, "além da liberdade, o direito internacional passou a tutelar os direitos sociais, que traduzem o desejo de participação na riqueza produzida e outros valores essenciais à vida coletiva" (2007, p. 14).

Assim, o salário é como uma moeda de troca para o gozo de outros direitos como moradia, alimentação, educação, saúde, lazer, vestuário, higiene, transporte, dentre outros. Dessa forma, com o valor em pecúnia, o refugiado se torna menos dependente de programas assistenciais e capaz de contribuir para a economia local (JUBILUT; LOPES; SILVA, 2018, p. 135).

Contudo, o mencionado direito vai além do valor pecuniário, pois transcende a simples conquista dos meios materiais, sendo um direito instrumental para o desenvolvimento das capacidades e do gozo das liberdades (JUBILUT; LOPES; SILVA, 2018, p. 130).

O trabalho não só serve como moeda de aquisição de outros bens inerentes à vida, mas também como uma forma de garantir ao refugiado uma perspectiva de futuro, assim como uma inserção na sociedade, sendo também um direito social.

Como direito social, deve ser analisado na perspectiva do provimento da família de forma digna, do bem-estar e da afirmação social.

A contraprestação financeira é uma forma de inserção na sociedade, pois garante a dignidade do sustento, visto que a pessoa insere-se no mercado de trabalho e consegue prover a si mesma e à sua família dignamente (MIRAGLIA, 2009, p. 149), não sendo uma vítima da sociedade e da pobreza. Assim, com a garantia de suas condições vitais básicas, a pessoa garante seu bem-estar.

Conforme lições de Rostiaux e Lorenzi, "o acesso ao trabalho decente é um dos catalisadores para estabilizar e apoiar o desenvolvimento a longo prazo, bem como para a promoção do bem-estar social e de modos de vida sustentáveis" (2021, p. 404). Pois, supridas as condições básicas de sobrevivência, o salário possibilita a aquisição de outros bens e serviços para melhorar o dia a dia da pessoa, bem como para que se sinta digna, na qualidade de um ser humano possuidor de direitos.

Com o sustento e bem-estar, a pessoa se sente mais apta também para se afirmar socialmente, sendo o trabalho regulado uma forma de garantir instrumentos de mínima afirmação social (DELGADO, 2007, p. 26), haja vista a possibilidade de manifestação no espaço público, para a aquisição e transformação de direitos civis e políticos, garantindo a autonomia privada e pública do ser humano (JUBILUT; LOPES; SILVA, 2018, p. 130).

Assim, a partir da realização do ser humano, manifesta-se a dimensão cultural, pois, mesmo adotando valores, religião e cultura diferentes, com o trabalho, o refugiado se sente mais inserido na sociedade, uma vez que "lhe dá a sensação de fazer parte dessa sociedade e de ser capaz de produzir e viver como os nacionais" (HIGASHI; SILVA, p. 1518). Porque, nesse momento, já possui vínculos de convivência e amizade, bem como a formação de uma rede de apoio profissional (JUBILUT; LOPES; SILVA, 2018, p. 135).

Sentindo-se capaz de viver como nacional, o refugiado materializa seus direitos, configurando-se a dimensão legal, pois "se evita a consideração dos refugiados como 'cidadãos de segunda classe' e, portanto, a sua marginalização" (JUBILUT; LOPES; SILVA, 2018, p. 135).

Assim, o trabalho traz uma série de perspectivas para o refugiado, que já foi privado de tantos direitos, mas pode ter a chance de reconstruir sua vida.

Nos Objetivos de Desenvolvimento Sustentável estabelecidos pela ONU, da Agenda 2030, que sintetiza ações necessárias para concretizar o direito ao trabalho decente para todos, incluindo os migrantes, ressaltou-se a importância da atividade remunerada:

> Objetivo 8. Promover o crescimento econômico sustentado, inclusivo e sustentável, emprego pleno e produtivo e trabalho decente para todas e todos
>
> 8.1 Sustentar o crescimento econômico per capita de acordo com as circunstâncias nacionais e, em particular, um crescimento anual de pelo menos 7% do produto interno bruto [PIB] nos países menos desenvolvidos.
>
> 8.2 Atingir níveis mais elevados de produtividade das economias por meio da diversificação, modernização tecnológica e inovação, inclusive por meio de um foco em setores de alto valor agregado e dos setores intensivos em mão de obra.
>
> 8.3 Promover políticas orientadas para o desenvolvimento que apoiem as atividades produtivas, geração de emprego decente, empreendedorismo, criatividade e inovação, e incentivar a formalização e o crescimento das micro, pequenas e médias empresas, inclusive por meio do acesso a serviços financeiros.
>
> 8.4 Melhorar progressivamente, até 2030, a eficiência dos recursos globais no consumo e na produção, e empenhar-se para dissociar o crescimento econômico da degradação ambiental, de acordo com o

Plano Decenal de Programas sobre Produção e Consumo Sustentáveis, com os países desenvolvidos assumindo a liderança.

8.5 Até 2030, alcançar o emprego pleno e produtivo e trabalho decente para todas as mulheres e homens, inclusive para os jovens e as pessoas com deficiência, e remuneração igual para trabalho de igual valor.

8.6 Até 2020, reduzir substancialmente a proporção de jovens sem emprego, educação ou formação.

8.7 Tomar medidas imediatas e eficazes para erradicar o trabalho forçado, acabar com a escravidão moderna e o tráfico de pessoas, e assegurar a proibição e eliminação das piores formas de trabalho infantil, incluindo recrutamento e utilização de crianças-soldado, e até 2025 acabar com o trabalho infantil em todas as suas formas.

8.8 Proteger os direitos trabalhistas e promover ambientes de trabalho seguros e protegidos para todos os trabalhadores, incluindo os trabalhadores migrantes, em particular as mulheres migrantes, e pessoas em empregos precários.

8.9 Até 2030, elaborar e implementar políticas para promover o turismo sustentável, que gera empregos e promove a cultura e os produtos locais.

8.10 Fortalecer a capacidade das instituições financeiras nacionais para incentivar a expansão do acesso aos serviços bancários, de seguros e financeiros para todos.

8.a Aumentar o apoio da Iniciativa de Ajuda para o Comércio [Aid for Trade] para os países em desenvolvimento, particularmente os países menos desenvolvidos, inclusive por meio do Quadro Integrado Reforçado para a Assistência Técnica Relacionada com o Comércio para os países menos desenvolvidos.

8.b Até 2020, desenvolver e operacionalizar uma estratégia global para o emprego dos jovens e implementar o Pacto Mundial para o Emprego da Organização Internacional do Trabalho [OIT].

Assim, o direito ao trabalho deve ser uma forma de iniciar um processo de reversão do perverso ciclo vivenciado pelos imigrantes e refugiados (SALADINI, 2011, p. 253).

Dificuldades que os refugiados encontram

Apesar dos direitos conferidos aos refugiados, na prática, eles encontram algumas dificuldades para reconstruir uma vida do zero em outro país, tendo em vista sua situação de vulnerabilidade, a dificuldade da língua, a burocracia para obter documentos, a falta de acesso a serviços públicos básicos e a discriminação.

A situação de vulnerabilidade está associada à miséria e à violência que viveram no país de origem. Assim, esses refugiados podem ter uma carga pessoal alta, precisando da ajuda do Estado de destino para superação.

Pois, como saem do seu país por motivos de perseguição, normalmente não possuem muitos bens, então precisam de um trabalho para recomeçar a vida, razão pela qual diante de todas as dificuldades, bem como diante da necessidade de remuneração, mesmo que mínima, para garantir itens básicos, o risco de exposição a situações de violação de seus direitos humanos é maior.

Logo, além da desigualdade estrutural histórica, não conhecem os mecanismos que lhe possibilitem sair de uma situação de abuso, sendo a situação de pobreza um agravante da vulnerabilidade (COLOMBO, 2015, p. 92).

Outro problema é a dificuldade da língua, pois o fato de não compreenderem perfeitamente o idioma do país lhes impossibilita o exercício de algumas tarefas, a comunicação com terceiros, e sua contratação, visto que os brasileiros podem não falar a mesma língua, ou não estarem dispostos a contratar alguém que não seja fluente em português.

Eles também se deparam com a burocracia para obter documentos, uma vez que, quando os Estados passaram a impor leis restritivas à migração internacional verificou-se a existência de diversos imigrantes indocumentados (LESSA, 2016, p. 34). Apesar de a Lei nº 13.445/2017 trazer algumas facilidades para o acesso à documentação necessária, eles enfrentam dificuldades para a comprovação de experiência e escolaridade prévias (ROSTIAUX; LORENZI, 2021, p. 407), o que atrapalha a obtenção de empregos em sua área.

Conforme lições de Rostiaux e Lorenzi, "a dificuldade de revalidação dos diplomas emitidos no exterior, bem como dos demais documentos dos países de origem dos migrantes que comprovem suas qualificações formais, pode acarretar 'desclassificação ocupacional" (2021, p. 408). Assim, suas habilidades e competências podem não ser empregadas em seu potencial máximo.

Ademais, também "têm dificuldades de acesso a serviços públicos básicos, como saúde e educação" (LESSA, 2016, p. 34), às vezes não sabendo que o Sistema Único de Saúde existe, tendo dificuldades no acesso ao conhecimento e a treinamentos sobre processos seletivos disponíveis.

Como último exemplo, também é necessário destacar a discriminação que sofrem por serem estrangeiros. Conforme lições de Saladini, "existe uma segregação voluntária e inconsciente praticada pelos nativos. Os imigrantes chegados a uma nova pátria tendem a ser segregados e tratados como estranhos" (SALADINI, 2011, p. 144-145).

Segundo Lessa, "aos imigrantes são destinadas as piores ocupações e são os trabalhadores que vivem e exercem suas funções nas piores condições possíveis de exploração" (2016, p. 34). Normalmente são designados para trabalhos desprestigiados socialmente e o interesse é que realizem atividades às quais a população local não quer mais se dedicar.

As afirmações de Saladini são tristes, mas verdadeiras, pois sua presença "é apenas tolerada: trata-se de uma mão de obra invisível, praticada por pessoas que não são visíveis aos olhos da sociedade, e que devem ficar segregadas do convívio social, quando não estão trabalhando" (SALADINI, 2011, p. 144-145).

Equiparação ao trabalho escravo

Diante de tantas dificuldades, os refugiados são alvos frequentes de violações de direitos, principalmente os trabalhistas, vide as diversas notícias sobre discriminação de salários, condições insalubres, falta de acesso à proteção social, bem como práticas de exploração laboral (ROSTIAUX; LORENZI, 2021, p. 412).

Devido à crença de que os refugiados são mão de obra "barata" e podem ser explorados, veem-se diversas notícias de tratamento em condições análogas ao trabalho escravo, principalmente no caso das indústrias de confecções, as quais prometem alojamento, comida gratuita e um salário compensador, quando, na realidade, os refugiados se deparam com alojamentos onde trabalham, com salários menores e com descontos em "antecipações feitas", conforme destacado por Saladini:

> Já faz parte do senso comum a afirmativa que a grande maioria desses imigrantes é dirigida à indústria de confecções. Cristiane Lopes (2009, p. 415-416) esclarece que o trabalho nas oficinas de costura é atrativo para os bolivianos, porque os empregadores prometem alojamento e comida grátis e um salário compensador. Mas para o "imigrante de primeira viagem" as condições de trabalho prometidas não correspondem ao que se promete/imagina: são fornecidos alojamentos no mesmo local em que se trabalha, muitas vezes ao lado das máquinas de costura, em ambientes inadequados, sem iluminação e ventilação. Os salários prometidos são sempre superiores aos salários reais e, caso o trabalhador não tenha dinheiro para custear a viagem, sofre os descontos dessa despesa em seu salário, tudo na total informalidade, para o que a situação de clandestinidade contribui. Assim, conclui, "a esperança de mobilidade

social se constrói mediante a dedicação extrema ao trabalho, em prejuízo da saúde". (SALADINI, 2011, p. 206)

As condições degradantes do ambiente de trabalho refletem-se na ausência de condições mínimas de trabalho, com espaços sem iluminação, ventilação, higiene e acesso à água potável.

Além do salário menor, expõem-se a jornadas exaustivas e remuneradas a preços mais baixos do que aqueles praticados no mercado ou mesmo não remuneradas em espécie (JUBILUT; LOPES; SILVA, 2018, p. 142).

Quanto aos descontos de antecipações feitas, além de serem uma forma de manter a informalidade, parecem ser comuns, sendo divulgados em notícias casos de retenção de salário pelo transporte, por comissão, por alimentação etc., conforme também foi destacado por Silva e Teixeira:

> Não raras vezes, há a retenção de salário, seja pelo transporte ou por comissão, seja porque o trabalhador é forçado a pagar caro pela alimentação que consome. Tal modalidade é retratada na matéria veiculada pelo portal Globo.com, ocasião em que um grupo de refugiados venezuelanos foram resgatados em situação trabalho análogo ao escravo na Bahia, em maio de 2019. A matéria descreve que "[...] eles ainda eram obrigados a repassar parte do salário para o pagamento de passagens, alimentação e serviços de TV e internet" (G1, on-line, 2019) (SILVA; TEIXEIRA, 2021, p. 139-140).

Ademais, também é comum "o controle do meio ambiente de trabalho, seja controlando o ir e vir dos trabalhadores, seja usando de coações física e psicológica para a continuidade das atividades laborais exploratórias" (SILVA; TEIXEIRA, 2021, p. 140).

Essa situação degradante é comum em indústrias têxteis, mas também em áreas que não exigem formação prévia, como a construção civil e a agricultura (SILVA; TEIXEIRA, 2021, p. 139).

Assim, as características desse trabalho escravo são marcadas por uma situação de informalidade, pois muitas vezes trabalha-se sem contrato assinado, o que é uma maneira de evitar a garantia de direitos.

De toda forma, apesar de haver liberdade, na maioria dos casos, esse modelo deve ser visto como uma forma de trabalho escravo, pois, na contemporaneidade, há outras formas de exploração do trabalho de terceiros que, mesmo que não tomem a liberdade do sujeito e o tratem como objeto, "ainda assim conduzem a situações de impossibilidade de se libertar de condições de domínio, especialmente econômico, e, normalmente praticado com pessoas de nível socioeducacional mais fragilizado ou, em condições de hipossuficiência" (DRUMMOND, 2019, p. 2122).

O artigo 3º da Instrução Normativa da Secretaria de Inspeção do Trabalho – SIT nº 91/2011 dispõe sobre o que se considera trabalho realizado em condição análoga à de escravo:

> Art. 3º. Para os fins previstos na presente Instrução Normativa, considera-se trabalho realizado em condição análoga à de escravo a que resulte das seguintes situações, quer em conjunto, quer isoladamente:
> I – A submissão de trabalhador a trabalhos forçados;
> II – A submissão de trabalhador a jornada exaustiva;
> III – A sujeição de trabalhador a condições degradantes de trabalho;
> IV – A restrição da locomoção do trabalhador, seja em razão de dívida contraída, seja por meio do cerceamento do uso de qualquer meio de transporte por parte do trabalhador, ou por qualquer outro meio com o fim de retê-lo no local de trabalho;
> V – A vigilância ostensiva no local de trabalho por parte do empregador ou seu preposto, com o fim de retê-lo no local de trabalho;
> VI – A posse de documentos ou objetos pessoais do trabalhador, por parte do empregador ou seu preposto, com o fim de retê-lo no local de trabalho.

Portanto, o trabalho escravo é configurado quando há um polo vulnerável e incapaz de invocar seus próprios direitos, que se submete a abusos e situações degradantes infligidos pelo empregador, os quais ferem seu direito ao trabalho e à dignidade.

Direito ao trabalho (não escravo)

Notícias que demonstram que refugiados são tratados em condições análogas ao trabalho escravo são graves, pois esse tratamento contraria os princípios constitucionais e as normas internacionais, além de ser crime tipificado no artigo 149 do Código Penal:

> Art. 149. Reduzir alguém à condição análoga à de escravo, quer submetendo-o a trabalhos forçados ou a jornada exaustiva, quer sujeitando-o a condições degradantes de trabalho, quer restringindo, por qualquer meio, sua locomoção em razão de dívida contraída com o empregador ou preposto: (Redação dada pela Lei nº 10.803, de 11.12.2003)
> Pena – reclusão, de dois a oito anos, e multa, além da pena correspondente à violência.

Impor ao refugiado a condição de trabalho análogo ao escravo viola a própria Constituição Federal, que garante em seu artigo 5º, *caput* e inciso XIII, a igualdade, assim como o livre exercício de trabalho:

> Art. 5º Todos são iguais perante a lei, sem distinção de qualquer natureza, garantindo-se aos brasileiros e aos estrangeiros residentes no País a inviolabilidade do direito à vida, à liberdade, à igualdade, à segurança e à propriedade, nos termos seguintes:
> XIII – é livre o exercício de qualquer trabalho, ofício ou profissão, atendidas as qualificações profissionais que a lei estabelecer;

Viola, igualmente, a Convenção de Genebra de 1951, ratificada pelo Brasil no Decreto nº 50.215/1961, que em seus artigos 17, 18 e 19 garante o direito à profissão:

> Artigo 17
> Profissões assalariadas
> 1. Os Estados Contratantes darão a todo refugiado que resida regularmente no seu território o tratamento mais favorável dado, nas mesmas circunstâncias, aos nacionais de um país estrangeiro no que concerne ao exercício de uma atividade profissional assalariada.
> 2. Em qualquer caso, as medidas restritivas impostas aos estrangeiros ou ao emprego de estrangeiros para a proteção do mercado nacional do trabalho não serão aplicáveis aos refugiados que já estavam dispensados na data da entrada em vigor desta Convenção pelo Estado Contratante interessado, ou que preencham uma das seguintes condições:
> a) contar três anos de residência no país;
> b) ter por cônjuge uma pessoa que possua a nacionalidade do país de residência. Um refugiado não poderá invocar o benefício desta disposição no caso de haver abandonado o cônjuge;
> c) ter um ou vários filhos que possuam a nacionalidade do país de residência.
> 3. Os Estados Contratantes considerarão com benevolência a adoção de medidas tendentes a assimilar os direitos de todos os refugiados no que concerne ao exercício das profissões assalariadas aos dos seus nacionais, e em particular para os refugiados que entraram no seu território em virtude de um programa de recrutamento de mão-de-obra ou de um plano de imigração.

> Artigo 18
> Profissões não assalariadas
> Os Estados Contratantes darão aos refugiados que se encontrem regularmente no seu território tratamento tão favorável quanto possível

e, em todo caso, tratamento não menos favorável do que aquele que é dado, nas mesmas circunstâncias, aos estrangeiros em geral, no que concerne ao exercício de uma profissão não assalariada na agricultura, na indústria, no artesanato e no comércio, bem como à instalação de firmas comerciais e industriais.

Artigo 19
Profissões liberais
1. Cada Estado Contratante dará aos refugiados que residam regularmente no seu território e sejam titulares de diplomas reconhecidos pelas autoridades competentes do referido Estado e que desejem exercer uma profissão liberal, tratamento tão favorável quanto possível, e, em todo caso, tratamento não menos favorável do que aquele que é dado, nas mesmas circunstâncias, aos estrangeiros em geral.
2. Os Estados Contratantes farão tudo o que estiver ao seu alcance, conforme as suas leis e constituições, para assegurar a instalação de tais refugiados em territórios outros que não o território metropolitano, de cujas relações internacionais sejam responsáveis.

Portanto, o refugiado deve possuir os mesmos direitos que um brasileiro, tendo regulados seus direitos e benefícios pela Consolidação das Leis do Trabalho e demais legislações infraconstitucionais.

Uma vez que, nos termos do artigo 6º da Convenção nº 97 da OIT (Anexo XXIII do Decreto nº 10.088/2019), o migrante tem os mesmos direitos em relação à possibilidade de filiação em organização sindical, efeitos das convenções coletivas, proteção social, remuneração, jornada de trabalho, idade mínima para admissão ao trabalho e trabalho das mulheres e adolescentes:

Artigo 6º
1. Todo Membro para o qual se ache em vigor a presente convenção se obriga a aplicar aos integrantes que se encontrem legalmente em seu território, sem discriminação de nacionalidade, raça, religião ou sexo, um tratamento que não seja inferior ao aplicado a seus próprios nacionais com relação aos seguintes assuntos:
a) sempre que estes pontos estejam regulamentados pela legislação ou dependam de autoridades administrativas;
i) a remuneração, compreendidos os abonos familiares quando estes fizerem parte da mesma, a difusão de trabalho, as horas extraordinárias, férias remuneradas, restrições do trabalho a domicílio, idade de admissão no emprego, aprendizagem e formação profissional, trabalhos das mulheres e dos menores;

ii) a filiação a organizações sindicais e gozo das vantagens que oferecem as convenções coletivas do trabalho;

iii) a habitação;

b) a seguridade social (isto é, as disposições legais relativas aos acidentes de trabalho, enfermidades profissionais, maternidade, doença, velhice e morte, desemprego e encargos de família, assim como a qualquer outro risco que, se acordo com a legislação nacional esteja coberto por um regime de seguridade social, sob reserva;

i) de acordos adequados visando à manutenção dos direitos adquiridos e dos direitos de aquisição;

ii) de disposições especiais estabelecidas pela legislação nacional do país de imigração sob auxílios ou frações de auxílio pagos exclusivamente pelos fundos públicos e sobre subsídios pagos às pessoas que não reúnam as condições de contribuição exigidas para a percepção de um benefício normal;

c) os impostos, taxas e contribuições, concorrentes ao trabalho percebidas em relação à pessoa empregada;

d) as ações judiciais relativas às questões mencionadas na seguinte convenção.

Como ressaltado por Azevedo Neto, "a proteção ao migrante se impõe como medida fundamental à salvaguarda dos direitos humanos laborais", pois "considera o trabalhador como sujeito de direito universal, que merece guarida onde esteja no planeta, mormente num período de intensa globalização", sendo certo que os trabalhadores migrantes "possuem o direito a todas as proteções devidas aos demais obreiros, sem qualquer tipo de discriminação" (2017, p. 234).

Conforme consta no Manual de Recomendações de Rotinas de Prevenção e Combate ao Trabalho Escravo de Imigrantes elaborado pela Presidência da República, diversos órgãos são responsáveis por combater o trabalho em condição análoga à de escravo:

> Como previsto na IN-91, as ações fiscais para combate ao trabalho em condição análoga ao de escravo são coordenadas pela Secretaria de Inspeção do Trabalho (SIT/MTE), diretamente (por intermédio das equipes do Grupo Especial de Fiscalização Móvel – GEFM) ou indiretamente (por meio de equipes de fiscalização organizados no âmbito das Superintendências Regionais do Trabalho e Emprego – SRTE).
>
> No âmbito das SRTE, atuam em articulação com as equipes de Auditores Fiscais do Trabalho as entidades que compõem as Comissões Estaduais de Erradicação do Trabalho Escravo – COETRAE e os Comitês Estaduais de Enfrentamento ao tráfico de Pessoas.

No âmbito direto da SIT atua o GEFM composto por Auditores Fiscais do Trabalho, por membros do Ministério Público do Trabalho; do Departamento de Polícia Federal; ou do Departamento de Polícia Rodoviária Federal; Polícia Militar ou Polícia Civil; do Ministério Público Federal; da Justiça do Trabalho; da Advocacia Geral da União; da Defensoria Pública da União e dos Conselhos Tutelares. (BRASIL, 2013, p. 18)

Assim, o direito ao trabalho não escravo deve ser garantido para todos, inclusive os refugiados, sob pena de violação da Constituição Federal, do Código Penal, bem como das normas internacionais, sendo possível a responsabilização do empregador.

Novos avanços

Apesar da situação degradante em que os refugiados ainda vivem, é necessário apresentar uma perspectiva otimista, pois o Brasil continua avançando no tema. Segundo o Ministério da Justiça, medidas para a inserção econômica, integração e efetivação dos direitos humanos são adotadas através de abrigos públicos, de políticas estaduais, da simplificação da legislação e dos procedimentos de regularização:

> Mesmo diante das iniciativas nacionais e internacionais para conferir proteção integral aos imigrantes e garantir o respeito e realização de seus direitos, situações de violação de direitos humanos, dificuldades de acesso a serviços e documentos ou de integração da população imigrante são ainda identificadas e noticiadas, demonstrando a necessidade de avanços nestes aspectos. Distintas iniciativas foram adotadas no Brasil visando melhorar a acolhida, a proteção, assistência e garantia de direitos dos imigrantes. Entre elas destacam-se iniciativas visando a inserção socioeconômica; melhor acolhida e integração por meio da disponibilização de abrigos públicos; medidas para garantir a efetivação de direitos humanos dos imigrantes; integração; prevenção de violação de direitos; políticas estaduais em matéria de migrações; simplificação da legislação migratória e dos procedimentos de regularização; proposição de mudanças legislativas, acordos para garantir tratamento adequado, medidas para agilizar a obtenção de documentos, avanços para a participação do país na Organização Internacional para as Migrações (OIM), dentre outras (MINISTÉRIO DA JUSTIÇA, 2015, p. 23).

Contudo, ainda é necessária uma articulação do setor privado para esclarecer dúvidas e mitos sobre os benefícios da contratação de refugiados, pois a "inclusão de migrantes por meio de políticas empresariais de diversidade e inclusão pode construir um ambiente mais diverso, trazendo profissionais com diferentes pensamentos, opiniões e culturas, respondendo às demandas da atual sociedade plural" (ROSTIAUX; LORENZI, 2021, p. 409). Assim, além de fortalecer a imagem corporativa da empresa como socialmente responsável, a contratação dos refugiados traz resultados econômicos positivos, aumento da produtividade e inovação.

Não só é necessário articular o setor privado, mas também facilitar a validação de documentos pelos refugiados, pois "o primeiro passo para evitar a exploração dos trabalhadores é regularizar sua situação no país e expedir os documentos necessários para o exercício de sua cidadania e para registro formal como empregado" (HIGASHI; SILVA, p. 1.527). Com os documentos em mãos, é muito mais fácil para o refugiado obter um emprego formal, o que diminui o risco de exposição a situações degradantes.

Além disso, o ideal é capacitar o profissional com cursos e ensino da língua portuguesa a fim de facilitar sua inclusão no mercado de trabalho formal, em empregos com melhores ocupações.

A Organização Internacional para Migrações vem colaborando com serviços de ensino para garantir oferta de cursos, pois atua do extremo norte ao sul "colaborando com serviços de aprendizagem para garantir ampla oferta de cursos, fomentando formações em empreendedorismo, mentoria e capital-semente para a abertura de pequenos negócios por parte dos migrantes" (ROSTIAUX; LORENZI, 2021, p. 409).

Igualmente, municípios como São Paulo e Curitiba oferecem considerável variedade de cursos para o domínio da língua portuguesa. O papel da Organização Internacional para Migrações está sendo o de atuar com parceiros para desenvolver cursos a distância e on-line para garantir a inclusão da população que está em locais mais isolados (ROSTIAUX; LORENZI, 2021, p. 409).

O Brasil apresenta alguns avanços, o que deve ser ainda mais estimulado, uma vez que é necessária uma ação coordenada e articulada para garantir o alinhamento com os demais atores dos setores de assistência social, educação e intermediação laboral para que considerem essa população em suas políticas e práticas, com um olhar sensível às suas vulnerabilidades e especificidades (ROSTIAUX; LORENZI, 2021, p. 409).

Os refugiados não devem ser desprezados como profissionais, pois muitos exercem profissões não desprezíveis no local de onde fugiram, como médicos, advogados, empresários, funcionários públicos etc. (DRUMMOND, 2019, p. 2.136).

Aproveitar essa mão de obra não apenas representa respeito ao Direito Internacional, mas também representa vantagem para o Estado de refúgio e para o setor privado. Vide a literatura sobre os proveitos de várias ordens desse acolhimento, "tais como o rejuvenescimento da população, a educação muitas vezes já provida e custeada pelo país de origem, o empreendedorismo, a ocupação de vagas de trabalho não preenchidas pela população nativa, dentre outras" (JUBILUT; LOPES; SILVA, 2018, p. 135).

É reconhecido pelos gestores de empresas multiculturais que ter "pessoas estrangeiras em suas equipes pode trazer diversos benefícios, como: diversidade, inovação, empatia, novos conhecimentos e aumento da inteligência emocional e profissional" (CORRÊA; FRIEDCRICH, 2018, p. 166).

Portanto, a utilização da mão de obra de refugiados auxilia e sua inserção no país, a fim de retirá-los da situação de vulnerabilidade, mas também é vantajoso para o Estado, para a sociedade em geral e para o setor privado.

Conclusão

Considerando que o tema dos refugiados é cada vez mais frequente, bem como as dificuldades com que se deparam e a violação de seus direitos, o presente artigo buscou demonstrar a necessidade de garantir o pleno acesso ao trabalho decente para esses indivíduos, que devem ser protegidos da discriminação e de práticas abusivas e exploratórias.

Além de aderir ao instituto dos refugiados através da Convenção de 1951 e do Protocolo de 1967, com a Lei nº 9.474/1997, o Brasil define mecanismos para a implementação do Estatuto dos Refugiados.

Contudo, apesar dos avanços e de o Brasil ser um país solidário, a acolhida desses refugiados ainda é frágil, tendo em vista que muitas vezes são submetidos a trabalhos em condição análoga à de escravo. Embora esse tipo de trabalho seja vedado no Brasil, a situação é crítica, pois conquanto não envolva a privação da liberdade em muitos casos, envolve situações degradantes que mantêm o refugiado numa situação de pobreza.

Dessa forma, ainda são necessários avanços nesses aspectos, pois todos os refugiados devem ter seus direitos fundamentais resguardados, o que inclui o direito ao trabalho, que tem um caráter legal, social, cultural e econômico, sendo sua inclusão na sociedade um ato solidário com relação ao Direito Internacional, mas também vantajoso para o Estado, para a sociedade e para o setor privado.

Referências

ANDRADE, Varelia Pereira de; RAMINA, Larissa. Refúgio e dignidade da pessoa humana: breves considerações. In: ANNONI, Danielle (coord.). *Direito Internacional dos Refugiados e o Brasil*. Curitiba: Gedai UFPR, 2018. Disponível em: http://www.dedihc. pr.gov.br/arquivos/File/2018/livroDireitoInternacionadosRefugiadosoBrasil.pdf. Acesso em: 13 jan. 2022.

AZEVEDO NETO, Platon Teixeira de. *A justiçabilidade dos direitos sociais nas cortes internacionais de justiça*. São Paulo: LTr, 2017.

BRASIL. Ministério da Justiça. Secretaria de Assuntos Legislativos. *Migrantes, apátridas e refugiados*: subsídios para o aperfeiçoamento de acesso a serviços, direitos e políticas públicas no Brasil. IPEA, 2015. Disponível em: http://pensando.mj.gov.br/wp-content/uploads/2015/12/PoD_57_Liliana_web3.pdf. Acesso em: 17 jan. 2022.

BRASIL. Presidência da República. Secretaria de Direitos Humanos.*Manual de Recomendações de Rotinas de Prevenção e Combate ao Trabalho Escravo de Imigrantes*. Secretaria de Direitos Humanos – SDH, Brasília, 2013. Disponível em: https://reporterbrasil.org.br/wp-content/uploads/2013/10/Manual-Trabalho-Escravo-Imigrantes.pdf. Acesso em: 13 jan. 2022.

BRASIL. Nações Unidas. *Sobre o nosso trabalho para alcançar os objetivos de desenvolvimento sustentável no Brasil*. Disponível em: https://brasil.un.org/pt-br/sdgs/8. Acesso em: 12 jan. 2022.

BRASIL. UNHCR ACNUR. *Agência da ONU para refugiados*. Dados sobre refúgio. Disponível em: https://www.acnur.org/portugues/dados-sobre-refugio/. Acesso em: 31 jan. 2022.

BORGES, Clobertino. *O Direito Internacional dos Refugiados*: a legislação brasileira no que tange o *âmbito* da legislação internacional. 2018. Disponível em: https://jus.com.br/artigos/65334/o-direito-internacional-dos-refugiados-a-legislacao-brasileira-no-que-tange-o-ambito-da-legislacao-internacional. Acesso em: 7 fev. 2022.

COLOMBO, Marcelo. A vulnerabilidade do migrante trabalhador como instrumento para o tráfico de pessoas e o trabalho escravo. In: PRATO, Erlan José Peixoto do; COELHO, Renata (org.). *Migrações e Trabalho*. Brasília: Ministério Público do Trabalho, 2015, Disponível em: http://www.mpsp.mp.br/portal/page/portal/documentacao_e_divulgacao/doc_biblioteca/bibli_servicos_produtos/BibliotecaDigital/BibDigitalLivros/TodosOsLivros/Livro_Migracoes_e_TrabalhoWEB.pdf. Acesso em: 17 jan. 2022.

CORRÊA, Raquel Prandini; FRIEDRICH, Tatyana Scheila. Mercado de trabalho brasileiro para refugiados e migrantes com visto humanitário. In: ANNONI, Danielle (coord.). *Direito Internacional dos Refugiados e o Brasil*. Curitiba: Gedai UFPR, 2018. Disponível em: http://www.dedihc.pr.gov.br/arquivos/File/2018/livroDireitoInternacionadosRefugiadosoBrasil.pdf. Acesso em: 14 jan. 2022.

DELGADO, Mauricio Godinho; DELGADO, Gabriela Neves. *A reforma trabalhista no Brasil com os comentários à Lei nº 13.467/2017*. São Paulo: LTr, 2017.

DELGADO, Maurício Godinho. Direitos fundamentais na relação de trabalho. *Revista de Direitos e Garantias Fundamentais*, n. 2, 2007. Disponível em: https://www.researchgate.net/publication/296476291_Direitos_fundamentais_na_relacao_de_trabalho. Acesso em: 12 jan. 2022.

DINALI, Danielle de Jesus; RIBEIRO, Márcia Regina Lobato Farneze. O *Trabalho como direito fundamental e os refugiados no Brasil*. Disponível em: http://www.publicadireito.com.br/artigos/?cod=9bbb9a5df34c6924. Acesso em: 12 jan. 2022.

DRUMMOND, Victor Gameiro. Os refugiados e os escravos contemporâneos: os outros que ninguém quer ver e a sua "conexão invisível". *RJLB*, ano 5, n. 1, p. 2.115-2.148, 2019. Disponível em: https://www.cidp.pt/revistas/rjlb/2019/1/2019_01_2115_2148.pdf. Acesso em: 12 jan. 2022.

HIGASHI, Alexandre; SILVA, José Antônio da. *Políticas Públicas: Instrumentos de Defesa dos Imigrantes contra a exploração de trabalho escravo no Brasil*. 1º Simpósio sobre Constitucionalismo, Democracia e Estado de Direito. Disponível em: https://webcache.googleusercontent.com/search?q=cache:mSkKc9STC8cJ:https://revista.univem.edu.br/1simposioconst/article/view/1219/593+&cd=17&hl=pt-BR&ct=clnk&gl=br&client=safari. Acesso em: 12 jan. 2022.

JUBILUT, Liliana Lyra. *O Direito Internacional dos Refugiados e sua aplicação no ordenamento jurídico brasileiro*. São Paulo: Método, 2007. Disponível em: https://www.acnur.org/portugues/wp-content/uploads/2018/02/O-Direito-Internacional-dos-Refugiados-e-sua-Aplicação-no-Ordenamento-Jur%C3%ADdico-Brasileiro.pdf. Acesso em: 11 jan. 2022.

JUBILUT, Liliana Lyra; LOPES, Rachel de Oliveira; SILVA, Joanna de Angelis Galdino. O acesso ao direito ao trabalho para refugiados no Brasil. *In*: ANNONI, Danielle (coord.). *Direito Internacional dos Refugiados e o Brasil*. Curitiba: Gedai. UFPR, 2018. Disponível em: http://www.dedihc.pr.gov.br/arquivos/File/2018/livroDireitoInternacionadosRefugiadosoBrasil.pdf. Acesso em: 13 jan. 2022.

LESSA, Danielle Karina Pincerno Favaro Trindade de Miranda. *Direitos Fundamentais do Migrante Internacional*: mudanças de paradigma legislativo frente ao novo contexto migratório global. Ribeirão Preto, 2016. Disponível em: https://www.teses.usp.br/teses/disponiveis/107/107131/tde-07072017-105115/publico/DanielleKPFTMLessaCorrigida.pdf. Acesso em: 20 jan. 2022.

MIRAGLIA, Lívia Mendes Moreira. O Direito do Trabalho como Instrumento de Efetivação da Dignidade Social da Pessoa Humana no Capitalismo. *Rev. Trib. Reg. Trab. 3ª Reg.*, Belo Horizonte, v. 49, n. 79, p. 149-162, jan./jun. 2009. Disponível em: https://www.trt3.jus.br/escola/download/revista/rev_79/livia_mendes_moreira_miraglia.pdf. Acesso em: 12 jan. 2022.

ONO, Leonardo. Sistema global de proteção dos direitos humanos e o Direito Internacional das Migrações. *In*: LOPES, Cristiane Maria Sbalqueiro; PAULA Priscila Moreto de (org.). *Migrantes e refugiados*: uma aproximação baseada na centralidade do trabalho e na justiça social. Brasília: Ministério Público do Trabalho, 2021. Disponível em: https://mpt.mp.br/pgt/publicacoes/livros/migrantes-e-refugiados/@@display-file/arquivo_pdf. Acesso em: 12 jan. 2022.

PACÍFICO, Andrea Maria Calazans Pacheco; MENDONÇA, Renata de Lima. A proteção sociojurídica dos refugiados no Brasil. *Textos & Contextos*, Porto Alegre, v. 9, n. 1, p. 170-181, jan./jun. 2010. Disponível em: https://webcache.googleusercontent.com/search?q=cache:wA6s0HGwBa4J:https://revistaseletronicas.pucrs.br/ojs/index.php/fass/article/download/7290/5249/+&cd=32&hl=pt-BR&ct=clnk&gl=br&client=safari. Acesso em: 17 jan. 2022.

ROSTIAUX, Stéphane Pierre; LORENZI, Carla de Lello. A integração laboral de migrantes no Brasil e o papel da Organização Internacional para as Migrações. *In*: LOPES, Cristiane Maria Sbalqueiro; PAULA Priscila Moreto de (org.). *Migrantes e refugiados*: uma aproximação baseada na centralidade do trabalho e na justiça social. Brasília: Ministério Público do Trabalho, 2021. Disponível em: https://mpt.mp.br/pgt/publicacoes/livros/migrantes-e-refugiados/@@display-file/arquivo_pdf. Acesso em: 12 jan. 2022.

SALADINI, Ana Paula Sefrin. *Trabalho e Imigração*: os direitos sociais do trabalhador imigrante sob a perspectiva dos direitos humanos, 2011. Disponível em: https://uenp.edu.br/pos-direito-teses-dissertacoes-defendidas/direito-dissertacoes/1964-ana-paula-sefrin-saladini/file. Acesso em: 17 jan. 2022.

SILVA, Leda Maria Messias da; TEIXEIRA, René Dutra. A vulnerabilidade dos refugiados no Brasil e o tráfico de pessoas: o trabalho escravo e seus reflexos na dignidade da pessoa humana. *Revista da Faculdade de Direito da UERJ*, Rio de Janeiro, n. 39, jun. 2021. Disponível em: https://webcache.googleusercontent.com/search?q=cache:D6UD7DHS76AJ:https://www.e-publicacoes.uerj.br/index.php/rfduerj/article/download/51573/38734+&cd=35&hl=pt-BR&ct=clnk&gl=br&client=safari. Acesso em: 17 jan. 2022.

UNICEF. *Declaração Universal dos Direitos do Homem*. Disponível em: https://www.unicef.org/brazil/declaracao-universal-dos-direitos-humanos. Acesso em: 12 jan. 2022.

YOUSAFZAI, Malala; LAMB, Christina. *Eu sou Malala*: a história da garota que defendeu o direito à educação e foi baleada pelo Talibã. 1. ed. São Paulo: Companhia das Letras, 2013.

Informação bibliográfica deste texto, conforme a NBR 6023:2018 da Associação Brasileira de Normas Técnicas (ABNT):

RIBEIRO, Gabriella Alencar. O direito ao trabalho (não escravo) como resgate da dignidade dos refugiados. *In*: SARAIVA FILHO, Oswaldo Othon de Pontes; BERTELLI, Luiz Gonzaga; SIQUEIRA, Julio Homem de (coord.). *Direitos dos refugiados*. Belo Horizonte: Fórum, 2024. (Coleção Fórum Direito Internacional Humanitário, v. 1, t. 1). p. 313-340. ISBN 978-65-5518-615-4.

O DIREITO AO TRABALHO DOS REFUGIADOS POR UMA QUESTÃO DE DIGNIDADE HUMANA

ROBERTO VICTALINO DE BRITO FILHO

1 Introdução

O deslocamento de pessoas como forma de busca de abrigo e proteção em locais aparentemente mais seguros é um fenômeno comum entre qualquer espécie, seja ela humana ou não.
Todo ser, ao se sentir desprotegido e impotente diante de algum mal, procura abrigo e proteção. É assim com os animais, é assim com o ser humano.
A busca de proteção, seja a curta ou longa distância, em regiões próximas ou remotas e, até mesmo em distâncias continentais, não é algo recente na humanidade. Seja por questões políticas, econômicas ou climáticas, visando, na maioria das vezes, a sobrevivência da sua própria espécie, o ser humano viajou centenas e milhares de quilômetros em busca de um lugar melhor para viver ou sobreviver às mazelas que o aflige.
A história é repleta de relatos neste sentido. Até mesmo as Escrituras Sagradas dão conta de que os hebreus migraram do Egito para fugir do trabalho escravo imposto pelo Faraó. A humanidade já testemunhou êxodos de diversos povos. A Síria, a Venezuela, o Afeganistão, o Sudão do Sul, Mianmar, Cuba, o Haiti, entre muitas outras nações, viram seu povo migrar de um canto a outro em busca de melhores condições humanitárias de sobrevivência.

Atualmente, a humanidade testemunha de forma assombrada a migração do povo ucraniano em razão da ofensiva militar da Rússia sobre a Ucrânia.

E a grande questão que se põe à prova novamente é o tipo de acolhida que o povo imigrante deve receber ao chegar a um país que não é o seu, principalmente em caso de imigração forçada. Situações de discriminação com o estrangeiro ou, em outras palavras, com o "diferente" do nacional, com o "estranho", é o grande desafio da humanidade nas questões de deslocamento em massa de refugiados.

Neste contexto, partindo-se do princípio de que o trabalho é a condição primordial para que qualquer pessoa possa viver com dignidade, uma vez que este é o meio para que ela possa suprir suas necessidades básicas e de sua família, procurar-se-á demonstrar que a dignidade humana inerente a todo e qualquer ser humano deve ser respeitada e servir como uma espécie de passaporte para o trabalho e para a vida na nação de destino.

2 Breve histórico

Primeiramente é importante saber que a questão dos direitos humanos dos refugiados ganhou destaque internacional no âmbito jurídico a partir de 1920, em razão dos fatos ocorridos após a Primeira Grande Guerra Mundial. Fatos estes que se agravaram de forma taxativamente após a Segunda Guerra Mundial.

Neste sentido, o deslocamento dos europeus, tanto para escapar do regime nazista como para servir de mão de obra escrava para aqueles que estavam "servindo" à guerra, despertou na comunidade internacional o dever de fazer algo por aqueles que estavam se deslocando em massa, não por que queriam, mas porque precisavam (MAZZUOLI, 2018, p. 410).

Assim é que vários avanços puderam ser notados no transcorrer das décadas.

Entretanto, a solução dos diversos problemas encontrados pelos refugiados passa, necessariamente, pelo reconhecimento destes como seres humanos, merecedores da mesma dignidade que os nacionais do país de destino.

Neste sentido é que o refugiado não pode estar em uma condição de vida e de trabalho menos favorável que outros trabalhadores. A solução somente existirá se, ao se deparar com tal situação, também se reconhecer que se está diante de uma severa violação de direitos sociais e humanos:

Hipótese distinta é a da extensão da titularidade de direitos fundamentais a qualquer estrangeiro, ainda que não residente, mesmo nos casos em que tal não decorre diretamente de disposição constitucional expressa. Neste contexto, há que invocar o princípio da universalidade, que, fortemente ancorado no princípio da dignidade da pessoa humana, evidentemente não permite a exclusão generalizada de estrangeiros não residentes da titularidade de direitos, sendo correta a tese de que pelo menor todos os direitos diretamente fundados na dignidade da pessoa humana são extensivos aos estrangeiros. Também aqui assume relevo o que poderia ser chamado de função interpretativa do princípio da universalidade, que, na dúvida, estabelece que uma presunção de que a titularidade de um direito fundamental é atribuída a todas as pessoas (SARLET, 2012, p. 214).

Portanto, a dignidade inerente a todo ser humano não pode ser extraída de alguém apenas pelo fato dele ser refugiado.

3 O reconhecimento da dignidade no ser humano

Desde a Declaração Universal dos Direitos Humanos até hoje, muito se avançou em termos do direito à dignidade humana.

Sabe-se que a etimologia da palavra "dignidade" apregoa que sua origem está no latim *dignus*, que quer dizer "aquele que merece estima e honra, aquele que é importante".

Ligar o termo "dignidade" à "pessoa humana" nos leva a tentar construir uma ponte que conecte o ser humano ao respeito que lhe é de direito, à honra, ao decoro, à decência, etc.

O cristianismo teve papel fundamental, pois, pioneiramente, desenvolveu o ideário de dignidade pessoal de cada indivíduo em face da pessoa ser imagem e semelhança do seu Criador. O pensamento/ mandamento cristão de "amar ao próximo como a si mesmo" (na medida em que não diz quem é o próximo que deve ser tão amado) dá uma ordem clara no sentido de que o amor e o respeito que todos devem ter comigo devo ter com todos e comigo mesmo. Ou seja, devo valorizar o próximo e me valorizar também. Tal assertiva é ratificada no Evangelho de Mateus 22,34-40, quando Jesus eleva este mandamento quase ao mesmo patamar daquele que determina que o Criador deva ser amado sobre todas as coisas. Veja que esta novidade de valorização do ser humano (valorização de mim mesmo e do "próximo") foi inserida pelo cristianismo, haja vista que as outras religiões e as leis até então determinavam o revide como forma de compensação da agressão injusta.

Por estas razões é que São Tomas de Aquino dizia que a dignidade humana é inerente ao homem e reside na alma de cada indivíduo. Neste sentido disse Dinaura Godinho Pimentel Gomes:

> O valor da dignidade da pessoa humana – resultante do traço distintivo do *ser humano*, dotado de razão e consciência -, embora tenha suas raízes no pensamento clássico, vincula-se à tradição bimilenar do pensamento cristão, ao enfatizar cada *Homem* relacionado com um *Deus* que também é *pessoa*. Dessa verdade teológica, que identifica o homem à imagem e semelhança do Criador, derivam sua eminente dignidade e grandeza, bem como seu lugar na história e na sociedade. Por isso, a dignidade da pessoa humana não é, nem nunca foi, uma criação constitucional, mas um dado que preexiste a toda experiência especulativa, razão por que, no âmbito do Direito, só o *ser humano* é o centro da imputação jurídica, valor supremo da ordem jurídica. (GOMES, 2005, p. 21)

Immanuel Kant em sua obra da "Crítica da Razão Prática", de 1788, acentua que o ser humano deve ser considerado um fim em si mesmo, jamais devendo ser visto ou usado como meio para atingir outras finalidades. Em outras palavras, o destinatário de tudo deve ser o homem (espécie humana). A base para tal assertiva estaria na dignidade humana, que seria a regra ética maior, que tem como centro o respeito pelo outro. Para Kant as coisas têm preço e as pessoas têm dignidade. Assim a dignidade estaria para a pessoa e o preço estaria para a coisa. O primeiro é um valor interior, um valor moral, que é de interesse público (de todos). O segundo é um valor exterior, um valor de mercado, que é de interesse particular. Sendo o primeiro muito mais importante que o segundo, não haveria que se falar em substituição daquele por este por completa desproporcionalidade:

> No reino dos fins, tudo tem ou um preço ou uma dignidade. Quando uma coisa tem preço, pode ser substituída por algo equivalente; por outro lado, a coisa que se acha acima de todo preço, e por isso não admite qualquer equivalência, compreende uma dignidade. (LEITE, 2008, p. 65)

O fato é que a dignidade humana não está conceituada ou delimitada no mundo jurídico. Isto porque a ele não pertence. Ela está mais bem caracterizada no âmbito filosófico, político e histórico. Por isso, muito embora esteja prevista nas constituições atuais, para que assim o fosse, foi necessário reconhecer que a dignidade era um atributo imanente ao ser humano independentemente do reconhecimento estatal de sua presença.

Isto porque a dignidade, assim como outros direitos humanos, não é conferida a alguém por um titular de poder, mas é preexistente a tudo e a todos. O ser humano é digno porque é (existe). A dignidade não é um adjetivo e sim um substantivo. Ela nasce com a pessoa. Diz-se que alguém "é" ser humano e não "está" ser humano. E, por "ser" ser humano e não por "estar" ser humano, é que ela "é" merecedora de respeito e não "está" merecedora.

Com tais palavras, já não importa o momento em que uma pessoa está vivendo para saber se merece ser tratada com dignidade ou não. Independentemente de seus méritos, pelo fato dela "ser" ser humano deverá ser tratada com dignidade, não importando seu histórico, sua origem, sua religião, sua cor, sua raça, possíveis débitos de seu passado, etc. Dignidade não pode estar ligada ao mérito dos atos de alguém, pois não é seu comportamento que a faz ser ou não ser humana.

Rizzatto Nunes, rememorando os ensinamentos do filósofo alemão Martin Heidegger, ensina que:

> O ser é. Ser é ser. Logo, basta a formulação: sou.
> Então a dignidade nasce com a pessoa. É-lhe inata. Inerente à sua essência.
> Mas acontece que nenhum indivíduo é isolado. Ele nasce, cresce e vive no meio social. E aí, nesse contexto, sua dignidade ganha – ou, como veremos, tem o direito de ganhar – um acréscimo de dignidade. Ele nasce com integridade física e psíquica, mas chega um momento de seu desenvolvimento em que seu pensamento tem de ser respeitado, suas ações e seu comportamento – isto é, sua liberdade –, sua imagem, sua intimidade, sua consciência – religiosa, científica, espiritual – etc., tudo compõe sua dignidade. (NUNES, 2010, p. 63)

É que, ainda que suas ações não sejam boas, não é possível dar-lhe uma moratória à sua dignidade. Não é possível despi-lo da dignidade para puni-lo. A tentativa de suspensão de tal atributo resulta em negar a própria humanidade do ser, reduzindo-o de pessoa à coisa.

Este reconhecimento, como já se disse outrora, aflorou-se de maneira profusa com o término da Segunda Guerra Mundial, após a verificação das atrocidades cometidas pelo Estado Nazista. É que tais barbaridades aconteceram sob o manto da lei vigente à época. Viu-se que o positivismo jurídico não seria suficiente para conter a crueldade de uma pessoa repleta e mergulhada no poder.

A resposta dada pela Declaração Universal dos Direitos Humanos de 1948 estabeleceu, já desde a primeira linha do preâmbulo, que:

> Considerando que o reconhecimento da dignidade inerente a todos os membros da família humana e de seus direitos iguais e inalienáveis é o fundamento da liberdade, da justiça e da paz no mundo,
> [...]
> Considerando que os povos das Nações Unidas reafirmaram, na Carta, sua fé nos direitos humanos fundamentais, na dignidade e no valor da pessoa humana e na igualdade de direitos dos homens e das mulheres, e que decidiram promover o progresso social e melhores condições de vida em uma liberdade mais ampla,
> [...]
> Artigo I
> Todas as pessoas nascem livres e iguais em dignidade e direitos. São dotadas de razão e consciência e devem agir em relação umas às outras com espírito de fraternidade. (ONU, 1948)

Já desde 1947 as constituições de vários países reconheciam a dignidade humana como direito fundamental:

> Todos os cidadãos têm a mesma dignidade e são iguais perante a lei (Constituição Italiana de 1947).
> A dignidade do homem é intangível. Respeitá-la e protegê-la é obrigação de todos os poderes estatais; O Povo Alemão reconhece, por isso, os direitos invioláveis da pessoa humana como fundamento de qualquer comunidade humana, da paz e da justiça no mundo; Os direitos fundamentais, a seguir enunciados, vinculam, como diretamente aplicável, os poderes legislativo, executivo e judicial (Constituição Alemã de 1949).
> Portugal é uma República soberana, baseada, entre outros valores, na dignidade da pessoa humana e na vontade popular e empenhada na construção de uma sociedade livre, justa e solidária (Constituição Portuguesa de 1976).
> A dignidade da pessoa, os direitos invioláveis que lhe são inerentes, o livre desenvolvimento da personalidade, o respeito à lei e aos direitos dos demais são fundamentos da ordem política e da paz social (Constituição Espanhola de 1978).

Como consequência lógica daquilo que já previa a maioria dos países do eixo europeu, a Carta de Direitos Fundamentais da União Europeia de 2000 reconheceu, desde o preâmbulo – assim como na Declaração Universal dos Direitos Humanos –, a proteção à dignidade da pessoa humana:

> Consciente do seu patrimônio espiritual e moral, a União baseia-se nos valores indivisíveis e universais da dignidade do ser humano, da

liberdade, da igualdade e da solidariedade; assenta nos princípios da democracia e do Estado de direito. Ao instituir a cidadania da União e ao criar um espaço de liberdade, de segurança e de justiça, coloca o ser humano no cerne da sua ação.

Percebe-se, claramente, neste dispositivo, a teoria kantiana, que coloca o ser humano como centro e destinatário de toda proteção.

A Carta continua e, ao criar o capítulo primeiro, o intitula como "Dignidade". Dentro deste capítulo insere já no artigo primeiro que "a dignidade do ser humano é inviolável. Deve ser respeitada e protegida". Ainda no mesmo capítulo, insere mais quatro artigos, cada um defendendo um direito que entende ser uma faceta do termo dignidade. São eles: direito à vida, o direito à integridade física e mental, o direito de não ser torturado ou ser vítima de tratamento desumano e o direito de não ser submetido ao trabalho escravo ou forçado.

Portanto, muito embora a Carta não defina o que seja "dignidade do ser humano", ela avança ao dizer o que deve estar protegido por tal conceito. Vê-se que a dignidade é que suscita e ao mesmo tempo sustenta a conduta ética do respeito pelo próximo.

4 A questão do trabalhador migrante e do refugiado

Muito embora se busque trazer a situação do trabalhador refugiado, não se pode deixar de lado a situação do trabalhador migrante.

É que, embora este, em tese, não esteja sendo impedido pelo país de origem para retornar ao seu país de origem, fato que, via de regra está acontecendo com o trabalhador refugiado, na prática, o migrante não quer e não pode retornar, seja porque, de uma forma ou de outra, fugiu daquele país ou porque está preso no país de destino em razão de trabalho escravo.

Desta forma é que suas condições de trabalho no país de destino também servem, de certa maneira, aos fins do presente debate.

Segundo a Convenção Internacional sobre a Proteção dos Direitos de Todos os Trabalhadores Migrantes e dos Membros das suas Famílias, "a expressão 'trabalhador migrante' designa a pessoa que vai exercer, exerce ou exerceu uma atividade remunerada num Estado de que não é nacional" (ONU, 1990).

A Convenção Internacional sobre a Proteção dos Direitos de Todos os Trabalhadores Migrantes e dos Membros de suas Famílias entrou em vigor em 1º de julho de 2003, adotada pela Resolução nº 45/158, da Assembleia Geral da ONU, de 18 de dezembro de 1990, nos termos do seu artigo 87. Vale ressaltar que os direitos dos trabalhadores migrantes já haviam sido objeto de Convenções da OIT, tais como a Convenção nº 97, de 1949, a respeito de trabalhadores migrantes, e a Convenção nº 143, de 1975, relativa às migrações em condições abusivas e à promoção da igualdade de oportunidades e de tratamento dos trabalhadores migrantes (PIOVESAN, 2012, p. 285).

Segundo Flavia Piovesan:

> No âmbito da ONU, a primeira preocupação expressa com relação aos direitos dos trabalhadores migrantes foi em 1972, quando o Conselho Econômico e Social, por meio de sua Resolução n. 1.706 (LIII), alertou para os problemas de transporte ilegal de trabalhadores para países europeus e de exploração de trabalhadores de países africanos em condições similares a escravidão e ao trabalho forçado. No mesmo ano, a Assembleia Geral, em sua Resolução n. 2.920 (XXVII), condenou a discriminação contra trabalhadores estrangeiros, demandando dos Governos que colocassem um fim a esta prática, melhorando os procedimentos de recepção de trabalhadores migrantes (PIOVESAN, 2012, p. 286).

Em que pese o reconhecido esforço na proteção aos refugiados, ainda há hoje um expressivo número de milhões de pessoas em todo o mundo que se encontra em situação de refúgio, deixando seu país de origem em razão de guerras, violência, problemas ambientais e perseguições dos mais diversos tipos: políticas, étnicas, religiosas, em razão de crença, raça, etc.

Em razão deste fenômeno, que, infelizmente, só tem aumentado, a Convenção tem o dever de:

> [...] contribuir para a harmonização das condutas dos Estados através da aceitação de princípios fundamentais relativos ao tratamento dos trabalhadores migrantes e dos membros das suas famílias, considerando a situação de vulnerabilidade em que frequentemente se encontram. Objetiva a Convenção consagrar a proteção internacional dos direitos de todos os trabalhadores migrantes e dos membros das suas famílias (PIOVESAN, 2012, p. 287).

É que uma das maiores dificuldades do trabalhador migrante, assim como o do refugiado, é conseguir documentação apta a habilitá-lo no país de destino para ter nova colocação no mercado de trabalho.

Tal ausência de documentação o coloca, seja migrante, seja refugiado, em uma condição de trabalho menos favorável que a de outros trabalhadores e, não raras vezes, explorado e vítima de severa violação de direitos sociais e humanos.

É que o trabalhador, geralmente, não é considerado um trabalhador de mesmo quilate que o nacional. E, por isso, é alocado em subemprego ou trabalho escravo, ferindo sua dignidade de ser humano.

Se a ausência de norma constitucional específica de tutela ao refugiado não pode ser admitida como justificativa para a infração a seus direitos fundamentais, quanto mais eventual ausência de norma infraconstitucional:

> A tese de que em face da ausência de disposição constitucional expressa os estrangeiros não residentes não poderiam ser titulares de direitos fundamentais, podendo apenas gozar dos direitos que lhes forem atribuídos por lei, visto a 'consciente omissão' por parte do constituinte de 1998 apenas poderia ser corrigida por emenda constitucional, não pode prevalecer em face do inequívoco (ainda que implícito) reconhecimento do princípio da universalidade, de acordo com a exegese imposta pelos princípios da dignidade da pessoa humana e da isonomia (SARLET, 2012, p. 214).

Neste sentido, vale reafirmar que:

> Além disso, a recusa da titularidade de direitos fundamentais aos estrangeiros não residentes, que, saldo nas hipóteses estabelecida pela Constituição, poderiam contar apenas com uma tutela legal (portanto, dependente do legislador infraconstitucional) viola frontalmente o disposto no art. 4º, inciso II, da CF, que, com relação à atuação do Brasil no plano das relações internacionais, estabelece que deverá ser assegurada a prevalência dos direitos humanos, posição que inclusive encontra respaldo em diversos julgados do STF. Também aqui deve valer a máxima de que na dúvida há de se assegurar a proteção dos direitos humanos e fundamentais a qualquer pessoa, ainda mais quando a sugerida 'consciência da omissão' não corresponde visivelmente, em se procedendo a uma interpretação teleológica e sistemática, à resposta constitucionalmente adequada (SARLET, 2012, p. 214).

Portanto, os direitos humanos e fundamentais de qualquer pessoa devem ser preservados, independentemente de sua origem ou destino.

5 Conclusão

Viu-se durante o caminho percorrido que a dignidade humana é, sem sombra de dúvidas, um atributo inerente à condição de *ser* da pessoa humana. É uma peculiaridade que nasce "no indivíduo" – não apenas "com o indivíduo" – e dele é impossível desprender-se.

A impossibilidade de separação é tamanha que sequer é dado ao indivíduo renunciar a sua própria dignidade. Ou seja, ele tem direito a ela, mas não tem direito a dela se desfazer. Em outras palavras, tem o direito de tê-la e o dever de preservar-se com ela.

Se não é concebível ao titular dispor de sua própria dignidade, quanto mais a um terceiro. Assim é que não faz sentido cogitar a hipótese de autorização do indivíduo a que outro a fira, atinja ou a viole.

É que a dignidade é uma qualidade do ser humano que só foi reconhecida através de muitos embates no decorrer dos anos. A espécie humana sofreu muito até conseguir nos dias de hoje, em especial após a Segunda Guerra Mundial, ter esta característica respeitada, protegida e garantida. É, portanto, direito irrenunciável e nem mesmo a lei pode suprimi-la.

Fato é que ainda não se chegou ao ponto ideal de defesa da dignidade. Ainda hoje podem ser facilmente verificadas violações a esta condição inerente ao ser humano.

Permitir trabalho escravo ou qualquer tipo de subemprego a um ser humano pelo único fato de não ser nacional daquele país e/ou estar em uma condição de refugiado ou migrante é uma tentativa de retirar-lhe sua dignidade:

> A proteção internacional dos refugiados decorre diretamente da universalidade dos direitos humanos e da proteção a nacionais de países que não mais podem garantir sua proteção. A concessão de refúgio não pode ser interpretada, portanto, como ato de inimizade ou de hostilidade em relação ao país de origem do refugiado, mas sim como ato de natureza pacífica, apolítica e humanitária (MENDES; BRANCO, 2020, p. 796).

Em que pese a constatação de tais violações, o respeito à dignidade humana desejado pela Constituição Federal, atrelado aos esforços dos operadores e intérpretes do Direito, no sentido de atribuir eficácia constitucional a tal princípio fundamental da pessoa humana, faz a defesa da dignidade deixar de ser uma quimera, tornando-a, cada dia mais, uma realidade palpável.

Referências

GOMES, Dinaura Godinho Pimentel. *Direito do Trabalho e dignidade da pessoa humana, no contexto da globalização econômica*. São Paulo: LTr, 2005.

LEITE, Flamarion Tavares. *Manual de Fisosofia Geral e Jurídica* – das Origens a Kant. Rio de Janeiro: Forense, 2008.

MAZZUOLI, Valerio de Oliveira. *Curso de Direito Internacional Público*. 11. ed. Rio de Janeiro: Forense, 2018.

MENDES, Gilmar Ferreira; BRANCO, Paulo Gustavo Gonet. *Curso de Direito Constitucional*. 15. ed. São Paulo: Saraiva, 2020.

NUNES, Rizzatto. *O Princípio da Dignidade da Pessoa Humana* – Doutrina e Jurisprudência. 3. ed. São Paulo: Saraiva, 2010.

ONU. *Convenção Internacional sobre a Protecção dos Direitos de Todos os Trabalhadores Migrantes e dos Membros das suas Famílias*. Disponível em: https://www.oas.org/dil/port/1990. Convenção Internacional sobre a Protecção dos Direitos de Todos os Trabalhadores Migrantes e suas Famílias, a Resolução 45-158, de 18 de dezembro de 1990.pdf. Acesso em: 21 maio 2022.

ONU. *Declaração Universal dos Direitos Humanos*. Paris: Organização das Nações Unidas, 1948. Disponível em: http://www.onu.org.br/img/2014/09/DUDH.pdf. Acesso em: 22 abr. 2016.

PIOVESAN, Flávia. *Direitos Humanos e o Direito Constitucional Internacional*. 13. ed. São Paulo: Saraiva, 2012.

SARLET, Ingo Wolfgang. *A Eficácia dos Direitos Fundamentais*. 11. ed. Porto Alegre: Livraria do Advogado, 2012.

Informação bibliográfica deste texto, conforme a NBR 6023:2018 da Associação Brasileira de Normas Técnicas (ABNT):

BRITO FILHO, Roberto Victalino de. O direito ao trabalho dos refugiados por uma questão de dignidade humana. *In*: SARAIVA FILHO, Oswaldo Othon de Pontes; BERTELLI, Luiz Gonzaga; SIQUEIRA, Julio Homem de (coord.). *Direitos dos refugiados*. Belo Horizonte: Fórum, 2024. (Coleção Fórum Direito Internacional Humanitário, v. 1, t. 1). p. 341-351. ISBN 978-65-5518-615-4.

REFUGIADOS AMBIENTAIS E O PAPEL DOS OBJETIVOS DE DESENVOLVIMENTOS SUSTENTÁVEL DA ONU: UM REMÉDIO DE MITIGAÇÃO E DE ADEQUAÇÃO AO PROBLEMA DOS REFUGIADOS NO SÉCULO XXI

PAULO JOSÉ LEITE FARIAS

Introdução

O presente artigo tem como objetivo analisar o duplo papel desempenhado pelos Objetivos de Desenvolvimento Social (ODS) da ONU no trato do problema dos refugiados ambientais. Por um lado, a Agenda 2030 pode mitigar a ocorrência dos desastres ambientais, diminuindo a quantidade de novos refugiados ambientais, funcionando como mecanismo de prevenção deste problema, dentre outros, pela implementação do ODS 13 – ação contra a mudança global do clima. De outro lado, tem, no bojo da visão multidisciplinar dos diferentes tipos de ODS, a possibilidade de servir de moldura para políticas públicas de adequação para os países que acolhem os refugiados.

A utilização dos ODS como instrumentos de prevenção e adequação de políticas públicas para o problema dos refugiados ambientais no contexto da Agenda 2030 será detalhado no presente trabalho. Para este fim, a pesquisa foi realizada utilizando-se do método dedutivo, principalmente a partir do estudo doutrinário de artigos científicos internacionais e livros que versam sobre o tema, assim como da análise de caso bem-sucedido envolvendo o visto humanitário brasileiro concedido aos haitianos em razão de terremoto (desastre ambiental) ocorrido no Haiti.

As mudanças climáticas têm atraído considerável atenção acadêmica nos últimos anos. A primeira ênfase foi na descrição e medição correta do fenômeno, bem como o desenvolvimento de modelos apropriados para prever seu curso associado a medidas para a criação de uma economia menos dependente dos combustíveis fósseis. Mais tarde, o discurso foi estendido para as desigualdades globais e locais em relação ao impacto das mudanças climáticas e da economia política geradora de migrações forçadas.

Na primeira parte deste artigo será analisado o conceito de refugiados ambientais/ecomigrantes e sua correlação com a sustentabilidade à luz de alguns dos Objetivos de Desenvolvimento Sustentável da Agenda 2030 da ONU.

Em seguida, será feita a análise do caso de Tuvalu, pequena ilha localizada no Oceano Pacífico, que sofre os efeitos do aumento do nível do mar decorrente das mudanças climáticas e que pode desaparecer na próxima década. Nesse aspecto, será analisado o discurso do ministro de Tuvalu feito para a COP26. De dentro do mar, o ministro de Tuvalu afirma: "Estamos afundando, assim como todo mundo" (MARTINS, 2021).

Na terceira parte, análise abordará quais os ODS que mais se relacionam com as atividades de mitigação e de adequação de políticas para refugiados, mostrando mais um reflexo da importância deles para a paz mundial e para a proteção dos direitos humanos no contexto da Declaração de Nova Iorque para Refugiados e Migrantes de 2016. O caso dos haitianos mostra a utilização dos ODS 10 (redução das desigualdades), 16 (paz, justiça e instituições eficazes) e 17 (parcerias e meios de implementação) de forma eficiente no Brasil.

1 Agenda 2030 e o contorno jurídico dos refugiados ambientais

A sustentabilidade apresenta-se como um objetivo que deve ser alcançado atuando em três dimensões: a social, a ambiental e a econômica. Nesse aspecto, pode ser visto o termo "ecomigrante", que procura abarcar a ideia de ecologia, economia e do social na figura da palavra migrante. A ideia de desenvolvimento sustentável – capaz de satisfazer as necessidades sociais atuais sem comprometer o futuro – busca, no âmbito normativo, compatibilizar o desenvolvimento econômico, social e a proteção ambiental. Tal abordagem, "fundamentada na harmonização de objetivos sociais, ambientais e econômicos, não se alterou desde o encontro de Estocolmo (1972) até as conferências do Rio de Janeiro, e (...) ainda é válida" (SACHS, 2000 p. 52). Simplificadamente, o desenvolvimento sustentável tem como pilar a harmonização do crescimento econômico, da preservação ambiental e da equidade social. Esses objetivos podem ser auxiliados pela plataforma *blockchain*.

A ONU, avançando na temática relacionada à sustentabilidade, em setembro de 2015, por meio dos representantes dos seus 193 Estados-membros, adotou um novo plano de ação denominado "Transformando o nosso mundo: a agenda 2030 para o desenvolvimento sustentável" (ONU BRASIL, 2015).

Trata-se de uma iniciativa inovadora em que foram anunciados 17 Objetivos de Desenvolvimento Sustentável (ODS), desdobrados em 169 metas correlacionadas (ONU BRASIL, 2015). Em nenhum momento anterior, o planeta esteve diante de uma ação comum de tal magnitude, registrando um esforço integrado de ação local com reflexo mundial.

Neste sentido, a Agenda 2030 tem um alcance e significado sem precedentes. Registrando uma visão de mundo ambiciosa e transformadora, com foco na liberdade e nas parcerias inovativas, onde toda vida pode prosperar e em que são assegurados os direitos humanos e sociais a todos, sem distinção de qualquer natureza, o documento "Transformando Nosso Mundo: A Agenda 2030 para o Desenvolvimento Sustentável", texto final aprovado na Cúpula das Nações Unidas, realizada em setembro de 2015, em Nova York, destaca, ainda:

> 9. Prevemos um mundo em que cada país desfrute de um crescimento econômico sustentado, inclusivo e sustentável e de trabalho decente para todos. *Um mundo em que os padrões de consumo e produção e o uso de todos os recursos naturais – do ar à terra; dos rios, lagos e aquíferos aos oceanos e mares – são sustentáveis.* Um mundo em que a democracia, a boa governança e o Estado de Direito, bem como um ambiente propício nos níveis nacional e internacional, são essenciais para o desenvolvimento sustentável, incluindo crescimento econômico inclusivo e sustentado, desenvolvimento social, proteção ambiental e erradicação da pobreza e da fome. Um mundo em que o desenvolvimento e *a aplicação da tecnologia são sensíveis ao clima, respeitem a biodiversidade e são robustos.* Um mundo em que a humanidade viva em harmonia com a natureza e em que animais selvagens e outras espécies vivas estejam protegidos. (ONU BRASIL, 2015) (grifo nosso)

Para que os ODS sejam alcançados, é fundamental o diálogo, o compromisso e o envolvimento de diversos setores, incluindo os governos nacionais e locais, a sociedade civil, o setor privado e a academia. Nesse sentido, há no preâmbulo da Agenda a referência a pessoas, ao planeta, a prosperidade, a paz e a parceria (conhecidos como 5 Ps):

Pessoas
Estamos determinados a acabar com a pobreza e a fome, em todas as suas formas e dimensões, e garantir que todos os seres humanos possam realizar o seu potencial em matéria de dignidade e igualdade, em um ambiente saudável.

Planeta
Estamos determinados a proteger o planeta da degradação, incluindo por meio do consumo e da produção sustentáveis, da gestão sustentável dos seus recursos naturais e de medidas urgentes para combater a mudança do clima, para que possa atender as necessidades das gerações presentes e futuras.

Prosperidade
Estamos determinados a assegurar que todos os seres humanos possam desfrutar de uma vida próspera e de plena realização pessoal, e que o progresso econômico, social e tecnológico ocorra em harmonia com a natureza.

Paz
Estamos determinados a promover sociedades pacíficas, justas e inclusivas, livres do medo e da violência. Não pode haver desenvolvimento sustentável sem paz, e não há paz sem desenvolvimento sustentável.

Parceria
Estamos determinados a mobilizar os meios necessários para implementar esta Agenda por meio de uma Parceria Global para o Desenvolvimento Sustentável revitalizada, com base no espírito de solidariedade global fortalecida, com ênfase especial nas necessidades dos mais pobres e mais vulneráveis e com a participação de todos os países, todas os grupos interessados e todas as pessoas. (ONU BRASIL, 2015)

Assim, a mobilização de diferentes setores em uma parceria entre o público e o privado, o local e o nacional, a economia e a ecologia mostra-se fundamental para o trato da questão dos refugiados ambientais. Teófilo Rua destaca que o problema dos refugiados ambientais é multidimensional. Destaca em seu livro uma abordagem em quatro dimensões: o global, o regional, o local e o humano. Para o global, enfatiza a Terra com suas variações climáticas. Para o regional apresentam-se, de forma exemplificada, as Montanhas dos Andes. Para o local, de forma semelhante, o Huaytapallana coberto de neve. Para o humano, uma fotografia de um ritual na Huaytapallana nevada (RUA, 2014, p. 25).

Ao contrário de outras origens de migrações forçadas, as mudanças climáticas e seu impacto na população não são um fenômeno isolado (RUA, 2014 p. 27). Esses impactos têm sido maiores nos países tropicais e pobres. A mudança climática e os refugiados ambientais são problemas globais que requerem soluções globais, tais como as políticas públicas propostas na Agenda 2030.

No âmbito da solidariedade internacional entre as nações, elemento defendido na Agenda 2030, que tem o lema: "ninguém será deixado para trás"; exílio, asilo e refúgio constituem institutos de definição e contornos jurídicos distintos. O exílio é uma punição imposta pelo Estado, correspondente à pena de banimento ou desterro. Por outro lado, o asilo, também chamado de asilo diplomático, é um direito do Estado de estender a sua proteção diplomática a quem quer que seja, podendo ser concedido tanto com o solicitante em território do Estado quanto pela representação diplomática do país onde se encontra o solicitante. O nosso tema, refúgio, se refere à proteção concedida por um Estado em reconhecimento a uma condição pessoal do indivíduo. No refúgio não há sanção, mas sim proteção. De forma semelhante ao asilo busca-se uma proteção transnacional solidária.

Entretanto, asilo e refúgio são institutos diferentes:
a) ao contrário do asilo, o reconhecimento da condição de refugiado não pode ser solicitado perante as representações diplomáticas dos Estados. O refúgio só pode ser solicitado quando o indivíduo estiver no território do Estado;
b) para a concessão de asilo, é necessária a comprovação da perseguição efetiva. Já para o reconhecimento da condição de refugiado, é necessária apenas a constatação do temor de dano ao bem-estar e à integridade física do refugiado;
c) o refúgio é um instituto jurídico de alcance global, dado o caráter multilateral do tratado que o disciplina, por outro lado, o asilo é um instituto de âmbito regional.

Nesse aspecto, a Lei de Refúgio brasileira, Lei nº 9.474/97, estabelece que compete ao Comitê Nacional para os Refugiados (CONARE) a competência para processar e julgar os pedidos de reconhecimento da condição de refugiado feitos no Brasil. Conforme ensina Valério Mazzuoli, na legislação brasileira é dada uma definição ampliada de refugiado, permitindo a concessão do refúgio em caso de "grave e generalizada violação de direitos humanos" (e não mais somente em caso de perseguição por motivo de raça, religião, nacionalidade etc.) (MAZZUOLI, 2016, p. 27-28).

A noção de refugiado ambiental surge no Acordo de Cancún, durante a realização da COP-16, quando os Estados-membros reconheceram que as migrações forçadas por mudanças climáticas constituíam um desafio à adaptação às mudanças climáticas. Em 2011, em Oslo, realizou-se a Conferência Nansen sobre Mudanças Climáticas e Deslocamento Forçado no século 21:

> O Sistema Internacional de Proteção Humanitária e seus atores devem se adaptar às mudanças de circunstâncias e aos desafios impostos pelas mudanças climáticas. As barreiras tradicionais entre os campos da proteção humanitária e do desenvolvimento – sejam elas institucionais, relacionados a financiamento ou conceituais – não devem ser impedimento às ações, inovações e mudanças necessárias ao alívio do sofrimento das pessoas e ao fortalecimento da resiliência. Os termos "refugiados do clima" ou "refugiados ambientais" devem ser evitados, por serem legalmente inadequados e enganosos. Entretanto, há a necessidade de se detalhar a terminologia para deslocamentos forçados decorrentes das mudanças climáticas e outros desastres naturais. Uma sugestão seria fazer referência a "pessoas ambientalmente forçadas a se deslocar" [ecomigrantes]. *Os princípios de direitos humanos, inclusive o do non-refoulement, devem ser adotados para proporcionar proteção àquelas pessoas que não se enquadrem nas definições do sistema internacional de proteção de refugiados.* Alguns países possuem o costume de conceder proteção temporária, ou alguma outra forma de proteção complementar ou de condição humanitária [caso dos haitianos no Brasil] a pessoas que tenham sido forçadas a se deslocar – ou não possam retornar – em função de desastres naturais. Entretanto, existe uma lacuna normativa em relação a deslocamentos transfronteiriços forçados por desastres naturais, que precisa ser abordada. Sugerimos que os países, em conjunto com o ACNUR e outros atores relevantes, possam desenvolver uma orientação ou um instrumento normativo para a proteção de pessoas forçadas a se deslocar internacionalmente devido a desastres naturais súbitos, inclusive aqueles decorrentes das mudanças climáticas (NORWEGIAN REFUGEE COUNCIL, 2011, p. 19) (grifo nosso)

Na mesma proporção, que aumenta a degradação ambiental com as secas, a desertificação, a elevação do nível dos mares, rios e o desmatamento, aumenta a migração territorial de povos em todo o mundo em busca de locais hígidos para sobreviver. Enquanto alguns especialistas propõem que o termo seja aplicado a todos aqueles que perderam seus lares devido a alterações do meio ambiente, outros acreditam que o melhor é fazer a distinção entre quem se desloca dentro do próprio país e os que se deslocam para outros países (ALENCAR JÚNIOR, 2011, p. 16-20).

Na análise das migrações, a doutrina e a legislação da ONU classificam os migrantes em diferentes aspectos. Com relação à vontade de deslocamento são divididos entre migrantes voluntários e forçados. Por outro lado, a migração forçada é dividida de acordo com o aspecto espacial geopolítico em migrantes internos (aqueles que, apesar de migrarem, não cruzam as fronteiras de seu país de origem) e refugiados (aqueles indivíduos que buscam refúgio no território de outro Estado soberano).

O refugiado ambiental (e os outros tipos) é uma espécie de migrante forçado que cruzou as fronteiras de seu Estado nacional para se abrigar. O instituto do refúgio encontra amparo jurídico na Convenção de Genebra sobre o Estatuto dos Refugiados, cujo art. 1º define o refugiado:

> (2) Que, em consequência de acontecimentos ocorridos antes de 1 de Janeiro de 1951, e receando com razão ser perseguida em virtude da sua raça, religião, nacionalidade, filiação em certo grupo social ou das suas opiniões políticas, se encontre fora do país de que tem a nacionalidade e não possa ou, em virtude daquele receio, não queira pedir a proteção daquele país; ou que, se não tiver nacionalidade e estiver fora do país no qual tinha a sua residência habitual após aqueles acontecimentos, não possa ou, em virtude do dito receio, a ele não queira voltar. (ONU, 2020 p. 1)

Da leitura do texto, infere-se que a compreensão inicial era de que o refúgio seria uma prática provisória, para acolher estrangeiros perseguidos em decorrência de fatos ocorridos na Segunda Guerra Mundial.

O termo refugiado do clima, ou refugiado ambiental, é frequentemente utilizado pela mídia e pelo senso comum. Entretanto, este termo pode, também segundo o próprio Alto Comissariado das Nações Unidas de Refugiados (ACNUR), causar confusões conceituais e mostrar falsamente a existência de instituto que não existe no Direito Internacional. Um refugiado é definido como uma pessoa que cruzou uma fronteira internacional devido ao fundado temor de perseguição, por razões de raça, religião, nacionalidade, pertencimento a grupo social particular ou opinião política, conforme determinava a Convenção sobre o Estatuto dos Refugiados, de 1951. Em alguns contextos, como ensina Amorim, a definição é ampliada para pessoas fugindo de eventos que perturbam seriamente a ordem pública (Convenção da União Africana, de 1969, Declaração de Cartagena, de 1984) (AMORIM, 2022, p. RB-3.10). As mudanças climáticas afetam as pessoas dentro de seus próprios países e tipicamente produzem deslocamentos internos antes de chegar a um nível que force as pessoas a se deslocarem através das fronteiras. Apesar disso, o termo "refugiado climático" [ou "refugiado ambiental"] não é endossado pelo ACNUR e é preciso se referir a essas pessoas como "pessoas deslocadas no contexto de desastres naturais e mudanças climáticas" (UNHCR, 2020).

A Organização Internacional de Migrações, o ACNUR e o Banco Mundial defendem abertamente a utilização da expressão migrante climático (ao invés de refugiado ambiental ou refugiado climático), uma vez que a utilização do termo refugiado possui implicações e ramificações legais (UNHCR, 2020).

Outros instrumentos regionais – a Convenção da Organização da Unidade Africana de 1969 e a Declaração de Cartagena, de 1984 – atualizam o contexto normativo indicando que também *são refugiados aqueles desalojados em razão de riscos à sua vida, liberdade e/ou segurança, em razão de outros eventos "perturbadores da ordem pública"*. Sem dúvida, o desastre ambiental pode ser encaixado nessa cláusula aberta da ordem pública. Na verdade, o artigo 2º, inciso I, da Lei nº 6.938/1981 considera o meio ambiente como um *patrimônio público a ser necessariamente protegido, tendo em vista ser bem de uso comum do povo.*

No presente trabalho, defende-se que o conceito de ordem pública encaixa-se na noção de valores compartilhados pela coletividade, de forma análoga ao da tragédia dos comuns, identificado inicialmente pelo economista: Garret Hardin (HARDIN, p. 27-28). O autor cunhou o termo para descrever os problemas decorrentes do uso comum das pastagens com as ovelhas de diferentes proprietários. Os interesses individuais no curto prazo são relevantes e proporcionam alguma vantagem durante um período de tempo. Porém, no longo prazo a soma de todos os interesses leva a uma situação de insustentabilidade e todos perdem no final, perturbando a ordem pública. Talvez o exemplo mais contundente de tragédia dos comuns seja o do uso da água compartilhado pelos usuários potenciais de recurso escasso na Califórnia ou nos inúmeros condomínios de prédios e casas dos centros urbanos do nosso país. Em um condomínio, o uso é compartilhado, entretanto a medição é única para todos, com o posterior (e injusto) rateio das contas pelos condôminos. A escassez hídrica é um bom exemplo de um evento ambiental que abala a ordem pública. Várias cidades do nosso país já viveram situações de calamidade pública na época de escassez.

A cidade de ITU/SP nos anos de 2013 e 2015 destaca bem a correlação entre crise hídrica e perturbação da ordem pública. A crise hídrica no município de Itu obrigou, em seu âmbito doméstico, os moradores da cidade a improvisarem soluções para as tarefas diárias, com a constante preocupação de se ter água no dia seguinte, caracterizando um cenário de estresse e desgaste que afetou a ordem pública, exigindo intervenção da tropa de choque local (DAVIS, 2016, p. 4-5):

> (...) Contudo, o principal marcador do começo das mobilizações populares na cidade é fixado no ato ocorrido diante da Câmara dos Vereadores no dia 22 de setembro, segunda-feira – dia em que ocorrem as sessões plenárias da casa. A principal reivindicação em pauta era a decretação do estado de calamidade pública por parte da prefeitura, e o que se viu foi uma das maiores mobilizações popular que a cidade testemunhara em sua história recente. Por volta de três mil pessoas tomaram a praça diante da Câmara, o comércio do centro baixou as portas e diversos veículos de imprensa estavam presentes para cobrir o acontecimento. A descrição dá conta de que o contingente dos manifestantes era composto por um público diverso, contemplando crianças, jovens, idosos, donas de casa, famílias inteiras, comerciantes; toda uma gama de pessoas que tornava difícil a alegação de que se tratava de algo com fins, propósitos ou motivações "políticas". Os principais elementos destacados desse momento específico da narrativa foram a revolta transbordante da população em sua diversa composição (que, independentemente da faixa etária ou da classe social, atirava tomates, ovos e outros objetos no prédio da Câmara), o assombro e o descaso por parte dos vereadores, e a violência brutal com que o ato foi reprimido (há quem diga que pela primeira vez a Tropa de Choque da polícia militar era vista em Itu).

Assim, apesar da existência de controvérsia jurídica do enquadramento da migração forçada oriunda de desequilíbrio ambiental, há necessidade de amparo internacional da população atingida por desastres, sendo a figura do refúgio a mais adequada para o trato dessa questão na argumentação trazida no presente trabalho e que foi adotada na legislação brasileira que vincula refúgio à grave e generalizada violação a direitos humanos.

Essa busca de uma solução integrada e definitiva é fundamental para os refugiados ambientais. Diferentemente dos desabrigados por questões políticas, econômicas e sociais, os refugiados ambientais muitas vezes não serão repatriados, pois os danosos fenômenos naturais que os colocaram longe da sua pátria muitas vezes serão perenes e ocasionarão o próprio desaparecimento do seu território nacional, como o caso de Tuvalu que analisaremos em seguida.

2 O caso Tuvalu e outros países insulares: necessidade de regulação baseada na solidariedade internacional

Uma concreta expressão dos efeitos de um planeta em aquecimento no qual enormes quantidades de água estão congeladas é o aumento do nível do mar em face do derretimento do gelo.

Um relatório emitido pela *National Oceanic and Atmospheric Administration* (NOAA) assinala que o nível médio global do mar aumentou cerca de oito polegadas desde 1880 por causa do aquecimento global e do derretimento do gelo terrestre. A ascensão foi de três polegadas desde 1993, isso somado ao fato de que a taxa de elevação do nível do mar desde 1900 tem sido mais rápida do que durante qualquer tempo comparável ao longo dos últimos 2.800 anos. Importante lembrar que esta ascensão vai continuar, quer sejam combatidas ou não as mudanças climáticas nesse momento; isto ocorre devido ao passivo do aquecimento global já ocorrido (NOAA, 2017).

Nesse aspecto, surge a possibilidade de num futuro próximo desaparecerem territórios de microestados insulares (como Tuvalu e Kiribati), em razão da elevação do nível do mar causada por alterações climáticas. Ademais, mesmo que não extintos totalmente, os territórios desses países insulares poderão tornar-se inabitáveis pelo ingresso de grande porção de água em seus territórios, fazendo com que a sua população seja obrigada a buscar sobrevivência em outro lugar habitável. Como indica Valério Mazzuoli, desse fato consequências sérias para o Direito Internacional poderão surgir, especialmente as relativas à continuidade do Estado e à nacionalidade dos seus antigos habitantes (MAZZUOLI *et al.*, 2013 p. 32-42)

Observe que aqui estamos em caso de deslocamentos definitivos. Como ensina Lilian Yamamoto, a característica principal do deslocamento das populações dos Pequenos Estados Insulares (PEIs), como Tuvalu e Kiribati, é a impossibilidade de retorno das populações deslocadas pela destruição total do seu território (YAMAMOTO *et al.*, 2018).

Como provoca Alejandra Martins:

> (...) Pense por um momento na sua casa, nas suas raízes, no lugar em que você mais ama no mundo – e como seria difícil imaginar que este lugar poderia desaparecer do planeta. Para os habitantes de dezenas de Estados insulares, esse é um medo real (...) O Ministro da Justiça,

Comunicações e Relações Exteriores de Tuvalu, Simon Kofe, enviou uma mensagem dramática à COP26, a recente cúpula sobre mudança climática em Glasgow, na Escócia. "Estamos afundando, mas a mesma coisa está acontecendo com todos", afirmou. Com água na altura dos joelhos em um local que anos atrás era terreno seco, Kofe deixou claro que o drama que Tuvalu enfrenta hoje é apenas um prenúncio dos severos impactos das mudanças climáticas que afetarão cada vez mais - ainda que de maneiras diferentes - muitos outros países do mundo. (MARTINS, 2021)

Tuvalu tem nove pequenas ilhas e fica a aproximadamente 4.000 km da Austrália e do Havaí. Seus vizinhos mais próximos são Kiribati, Samoa e Fiji. "É uma nação insular de baixa altitude. O ponto mais alto acima do nível do mar é de 4 metros", disse o ministro Kofe à BBC Mundo. Todo o país tem 26 quilômetros quadrados, onde vivem cerca de 12.000 pessoas (MARTINS, 2021).

Como Kiribati e as Maldivas, Tuvalu é um Pequeno Estado Insular (PEI) feito de atóis e especialmente vulnerável ao aquecimento global. Como ensina Yamamoto, as características dos PEIs são: sua pequena dimensão, o que aumenta a pressão pelos recursos já limitados; alto custo com a administração pública e infraestrutura; isolamento com remota localização geográfica, causando um alto custo para fretes e competitividade reduzida; mudança climática e aumento do nível do mar, o que poderá ameaçar a existência dos PEIs; vulnerabilidade a desastres naturais e ambientais, o que pode trazer sérias consequências nos aspectos socioeconômicos e ambientais (YAMAMOTO et al., 2018 p. 326).

Por se tratar de uma situação extrema, com o desaparecimento do próprio território do Estado, há necessidade de regulação urgente baseada na solidariedade internacional como preconiza o ACNUR:

> O ACNUR sugere também a criação de acordos multilaterais ou bilaterais que possam prever onde e com que base jurídica os habitantes dos PEIs se deslocariam em definitivo para outros países e que assegurariam a prevenção da apatridia quando o território desaparecer703. Além disso, sinaliza que, para prevenir a apatridia temporária, a aquisição de uma nova nacionalidade efetiva deveria ocorrer antes da dissolução do Estado afetado. Assim, deveria ser permitido que os indivíduos afetados tivessem dupla nacionalidade no período de transição (YAMAMOTO et al., 2018, p. 337-338).

3 A Declaração de Nova Iorque de 2016: mitigação e adaptação de políticas públicas mundiais para a migração forçada ambiental no contexto dos ODS

A diferença entre as estratégias de mitigação e adaptação em relação às mudanças climáticas pode ser vista à luz da Lei nº 12.187/2009, que institui a Política Nacional sobre Mudança do Clima (PNMC). Ambas são mecanismos necessários para o combate das mudanças climáticas no Brasil e no mundo. A adaptação vincula-se a iniciativas e medidas para reduzir a vulnerabilidade dos sistemas naturais e humanos frente aos efeitos atuais e esperados da mudança do clima. Almeja combater os efeitos adversos da mudança do clima. Por outro lado, a mitigação, de caráter preventivo, almeja mudanças e substituições tecnológicas que reduzam o uso de recursos e as emissões por unidade de produção, visa a economia do carbono zero. Assim, a mitigação tem a função de combater as causas e minimizar os possíveis impactos das mudanças climáticas, enquanto a adaptação consiste em analisar a forma de reduzir as consequências negativas das mudanças climáticas. Quanto maior for a mitigação, no tempo certo, menor será a necessidade de adequação.

Exemplificando, a adequação mostra-se como melhor instrumento para o trato de Tuvalu e dos outros PEIs.

Assim, os ODS podem ter caráter de mitigação, no âmbito interno, quando permitem eliminar os fatores potencializadores e estruturais que obrigam as pessoas a deixar seus países de origem, inclusive através da erradicação da pobreza, segurança alimentar, crescimento econômico inclusivo, infraestrutura, desenvolvimento urbano e rural, geração de empregos, trabalho decente, igualdade de gênero e empoderamento feminino, resiliência e redução de desastres, assim como criando e mantendo sociedades pacíficas e inclusivas com instituições efetivas, responsáveis e transparentes (ACNUR, 2016).

Por outro lado, no âmbito externo, os ODS podem permitir o compartilhamento de informações para melhor identificar, compreender, prever e abordar movimentos migratórios, tais como aqueles que possam resultar de desastres naturais repentinos ou de ocorrência lenta, dos efeitos adversos das mudanças climáticas, degradação ambiental, assim como de outras situações precárias, enquanto asseguram o respeito, a proteção e o gozo efetivos dos direitos humanos de todos os migrantes, como ocorre como os moradores dos PEIs.

Com relação à adaptação, os ODS também são muito valiosos, permitindo desenvolver estratégias de adaptação para desastres naturais, efeitos adversos das mudanças climáticas e degradação ambiental, repentinos ou lentos, tais como desertificação, degradação de terras, secas e elevação dos níveis dos oceanos, levando em consideração as implicações potenciais para as migrações, reconhecendo que a adaptação no país de origem é uma prioridade. Também, como ensina o ACNUR:

> Harmonizar e desenvolver abordagens e mecanismos, em níveis regional e sub-regional, para abordar as vulnerabilidades das pessoas afetadas por desastres naturais repentinos ou lentos, de modo a assegurar que tenham acesso a assistência humanitária que atendam a suas necessidades básicas, com respeito integral a seus direitos, onde quer que se encontrem, e através da promoção de resultados sustentáveis que aumentem a resiliência e a autoconfiança, levando em consideração as capacidades de todos os países envolvidos (ACNUR, 2016).

Assim, o Marco Integral de Resposta aos Refugiados (CRRF em inglês), oriundo do Anexo I da Declaração de Nova York, tem quatro objetivos principais:
a) diminuir a pressão em países de acolhimento;
b) aumentar a autossuficiência dos refugiados;
c) expandir o acesso às soluções de países terceiros;
d) apoiar condições nos países de origem para o retorno com segurança e dignidade (ACNUR, 2016).

Há clara sintonia entre a Declaração de Nova Iorque, os ODS e a solução brasileira humanitária dada aos haitianos. Como destaca Larissa Coutinho, "o caso da solução brasileira para a migração haitiana é um exemplo de como os países podem se utilizar de princípios e de regras gerais de direitos humanos para garantir a proteção dos deslocados (...)" (Migrantes ambientais: Quem são e como juridicamente protegê-los?, 2015, p. 86-87). Ademais, o caso referido mostra a utilização dos ODS 10 (redução das desigualdades), 16 (paz, justiça e instituições eficazes) e 17 (parcerias e meios de implementação) no trato de questão humanitária, demonstrando que os ODS nada mais são do que uma forma organizada e planejada de tornar efetiva a dignidade da pessoa humana no âmbito internacional.

Uma política pública não é qualquer ação governamental, que pode ser simples ou passageira enquanto resposta às demandas sociais conjunturais. Uma política pública consiste em um conjunto de ações intencionais e causais, orientadas para a realização de um objetivo específico ou para atingir benefícios públicos, cujo padrão de ação, de instrumentos, de procedimentos e de recursos se reproduz no tempo de maneira constante e coerente. Os ODS enquadram-se como uma luva em política pública coerente, constante e duradoura que transborda as fronteiras nacionais e possui escopo multidisciplinar.

Conclusão

O aquecimento global acarreta, cada vez mais, impactos no meio ambiente do planeta. As pessoas, pois, precisam cada vez mais de proteção para a sua vida e segurança, seja nível individual, seja a nível coletivo como mostra o caso de Tuvalu.

Há necessidade de caracterização jurídica adequada de um regime de proteção dos deslocados ambientalmente. A busca de instrumentos efetivos no âmbito nacional e internacional tem contribuição relevante das políticas públicas estabelecidas de forma prioritária na Agenda 2030.

Desse modo, os ODS permitem dar um tratamento orgânico e sistematizado ao refugiado ambiental, seja no âmbito interno do estabelecimento de políticas públicas para estrangeiros, seja no âmbito externo com a adoção em nível global de ODS que combatem as mudanças climáticas de forma preventiva (mitigação) e de forma responsiva (adaptação).

Referências

NOAA. National Oceanic and Atmospheric Administration. *Global and Regional Sea Level Rise Scenarios for the United States*. Silver Spring: NOAA Technical Report, 2017.

ACNUR. Fórum Global sobre refugiados. Rumo a um pacto global sobre refugiados [on-line] p. 9-19, 2016 [Cited: 03 28, 2022]. Disponível em: https://www.acnur.org/portugues/rumo-a-um-pacto-global-sobre-refugiados/.

ALENCAR JÚNIOR, Ricardo de Sá Leitão. *A ONU e os refugiados ambientais*: uma análise acerca da influência da ciência sobre o regime internacional dos refugiados. Recife: Dissertação (mestrado). Universidade Federal de Pernambuco, 2011.

AMORIM, João Alberto Alves. *Direito dos Estrangeiros no Brasil*. São Paulo: Revista dos Tribunais, 2022.

ARAGÃO, Maria Alexandra de Souza. *Direito comunitário do ambiente*. Coimbra: Almedina, 2002.

COUTINHO, Larissa Maria Medeiros. *Migrantes ambientais*: quem são e como juridicamente protegê-los? Brasília: Instituto Brasiliense de Direito Civil, 2015.

DAVIS, Pedro Gondim. EVENTO ABANT. Considerações sociopolíticas acerca da crise hídrica em Itu (SP). [on-line] 08 03, 2016. [Cited: 03 2022, 28]. Disponível em: http://evento.abant.org.br/rba/30rba/files/1466466019_ARQUIVO_Consideracoessociopoliticasacercadacrisehidricaemltu(SP).pdf.

HARDIN, Garret. Garret Hardin Society. The Tragedy of the Commons [on-line] [Cited: Oct. 03, 2021]. Disponível em: http://www.garretthardinsociety.org/articles_pdf/tragedy_of_the_commons.pdf.

IOM. International Organization for Migration. Making migration work for all. [on-line] 08 1, 2000. [Cited: 03 28, 2022]. Disponível em: https://www.iom.int/.

LUHMANN, Niklas. *Risk*: a sociological theory. New York: Routledge, 2005.

MARTINS, Alejandra. Mudanças climáticas: o país que se prepara para desaparecer. BBC News Brasil [on-line]. 12 5, 2021 [Cited: 04 03, 2022]. https://www.bbc.com/portuguese/internacional-59480079.

MAZZUOLI, Valerio de Oliveira; FIORENZA, Fábio Henrique Rodrigues de Moraes. *O desaparecimento de microestados insulares pela elevação do nível do mar e as consequências para o direito internacional contemporâneo*. 2013, vol. 934.

MAZZUOLI, Valério de Oliveira. *Curso de Direito Internacional Público* (e-book). São Paulo: Revista dos Tribunais, 2016.

NORWEGIAN REFUGEE COUNCIL. The Nansen Conference – Climate Change and Dsiplacement in the 21 st Century [on-line] 11 10, 2011 [Cited: 03 22, 2022]. Disponível em: https://www.refworld.org/docid/521485ef4.html.

ONU. Objetivos de Desenvolvimento Sustentável. Transformando Nosso Mundo: A Agenda 2030 para o desenvolvimento sustentável [on-line] Oct. 13, 2015 [Cited: Aug. 10, 2021]. Disponível em: https://brasil.un.org/sites/default/files/2020-09/agenda2030-pt-br.pdf.

ONU BRASIL. Agenda 2030 para o Desenvolvimento Sustentável. Transformando nosso mundo: a agenda 2030 para o desenvolvimento sustentável [on-line] Sept. 27, 2015 [Cited: Oct. 20, 2021]. Disponível em: https://brasil.un.org/pt-br/91863-agenda-2030-para-o-desenvolvimento-sustentavel.

ONU PORTUGAL. Convenção de Genebra relativa ao Estatuto dos Refugiados [on-line] 06 10, 2020 [Cited: 03 28, 2022]. Disponível em: https://www.jrsportugal.pt/wp-content/uploads/pdf/glossario/convencao_genebra_estatuto_refugiados.pdf.

RUA, Teófilo Altamirano. *Refugiados ambientales*: cambio climático y migración forzada. Lima: Pontificia Universidad Católica del Perú, 2014.

SACHS, Ignacy. *Pensando sobre o desenvolvimento na era do meio ambiente*. Caminhos para o desenvolvimento sustentável. Rio de Janeiro: Garamond, 2000.

UNHCR. The United Nation Refugee Agency. Climate change and disaster displacement. Climate refugees? [on-line] 7-16, 2020 [Cited: 03 24, 2022]. Disponível em: https://www.unhcr.org/climate-change-and-disasters.html.

YAMAMOTO, Lilian; ESTEBAN, Miguel. Pequenos Estados Insulares [book auth.]. *In*: JUBILUT, Liliana Lyra; RAMOS, Érika Pires; BATISTA, Carolina de Abreu *et al*. *Refugiados Ambientais*. Boa Vista: Universidade Federal de Roraima, 2018.

Informação bibliográfica deste texto, conforme a NBR 6023:2018 da Associação Brasileira de Normas Técnicas (ABNT):

FARIAS, Paulo José Leite. Refugiados ambientais e o papel dos Objetivos de Desenvolvimentos Sustentável da ONU: um remédio de mitigação e de adequação ao problema dos refugiados no século XXI. *In*: SARAIVA FILHO, Oswaldo Othon de Pontes; BERTELLI, Luiz Gonzaga; SIQUEIRA, Julio Homem de (coord.). *Direitos dos refugiados*. Belo Horizonte: Fórum, 2024. (Coleção Fórum Direito Internacional Humanitário, v. 1, t. 1). p. 353-368. ISBN 978-65-5518-615-4.

SOBRE OS AUTORES

Alberta Fabbricotti
Associate professor of Public International Law at the Law Faculty, member of the Teaching Board of the Doctorate in Public, Comparative and International Law, University La Sapienza of Rome. She currently teaches Public International Law within the Bachelor's Programme in Law and Public Management at the Law Faculty and within the Bachelor's Programme in International Cooperation and Development at the Department of Communication and Social Research of La Sapienza University, Rome. *E-mail:* alberta.fabbricotti@uniroma1.it.

Angela Vidal Gandra Martins
Ex-Secretária Nacional da Família. Bacharel em Direito (USP). Mestre em Filosofia do Direito (UFRGS). Doutora em Direito (UFRGS). Visitante e Pesquisadora na Harvard University. Diploma Advanced Management Program IESE. Sócia da Gandra Martins Law Advogados Associados. Professora de Filosofia do Direito e pós-doutoranda na Universidade Mackenzie. Gerente JURÍDICA da FAESP. Presidente do Instituto Ives Gandra de Direito, Filosofia e Economia. Membro da Academia Brasileira de Filosofia e da Academia Paulista de Letras Jurídicas. Membro do Conselho Superior de Direito da FECOMERCIO, do CONJUR da FAESP, CONJUR da FIESP e da JUCESP. Membro Board do Political Network for Values. Ex-secretária Nacional da Família do Ministério da Mulher, da Família e dos Direitos Humanos (2019-2022). *E-mail:* avidalmartins@gmail.com.

Fazila Rassoly Faizi
Magistrada afegã, residente no Brasil, membro do Instituto SHE e International Association of Women Judges (IAWJ). Graduada em Direito Islâmico na Universidade de Cabul, Afeganistão. Pós-graduada em Educação Judicial da Suprema Corte do Afeganistão e mestre em criminologia pela Universidade Islâmica Azad. Juíza de Direito, atuou na Vara Criminal. *E-mail:* fazila@sheinstitute.org.

Fernanda Burle
Sócia fundadora do MJ Alves e Burle Advogados e Consultores (MJAB). Iniciou sua carreira em Recife nas áreas do Direito Societário e Internacional. Passou por experiências profissionais em Genebra, Santiago do Chile, Washington D.C., Lisboa e Brasília, onde consolidou sua atuação em *advocacy*. É conselheira do Centro de Estudos das Sociedades de Advogados (CESA) e vice-presidente do Comitê de Relações Governamentais e Institucionais da OAB/DF. Especialista em Análise de Políticas Públicas pela The London School of Economics and Political Science (LSE); em Relações Governamentais pelo

Insper, College of Europe e George Washington University; em Lobbying e Relações Governamentais – School of Public Affairs, American University; em Direito Empresarial – Pontificia Universidad Católica de Chile. Possui MBA em Relações Governamentais – Fundação Getúlio Vargas (FGV). Mestre em Relações Internacionais pelo Institut Universitaire de Hautes Études Internationales (HEI) – Université de Genève. *E-mail:* burle@mjab.adv.br.

Freshta Amenianey
Magistrada afegã, residente no Brasil, membro do Instituto SHE e International Association of Women Judges (IAWJ). Graduada em Direito e Ciências Políticas na Universidade de Cabul, Afeganistão. Pós-graduada em Educação Judicial da Suprema Corte do Afeganistão, juíza de Direito, atuou na Suprema Corte e na Vara da Infância e da Juventude e foi consultora no Norwegian Refugee Council (NRC).

Gabriella Alencar Ribeiro
Advogada. Graduada em Direito pela Universidade de Brasília (UnB). Especialista em Direito Processual Civil pelo Instituto Brasiliense de Direito Público (IDP). Especialista em Direito Tributário pelo Instituto Brasileiro de Estudos Tributários (IBET). Sócia do escritório MJ Alves e Burle Advogados (MJAB). Conselheira seccional da Ordem dos Advogados do Brasil do Distrito Federal (OAB/DF). *E-mail:* gabriella.ribeiro@mjab.adv.br.

Gilmar Siqueira
Doutorando em Direito pela Universidade Federal do Pará (UFPA). Mestre em Direito pelo Centro Universitário Eurípides de Marília (UNIVEM). Bacharel em Direito pela Universidade Estadual do Norte do Paraná. Temas de pesquisa: Filosofia do Direito; Filosofia da Lei Natural; Método APAC; Ética; Humanismo Cristão; Direito e Literatura; Direito e Fraternidade; Dignidade da Pessoa Humana. *E-mail:* gilmarsiqueira126@gmail.com.

Gulandam Totakhail
Magistrada afegã, residente no Brasil, membro do Instituto SHE e International Association of Women Judges (IAWJ). Graduada em Direito pela Universidade de Cabul, Afeganistão. Pós-graduada em Educação Judicial da Suprema Corte do Afeganistão, juíza de Direito, atuou na Divisão Militar e na Divisão de Crimes de Segurança Pública em Parwan.

Hamdama Ahadi
Magistrada afegã, residente no Brasil, membro do Instituto SHE e International Association of Women Judges (IAWJ). Graduada em Direito Islâmico, na Universidade de Cabul, Afeganistao. Pós-graduada em Educação Judicial da Suprema Corte do Afeganistão, juíza de Direito, atuou no combate à violência contra a mulher.

Ives Gandra da Silva
Professor emérito das Universidades Mackenzie, UNIP, UNIFIEO, UNIFMU, do CIEE/O ESTADO DE SÃO PAULO, das Escolas de Comando e Estado-Maior do Exército (ECEME), Superior de Guerra (ESG) e da Magistratura do Tribunal Regional Federal – 1ª Região. Professor honorário das Universidades Austral (Argentina), San Martin de Porres (Peru) e Vasili Goldis (Romênia). Doutor *Honoris Causa* da Universidade de Craiova (Romênia) e das PUCs Paraná e RS e catedrático da Universidade do Minho (Portugal). Presidente do Conselho Superior de Direito da FecomercioSP e ex-presidente da Academia Paulista de Letras (APL) e do Instituto dos Advogados de São Paulo (IASP). *E-mail:* igm@gandramartins.adv.br.

João Vitor Lozano Jeronymo
Advogado e membro da UJUCASP. *E-mail:* jvlozanoj@gmail.com.

Khatera Naab
Magistrada afegã, residente no Brasil, membro do Instituto SHE e International Association of Women Judges (IAWJ). Graduada em Direito Islâmico na Universidade de Herat, Afeganistão. Pós-graduada em Educação Judicial da Suprema Corte do Afeganistão e especializada em Direito Comercial. Juíza de Direito, atuou na Suprema Corte e foi conselheira no National Democratic Institute for International Affairs.

Lafayette Pozzoli
Pós-doutor em Filosofia do Direito e do Estado pela Università "La Sapienza", Itália. Doutor e mestre em Filosofia do Direito e do Estado pela PUC-SP. Professor na Faculdade de Direito. Foi chefe de gabinete na PUC-SP, coordenador e professor no mestrado em Direito e pró-reitor de pós-graduação, pesquisa e extensão no UNIVEM – Marília – SP. Advogado. Líder do Grupo de Pesquisa – GEDs Direitos Fundamentais à Luz da Doutrina Social – Direito e Fraternidade – PUC-SP. Foi professor assistente no curso de TGD ministrado pelo saudoso Professor André Franco Montoro – pós-graduação PUC-SP. *E-mail:* lafayette@lafayette.pro.br.

Maria Carolina Barbosa Campos Vita
Advogada, especialista em Direito Público, membro da Ujucasp e do IBDR. Catequista Infantil. *E-mail:* ninabcampos@gmail.com.

Maria Helena Barbosa Campos
Advogada, doutora em Direito Canônico. Professora na Faculdade de Direito Canônico São Paulo Apóstolo, palestrante, membro da Ujucasp e do IBDR, catequista infantil. *E-mail:* mhelenabcampos@hotmail.com.

Marilene Talarico Martins Rodrigues
Advogada. Especialista em Direito Tributário pelo Centro de Extensão Universitária – CEU Law School. Membro do Conselho Superior de Direito da

FecomercioSP, do Instituto dos Advogados de São Paulo (IASP), da Diretoria da Academia Brasileira de Direito Tributário (ABDT), do Instituto Brasileiro de Direito Tributário (IBDT), da Academia Paulista de Letras Jurídicas (APLJ), da União de Juristas Católicos de São Paulo (UJUCASP), do Conselho Superior de Orientação do Instituto Brasileiro de Estudos de Direito Administrativo, Financeiro e Tributário (IBEDAFT). Tem participado de diversos simpósios e debates sobre Direito Tributário com diversos trabalhos publicados. *E-mail:* maritalaric23@gmail.com.

Marja Mühlbach
Analista judiciário do Superior Tribunal de Justiça. Mestre em Direito, Regulação e Políticas Públicas (UnB). Especialista em Direito Público (Faculdades Projeção). *E-mail:* marjamuhlbach@hotmail.com.

Nuno Ferreira
Professor of Law, University of Sussex, England. *E-mail:* n.ferreira@sussex.ac.uk.

Oswaldo Othon de Pontes Saraiva Filho
Coordenador e autor de dezenas livros publicados e mais de três centenas de artigos jurídicos veiculados nas mais importantes revistas jurídicas nacionais e de Portugal. Graduado em Direito pela Universidade Federal do Ceará (1983). Mestre em Direito pela Universidade Católica de Brasília (2012). Ex-procurador da Fazenda Nacional de categoria especial (aposentado). Ex-Consultor da União (1996 a 2015). Professor de Direito Financeiro e de Direito Tributário da Faculdade de Direito da Universidade de Brasília (desde 2015). Diretor científico e fundador do periódico *Revista* Fórum de Direito Tributário (desde 2003) e membro do Conselho Editorial da Editora Fórum (desde 2003). Tem vastíssima experiência na área do Direito Constitucional, Direito Tributário, Direito Financeiro e Direito Administrativo, destacando-se como parecerista. É acadêmico da União dos Juristas Católicos de São Paulo (UJUCASP) e membro do Fórum de Integração Brasil Europa (FIBE) e do Instituto Brasileiro de Estudos de Direito Administrativa, Financeiro e Tributário (IBEDAFT). *E-mail:* othonsaraiva.filho@gmail.com.

Oswaldo Othon de Pontes Saraiva Neto
Advogado, sócio em MJAB. Mestrando em "Regulação e Transformações na Ordem Econômica" pela Universidade de Brasília (UnB). Membro do Conselho Editorial da Revista Fórum de Direito Tributário (RFDT) e revisor da Revista de Direito Setorial e Regulatório (RDSR) do Núcleo de Direito Setorial e Regulatório da UnB. Membro da Comissão de Honorários da OAB/DF para assuntos tributários. *E-mail:* othon.neto@mjab.adv.br.

Paulo José Leite Farias
Pós-doutor pela *Boston University*. Doutor em Direito pela Universidade Federal de Pernambuco, mestre em Direito pela Universidade de Brasília, bacharel em Direito pelo Centro de Ensino Unificado de Brasília, em Engenharia Civil pela Universidade de Brasília e em Análise de Sistemas pela Universidade

Católica de Brasília. Atualmente é Promotor de Justiça do Ministério Público do Distrito Federal e Territórios, docente do Centro Universitário IESB, da Escola da Magistratura e ex-professor da Universidade de Brasília (UnB). *E-mail:* profpaulo.farias@gmail.com.

Rafael Pangoni
Advogado e mestrando em Filosofia do Direito na PUC-SP. *E-mail:* pangonialves. rafael.filipponi@gmail.com.

Reynaldo Soares da Fonseca
Ministro do Superior Tribunal de Justiça. Professor da Universidade Federal do Maranhão, em exercício na Universidade de Brasília. Professor da UNINOVE. Pós-doutor em Direitos Humanos pela Universidade de Coimbra. Doutor em Direito Constitucional (FADISP). Mestre em Direito Público (PUC-SP). Especialista em Direito Penal e Processual Penal (UnB). Especialista em Direito Constitucional (UFMA/UFSC). *E-mail:* reynaldo.fonseca@stj.jus.br.

Roberta Costa Carneiro Abdanur
IHL and DDR Researcher. Programme Director at SHE Institute. Master in International Law in Armed Conflict. Geneva Academy of International Humanitarian Law and Human Rights. *E-mail:* roberta.costa@graduateinstitute.ch.

Roberto Victalino de Brito Filho
Advogado, mestre em Direito pela Universidade Mackenzie, pós-graduado em Direito Constitucional e Direito do Trabalho, professor universitário. *E-mail:* robertovictalino@gmail.com.

Rogério Cangussu Dantas Cachichi
Doutorando em Direito pela Universidade de Marília (UNIMAR). Mestre em Direito pelo Centro Universitário Eurípides de Marília (UNIVEM/Fundação), sob a orientação do Prof. Dr. Lafayette Pozzoli e coorientação do Prof. Dr. Ilton Garcia da Costa (UENP). Graduado em filosofia (UEL). Membro dos grupos de pesquisas: GPCERTOS e Políticas Públicas (UENP), ambos cadastrados no Diretório de Grupos de Pesquisas do CNPq. Organizador do livro e articulista de artigos, dentre outros, Fraternidade e Misericórdia – um olhar a partir da justiça e do amor. Juiz Federal da Subseção Judiciária de Jacarezinho/PR. *E-mail:* rogeriocangussu@gmail.com.

Esta obra foi composta em fonte Palatino Linotype, corpo 10
e impressa em papel Chambril Avena 70g (miolo) e
Supremo 250g (capa) pela Gráfica Star7.